滨州年鉴

2012

中 共 滨 州 市 委 员 会
滨 州 市 人 民 政 府　　主 办
滨州市地方史志办公室　　编

山东省地图出版社

滨州市地方史志编纂委员会

名誉主任：邓向阳　张光峰

主　　任：祁维华

副 主 任：赵　起　李维东　付泓波　王建邦　张兆杰

朱继业　范海波　刘荩一　柴德杰

委　　员：崔广利　石淑芬　李文进　杨守岭　刘连琦

曹玉斌　梁中华　景学江　丁绍昕　马　燕

马兴伦　史建伦　韩竹功　张　明

《滨州年鉴》（2012）编审人员

主　　审：祁维华　杨国强　赵建明

副 主 审：商玉昌　李福友　刘荩一

主　　编：柴德杰

副 主 编：杨长青　孟庆永　马宝祥

执行主编：侯玉杰

编　　辑：范本龙　王少先　田希婷　吕红英　唐彩云

康吉堂

编　　务：崔　波　王福美

美　　编：崔浩然

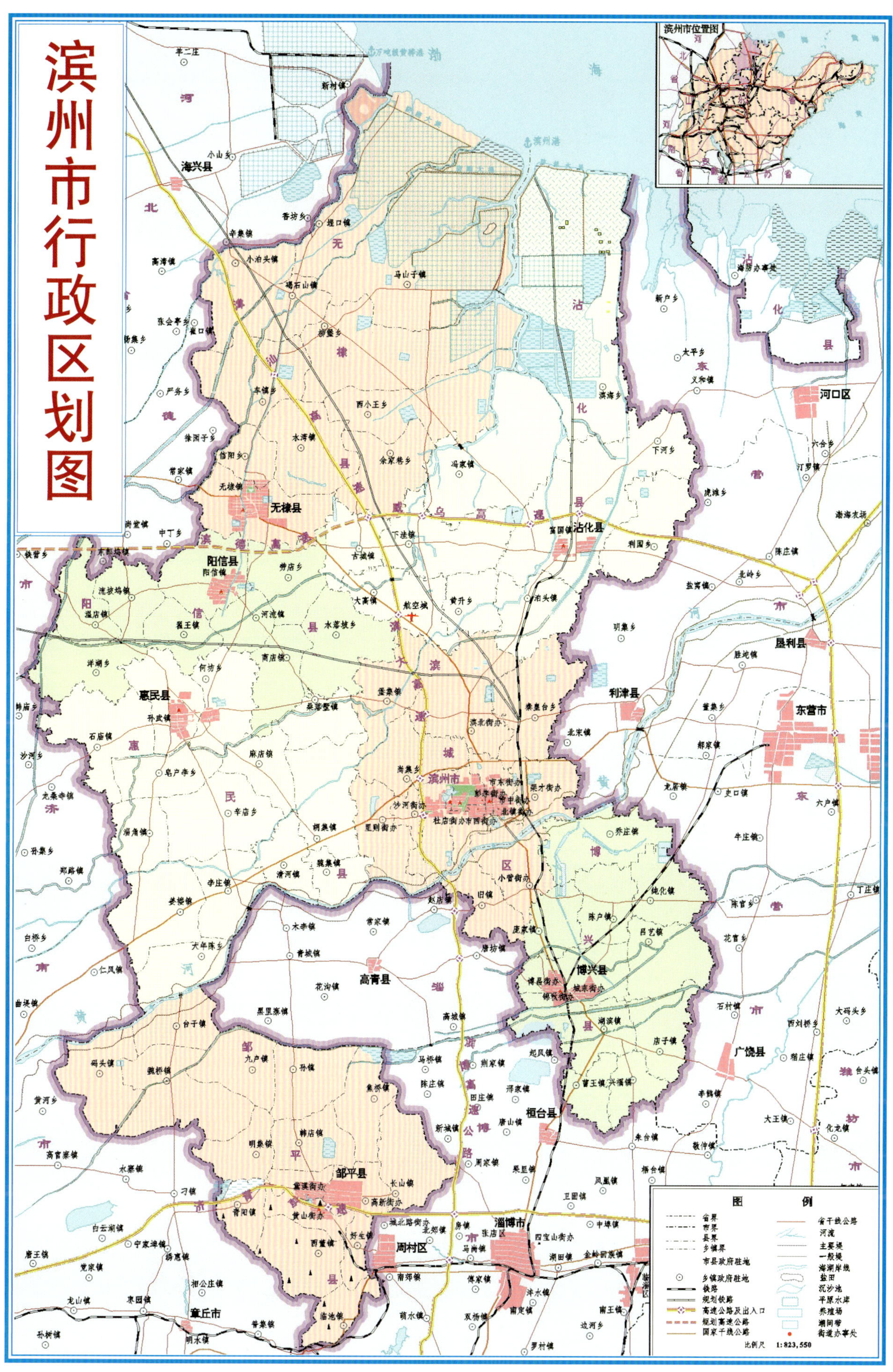

滨州市国土资源局　滨州市地方史志办公室

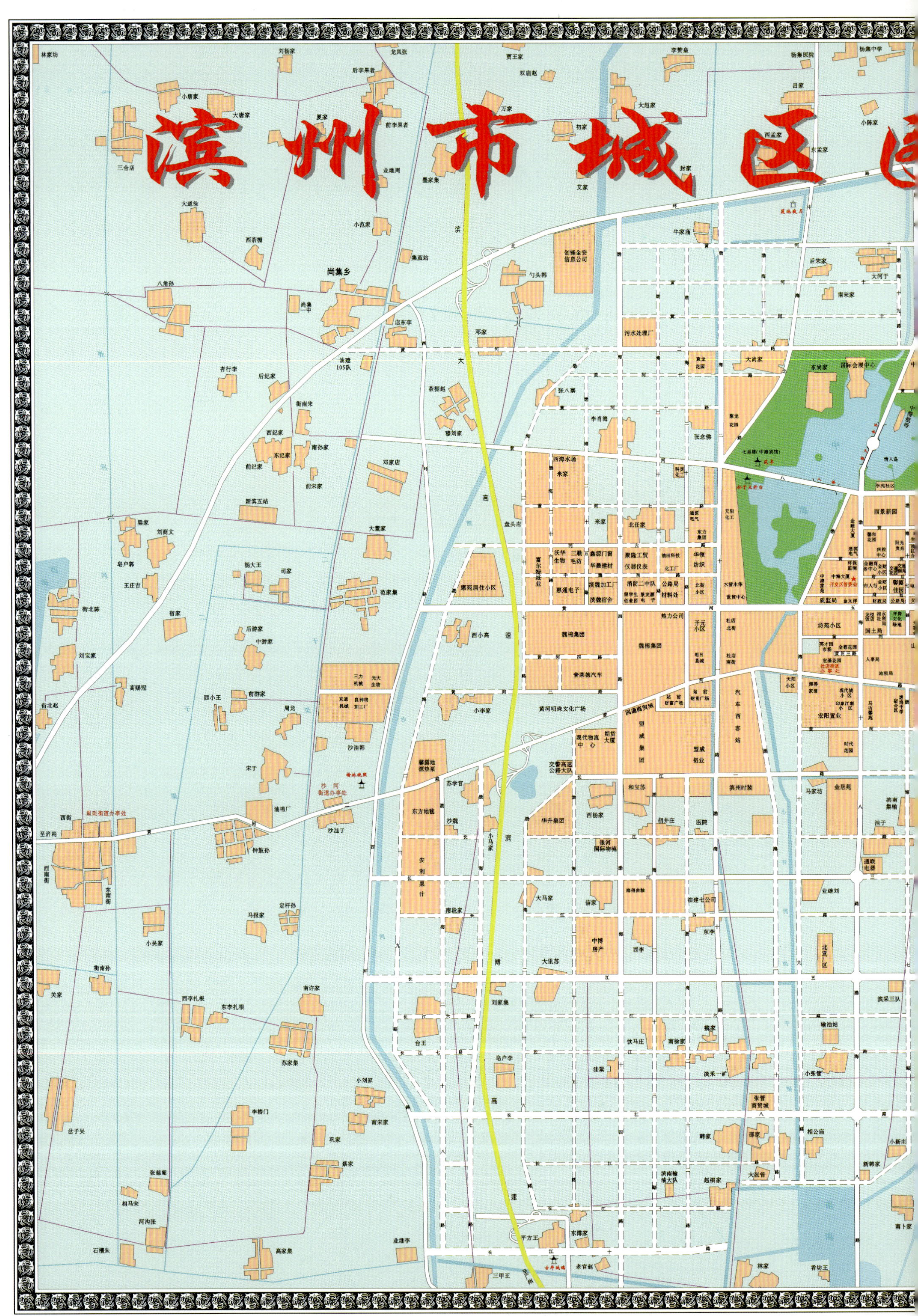

统一书号: 1280754.401 2007年10月第一版 2007年10月第一次印刷 印数: 0001- 5000 定价: 50.00元
鲁SG(2007) 057号

张志斌

山东省东营市人，1954年生。中国美术家协会会员，国家一级美术师，山东省美术家协会理事、副秘书长，山东画院高级画师，鲁迅美术学院客座教授，滨州市美术家协会主席。滨州市政协委员。

《雪山清流》获“全国职工画展”二等奖；《大山深处》入选中国美协中国画三百家；《万壑千岩》获海峡两岸中国画名家精品展二等奖；《岁月沧桑》获中国美协《在延安文艺座谈会上的讲话》发表60周年全国美术展览铜奖；《日落秋山远》入选中国美协“第十七次新人新作展”；《太行风骨》参加“第四届山水画大展”，被中国文联艺委会授予“中国山水画二百家”称号。作品被人民大会堂、中央电视台等单位收藏。出版有《张志斌画集》《张志斌山水画选》《山水名家张志斌》等。先后在北京、上海、香港、台湾、美国、日本、韩国等地举办个展与联展。

李玉泉

山东省利津县人，1955年12月出生，山东艺术学院美术系毕业。中国美术家协会会员、中国科学家画院特聘画师、山东美协理事、山东画院高级画师、滨州画院名誉院长、滨州市美协常务副主席。

中国画作品《北方的采油树》《建设者》分别获2006年、2007年全国中国画作品展优秀奖。《荒原的早晨》获全国首届“草原情”中国画作品展优秀奖。《我是一个兵》（合作）入选中国人民解放军建军八十周年美术作品展览。《黎明》入选2008年全国中国画作品展；《春雨润新篁》入选全国第十四届当代中国花鸟画大展；《海上升明月》入选中国国家画院纪念改革开放三十年“回顾印象”中国画学术展。2009年，《姐妹参军》入选全国金鸡百花电影节首届中国美术家“翰墨飘香”作品展。2010年，《忠魂永在》获第八届中国交通书画大展一等奖。

冯 岩

女，惠民县人。山东师范大学美术系毕业，中国美术家协会会员，滨州市政协委员，滨城区政协常委。滨州市美术家协会副秘书长、滨城区美协常务副主席兼秘书长。

2005年至2006年入中国美协首届人物画创作高研班，师从刘大为、冯远等老师。2008年至2009年进修于中央美术学院首届中国画创作班，师从田黎明，唐勇力等老师。作品以工笔和写意人物创作为主。2010年5月由人民美术出版社出版《当代最具收藏投资价值的人物画家》。数幅美术作品发表于《美术报》《中外画刊》《中国画清赏》《当代名家》《名流中国》《神州书画报》等。

李振东

阳信县人。先后毕业于曲阜师范大学美术系、山东师范大学美术系、天津美术学院国画研究生课程班、山东艺术学院艺术硕士班。任教于滨州学院美术系，副教授；中国美术家协会山东省分会会员，山东美术教育学会会员。

作品曾多次入选全国大展并获奖，并在《美术》《美术观察》《艺术教育》《中国美术》《美苑》等杂志发表作品；出版专著《白描继承与创新》。

编辑说明

一、《滨州年鉴》是由中共滨州市委、滨州市人民政府主办的大型综合性政务工具书。自1997年起每年编辑出版一卷，旨在较全面、系统、翔实地介绍滨州市政治、经济、文化、社会诸方面的基本面貌和在改革开放、发展社会主义市场经济中出现的新情况、新变化，是宣传滨州的阵地和了解滨州的窗口。

二、《滨州年鉴》(2012)是连续出版的第16卷，主要收录2011年度发生在滨州市境内的大事、要闻，主体内容为2011年1月1日至2011年12月31日，对2012年发生的在全市有重大影响的事件、重要的人物做了延伸记述和适当的收录。

三、本卷年鉴仍采用分类编辑法。主体内容划分为类目、分目、条目三个层次。类目为最大单元，其下按行业或类别，同时考虑到现行管理体制设置分目。分目之下设置条目，条目为年鉴内容的基本单位，一般为两种类型，一类为事业发展的综述或概况，一类为特点突出、信息资料性强的重大事件或专题。

四、本卷年鉴分设22个类目，即大事记、全市概况、区县概况、开发区建设、党派群团、政权政协、军事、法制、经济管理、农业、工业、交通邮电、建设环保、财税金融、外经外贸、国内贸易、教育、科学技术、文化、卫生体育、社会生活、人物。除文字内容外，还安排了部分彩色图片、随文图片、统计图表，力求图文并茂。

五、全书稿件大部分为市直各部门、各县区、省驻滨各单位提供，为示负责，撰稿人署名于各条目之后。本卷年鉴有关的综合性数据均与市统计局公布的数据进行了校核。统计部门未涉及的均用部门或单位提供的数据。本卷年鉴中的货币单位，除特殊说明以外，均为人民币元。

六、本卷年鉴在成书过程中，得到了社会各界的大力支持和帮助，在此，谨向所有为该书编辑出版付出辛勤劳动、给予热情支持的单位和个人表示诚挚的谢意。本卷年鉴的不妥之处，恳请广大读者批评指正。

目 录

大 事 记

全 市 概 况

区 县 概 况

开发区建设

党派　群团

财税　金融

外经　外贸

国内贸易

教　育

科学技术

文　化

卫生　体育

社会生活

人 物

大事记

DASHIJI

1 月

1日 滨州市举行“2011好客山东滨州贺年会”启动暨欢乐今宵主题街区开街仪式。

4日 全市召开节会期间有关工作专题会议。市委书记、市人大常委会主任邓向阳作出批示，市委副书记、市长张光峰出席会议并讲话。市委副书记王浩主持会议。

同日，滨州市健康体检中心启用暨北京301医院远程视频会诊开通仪式在人保大厦举行。解放军总医院（北京301医院）副院长王树峰少将等出席仪式。

5~8日 市长张光峰率领滨州市经贸代表团到福建省福州、泉州、漳州、厦门等地学习考察。市政府秘书长、市发改委、市招商局以及滨城区、北海经济开发区等有关部门和县区主要负责人参加了考察。

7~8日 省政府矿产资源开发整合工作检查验收组对滨州市进行检查验收。历时三年的矿产资源开发整合工作顺利通过省政府的验收。

10日 山东省城市经济学会第一届第三次理事会议暨山东省县域经济调查推介活动表彰大会在滨州召开。省人大常委会原副主任、省城市经济学会会长王道玉等出席会议。

11日 2011年滨州市企业家迎春茶话会在滨州大饭店举行。市委书记邓向阳，市长张光峰，市委副书记王浩，市政协主席燕钦国，滨州军分区司令员胡红兵以及全市百强企业负责人，市直有关部门、各金融机构负责人出席了茶话会。

同日，日本伊藤忠商事株式会社常务执行董事、中国总代表佐佐木淳一，伊藤忠（中国）集团有限公司总经理池添洋一，伊藤忠（青岛）有限公司总经理渡部英司到滨州参观考察。

11~12日 农业部副部长高鸿宾在农业部畜牧业司司长王智才、农业部兽医局副局长李长友的陪同下到滨州市检查指导重大动物疫病防控工作。

13日 滨州市2011年度文化科技卫生“三下乡”活动启动暨全市第二届农民文化艺术节闭幕仪式在博兴县庞家镇举行。

14日 中共山东省委、省政府召开山东半岛蓝色经济区建设工作动员大会。市委书记邓向阳，市长张光峰在济南主会场参加会议。

18~21日 中国人民政治协商会议第九届滨州市委员会第四次会议在滨州国际会展中心举行。

19~21日 滨州市第九届人民代表大会第五次会议在滨州国际会展中心举行。

21日 山东省副省长贾万志带领省直有关部门负责人到滨城区走访慰问城乡困难群众和老党员，并到沾化北部沿海查看防冰减灾工作。

22日 市委书记邓向阳，市长张光峰率团赴青岛市走访有关领导，并看望慰问在青岛的滨州籍知名人士及在滨州工作过的领导。

24日 省委副书记、省政协主席刘伟到邹平县考察并点评创先争优活动。

25~27日 市长张光峰带领部分县区和市直有关部门主要负责人专程赴京，到全国政协、国务院办公厅、民政部、农业部、科技部、中国气象局等国家部委联系工作。

26日 山东华兴机械股份有限公司在加拿大多伦多成功挂牌上市，首期募集资金3600万加元，折合人民币2.4亿元。这是继鲁丰铝箔上市后博兴县的第二家上市企业，实现了全县境外上市企业零的突破。

同日，西王集团隆重举行2010年度总结表彰大会，同时庆祝西王220千伏变电站落成启动，西王特钢新品投产，西王食品A股主板上市。

同日，由市委、市政府主办，山东焦化集团有限公司承办的“冶金熔渣生产高端绿色石材工艺”合作开发签字仪式在北京举行。中国工程院院士、副院长、中国钢研集团董事长、钢铁研究总院院长干勇，中国建材集团总经理、中国建材研究总院院长、绿色建材国家重点实验室主任姚燕等出席签字仪式。

27日 济南军区政委杜恒岩中将到滨州检查指导工作。

2 月

5日 滨州市召开回滨州家乡过年的滨州籍国家部委及省、市级领导干部座谈会。国家统计局局长马建堂,人力资源和社会保障部副部长信长兴,省计生委主任盖国强,省社科联党组书记、副主席刘德龙,淄博市市长周清利等20多位滨州籍领导干部出席座谈。

9日 滨州市召开2010年度综合表彰大会。市委书记邓向阳讲话,市长张光峰主持会议,市委副书记王浩宣读了市委、市政府《关于2010年度市级综合表彰的通报》。

同日,市人大常委会与"一府两院"工作联席会召开。

12日 省委常委、副省长王军民到省十一届人大四次会议滨州代表团驻地,同代表们一起审议省政府工作报告和山东省"十二五"规划纲要(草案)。

19日 滨州市举行南海扩建2011年度工程开工仪式。

21日 全市2010年度工业经济表彰暨转方式调结构动员大会召开。

23日 西王食品通过借壳金德发展成功登陆深市主板市场,成为国内A股市场第一家玉米油上市公司,开创了滨州市"借壳"上市的先河。市委副书记、市长张光峰与西王集团董事长、西王食品股份有限公司董事长王勇敲响了深圳证券交易所开市钟。

24日 中共山东省委书记、省人大常委会主任姜异康到滨州市检查指导抗旱工作。省委常委、秘书长王敏等参加活动。

26日 滨州市举行北海新城及临港产业区规划方案汇报会。

3 月

3日 省长助理、省公安厅厅长吴鹏飞到滨州市检查公安机关大走访开展情况,并对公安机关全国"两会"安保工作、公安机关信息化建设、执法规范化建设提出要求。

4日 全市召开滨州港建设工作专题会议。

7日 全市召开黄河三角洲(滨州)国家农业科技园区建设专题会议。

10~12日 全市举办黄河三角洲高效生态经济区、山东半岛蓝色经济区开发建设领导干部培训班。

16~17日 全省慈善工作座谈会在邹平县召开。省慈善总会会长谢玉堂出席会议并讲话。

17~19日 "中科院专家滨州行"活动在滨州举行。

21~22日 国家环境保护部总工程师万本太率领国家海河流域水污染防治工作考核组到滨州市进行现场考核。

22日 济南军区副政委吕建成中将到滨州军分区检查"加强党性修养,锤炼思想作风"教育整顿落实情况。

23日 国家测绘地理信息局、山东省国土资源厅、滨州市人民政府在滨州大饭店举行数字滨州地理空间框架建设项目合作协议签署仪式。

24日 中国宏桥在香港证券交易所主板成功挂牌上市。此次中国宏桥以7.20港元/股的价格在港发行8.85亿股,募集资金63.72亿港元,折合人民币53.8亿元,创下2011年上半年香港交易所最大融资规模IPO记录。

26日 黄河三角洲高效生态经济区(滨州)发展项目对接活动在滨州大饭店举行。

4 月

1日 2011年春季山东糖酒商品交易会滨州组委会第二次工作会议召开。

2日 市六大班子领导,市直各部门、各直属单位、驻滨部队及滨城区、滨州经济开发区、高新区区直单位的1200余名干部群众及官兵,在渤海革命老区纪念园隆重集会,举行悼念革命烈士活动。

3日 中央纪委副书记、解放军总政治部原副主任孙忠同上将到滨州参观考察惠民孙子兵法城开发使用情况。

7~8日 副省长王随莲到滨州市调研深化医药卫生体制改革工作。

13~14日 全国政协常委、外事委员会主任、人民大学新闻学院院长赵启正应邀到滨州调研并作"公务员的新闻素养"专题报告。赵启正到杜受田故居,滨州城市规划展示馆等考察并到邹平县视察指导工作。

14~15日 全省高校宣传思想工作会议暨山东省高等学校思想政治教育研究会2011年年会在滨州市召开。

同日，中央党校第54期地厅级干部培训班学员到滨州市参观考察。

16日 2011年春季山东糖酒商品交易会在滨州国际会展中心开幕。

18日 第二届黄河三角洲高效生态经济区经贸洽谈会滨州组委会第一次会议召开。

19日 市委召开常委(扩大)会议。

19~20日 山东省政协副主席乔延春率省政协调研组就推进中小企业信用担保体系建设情况到滨州市调研。

26日 水利部黄河水利委员会主任陈小江到滨州市调研黄河治理开发与管理工作。

28日 山东省金融家与企业家俱乐部第八次会员大会在滨州市举行。原省委常委、副省长、省金融家与企业家俱乐部名誉理事长林廷生出席会议并讲话。中国人民银行济南分行行长杨子强，省发改委主任张超超，省金融工作办公室主任李永健等出席会议。

29日 全市举行庆祝“五一”国际劳动节暨劳模表彰大会。

全市科技大会召开。市委书记邓向阳为2010年度国家科学技术奖获得者颁奖。

5 月

6~8日 国务院机关党组成员、纪检组长阎京华一行到滨州市调研经济社会发展情况，并看望国务院办公厅在滨州市挂职干部。省委常委、副省长孙伟等陪同调研。

9日 市委书记邓向阳率团抵达香港，并出席市政府驻港经济顾问座谈会，为十名香港知名人士颁发“滨州市人民政府驻港经济顾问”聘书。

10日 滨州市政府在香港举办了“2011年滨州黄河三角洲高效生态经济区暨山东半岛蓝色经济区(香港)投资项目恳谈会”。市委书记邓向阳参加恳谈会。

11日 匈牙利国会副议长、社会党副主席乌伊海伊·伊什特万博士一行到邹平县参观考察。

12日 山东省政协副主席、省工商联主席王乃静一行赴邹平调研民营企业发展和非公有制经济组织“创先争优”活动开展情况。

12~13日 全国海河流域水土保持重点工程建设经验交流会在滨州市召开，水利部海委副主任田友出席会议。

14日 全市召开见义勇为先进分子表彰大会。并为见义勇为先进分子颁奖。

17日 全省劳动关系工作座谈会在滨州召开。

18~19日 全市科学发展现场观摩会议召开。

20日 滨州市第三届群众体育大会暨第一届全市机关运动会在滨州职业学院开幕。

同日，滨州市“一馆三中心”综合楼项目开工奠基。“一馆三中心”为市科技馆、市职工活动中心、市青少年中心和市妇女儿童活动中心，项目建筑总面积7万多平方米，预计总投资3.5亿元，是“市民活动中心”的重要组成部分，是市委、市政府确定的重点投资项目。

23日 邹平三星油脂工业有限公司到阳信县刘庙回民学校捐资80万元，用于支持民族学校改善基础设施。

23~24日 省委常委、常务副省长王仁元就推进黄河三角洲高效生态经济区和山东半岛蓝色经济区建设工作到滨州市调研。

24日 山东渤海实业股份有限公司到无棣县五营回民学校捐资100万元，用于支持民族学校改善基础设施。

26日 市长张光峰会见了丹麦驻华大使裴德盛一行，双方就新能源、环保技术等领域的合作进行了交流。

27日 全市召开解放思想大讨论活动专题会议。

28日 第四届福建籍异地商会高峰论坛在滨州大饭店举行。

30日 阳信县被中国五金制品协会命名为“中国不锈钢餐具生产基地”。

31日 滨州市援建的四川省绵阳市北川县安昌河北段综合治理及景观打造工程，承建的安北路西侧绿化配套工程，在北川新县城工程建设指挥部整体移交。

6 月

1日 全市2011年伏季休渔启动仪式在沾化国家一级渔港举行。

9~10日 省委常委、省纪委书记李法泉就贯彻落实十七届中央纪委六次全会和省纪委九届七次全会精神到滨州市调研。

10日 山东省鲁北监狱工程奠基仪式在滨州经济开发区举行。该项目总投资约6.5亿元。

11日 中国爱国拥军促进会成立大会召开,作为全国双拥模范城的代表,滨州市被列为中国爱国拥军促进会首批会员单位。

15日 滨州市召开黄河楼展陈方案汇报会。

17日 省委常委、组织部长高晓兵到博兴县,看望慰问建国前老党员和困难党员,并就滨州市村"两委"换届工作进行调研。

19~20日 水利部科技推广中心主任武文相等到滨州市小开河灌区调研。

21日 山东省第一届全民健身运动会"中国体育彩票杯"门球比赛暨2011年山东省老年人门球比赛开幕式在滨州市奥林匹克体育馆举行。中国老年体协副主席、山东省老年体协主席、山东省人大常委会原副主任曹学成等参加了开幕式。

同日,市社会福利院、救助管理站、流浪儿童救助保护中心新院启用暨滨州市儿童福利院揭牌仪式举行。

22日 滨州举行工商银行滨州分行荣获"全国五一劳动奖状"授牌仪式。

23日 全市干部教育培训"每月周末大讲堂"邀请《苦难辉煌》一书的作者、国防大学战略研究部教授、战略学博士生导师金一南少将,作"苦难辉煌——对国家和民族命运的思索"专题报告会。全国人大常委会农业和农村委员会委员、国防大学原副政委李毅仁中将参加报告会。

同日,滨州召开新八景新闻发布会。

28日 滨州市举行新型农村和城镇居民社会养老保险制度全覆盖养老金发放仪式。

6月29日~7月4日 省关工委主任、省人大常委会原副主任王克玉一行到滨州市调研关心下一代工作开展情况。

7 月

1日 滨州市召开《滨州港总体规划》汇报会。

3~4日 滨州市党政考察团到温州参观考察,并举行2011黄河三角洲(滨州)高效生态经济区投资环境说明会。市委书记邓向阳,市人大常委会常务副主任曹兴宽,市政协主席燕钦国等出席投资环境说明会。浙江省副省长、温州市委书记陈德荣,温州市市长赵一德会见了滨州考察团。

4~5日 2011黄河三角洲(滨州)高效生态经济区投资环境说明会在浙江台州耀达国际酒店举行。

5~6日 市委书记、市人大常委会主任邓向阳率领滨州市党政考察团在浙江省杭州市就城市建设、城市管理、服务业发展等进行了实地考察学习。

6日 沾化县入选全国小型农田水利建设重点县。

6~7日 市委书记、市人大常委会主任邓向阳率领滨州市党政考察团在江苏省苏州市、扬州市就城市建设、文化产业、旧城改造等进行了实地考察学习。

11~18日 应中华亚太中小企业经济合作促进会和台湾优良农产品发展协会的邀请,市委副书记、市长张光峰率政府、经贸、农业交流团赴台参加"2011台湾·山东周暨第17届鲁台经贸洽谈会",并到台湾部分企业、协会参访交流。

12日~9月20日 滨州市第十七届运动会在博兴县举行。共有88支代表队2519名运动员报名参赛。

13日 山东省副省长贾万志到滨州市检查指导防汛工作。

14日 交通运输部党组成员、国家邮政局局长马军胜一行到滨州市检查指导工作。

15日 2011年中国国际家用纺织产品设计大赛滨州分赛区毛、浴巾、毯类、工艺纺织品类设计专业评比在滨州大学饭店举行。

18日 滨州市邀请北京大学岳庆平教授作社会管理及其创新专题报告会。

21日 滨州举行渤海革命老区纪念园被济南军区命名为"我党我军革命传统教育基地"揭牌仪式。

滨州举行碣石山地震与火山博物馆"国家级科普宣教基地"揭牌仪式。

21~22日 山东省政协副主席栗甲带领视察组到滨州市视察防震减灾工作。

23日 中国科学院5名专家应邀到滨州,就中小企业技术难题展开咨询、解疑活动。

23~24日 全省共青团工作

观摩会在滨州召开。由团省委书记王磊率领的全省共青团工作观摩团到滨州市观摩指导共青团工作。

27日 中国红十字基金会常务副理事长王志到滨州参加滨医附院“天使阳光基金”定点医院揭牌仪式。此为中国红十字基金会在滨州设立的第一个定点医院，为做好滨州市特困先心病患者救助工作创造了便利条件。

市城市建设历史文化咨询委员会成立大会在市规划局举行。

29日 市委常委议军会议召开。市委书记邓向阳，市委副书记、市长张光峰，武警山东省总队政委张洪运等领导一同参加了军分区组织的“军事日”活动和武警滨州市支队指挥中心及教导队营房迁建项目奠基仪式。

同日，庆“八一”双拥晚会在市政文化广场举行。晚会上，对全市评选出的“十佳兵妈妈”和“十佳好军嫂”进行了表彰。

8 月

1日 中国(滨州)食用菌产业发展大会、第七届中国国际食用菌烹饪大赛(邹平杯)邀请赛暨滨州优质农产品展销活动动员部署会议召开。

3日 滨州市举行创业促进会一届二次会员理事会议。

同日，滨州市举行YBC滨州创业办公室揭牌仪式。中国青年创业国际计划(YBC)执行总干事、全国导师委员会主席杨华东，YBC全国认证委员会主席李裕国；省政协原副主席、省创业促进会会长王久祜出席揭牌仪式。

4日 滨州市人民政府与西北农林科技大学、杨凌农业高新科技产业示范区在滨州大饭店签署了《加强农业科技及产业合作，推动现代农业发展合作协议》。杨凌农业高新技术产业示范区党工委副书记周耀生、管委会副主任王亚杰，西北农林科技大学党委副书记徐养福出席签字仪式。

4~5日 监察部驻海关总署监察局局长王平，在青岛海关副关长官云岐陪同下到滨州市考察。

5日 中共滨州市委召开七届十四次全体会议。全委会应到市委委员41人，候补委员7人；实到市委委员30人，候补委员7人，符合法定人数。会议深入学习了胡锦涛总书记“七一”重要讲话精神，传达贯彻省委理论学习中心组读书会、省委九届十二次全会精神，研究分析形势，安排部署下一步工作任务。

10日 2011年全省人事考试工作座谈会在滨州召开。

15~17日 全国人大常委会原副委员长蒋正华到滨州市考察并出席房地产战略发展（滨州）报告会和滨州经济开发区南街棚户区改造项目奠基仪式。省人大常委会原副主任邵桂芳陪同。

17~18日 山东省军区政委刘从良少将到滨州检查指导工作。

18日 鲁北化工股票在上海证券交易所恢复上市交易。山东鲁北化工股份有限公司于1996年7月2日在上海证券交易所上市。由于2007年至2009年连续三年亏损，于2010年5月25日暂停上市。

20日 国家发改委经贸司副司长刘小南率国家和省棉花调研组到滨州市检查指导工作。

23日 科技部副部长张来武在山东省委常委、副省长孙伟陪同下，到滨州市就国家农业科技园区建设情况进行调研。

24~25日 省人大常委会副主任连承敏到滨州调研。

25日 省委常委、宣传部长孙守刚到滨州市调研宣传思想文化工作。

30日 滨州市举行生活垃圾焚烧发电厂项目奠基仪式。

9 月

1~2日 国务院参事葛志荣率国务院调研组一行到滨州市调研。

2~4日 北京市市政市容管理委员会党组副书记、副主任孟令华率领考察团到滨州市就城市管理工作进行参观考察。

5日 市委书记邓向阳，市长张光峰，市委副书记王浩，市人大常委会常务副主任曹兴宽等赴胜利油田走访，并与胜利石油管理局代理局长、党委书记、油田分公司总经理孙焕泉等座谈交流。

同日，“第二届海峡两岸（滨州）武韵文化杯大学生孙子兵法友谊辩论赛”第一场比赛在滨州学院举行。台湾中华孙子兵法研究学会总会长傅慰孤，山东孙子研究会执行会长赵承风出席辩论赛。

7~9日 全省人大教科文卫

全市概况

QUANSHIGAIKUANG

地理概况

【位置面积】 滨州市位于山东省北部、黄河三角洲腹地、渤海湾西南岸，北通大海、东临东营市、南连淄博市、西南与济南市交界、西与德州市接壤、西北隔漳卫新河与河北省海兴县、黄骅市相望。

全市境域横跨黄河两岸，地理坐标为：北纬36°41′~38°16′，东经117°15′~118°37′，东西最大跨径120公里，南北最大跨径175公里，总面积9453平方公里。

【自然条件】 地质 滨州市处于华北新生代沉降区东南部的济阳拗陷中。新生代的下覆基岩是古生代的沉积地层和前震旦纪变质岩系，由数条北东东向断裂分割成几个小的断块，基本无中生代地层，新生代地层直接覆盖于古生代地层之上，断块凹陷形成新生代凹陷盆地，沉积了全套巨厚的新生代地层，该地层为海相、湖相和冲积相碎屑的互层沉积，含大量有机物，有利于石油生成。除邹平南部山区外，全市表层大部为第四纪沉积覆盖，小清河以南处于鲁中山区北麓冲积平原的中尾部，是洪积和冲积平原的叠交地带，其洪积冲积地层厚度一般在100~200米。小清河以北属黄河冲积沉积，厚度多在200~400米之间，其中小清河与黄河之间最厚，达400米。长期以来，济阳拗陷区属沉降地带，地壳一直处在一面下陷，一面为河流冲积物填充的状态，尤其是黄河的多泥沙河流的冲积作用占优势，冲积速度大于地壳沉降速度，形成了广大的冲积平原。

地貌 滨州市地势南高北低，大致上由西南向东北倾斜，渐次过度到大海。以小清河为界，全境呈现南北两种不同类型的地貌特征。小清河以南的邹平南部长白山脉属泰沂山区北麓的低山丘陵区，地势高峻，其主峰摩诃顶海拔826.8米，是全市最高点，其余均为山前倾斜平原，地势平缓，间有缓岗与洼地，海拔高程一般在8~800米。小清河以北为黄河冲积平原，海拔高程一般在1~20米，总体上地势低平，由于历史上黄河多次改道和决口泛滥，造成沉积物交错分布，加上河流冲刷、海潮内浸、自然侵蚀和人类活动的影响，形成了低岗、缓坡、浅洼相间，微地貌差异明显的大平小不平的地貌特征。

气候 2011年度（2010年12月~2011年11月），全市年平均降水量537.6毫米，较常年偏少5%；年平均气温13.3℃，较常年偏高0.6℃；光照2286.0小时，较常年偏少13%。综合全年气候条件对农业生产的影响，应为正常的年份。（1）降水。全市平均降水量为537.6毫米，较常年偏少27.2毫米，较上年偏少102.8毫米。各县区年降水量在436.5~688.0毫米之间。冬季（2010年12月~2011年2月，下同）平均降水量13.7毫米，较常年偏少4.4毫米，较上年度偏少6.3毫米。春季（3~5月）平均降水量65.5毫米，较常年偏少8.7毫米，较上年偏多0.6毫米。夏季（6~8月）平均降水量299.1毫米，较常年偏少81.6毫米，较上年偏少204.5毫米。秋季（9~11月）平均降水量152.4毫米，较常年偏多60.6毫米，较上年度偏多98.6毫米。（2）气温。全市平均气温13.3℃，较常年偏高0.6℃，较上年偏高0.1℃。各县（区）平均气温在12.7~14.1℃之间。极端最高气温37.1℃，出现在7月24日（邹平）；极端最低气温-15.5℃，出现在1月16日（阳信）。冬季平均气温为-1.4℃，与常年同期持平，较上年偏低0.2℃。春季平均气温为14.1℃，较常年偏高0.9℃，较上年偏高1.5℃。夏季平均气温26.2℃，较常年偏高0.6℃，与上年持平。秋季平均气温14.1℃，较常年偏高0.6℃，较上年偏低0.4℃。（3）日照。全市平均日照2286.0小时，较常年偏少346.1小时，较上年偏少54.9小时。各县区日照在1977.6~2473.6小时之间。冬季全市平均日照为539.4小时，较常年偏多2.8小时，较上年偏多44.9小时。春季平均日照为790.6小时，较常年偏多49.4小时，较上年偏多105.6小时。夏季平均日照为540.1小时，较常年偏少184.6小时，较上年偏少14.0小时。秋季平均日照为463.6小时，较常年偏少166.0小时，较上年偏少104.6小时。

（刘 锋）

【自然资源】 矿产资源 境内查明的矿藏有29种，已开发利用的19种，尚未开发的10种。邹平南部山区矿产资源丰富，已探明铜矿储量约3.3万吨，同时伴生有金、银、钼等贵重稀有金属；已探明可开采利用的建筑石料储量约2141.8万立方米,麦饭石储量约2亿立方米左右。石油总储量5.88亿吨,天然气总储量164.5亿立方米,贝壳砂储量324.9万吨。境内地热资源丰富,查明地热资源储量32827.13兆瓦。沾化县东北部滨海乡一带,含煤面积236.2平方千米,埋深1500~2000米,预测资源量25亿吨。无棣、沾化两县海岸地带盛产原盐,是山东省重要的原盐生产基地,地下卤水储量丰富,分布广、储量大、产量高。经测定,在全区海岸带年大潮线和多年大潮线之间的6.74万公顷的海涂内,地下45米的卤水浓度为7°波美度,地下30米卤水浓度为8°波美度,日单孔出卤量达500立方米以上;整个海涂C+D级卤水矿资源储量达2.5亿立方米,可采量为1.7亿立方米,折产原盐1000万吨。

土地资源　全市土壤共分褐土、潮土、盐土、砂姜黑土、风沙土5个土类,褐土主要分布在邹平县南部山区及东部山前平原和博兴县南部冲积扇边缘;潮土分布在全市各县区,是主要耕作土壤;盐土主要带状分布于无棣、沾化两县的近海地区,内陆除邹平县外,其余县区也有少量分布;砂姜黑土仅博兴、邹平两县有零星分布,多集中于小清河以南的山前冲积平原和冲积扇低洼地;风沙土主要分布在惠民县西南部黄河决口的主流带旁,面积极少。至2011年12月31日,滨州市土地总面积为96.60万公顷,其中耕地46.79万公顷,园地3.09万公顷,林地2.23万公顷,草地3.41万公顷,城镇村及工矿用地13.20万公顷,交通用地3.51万公顷,水域及水利设施用地21.04万公顷,其他土地3.33万公顷。

（刘金禄）

水资源　境内水资源主要由当地水资源(地表水、地下水)、客水资源(黄河客水、内河客水)两大部分构成。(1)水资源量。全市多年平均水资源总量为30.68亿立方米,其中多年平均当地水资源量10.16亿立方米(地表水5.55亿立方米,地下水6.53亿立方米,重复计算量1.92亿立方米);多年平均客水资源量20.52亿立方米(其中省分配引黄指标8.57亿立方米,过境河流水资源量11.95亿立方米)。人均水资源占有量约270立方米,属于人均水资源量小于500立方米的水危机地区。滨州市多年平均降水量为575.4毫米,折合水量为54.4亿立方米。2011年,降水量为528.4毫米,小于多年平均降水量,属平水年份。(2)水资源开发利用。供水量是通过蓄、引、提、水井4类工程对地表水和地下水进行开发利用,以满足工业、农业、生活、生态环境用水,2011年,总供水量15.35亿立方米,其中当地地表水1.86亿立方米,黄河水资源11.39亿立方米,包括浅层水、深层水、微咸水在内的地下水2.07亿立方米;总用水量15.35亿立方米,其中农业灌溉用水10.63亿立方米,林牧渔畜用水2.07亿立方米,工业用水1.29亿立方米,城镇及农村居民生活用水0.8亿立方米,生态环境用水0.4亿立方米,城镇公共用水量0.14亿立方米;分别占社会总用水量的69.3%、13.5%、8.4%、5.2%、2.7%、0.9%。(3)水质监测。2011年,对全市地表水水质进行监测,调查监测过境和境内河流21条,设置断面26个,年内分平水期、丰水期、枯水期进行3次监测,其监测断面有:漳卫新河(辛集闸)、青坡沟、马颊河(筛罗坡桥)、德惠新河(王杠子闸、白鹤观闸)、徒骇河(申桥、堡集闸、坝上闸)、秦口河(下洼闸)、潮河(贾家桥)、秦台干沟(滨北农场公路桥)、沙河(史马桥)、胜利沟(兵法城北门东桥)、白杨河(十里堡桥)、北支新河(庞家桥)、支脉河(滨淄桥)、胜利河(城关)、东猪龙河(崔家闸)、小清河(博昌桥、五龙堂)、孝妇河(长山桥)、杏花河(浒山闸、袁家屋子)、漯河(西董村桥)、黄河浮桥以及麻大湖。调查平原水库18座,设置断面18个,全年共监测6次,其监测断面有:滨城区的东郊水库、秦台水库、蒲城水库和龙饮水库;惠民县孟家水库;阳信县的幸福水库;无棣县三角洼水库、月湖水库和芦家河子水库;沾化县毛家洼水库、河贵水库和富国水库;博兴县的打渔张渠首水库;邹平县三八水库、码头水库、韩店水库;开发区南海水库和西海水库。监测结果以《水资源公报》向社会发布,每年印发6期,每期1000份。

（李秋然　荆振华）

生物资源　据1997年生物资源调查,全市近海水域浮游植物16科116种,浮游动物45科79种,底栖动物115科222种;近海潮间带植物10科24种，动物101科207种；近海鱼类53科112种。淡水浮游植物41科291种，浮游动物47科144种，底栖动物41科75种；淡水鱼类17科102种。陆地节肢动物151科850种，土壤动物17科37种，高等植物111科608种，鸟类47科272种。1998年4月至1999年10月，地区林业局组织进行了陆生野生动物资源调查，查得属于国家和省重点调查陆生野生动物名录64种中的41种，其中鸟类36种，兽类2种，两栖类2种，爬行类1种；非重点调查的鸟类138种，兽类22种，两栖类5种，爬行类9种，共计174种鸟，24种兽，7种两栖类，10种爬行类。

受危物种资源　依据1994年世界自然保护联盟理事会通过的濒危物种新标准，经1997年全市调查核实，市内濒危物种有单叶蔓荆、草麻黄；易危植物有野生甘草、杠柳、野大豆、杞柳；低危物种有繁穗苋。市内濒危动物有狗獾、豹猫；易危动物有黄鼬、艾鼬、艾虎；低危物种有赤狐。

海域　滨州市地处渤海湾南岸，沿海有无棣、沾化两县，海岸系黄河冲积而成，岸线曲折，东西蜿蜒238.9公里，有多条河流在此入海。滨州海岸属典型的泥沙质海岸，无天然良港，但海域内潮间带均为淤泥沉积而成，跨度大，滩涂宽广，平均跨度10公里，有滩涂面积9.37万公顷，负15米浅海面积20万公顷。近海海域内有浮游植物66种，包括硅藻59种，甲藻3种，金藻2种，裸、绿藻各1种；浮游动物42种，包括原生动物1种，腔肠动物6种，节肢动物33种，毛颚、被囊动物各1种；底栖动物84种，包括腔肠动物2种，腕足类2种，多毛类4种，软体动物26种，甲壳动物25种，棘皮动物3种，鱼类22种。潮间带动物有52种，隶属9个动物门，其中软体动物17种，甲壳类16种，多毛类12种，其他动物7种。近海海域游泳生物主要包括鱼类85种，虾类15种，蟹类14种，软体动物3种，大型水母类2种。

【气象灾害】　2011年，气象灾害主要有秋冬春连旱、连阴雨、海冰、大风冰雹、暴雨洪涝灾害等。(1)秋冬春连旱。2010年9月23日至2011年2月21日，全市平均降水量为建国以来同期次少值，冬小麦等农作物大面积受旱。至3月16日，全市农作物受灾面积3.64万公顷，受灾人口54.1万人，因灾造成直接经济损失6100万元。(2)海冰。2010年12下旬至2011年1月份以来冷空气频繁，气温大幅度下降。至1月21日，滨州主要入海河道内已全部封冻，沿海海冰最大外缘线约14海里，海冰一般厚度5~15厘米，最大厚度25厘米。浅海滩涂贝类资源受灾面积1.2万公顷，造成直接经济损失1500万元。(3)大风冰雹。4月23日，无棣县3乡镇遭冰雹袭击，受灾人口3.95万人，农作物受灾面积3960公顷，因灾造成直接经济损失450万元。4月29日，邹平县7个乡镇办受冰雹袭击，全县受灾人口7.1万人，农作物受灾面积6300公顷，造成直接经济损失1200余万元。6月6日晚，无棣县3乡镇遭受风雹袭击，受灾人口6500人，作物受灾面积460公顷，造成直接经济损失35万元。7月10日，邹平县高新办事处遭受大风冰雹袭击，受灾人口2470人，受灾面积201.23公顷，造成直接经济损失365.38万元。7月15日，沾化、惠民县3镇受冰雹袭击，受灾人口2.25万人，农作物受灾面积1070公顷，直接经济损失6730万元。(4)暴雨洪涝。8月15日至16日，无棣县出现暴雨，最大雨量217.9毫米，3乡镇遭受涝灾，受灾人口4.4万人，农作物受灾面积0.37万公顷，房屋倒塌136间，损坏房屋320间，因灾造成直接经济损失670万元。(5)连阴雨。9月10日至19日，出现连阴雨天气，由于较长时间的阴雨寡照，使棉花、冬枣和小枣等农作物大面积受灾，全市受灾人口34万人，作物受灾面积2.67万公顷，造成经济损失1.14亿元。

（刘　锋）

【行政区划】　2011年9月14日，经省政府批准，对博兴县、惠民县、阳信县、无棣县、邹平县部分乡镇的行政区划进行了调整。(1)鲁政函民字[2011]20号批复，将博兴县陈户镇的高家村、郑家村、岭子村、卞家村、东田村、西田村6个村，整建制划归城东街道办事处管辖。(2)鲁政函民字[2011]44号批复，撤销惠民县何坊镇，以其原行政区域设立何坊街道办事处，办事处机关驻刘集村；撤销皂户李乡，以其原行政区域设立皂户李镇，镇政府驻皂户李村。(3)鲁政函民字

[2011]45号批复，撤销阳信县劳店乡，以其原行政区域设立劳店镇，镇政府驻阳劳路777号。(4)鲁政函民字[2011]46号批复，撤销阳信县劳店乡，以其原行政区域设立劳店镇，镇政府驻阳劳路777号。(5)鲁政函民字[2011]47号经批复，整建制撤销西董镇，以其原行政区域设立西董街道办事处，办事处驻醴泉五路1199号(原西董镇政府驻地)。

至2011年底，全市辖6县1区及滨州经济开发区、滨州高新技术产业开发区、滨州北海新区，共设29个街道办事处、56个镇、6个乡，另设1个沾化县海防办事处(非一级行政区划)。

各县区所辖镇、乡、街道办事处如下：

滨城区:7个街道办事处、2个镇、1个乡。

市东街道办事处、彭李街道办事处、市西街道办事处、市中街道办事处、北镇街道办事处、梁才街道办事处、滨北街道办事处。

三河湖镇、杨柳雪镇；秦皇台乡。

惠民县:3个街道办事处、12个镇。

孙武街道办事处、武定府街道办事处、何坊街道办事处。

石庙镇、桑落墅镇、淄角镇、李庄镇、胡集镇、麻店镇、姜楼镇、清河镇、魏集镇、大年陈镇、辛店镇、皂户李镇。

阳信县:2个街道办事处、7个镇、1个乡。

信城街道办事处、金阳街道办事处。

温店镇、商店镇、流坡坞镇、翟王镇、河流镇、水落坡镇、劳店镇；洋湖乡。

无棣县:2个街道办事处、7个镇、2个乡。

棣丰街道办事处、海丰街道办事处。

小泊头镇、水湾镇、碣石山镇、埕口镇、柳堡镇、车王镇、佘家镇；信阳乡、西小王乡。

沾化县:2个街道办事处、7个镇、2个乡、1个海防办事处。

富国街道办事处、富源街道办事处。

下洼镇、古城镇、冯家镇、泊头镇、大高镇、黄升镇、滨海镇；下河乡、利国乡；海防办事处。

博兴县:3个街道办事处、9个镇。

城东街道办事处、锦秋街道办事处、博昌街道办事处。

曹王镇、陈户镇、兴福镇、庞家镇、吕艺镇、湖滨镇、店子镇、纯化镇、乔庄镇。

邹平县:5个街道办事处、11个镇。

黛溪街道办事处、黄山街道办事处、高新街道办事处、好生街道办事处、西董街道办事处。

长山镇、魏桥镇、临池镇、焦桥镇、韩店镇、孙镇、九户镇、青阳镇、明集镇、台子镇、码头镇。

滨州经济开发区:3个街道办事处。

杜店街道办事处、沙河街道办事处、里则街道办事处。

滨州高新技术产业开发区:2个街道办事处。

小营街道办事处、青田街道办事处。

滨州北海经济开发区:1个镇。

马山子镇。

【人口民族】 人口　2011年，全市人口出生率为11.04‰，死亡率5.61‰，人口自然增长率5.42‰；年末总人口380.68万人。

民族　2002年，第五次人口普查全市有少数民族39个，17589人，分布全市各县区。主体少数民族是回族，15278人，其他超过百人的少数民族是：满族435人、彝族410人、蒙古族273人、苗族273人、白族107人、拉祜族106人。

国民经济和社会发展综述

2011年，全市积极抢抓“两区”建设重大历史机遇，深入贯彻落实科学发展观，认真贯彻执行中央宏观经济政策，正确处理保持经济平稳较快发展、调整经济结构、管理通胀预期的关系，全市经济继续保持了平稳健康发展态势，实现了“十二五”良好开局。

一、综合

经济平稳运行，结构进一步优化。初步核算，全市实现生产总值(GDP)1817.58亿元，按可比价格计算，增长12.0%。其中，第一产业实现增加值178.07亿元，增长4.9%；第二产业实现增加值972.29亿元，增长13.1%；第三产业实现增加值667.22亿元，增长12.3%。三次产业结构由上年的10.02∶54.61∶35.37调整为9.80∶53.49∶36.71，服务业占比提升1.3个百分点。人均生产总值达48326元（按年均汇率折算为7482美元），增长10.9%。

市场物价高位回落，通胀压力明显缓解。居民消费价格月度同比涨幅呈“倒V型”走势。全年居民消费价格总指数为103.9%，其中，服务项目价格上涨3.7%，消费品价格上涨3.9%。工业生产者价格高位回落，购销价格“剪刀差”基本消除。全年工业生产者出厂价格上涨8.7%，工业生产者购进价格上涨8.1%。全年房屋销售价格上涨6.8%。

民营经济发展活跃。民营经济实交税金147.28亿元，增长28.1%，占全部税收的66.9%，同比提升3.1个百分点。截至年末，个体工商户发展到6.31万户，从业人员13.86万人，注册资金22.50亿元，分别增长2.1%、7.0%和38.0%；私营企业发展到1.88万户，从业人员27.27万人，注册资金950.42亿元，分别增长27.9%、28.1%和48.2%。

电力保障服务水平进一步提升。全市110千伏及以上变电站34座，变电总容量599.22万千伏安，线路总长度1149公里，电网最高负荷211.4万千瓦，最大日供电量3972万千瓦时。形成以500千伏滨州变电站为支撑、13座220千伏变电站为中心的供电网络。全年投产35千伏及以上线路243公里，变电容量152万千伏安，均创历史最高水平。

安全生产形势持续稳定。全年共发生各类生产安全事故525起，死亡148人，分别下降24.1%和10.9%，全年亿元GDP安全生产事故死亡人数0.08，下降23.9%，事故起数和死亡人数连续十年实现“双下降”。

二、农林牧渔业

农村经济平稳健康发展。全年农林牧渔业总产值346.24亿元，按可比价格计算，比上年增长4.9%。其中，农业总产值186.40亿元，林业总产值5.81亿元，牧业总产值104.77亿元，渔业总产值37.55亿元，农林牧渔服务业总产值11.71亿元，分别增长3.5%、10.0%、5.9%、8.5%和16.2%。

农业生产保持稳定增长。粮食产量连续九年实现增产，总产、单产均创历史新高。棉花生产呈现恢复性增长，种植面积199.33万亩，增长6.0%；总产量15.71万吨，增长18.8%；单产78.80公斤/亩，增长12.1%。蔬菜面积49.95万亩，减少0.2%；总产量184.59万吨，增长3.3%。水果总产量112.85万吨，增长9.3%。

林业生产创佳绩。合格造林18.91万亩，完成绿色通道1351.83公里，新建农田林网23.55万亩，四旁植树472.45万株，育苗面积3.22万亩，木材产量43.34万立方米。美国白蛾得到有效控制，湿地修复与保护工程顺利推进。

畜牧业、渔业生产稳定增长。畜牧业规模化养殖水平不断提高，全年肉类总产量45.41万吨，增长9.1%，禽蛋产量23.92万吨，增长10.2%，奶类产量13.27万吨，增长5.2%。渔业生产形势良好，全市水产品总产量39.17万吨，增长9.9%。名特优规模不断壮大，对虾养殖面积60万亩、海参养殖面积4万亩、工厂化名贵鱼类10.1万立方水体、海参育苗水体突破10万立方水体，创全省海参育苗最好水平。

农机化水平大幅提升。全市农机总动力567.91万千瓦，增长4.0%，农机总值达到30.1亿元，增长5.5%。农机专业合作社蓬勃发展，总数达163家，其中达到省办“五化”标准的33家，实现农机跨区作业收入1.5亿元。全年完成小麦保护性耕作101.6万亩，覆盖率近30%，完成机械深松整地61.3万亩，玉米收获基本实现机械化，棉花收获机械化试验成功。

农业产业化、标准化工作扎实推进。农业产业化带动能力明显增强，全市农业产业化国家级重点龙头企业4家，省级重点龙头企业53家，市级重点龙头企业271家。农产品质量和市场竞争力进一步提高，全市标准化生产基地面积达到180万亩，无公害、绿色和有机食品认证275个，其中无公害农产品认证82个，绿色食品认证151

个,有机食品认证42个。

水利支撑保障能力明显增强。全市农田水利基本建设投资8.2亿元，完成各类水利工程648处，发展节水灌溉面积17.56万亩,恢复和改善灌溉面积52.6万亩,新增和改善除涝面积52.1万亩,建成标准化方田11万亩，新增蓄水能力4500万方，治理水土流失面积70平方公里。全年引蓄黄河水12亿立方米，为全年粮棉大丰收奠定基础。供水保障能力得到提升,解决和改善了13.78万农村居民和学校师生的饮水安全问题。防洪抗旱减灾能力显著增强,疏浚河道66公里，防潮堤衬砌加固8.3公里,投资2.9亿元,顺利实施南海扩建工程、北海水库工程。新申请并获批国家级水利风景区2处，省级水利风景区3处。

三、工业和建筑业

工业生产实现较快增长。全市规模以上工业企业(年主营业务收入2000万元及以上的工业法人企业)810家，工业增加值同比增长15.9%，高出全省平均1.9个百分点,增速列全省第5位。其中,轻工业增长12.0%,重工业增长21.0%。规模以下工业稳步发展,实现工业总产值394.5亿元,增长13.4%,增速列全省第7位。产销衔接良好，产销率达102.01%，比上年提升1.1个百分点。高新技术产业快速发展,按新口径计算的全市高新技术产业产值901.02亿元，增长32.4%,高于全省平均水平5.36个百分点。占规模以上工业总产值的比重达18.93%,比年初提高3.5个百分点,占比居全省第13位。

工业效益稳步提高。全市规模以上工业实现主营业务收入4978.04亿元,增长32.8%,实现利润238.55亿元,增长18.5%;利税362.80亿元,增长17.3%。工业经济效益综合指数达到272.35%,同比提升14.6个百分点。四大支柱行业稳步增长。全市规模以上纺织业增加值增长12.8%，实现利润104.09亿元,增长14.2%;农副食品加工业增加值增长3.6%，实现利润28.2亿元,增长33.9%;化学原料及化学制品制造业增加值增长14.3%,实现利润24.35亿元,增长53.6%;石油加工炼焦业增加值同比增长16.0%，实现利润14.55亿元,下降26.5%。

建筑业稳定发展。全市资质以内建筑企业207家,实现建筑业产值180.36亿元,增长21.9%,其中建安工程产值174.64亿元，增长29.8%。房屋施工面积1160.73万平方米,增加299.16万平方米;房屋竣工面积335.40万平方米,增加85.89万平方米。

四、固定资产投资、房地产开发

固定资产投资快速增长。全市施工项目2239个，其中新开工项目1449个，计划总投资亿元以上项目377个。固定资产投资总额1010.69亿元,增长23.8%。其中,第一产业完成投资27.39亿元,增长36.4%；第二产业完成投资566.17亿元,增长17.9%,其中工业投资496.49亿元，增长16.8%;第三产业完成投资417.13亿元，增长31.9%。

投资结构继续优化。第三产业投资快速增长，占比达41.3%,同比提升2.5个百分点。工业技改投资快速增长，完成投资405.6亿元,占工业投资的比重达81.7%。

房地产开发投资稳定增长。房地产开发投资完成106.28亿元，增长10.1%。其中,住宅投资79.34亿元,增长15.7%;商业营业用房投资15.77亿元,增长5.3%。保障性安居工程扎实推进。全市保障性安居工程开工1.48万套，开工率126.5%。其中廉租住房、经济适用房、公共租赁房分别开工1685套、1480套、5236套,各类棚户区居民改造6435户。

商品房供需状况良好。施工面积1013.95万平方米,增长42.8%;竣工面积94.72万平方米，下降33.9%。销售面积330.48万平方米，增长18.8%，销售额94.96亿元，增长43.1%。其中，现房销售面积34.62万平方米,下降54.2%;期房销售面积295.86万平方米,增长58.0%。

五、国内贸易

消费市场平稳较快增长。实现社会消费品零售总额505.75亿元,增长17.3%。增速逐季提高,分别为16.5%、17.0%、17.3%、17.3%,呈现较好的均衡性；从地域看,城镇和乡村两个市场共同发展,双双保持较快增速,城镇零售额344.93亿元，增长17.6%；农村零售额160.82亿元,增长16.6%,占零售总额的31.8%。

商品零售快速发展,餐饮消费日渐红火。全市实现商品零售总额445.79亿元,增长17.4%,占社会消费品零售总额的88.1%。实现餐饮消费59.96亿元，增长16.3%，占零售总额的11.9%。

行业规模不断扩大。截止2011年底，年销售额过亿元的批发零售单位103家，比上年末增加37家。年营业额过2000万元住宿餐饮企业达16家，比上年末增加7家。

热点商品销售旺盛，消费水平不断提高。据对限额以上企业商品零售统计，电子出版物及音像制品类增长49.0%；金银珠宝类增长42.4%；化妆品类增长39.2%；服装鞋帽、针纺织品类增长38.1%；煤炭及制品类增长35.7%；体育娱乐用品类增长30.1%；粮油食品、饮料烟酒类增长28.4%；汽车类消费增长28.4%，文化办公用品类增长21.0%。

六、对外经济

利用外资创新高。合同外资、实际到账外资双双跨过10亿美元，合同外资实现12.07亿美元，增长169.3%；实际到账资金10.43亿美元，增长236.4%，增幅列全省第一。对外贸易上台阶。进出口总额66.93亿美元，增长31.4%，高于全省平均增速6.6个百分点。其中，出口总额28.47亿美元，增长11.6%，进口总额38.46亿美元，增长51.3%。进出口队伍不断壮大，新增备案企业253家，全市有进出口实绩企业452家。其中，过千万美元的达70家，超亿美元的企业11家。20家重点调度出口企业实现出口20.25亿美元，占全市的71.1%。民营企业进出口高速增长，进出口总额21.41亿美元，增长135%。

进出口产品结构进一步优化。机电产品、高新技术产品、农副产品出口比重进一步增加，分别达到2.67、2.40、2.64亿美元，占全市出口总量的比重分别达9.4%、8.4%、9.3%。传统产品纺织服装所占比重由上年的62.8%下降至53.1%。化学制品、钢铁制品、家具出口增幅保持在40%以上。食用油出口成为新的增长点，规模扩大了近7倍。资源类产品进口走强，铝矿砂进口1858万吨，增长43.9%；铁矿砂进口128.6万吨，改变去年无进口的状况；纸浆进口7.75万吨，增长170%。

七、交通、邮电和旅游

公路运输健康发展，运输能力显著增强。年末公路通车总里程达14934.8公里，其中高速公路171.1公里，干线公路综合优良率达93.1%。港口建设实现历史性突破，滨州港全年投资15.5亿元，2×3万吨码头及附属工程达到靠泊条件。农村公路建设养护管理进一步强化，改造农村公路853.9公里、桥梁61座，投资10.7亿元。场站建设不断加快，共建设场站项目21个，投资6.36亿元。大力实施公交便民工程，全市营运公交车辆1518辆，出租车1833辆，投资1亿元新增绿色环保公交汽车100台，在黄河二路安装设置电子智能站牌和候车亭36个。全市公共汽车线路达144条，其中市内线路32条，新增公交线路5条，延长公交线路12条，形成了市内公交与对外交通的零距离换乘。

铁路建设成效显著。德大铁路滨州段本年投资6.3亿元，实现了工程量领先、投资进度领先的成果。规划建设和拟开工铁路项目稳步推进，济南—滨州城际轨道交通项目列入国家“十二五”建设计划，黄大铁路项目通过了初步设计审查，寿邹铁路项目初步设计已经审查批准。滨沾铁路资产整合工作已顺利完成，铁路运营成效不断增加，全年境内铁路运量309万吨，实现安全运营。

民用汽车发展加快。年末民用汽车保有量41.10万辆，其中本年新注册汽车7.53万辆；年末私人汽车保有量为36.32万辆，其中本年新注册6.29万辆；年末私人小型汽车（蓝色牌照）保有量为27.19万辆，其中本年新注册6.15万辆。

邮电通信业较快发展。邮政业务总量1.54亿元，增长6.6%，电信业务总量21.00亿元，增长16.4%。年末固定电话用户80.58万户，下降5.3%；移动电话用户355.21万户，增长16.1%。互联网用户数达到40.7万户，增长33.0%。

旅游业快速健康发展。实现旅游总收入56.08亿元，增长27.7%。其中，入境旅游收入1057.46万美元，增长17.7%；国内旅游收入55.40亿元，增长28.0%。接待入境游客3.55万人次，增长22.8%；接待国内游客812.14万人次，增长22.8%。

八、财政、金融、证券和保险

财政实力继续增强，支出向民生倾斜。全市地方财政收入130.76亿元，增长25.7%。其中，税收收入88.38亿元，增长20.1%，占地方财政收入的67.6%。全市财政支出201.03亿元，增长24.2%。教育、社会保障和就业、医疗、农林水事务等四项民生支出占地方财政支出总额的56.02%,比上年提高了3.7个百分点,财政支出结构进一步优化,向民生保障和重点社会事业倾斜力度加大。

金融市场运行平稳。年末金融机构本外币存款余额1309.69亿元,增长22.9%。其中,居民储蓄存款586.72亿元,增长15.2%。本外币贷款余额1256.49亿元,增长17.6%。其中,短期贷款余额875.28亿元,比年初增加145.28亿元;中长期贷款余额368.07亿元,比年初增加35.9亿元。

资本市场平稳发展。全市上市公司14家,其中新上市3家。资本市场累计融资225.7亿元,其中境外上市融资140亿元,列全省第一。全市19家小额贷款公司累计贷款89.41亿元,年末余额22.76亿元,96.5%的贷款投向"三农"和中小企业。

保险业务协调发展。全年保费收入37.98亿元,增长12.7%。其中,财产险保费收入14.05亿元,增长20.5%;人身险保费收入23.93亿元,增长8.5%。意外险和健康险保费收入分别为1.38亿元和1.53亿元,分别增长76.9%和25.4%。机动车险实现保费收入12.61亿元,增长20.4%,其中交强险承保车辆33.43万辆,实现保费收入3.73亿元。财产险和人身险的比重为37%与63%。全年支付赔款与给付10.32亿元,其中财产险支付赔款6.96亿元;人身险支付赔款与给付3.36亿元。市场主体保持稳定增长,本年新增3家保险公司,共有28家全国性保险公司在我市设立分支机构,包括11家寿险公司和17家财险公司。

九、科学技术

科技发展环境不断优化。全年落实省以上各类科技项目153项,补助经费4902.5万元,其中,国家级23项,补助经费2527万元;省级130项,补助经费2375.5万元。六县一区全部通过全国科技进步考核,滨城区、博兴县、邹平县荣获"全国科技进步先进县(区)"称号,我市再次被科技部授予"全国科技进步先进市"。

自主创新能力取得新突破。全市专利申请数达3656件,增长72.1%;专利授权2512件,增长82.0%;申请量和授权量增幅均居全省第二。1项科技成果获国家科技进步奖二等奖,8项科技成果获山东省科技进步奖,其中获省科技进步奖一等奖1项,29项科技成果获省软科学优秀成果奖,登记重要科技成果123项,奖励市科技进步奖100项。

科技载体建设成效凸现。全市十大科技平台建设进展顺利,积极推进农产品安全追溯体系建设,初步实现控制中心与生产基地数据链接。全市高新技术企业57家,增加19家。认定国家重点新产品5项。完成技术合同登记203项,技术交易额2.91亿元。全市新增省级企业重点实验室1家、院士工作站1家、省级工程技术研究中心6家,新认定科技类民办非企业单位7家,10家省级创新型试点企业进行了创新型评价。

质量技术监督工作成绩显著。渤海活塞公司获得"全国质量工作先进单位",西王集团有限公司荣膺第三届"山东省省长质量奖",24家企业的28个产品荣获"山东名牌产品",3家单位荣获"山东省服务名牌"。标准化战略稳步推进,制、修订国家标准5项、行业标准和山东省地方标准4项,10家企业通过标准化良好行为企业验收,3家企业获得山东省服务标准化示范单位。成立标准联盟2个,批准发布联盟标准1项、立项联盟标准5项。强化食品安全监管,实施监督抽检食品生产企业653个批次产品,平均合格率为91.3%。实施工业产品定期检验1368个批次产品,合格率95.2%。特种设备报检率99%,连续11年无特种设备安全责任事故发生。

气象服务能力全面提升。黄河三角洲气象保障中心项目落户滨州,完善并改建16处区域自动气象站,建成7个CMACAST卫星接收站。天气预报准确率明显提高,市级城市晴雨、最高温度预报准确率均列全省第一位。气象灾害监测预警能力明显提高,借助新一代天气雷达,短时临近预报、预警信息均能提前15—30分钟发布。气象信息服务渠道进一步拓宽,手机短信用户达14万,12121声讯电话已扩展到420路,年拨打总量1200万次;积极探索乡镇气象信息服务站试点工作,建成11个乡镇气象信息服务站。积极开展人工增雨防雹作业,全年增雨作业42次,防雹作业25次。

十、教育、文化、卫生和体育

扩大优质教育资源,促进教育

公平。学前教育三年行动计划完成投资1.5亿元，新建、改扩建幼儿园70处，在建22处，新增学位1万个，全市幼儿园公办教师比例提高到25.5%，同比提升2.3个百分点，3处幼儿园通过省十佳园、示范园验收。学校标准化建设扎实推进，全市195个校舍安全工程项目，争取中央、省专项资金4420万元，完成投资1.55亿元。争取中央、省农村义务教育薄弱学校改造等资金4561万元，98%的乡镇达到班班多媒体、教师人手一机。农村中小学教学仪器更新工程累计投入4200余万元，所有农村中小学和特殊教育学校达到了教学仪器基本配备标准。进一步完善义务教育经费保障机制，全市下拨义务教育经费专项资金3.2亿元，小学、初中生均公用经费基准分别提高到600元、800元，特殊教育生均公用经费标准达到每生每年3000元。发放各类奖助学金及助学贷款1.2亿元，资助各类学生6万余人。职业教育持续发展，六县一区中职学校有6所国家级重点、1所省重点，2所学校被评为国家改革发展示范校。普通高等教育稳定发展，办学水平进一步提高，内涵发展成效明显。

各类文化事业协调发展。拥有艺术表演团体7个，群众艺术馆、文化馆8个。艺术生产稳步推进，全年创作各类文艺作品700余件，获全国性大奖10余项，省级奖项100余件，其中渔鼓戏《打板桥》获"中国戏剧奖·小戏小品奖"最佳剧目、编剧等五项大奖，实现了地方小戏参加国家级大赛"三连冠"。公共文化服务惠及全民，建设面积6.6万平方米的市文化中心主体工程基本完工，邹平县图书馆、文化馆已基本建设完成，无棣县文化中心主体工程已经封顶。建成乡镇（街道）综合文化站91个，农村文化大院3177个，建成率达100%。文化信息资源共享工程覆盖率达100%，"农家书屋"建设工程累计建成书屋2242家，8个农家书屋入选全省百家优秀农家书屋。农村公益电影放映工程，全年免费放映6.45万场，覆盖率达100%。广播电视"户户通"工程，完成数字电视整体转换28.7万户，广播、电视人口覆盖率均达到100%。新闻出版与文化市场管理不断加强。截止年末，全市共有网吧540家、电影放映单位8家、印刷企业150家，《图书期刊印刷委托书》备案1091份。

档案事业持续发展。现有国家级综合档案馆8个，滨州市档案馆晋升为国家一级档案馆，博兴县、邹平县档案馆晋升为二级档案馆。全市档案馆共有建国前开放档案437卷，建国后开放档案68397卷（件），已完成馆藏档案数字化30683卷。

公共卫生保障能力显著增强。全市各类卫生机构1950个，其中医院71个，卫生院78个。卫生技术人员2.09万人，其中执业（助理）医师6954人，注册护士6569人。卫生机构床位1.89万张，其中医院1.26万张。万人拥有卫生技术人员55人，增长11.4%，万人拥有床位数50张，增长10.4%。新农合制度不断完善，参合农民301.7万人，参合率达100%，新农合门诊平均补偿比38.6%，住院平均补偿比49.3%。卫生应急能力进一步提升，全年调度急救车辆3.59万辆次，救治病人3.05万例。卫生监督执法力度进一步加大，提出各类监督意见930条，罚款26.15万元。大力开展爱国卫生运动，滨州市再次被命名为"国家卫生城市"。

体育事业实现历史新跨越。竞技体育保持良好态势，在国际比赛中，全市运动员获得9枚金牌、3枚银牌、4枚铜牌；在全国比赛中，全市运动员获得11枚金牌、12枚银牌、5枚铜牌；在全省比赛中，全市运动员获得78枚金牌。群众体育蓬勃开展，全年开展各类赛事活动1000余项次，参加人数达100余万人次，争取资金500余万元，市县乡村四级全民健身设施进一步完善。四个县区相继建成县级全民健身中心，10个乡镇建成了全民健身中心和健身广场，8个社区建成了健身苑，100个全市生态文明示范村配套安装了体育健身设施。体彩销售再创历史新高，全年销量达4.83亿元，增长167%，增幅居全省第一。

十一、城市建设、环境保护

城市基础设施建设再上新台阶，城市管理实现新跨越。全年城市基础设施建设投资59.8亿元，增长32.7%。新增道路面积491万平方米，绿地408公顷，排水管道长度510公里，其中污水管网243公里，新增供热面积425万平方米。用气普及率和用水普及率均达到100%。路网框架进一步完善，渤海十六路南北延，黄河一路、十一路等道路工程相继通车。绿化质量和水平进一步提升，全面完成长江二路、黄河三路、渤海十二路、黄河十一路等道路绿化，建成了文化广场、杏檀广场、白求恩广场、财源绿地、月宫西及情人岛绿化等一批广场绿地和景观绿化，蒲湖景区一期改造顺利完成年度目标任务。新立河城区段雨污分流成效明显，流域内358家排水单位已有294家整改验收合格，为彻底整治新立河污染奠定了坚实基础。渤海七路、黄河一路改造顺利完工，极大地提高了城市防汛能力。市区路灯总数达2.81万盏，总线路285公里，好灯率和亮灯率保持在98%以上。园林绿化养护面积446.71万平方米，城区绿地率达32.8%，人均公共绿地面积达13.17平方米。城区环卫保洁面积达858万平方米，其中路面保洁面积达813万平方米，水面保洁面积达45万平方米，机械化清扫率达61%以上。

积极推进总量减排。“十一五”COD、SO_2两项主要污染物减排量分别完成目标任务的103.2%、115.2%。

环境质量进一步改善。城区空气质量良好率达59.7%，同比提升6.7个百分点。城镇污水处理厂出水标准均提升到一级A，河流水质持续改善，19条重点河流29个监控断面，COD、氨氮年均浓度分别下降27.1%、30.8%，饮用水水源地水质达标率始终保持100%。生态建设成绩显著，2个县获得国家级生态示范区命名，4个乡镇获得全国环境优美乡镇命名，7个乡镇获得省级环境优美乡镇命名；贝壳堤岛与湿地国家级自然保护区范围和功能调整方案得到国务院批准。环境安全防控体系建成，已覆盖96家市控以上重点污染源、15个空气自动站、10家城镇污水处理厂、16个河流出入境断面及饮用水源地。积极建立和完善风险源档案，对全市44家放射源使用单位的381枚放射源实施了规范化管理。严格环境执法，累计查处各类环境违法行为28起，依法清理取缔土(小)企业231家。

十二、居民生活和社会保障

城市居民生活进一步改善。城市居民人均可支配收入22540元，增长14.5%；城市居民人均消费支出14808元，增长12.6%，其中，食品支出4273元，增长13.0%。城市居民恩格尔系数为28.9%，与上年基本持平。城市居民人均现住房建筑面积36.8平方米，增加1.9平方米。

农村居民生活水平进一步提高。据抽样调查显示，全年农村居民人均纯收入8744元，比上年增长21.5%，人均生活消费支出5968元，增长31.7%。其中，食品消费支出1881元，增长33.2%；衣着消费支出375元，增长66.3%；居住消费支出1619元，增长53.5%。农村居民人均住房面积达到44.1平方米。

就业形势稳中向好。全年新增

2011年末城市每百户居民家庭主要耐用消费品拥有量

消费品名称	单位	数量	消费品名称	单位	数量
摩托车	辆	23	照相机	架	65
助力车	辆	100	钢琴	架	4
家用汽车	辆	32	微波炉	台	47
洗衣机	台	98	空调器	台	173
电冰箱	台	104	淋浴热水器	台	100
彩色电视机	台	115	健身器材	套	8
家用电脑	台	92	固定电话	部	69
摄像机	架	11	移动电话	部	223

2011年末农村每百户居民家庭主要耐用消费品拥有量

产品名称	单位	绝对量	产品名称	单位	绝对量
洗衣机	台	82	固定电话	部	57
电冰箱	台	75	移动电话	部	178
空调器	台	34	汽车(生活用)	辆	12
热水器	台	45	彩色电视机	台	115
摩托车	台	61	照相机	架	10
自行车	辆	172	家用电脑	台	24

城镇就业6.11万人，新增农村劳动力输出13.79万人，年末城镇登记失业率3.22%。开展“一对一”援助活动，城镇零就业家庭达到“动态消零”，农村零就业家庭实现“存量消零”。加大公益性岗位开发力度，新开发交通协管员、城管协理员等公益性岗位安置就业1067人。

社会保障体系日趋完善。参加基本养老保险43.50万人，其中企业34.68万人，机关事业单位8.8万人，征缴收入27.78亿元，保险金支出18.60亿元。参加基本医疗保险职工56.26万人，征缴收入5.98亿元，保险金支出4.91亿元。失业保险参保21.47万人，征缴收入1.04亿元，保险金支出0.44亿元。

社会救助、救灾能力进一步提升。全市在保城市低保对象2.2万人，人均月低保标准349元，补助水平提高到258元；全市在保农村低保对象10.95万人，人均年低保标准达1610元，月人均补助水平提高到132元，保障标准和补助水平均居全省中上游。开展敬老院“管理服务提升年”活动，2处敬老院被评为首批“全国模范敬老院”，53处敬老院通过省一级院验收。“情暖万家·关爱受灾困难群众生活”救助活动，发放救助款1879万元，救助受灾困难群众5万多户。

社会福利慈善事业快速推进。建成3处县级社会福利中心，新增养老床位1000多张。加强孤儿保障工作，为753名孤儿发放基本生活费565.64万元。慈善超市达514家、慈善医院(门诊)达62家。开展了“情暖万家”“朝阳助学”“康老健身”“善行滨州”等多项主题救助活动，救助困难群众4.3万多人，救助范围不断扩大。

(刘玉俊　秦景敏　袁　见　宋廷武)

组织机构

中国共产党滨州市委员会及所属工作部门

书　记　邓向阳
副书记　张光峰
　　　　王　浩
常　委　邓向阳
　　　　张光峰
　　　　王　浩
　　　　韩奎祥
　　　　孙承志
　　　　祁维华(女)
　　　　王文禄
　　　　胡炳山
　　　　葛　伟
　　　　于常青*
　　　　江首建*
　　　　魏克田
　　　　李眈陆(挂)*
　　　　于培洪
　　　　周桂萍(女)
　　　　杨国强
　　　　张　凯
秘书长　王文禄*
　　　　杨国强
副秘书长　焦守俊
　　　　商玉昌
　　　　冯永田
　　　　姬德利
　　　　朱继业
　　　　劳景龙
　　　　李守江*
　　　　张成江
　　　　刘　静(女)

市委办公室

主　任　商玉昌(兼)
副主任　李建华(女)
　　　　孙学森*
　　　　崔　磊
　　　　马广才
　　　　王广忠

市委市政府信访局

局　长　劳景龙(兼)
副局长　王予军
　　　　陈佃云*
　　　　李兴堂
　　　　马明哲
　　　　谢　宁(挂)*
　　　　于洪文(挂)

市委机要局(挂市国家密码管理局牌子)

局　长　范　波

市委保密委员会办公室(挂市政府保密局牌子)

主任(局长)　张桂臣

市委督促检查室

主　任　马广才*
　　　　刘卫忠

注：*为2011年1月1日至2011年12月31日期间离任或单位撤销，下同。

张军山

中国共产党滨州市委员会、滨州市人民政府直属事业单位

市委党校
（滨州行政学院、市社会主义学院与其合署）

校　长　邓向阳(兼)
常务副校长　何凤岐
副校长　姚文呈 *
寇崇佩
杨万邦(兼)*
李延典

市委党史研究室

主　任　李双安 *
副主任　闫化川 *
蒋海峰

市档案局
（挂市档案馆牌子）

局　长　朱继业(兼)
副局长　孙希荣(女)
尹常智
张朝伟
市档案馆馆长　孙希荣(女)

市接待处

处　长　李守江 *
王景辉
副处长　刘寿岩(聘)
党组书记　张建民 *
纪检组长　尹国红(女)

市畜牧兽医局

局　长　吕迎春 *
卢跃林
副局长　许文波
郭玉泉
田茂俊

市农业机械管理局

局　长　康永彬 *
刘占勤
副局长　赵法山
马洪岩
成跃乐
刘广利

市农业开发办公室
（挂市扶贫办公室牌子）

主　任　郭增禄 *
李双安
副主任　张文和
董国英(女)

市地方史志办公室

主　任　柴德杰
副主任　孟庆永
马宝祥

市地震局

局　长　张忠华
副局长　张福友

中国国际贸易促进委员会滨州分会

会　长　彭　东
副会长　时卫克
于国林

市商会

会　长　吴国瑞(女)
副会长　申俊清
李　栋

市物资协会

会　长
副会长　徐立迅

市老龄工作委员会办公室

主　任　骆希岱
副主任　崔秀娥(女)
褚兴林
翟承军
党组书记　冯永田(兼)*
崔秀娥(女)

市招商局

局　长　刘树平
副局长　王洪华
商新生
杜洪祥
党组书记　王洪华
纪检组长　刘福英(女)

市旅游局

局　长　李　军
副局长　郭洪明
杨海霞(女)

市供销合作社

主　任　任晓明
副主任　颜廷业
王延忠 *
贾怀利
监事会主任　王晓民
监事会副主任　由　伟
马向前
党委副书记　于新民

滨州仲裁委员会办公室

主　任　董建平

副主任　　金　勇

市级机关事务管理局

局　长　　王春山
副局长　　李文进
　　　　　高淑娥(女)

市金融证券办公室

主　任　　王树丛*
　　　　　崔明月
副主任　　张德芳
　　　　　于晓梅(女)

市公路管理局

局　长　　孙献国
副局长　　李延增*
　　　　　田茂棠
　　　　　王效平
　　　　　李　辉
党委书记　王立勇
纪委书记　万兴和

市铁路局
(挂市铁路管理办公室牌子)

局　长(主　任)　刘连营
副局长(副主任)　周海滨
　　　　　马太刚
　　　　　郝志亮
党组书记　周海滨

市港航局

局　长　　王京生(兼)
副局长　　田茂棠*
　　　　　郭立猛
　　　　　李延增
　　　　　王瑞华
　　　　　曹　斌

市住房公积金管理中心

主　任　　马良德
副主任　　康　涛
　　　　　邵珠忠

市级机关所属事业单位

市党员干部现代远程教育中心
(挂市委组织部党员电化
教育中心牌子)

主　任　　王凤波*

市人才工作办公室

主　任　　杨万邦(兼)
副主任　　卢惠民

市老年大学
(挂市委老干部党校牌子)

校　长　　傅光家(兼)*
　　　　　史惠芳(女,兼)
副校长　　董建国
　　　　　郭琴峰(女)*

市老干部活动中心
(挂市干部休养所牌子)

主　任　　荣志刚(兼)
副主任　　杜立新

市干部休养所

所　长　　刘德奇*
　　　　　杜立新

市委讲师团

团　长　　李惠生

市网络文化办公室

主　任　　朱光辉

市法学会

会　长　　胡炳山(兼)
副会长　　常青林(正县级)
秘书长　　蔺中武

中共滨州市委高等院校
工作委员会(与市教育局合署)

书　记　　高中兴(兼)
常务副书记　刘连琦

市公共资源交易中心

主　任　　徐宗勋(兼)

市无线电管理办公室

主　任　　冯国梁(兼)

黄河三角洲(滨州)国家农业
科技园区管委会

主　任　　初建波*
　　　　　王惠军
副主任　　李文柳
　　　　　胡凤元
　　　　　冯一江

市投资管理服务中心

主　任　　李红军(兼)*
副主任　　李民远

市重点工程项目办公室

主　任　　尚长江

市对外援助工作办公室

主　任　　常增文(兼)*
副主任　　徐新一

市收费管理办公室

主　任　　郭　斌(兼)*

刘　祥
纪委书记　时燊华
副院长　孙国荣

滨州技术学院

党委书记　李凤岐
院　长　葛洪章
党委副书记　程维富
张俊岭
副院长　程维富
季俊兰(女)*
张　波
李凤娥(女)
纪委书记　杨新华

滨州市技师学院

党委书记　李维东
院　长　宁守东
党委副书记　潘益杰
副院长　王新军
顾洪庭
纪检书记　李　予
副院长　刘绍生

受省市双重领导的单位

中华人民共和国滨州海事处

处　长　汪德峰
副处长　蒋龙华
韩吉阳

市邮政局

局　长　马孟林
副局长　潘凤霞
柳文峰

中国联合网络通信有限公司滨州市分公司

总经理　崔　波*
张　勇
副总经理　扈秀清
刘德兴
杨维娟(女)
翟　扬
侯　春
刘　庆*

山东移动通信有限责任公司滨州分公司

总经理　沙庆赛*
孔　军
副总经理　孔宪营
张　浩
任春波
李　锋

中国电信股份有限公司滨州分公司

总经理　刘　峰
副总经理　牛海滨
隆新华

市气象局

局　长　孙仁邦
副局长　吴书君
任钟冬
纪检组长　张其德

中国人民银行滨州市中心支行（国家外汇管理局滨州市中心支局与其合署）

行　长　郑现中
副行长　霍成义
李虹(女)
李庶泳
纪委书记　贾克玲(女)

中国银行业监督管理委员会滨州监管分局

局　长　孙世重*
郝　军
副局长　胡红坚
侯庆华
纪委书记　刘寿章

中国农业发展银行滨州市分行

行　长　陈鲁宁
副行长　刘志波
辛俊峰
张炳俊

中国工商银行股份有限公司滨州分行

行　长　韩继勇*
苗　帅*
副行长　苗　帅*
王　莹
吴建华
姚春洪
李　战
纪委书记　张建新

中国农业银行滨州市分行

行　长　刘聪盛
副行长　李遵政
陈　东
何宝林
郝　政
纪委书记　孙学雷

中国银行滨州分行

行　长　　孟　斐
副行长　　万志强
　　　　　于　泳
　　　　　王晓楠
纪委书记　柳世良

中国建设银行股份有限公司滨州分行

行　长　　修　琦*
　　　　　焦　兵
副行长　　焦　兵*
　　　　　孔凡忠
　　　　　徐元兴
纪委书记　王水东

滨州市保险行业协会

会　长　　曹宏伟
秘书长　　李防修

市黄河河务局

局　长　　王良田
副局长　　张洪明
　　　　　仇星文
　　　　　刘清生
纪检组长　董海锋*
　　　　　袁方惠

滨州出入境检验检疫局

局　长　　张凤和
副局长　　李光明
　　　　　王历华
纪检组长　王历华

青岛海关驻滨州办事处

主　任　　郑建旭
副主任　　沙　勇

市国税局

局　长　　扈景芳
副局长　　李元军
　　　　　张希水
　　　　　刘勇军
　　　　　王功胜*
　　　　　王耀波
纪检组长　孙立平

市地方税务局

局　长　　张友庆*
　　　　　王海军
副局长　　王海军*
　　　　　李登峰
　　　　　刘英杰
纪检组长　刘思文

市工商行政管理局

局　长　　张庆升
副局长　　薄纯一
　　　　　杨玉峰
　　　　　曹维东
纪检组长　李晓明

山东省国家安全厅驻滨州工作站

站　长　　苗　旺

市质量技术监督局

局　长　　张　毅*
副局长　　房延民
　　　　　赵云勇
　　　　　刘东彬
纪检组长　孙秀忠

滨州医学院附属医院

党委书记　孙祥军
院　长　　王　强
党委副书记　孔祥洪*
　　　　　顾云田*
　　　　　王学武
副院长　　孔祥洪*
　　　　　王学武*
　　　　　房清敏
　　　　　秦东京
　　　　　李建民
　　　　　田文美(女)
　　　　　王　钦
纪委书记　顾云田(兼)*
　　　　　王景娃(女)

盐务局

局　长　　王淑良
副局长　　张俊刚
　　　　　信泽勇
纪检书记　张俊刚

山东省胶东调水局滨州分局

局　长　　腾希华
副局长　　杨廷章
　　　　　黄云国
纪委书记　焦守祥*

市烟草专卖局（山东滨州烟草有限公司）

局　长(总经理)　王淑敏(女)
副局长　　郭向阳*
　　　　　王　波
副总经理　徐兴学
　　　　　张　震(挂)*
　　　　　张　震
纪委书记　李　明

中国石油化工股份有限公司山东滨州石油分公司

经　理　　王文华*

	孙兆强
副经理	曹延春 *
	李　义 *
	梁纪坤
	刘志郭
	张　静(女)
党委书记	张文华 *
	李　义
纪委书记	张文华 *
	李　义

民主党派和工商联

中国国民党革命委员会滨州市委员会

主任委员	史　东
副主任委员	孙兆泉
	宁彩云(女)
秘书长	孙兆泉

中国民主同盟滨州市委员会

主任委员	万永格
副主任委员	张春庭 *
	王　强
	李保国
秘书长	王　莉(女)

中国民主建国会滨州市委员会

主任委员	吴国瑞(女)
副主任委员	商建文
	何建华
秘书长	杨　军 *
	商建文

中国民主促进会滨州市委员会

主任委员	李凤娥(女)
副主任委员	刘庆敖
	史建筑
秘书长	李秋兰(女)

中国农工民主党滨州市委员会

主任委员	刘　凤(女)
副主任委员	高玉君
	孙翠玲(女)
秘书长	韩德富

九三学社滨州市委员会

主任委员	李绍木 *
	曹玉斌
副主任委员	曹玉斌 *
	刁万祥
秘书长	王大生 *
	孙淑芹(女)

中国致公党滨州支部

主任委员	王方正

市工商业联合会

主　席	郭建新(女)*
	侯学锋(女)
副主席	张国华(女)
	唐国忠 *
	赵金芳(女)
秘书长	吴殿华
党组书记	张国华(女)

人民团体

滨州市总工会

主　席	魏克田
常务副主席	李　军(女)
副主席	崔晓冰
	张　谦

共青团滨州市委员会

书　记	邹继刚 *
	李红军
副书记	许　健(女)*
	张志华

滨州市妇女联合会

主　席	杨淑云(女)*
	郑玉梅(女)
副主席	赵敏静(女)*
	郑玉梅(女)*

市文学艺术界联合会

主　席	高景林
副主席	刘相生
	蔡向东
党组书记	杜贞年 *
	尚鸿鸣

市社会科学联合会

主　席	石淑芬(女)
副主席	胡金光
	仝福强

市科学技术协会

主　席	赵绥生 *
	赵敏静(女)
副主席	岳利国
	田　雷
	石秦岭(兼)
	沈志强(兼)
	曹玉斌(兼)
	李长海(兼)
	冯学斌(兼)

市残疾人联合会

理事长	王悦华(女)
副理事长	李风华(女)
	刘德奇
	崔洪兵

沈志强

市红十字会

会　长　崔娅妮(女,兼)*
　　张兆宏
常务副会长　王桂香(女)*
　　傅光家
副会长　姜凌红(女)
　　李克祥(兼)
　　孙宪喜(兼)
　　岳卫国(兼)*
　　焦守俊(兼)
　　丁爱军(兼)
　　吕德章(兼)
　　高中兴(兼)
　　赵惠民(兼)*
　　杨守岭(兼)
　　石丽霞(女,兼)
　　赵玉德(兼)*
　　刘卫堂(兼)
　　杜秋敏(兼)*
　　金建全(兼)

问题，发展环境持续优化，政府管理和公共服务水平不断提高。自觉接受人大依法监督和政协民主监督，31件人大代表建议、137件政协委员提案全部办复。办理省长信箱来信5件、市长信箱来信及市长公开电话709件，受理行政复议和行政应诉案件9件，办结率均达100%。强化监察和审计监督，廉政建设得到加强。社会预警、应急机制进一步完善，社会治安环境持续稳定，安全生产形势总体平稳。

【滨城区被评为全市“2011年度招商引资工作先进县区”】 2011年，滨城区紧抓招商引资和项目建设不放松，实施招商引资“飞地政策”，积极走出去、请进来，狠抓项目推进，优化发展环境，强势推进招商引资工作。全年引进到位市外资金28亿元，位居全市第二名。同时，滨城区以广交会、华交会等活动为契机，积极开拓国内外市场，保持和促进了外贸进出口的稳定增长，实现进出口总额4.84亿美元，其中出口4.18亿美元。对外经济合作也实现突破，滨州九环集团投资1000万美元在美国德州设立超越石油机械设备制造公司，标志着滨城区在境外投资上迈出新步伐。在2012年2月14日召开的2011年度滨州市综合表彰大会上，滨城区荣获招商引资先进县区、全市利用外资工作先进县区、全市对外贸易工作先进县区等荣誉称号。

【非物质文化遗产保护工作】 滨城区文化旅游新闻出版局始终把非物质文化遗产保护工作作为推动文化建设和新农村建设的重要举措，积极做好非物质文化遗产项目申报工作，切实做好非物质文化遗产的挖掘、整理和保护。至2011年底，滨城区列入国家级非物质文化遗产保护名录1项，省级非物质文化遗产保护项目2项，省级非物质文化遗产传承人2名，省级非物质文化遗产保护传承习所1个；列入市级非物质文化遗产名录7项，区级非物质文化遗产名录14项。在做好非物质文化遗产普查工作的同时，滨城区积极探索、超前谋划，通过数字化和数据软件进行科学地分类，规范地整理，建立了非物质文化遗产信息库，共搜集整理非物质文化遗产信息283条。

【滨州客运东站实现试运营】 滨州客运东站是滨城区客运场站规划的重要组成部分，是国家交通运输枢纽城市重要节点工程。该站位于黄河十二路以南、渤海一路以东，东临东海国际新天地、南临义乌小商品批发城、西临豪德光彩贸易广场，按国家二级站的标准建设，综合服务楼建筑面积3656平方米，发车位17个，停车位100个，待发车位43个，日均旅客发送量可达到5000~10000人次。2008年经省发改委、省交通厅正式批准，2010年作为市区两级重点工程、招商引资项目。2011年9月26日，滨州客运东站实现试运营。该站的顺利建成并正式启用，结束了滨城区没有大型综合场站的历史。客运站主要承担滨城区东区对外公共汽车交通和火车站的人流、物流转运工作。

【滨州豪德光彩贸易广场开业】 滨州豪德光彩贸易广场是香港豪德集团在滨城区投资建设的大型商贸物流园区项目，集休闲、娱乐、观光、购物、仓储、物流配送、电子商务、星级宾馆、生活配套为一体，坐落于黄河十二路与渤海二路交汇处，总规划占地约1500亩，总投资约30亿元人民币，分三期开发，

●2011年9月26日，滨州客运东站试运营。

●2011年10月12日，西外环北延工程通车典礼。

首期开发用地约500亩，建筑面积约32万平方米，投资约10亿元人民币，2010年6月份开工建设，2011年8月份建成，2011年10月12日，滨州豪德光彩贸易广场开业。项目被列为全国光彩事业重点项目、山东省100个服务业载体项目、滨州市重点建设工程和滨州市商贸流通业重点项目。该市场形成后，能直接和间接提供超过2万人的就业岗位，预计年交易额达到50亿元，年创税超过1亿元。

【西外环北延工程竣工通车】 西外环北延工程是拉大滨城区城市框架，促进城乡一体化的重点支撑工程，是连接220国道和永莘路省道的重要框架道路，市区两级重点项目。整个工程全长10.5公里，道路起点为原西外环与国道220交叉口，直线往北，途经杨柳雪镇、滨北办事处，北连接入堡沙路，再向北连入省道永莘路。道路修建标准为时速80公里，红线宽50米，路面宽度为18米，两侧路肩各宽1米，绿化平台各宽3米。项目分四个项目标段施工，总投资7000万元。该工程从2011年4月份正式开工建设，2011年10月12日西外环北延工程举行竣工通车仪式。

【中央公园一期项目奠基】 2011年4月23日，中央公园项目一期奠基动工。根据规划，一期占地逾3.8万平方米。总规划建筑面积逾12万平方米，规划街区有商业、住宅、步行街、酒店等。项目共有商业14栋，住宅2栋。商业部分整体采用世界领先街区设计理念，注重满足消费者在享受购物的同时对休闲、观景的打造，创造全城第一个公园体验式购物中心。住宅两栋分别为27层、26层设计，1、2层为沿街商业，3~27层为高层住宅。2010年11月20日浙江横店影视成功签约中央公园，计划在滨州打造首家豪华五星级影院。同年12月18日，中国零售业50强深圳人人乐连锁商业集团进驻中央公园，计划打造“滨州顶尖大型购物超市”，经营商品种类达3.5万种。至年底，一期工程进展顺利。

（吕晓路）

【张满堂毛体书法亮相青岛】 2011年7月1日，“毛泽东诗词墨宝展”在山东省青岛市博物馆开幕。中国毛泽东书法艺术研究会副会长张满堂携其潜心创作的60幅“毛体”

●2011年7月1日，张满堂（左）“毛泽东诗词墨宝展”在青岛举行。

书法作品参加展出。此展由中国毛泽东诗词研究会书法艺术研究分会、中国文化扶贫促进会、中共青岛市委宣传部共同主办，青岛市博物馆承办，旨在弘扬毛泽东的建党思想、书法艺术和丰功伟绩。全国政协机关服务局原局长、中国贫困地区文化促进会党组书记兼常务副会长王宝明，山东省政协副秘书长袁庆宏，中共青岛市委常委、宣传部长王伟等领导出席活动。此次展览为期6天，共两个展厅，第一展厅展出了精选自不同时期的自毛泽东诗词共90幅水印作品，第二展厅展出了张满堂临写的60幅“毛体”书法作品。山东省委常委、青岛市委书记李群对于张满堂的书法给予了高度评价，并收藏了其作品。

（杨新彬）

●2011年3月，滨城区创新开展了中小学生周末、假日阳光体育活动。图为11月12日的培训班上，学生在做准备活动。

【滨城区北城受田小学竣工使用】2010年7月，滨城区委、区政府决定在城关小学原址改建一所高标准完全小学，9月8日奠基。2011年8月28日，建设工程全面竣工并投入使用。学校位于一代帝师杜受田故里，命名为“北城受田小学”。学校规划占地面积4万平方米，总建筑面积1.85万平方米，可容纳36个教学班，1620名学生，覆盖周边125个自然村，解决偏远村居1000余名学生的食宿问题。工程总投资4100万元，配备教室“班班通”、微机室、多媒体室、仪器室、实验室、图书阅览室等各种现代化教学设施；学校餐厅、操场具有全新高标准配套设施。

●滨城区北城受田小学

【滨城区创新开展中小学生阳光体育活动】2011年3月，滨城区教育局创新开展了中小学生周末、假日阳光体育活动。自3月开始，双休日和节假日期间，滨城区24所城乡学校的体育场馆全部免费开放，启动了武术、国际跳棋等12个项目的体育活动和15种类型的体育赛事。同月，依托区教育体育协会，注册成立了滨州黄河杰英青少年体育俱乐部，全区中小学假日阳光体育活动就是该俱乐部的一项重要工作。俱乐部实行“多级会员制”“专业志愿者制”“师生走校制”等制度，共招募了181名专业志愿者担任辅导教师，从分管教学的优秀学校干部中聘请了24名专业督导员。该项活动受到学生和家长的欢迎。《中国教育报》《山东教育报》对这一活动专题报道。2011年滨城学子在中国学生健康活力大赛、全国中学生乒乓球锦标赛、全国国际象棋公开赛和全国智力运动会上,共获得5个冠军、6个亚军。在山东省“鲁滨杯”国际跳棋等级赛中,滨城区棋手包揽了6个组别的前八名,成为此次全省等级赛的最大赢家。6所学校被评为山东省田径传统项目学校。12月,滨州黄河杰英俱乐部管理中小学生周末假日阳光体育活动被山东省体育局推送到国家体育总局,申报国家级青少年体育俱乐部。

(付瑞丑)

惠 民 县

县领导人员名单

县委书记 王　瑜*
范连生
副书记 杨玖庆(女)*
李守江
夏培剑
常　委 王　瑜*
杨玖庆(女)*
范连生
李守江
夏培剑
李　勇*
王景辉*
班福忠
高树先*
马士明*
田洪健*
刘富金
许　健(女)
宋全利
吕明涛
劳建刚
魏文灿
赵金沙
县人大常委会主任 张世芳*
范连生
副主任 张希华*
张秀葵(女)
王吉奎*
赵世平*
徐庆忠
吴胜林
县　长 杨玖庆(女)*
李守江
副县长 夏培剑*
王景辉*
李　勇*
赵金沙
魏桂芳(女)
杨化君
宋全利
张　峰
县政协主席 张本胜*
于松利
副主席 桑立谦*
郭玉水
李宗林
孟立军
魏小蕾(女)
马克英
县纪检委书记 刘富金

【县情综述】 惠民县总面积1363平方公里。辖15个镇(街道办事处),1120个行政村。年底全县总人口64.18万人,男女性别比102:100.0。人口出生率11.42‰,死亡率5.81‰,自然增长率5.61‰。有少数民族19个,1200人。

2011年,全县实现生产总值135.85亿元,按可比价格计算,比上年增长11.5%。其中,第一产业增加值26.95亿元,增长3.2%;第二产业增加值56.35亿元,增长12.5%;第三产业增加值52.56亿元,增长14.8%。三次产业比重为19.83∶41.48∶38.69。全县完成规模以上固定资产投资105.9亿元,增长27.4%。实现财政总收入10.22亿元,其中地方财政收入5.17亿元,按可比口径增长29%。年末金融机构各项存款余额85.54亿元,比年初增加14.69亿元。其中储蓄存款余额57.24亿元,比年初增加7.64亿元。年末金融机构各项贷款余额69.10亿元,比年初增加13.17亿元。

全县农林牧渔业实现总产值58.36亿元,比上年增长11.7%。其中农业总产值35.72亿元,增长6.3%。粮食总产60.36万吨,增长13.2%;棉花总产3.24万吨,增长23.7%;油料总产0.5万吨,下降26.5%;水果总产13.21万吨,增长0.4%;蔬菜总产120.4万吨,增长9.0%。肉类总产8.08万吨,增长46.4%;禽蛋总产9.86万吨,奶类总产1万吨。水产品总产1.17万吨,同比增长13.6%。全年造林1228公顷,林木覆盖率达到45.6%。

全县实现工业增加值48.4亿元,比上年增长12.8%。工业经济效益综合指数达到235.36%,比上年提高27.62个百分点。规模以上工业企业103家,实现增加值29.91亿元,比上年增长15.86%;实现主营业务收入143.63亿元,增长47.05%;实现利税8.6亿元,

11家，其中省级1家、市级7家，年加工能力50万吨，产品销往北京、东北、天津等地。阳信县先后被命名为全国优质麦生产基地县、第一批全国新增千亿吨粮食生产能力建设示范县、全国粮棉油高产创建活动示范县等荣誉称号。

【“阳信鸭梨”品牌价值超18亿元】 2011年3月，在农业部主办的首届中国农产品品牌大会上，“阳信鸭梨”在2010年中国农产品区域公用品牌价值评估中，被评估为18.62亿元。阳信县是驰名中外的“中国鸭梨之乡”“全国优质鸭梨基地重点县”。全县鸭梨种植面积20万亩，总产量2亿公斤，梨农总收入2亿多元。近年来，阳信县深入实施阳信鸭梨品牌带动战略，先后完成了“阳信鸭梨”原产地证明商标注册、出口商检注册认证、绿色食品A级认证等品牌建设。阳信鸭梨先后被评为“中华名果”、2008年北京奥运会专用水果以及第十一届全运会和上海世博会专用水果。

【举办中国滨州阳信第二十二届梨花会暨首届黄河三角洲民俗文化节】 2011年4月13日至15日，阳信县举办中国滨州阳信第二十二届梨花会暨首届黄河三角洲民俗文化节。期间，举行“天津中环”阳信封装基地等8个工业项目与第一社区奠基仪式；组织“魅力梨乡·与春同行”记者采风活动；举行2011诚信阳信银企恳谈会签约仪式，签约金额50亿元；举行外来投资项目集中签约仪式，签约项目29个，投资金额逾12亿元；举行金阳街道办事处“全国休闲农业示范点”授牌仪式；评选出首届黄河三角洲民俗文化节十大民间藏宝。中共中央党校五十四期地厅级调研组，全国政协常委、外事委员会主任赵启正，省工商联参观考察团等先后到阳信县考察调研、指导工作。

【龙福环能科技股份有限公司被评为国家行业标准制定单位】 2011年4月，世界首条完全由废旧聚酯瓶生产再生FDY长丝生产线——龙福环能科技股份有限公司瓶片料仿FDY项目试车成功。该项目利用瓶片直接纺FDY，省略了纺POY再到纺FDY的过程，可年产高质量涤纶全牵引丝3万吨。7月，该公司“利用废旧聚酯瓶片年产6万吨涤纶长丝”项目被国家发改委列为资源节约和环境保护项目，获得930万元资金支持；再生涤纶长丝被国家科技部、环保部、商务部、国家质检总局联合评定为“国家重点新产品”，公司被评定为国家行业标准制定单位。

【阳信县被命名为“中国不锈钢餐具生产基地”】 2011年5月30日，阳信县被中国五金制品协会命名为“中国不锈钢餐具生产基地”。不锈钢制造业在阳信有30多年的生产历史，全县拥有规模不锈钢餐具企业60多家，年生产能力达8000万打餐具、1000万件器皿，不锈钢餐具销售额占全省95%、占全国50%，高档不锈钢餐具占全国70%，产品出口30多个国家和地区。2008年，阳信东进餐具有限公司被中国轻工业协会专门授权负责《中国不锈钢餐具国家标准》的修改，2009年9月，参与起草国家标准《餐饮具质量安全控制规范》。2011年，全省第一家省级不锈钢餐具产品质量监督检验中心在该县开工建设。

【集中培训全县村“两委”成员】 2011年7月，阳信县对全县1050

首届黄河三角洲民俗文化节开幕式现场盛况

名换届选举后产生的村“两委”成员进行集中培训。培训重点是学习党的基本路线方针政策、法律法规、经济管理以及维护农村稳定等方面知识。同时分4批赴临沂沂蒙山革命老区接受“红色”教育;赴潍坊市寿光、诸城等地,考察学习农村经济发展先进经验,增强带领群众调整产业布局、加快增收致富的本领。此次培训人数之多、规模之大,属全县首次。

【阳信县被命名为“中国古典家具文化产业基地”】 2011年,中国家具协会将阳信县命名为“中国古典家具文化产业基地”。近年来,阳信县立足仿古家具制作传统优势,支持古典家具产业加快发展,形成了以山东鼎龙民俗文化传播有限公司为龙头,众多企业竞相发展的古典家具特色产业集群。同时,带动了木雕、石刻、古玩、字画等民间收藏。仅水落坡镇即形成古家具专业村37个,拥有重点加工企业36家,从业者1万余人,年交易额达30亿元。产品销往北京、上海古家具市场以及欧美、韩国、日本、新加坡等地,成为全国知名的大规模古典家具加工、销售中心。

【阳信县被评为“全国适度规模化母牛养殖示范基地”】 2011年10月,在第六届中国牛业发展大会上,阳信县被评为全国适度规模化母牛养殖示范基地。阳信县以畜牧业引领农业发展,打造中国绿色肉牛养殖、流通、加工基地为奋斗目标,先后发展了河流、翟王、流坡坞3个畜牧专业化乡镇、38个优质肉牛养殖繁育基地;培植了30个养牛专业村;拥有3家省级农业产业化肉牛龙头企业;成立了黄河犊牛繁育专业合作社等18个养牛合作社,形成了龙头企业+合作社+基地+农户的产业化发展格局。2007年,广富畜产品有限公司生产的“鸿安”牌冷鲜分割牛肉被评为“中国名牌产品”,阳信县成为上海元盛、北京富成等国内大中型肉牛加工企业的牛源基地。

【阳信县地震中心台落成】 2011年10月16日,滨州市第一个地震电磁观测台——阳信县地震中心台落成。该台站是山东省第9家地震电磁观测台站,位于阳信县开发区工业三路阳信佰利福家纺有限公司院内,可观测到以台站为中心,以800公里为半径的地域范围内的地震电磁信号。

【阳信县两项技术及产能居世界首位】 2011年,阳信泰锐电子有限公司与天津中环半导体股份有限公司进行一期合资,将分立器件封装产品加工转移至阳信县电子信息产业园,项目总投资2.8亿元,新上塑封高压硅堆、硅桥式整流器、玻封高压硅堆三条生产线,产品行销全国并远销海外18个国家和地区。高压硅堆年产销量居世界第一位,国际市场占有率达到43%,国内市场占有率达到57%,微波炉用高压硅堆国际市场占有率达到55%。

(祝广信　冯　研)

无　棣　县

县领导人员名单

县委书记	李恩波
副书记	丁海堂
	佘洪烈
常　委	李恩波
	丁海堂
	佘洪烈
	宋成琴(女)*
	臧　伟
	李玉会*
	王庆霞
	邢玉胜
	周　波
	荆晓玲(女)
	邱延博
	刘树林
	张宝悦*
	宋　斌(挂)
县人大常委会主任	李恩波
副主任	吴克端*
	郭云鹰
	张荣华(女)
	张金鹏
	杜树国
县　长	丁海堂
副县长	臧　伟
	王庆霞*
	周　波
	宋　斌(挂)
	李　峰*
	关莉莉(女)
	王景军
	常怀祥
	王殿和

县政协主席　邓文平*
王振祥
副主席　范剑飞
刘振华(女)
杨金和
杜宝地*
张　波*
孔宪军
张国华
韩翠山(女)
县纪委书记　宋成琴(女)*
刘树林

【县情综述】 2011年，全县总面积1601平方公里，辖7镇2乡2个街道办事处，571个行政村。年末全县总人口42.98万人，其中城镇人口12.58万人，人口出生率13.1‰，死亡率5.95‰，自然增长率7.15‰。实现地区生产总值196.9亿元，地方财政收入8.33亿元，规模以上工业增加值67.1亿元、主营业务收入273.7亿元。完成规模以上固定资产投资102.7亿元，同比增长28.3%。

农业。粮棉总产分别达26.6万吨和4.2万吨，小枣、冬枣总产分别达12万吨和18万吨，保护性耕作面积达12万亩。发展海参养殖2万亩、鱼类工厂化养殖10万平方米，市渔业协会海参产业分会在无棣县成立。黄河三角洲现代畜牧业示范园区被列为“部省共建”项目，渤海黑牛、无棣驴被认定为国家农产品地理标志产品，国家级渤海黑牛保种场和山东省渤海黑牛原种场、科技示范基地落户无棣，肉鸡养殖规模继续保持全国领先，无棣成为全国首家美国原种猪核心群基地。林业考核实现全市“四连冠”，水利考核获全市一等奖，林权改革成为全省典型。农业产业化加速推进。全县市级以上重点农业龙头企业增至34家、农民专业合作社达237家，培植各类标准化生产基地22处。马颊河治理、三角洼水库衬砌、防潮堤新建等工程完工，国家新增千亿斤粮食产能项目、国家土地综合整治项目顺利实施。

工业。实施过亿元项目33个，完成工业投入40亿元，规模以上工业企业达到65家。鲁北化工股份有限公司股票恢复上市。齐星无棣产业园、天鹏汽配产业园两个投资过百亿元项目相继落户无棣。鑫岳化工环氧氯丙烷扩建、鲁北30万吨离子膜烧碱、泰庚鞋业、正海10万吨特种树脂等一大批项目建成投产。海底输油软管二期建成、海上迁移式平台完工并填补国内空白。海瓷产品荣膺“国礼”，投资3.6亿元的海瓷艺术产业园加快推进。全县已发展国家级重点高新技术企业4家，省级7家。三岳化工一期、汇成化工一期、久日光引发剂一期、鸿远新材料、嘉思沃特、绿嘉木塑、河山机械、金城精密不锈钢等项目加快推进。总投资近百亿元的国际顶级赛车项目落户无棣。全县造船能力达26万载重吨。乡镇园区加快建设，渔网、苇帘、不锈钢、棉花加工等民营主导产业进一步壮大，2011年民营经济实现增加值95亿元，同比增长21%。

基础建设。鲁北新城建设全面启动，三木大桥及日供水能力3万方的供水工程建成投用。经济开发区投资4.2亿元完成了40公里主干道路建设，面积扩展到80平方公里，配套设施日益完善，金融电子、木器加工、汽车配件等“区中园”已具雏形。新海工业园鑫苑热力、污水管网扩建等工程竣工，承载能力进一步提高。西港经济园区4000亩土地吹填、套儿河疏浚顺利完工，2个5000吨级码头建成使用。古城开发启动实施，控制性详规编制完成，总面积63万平方米的3个安置小区基本完成主体，70万平方米房屋征收顺利推进，吴式芬故居、荷花湾景区等工程开工建设。着力推进交通建设。滨德高速建成通车，投资5亿元、全长48公里的蔡河路竣工投用，打通县域中部大动脉。县城区投资8亿元，实施商服、办公、居住和基础建设项目16个，棣新二路北延、幸福河衬砌、污水处理厂改造、生活垃圾处理厂建设及一批绿化、亮化工程全面完成，新增城市绿化面积38万平方米，绿化覆盖率达36.82%，创建省级园林城市一次成功。城区交通监控系统建成，交通秩序进一步规范。农村住房建设与危房改造工作加快推进，建设农村社区30个，改造危房425户。投入资金5685.5万元，创成61个生态文明村，乡村面貌明显改观。城区热力管网改造、月湖水厂改造及明湖水厂建设相继完工，供热供水质量显著提高。结合古城开发，完成棚户区改造725户，建成廉租房160套、经济适用房100套。海河迎查取得优异成绩，治污减排任务在全市率先完成，环保考核荣获全市第一名。

第三产业。实现服务业增加值61.2亿元，同比增长23.4%。两家五星级酒店、滨海家居城、通力国际商贸城等项目加快建设。新成立1家小额贷款公司，新引进1家商业银行，另有2家融资性担保公司获省金融办确认批复。实际利用县外资金52.4亿元。古城建设完成市场化融资7亿元；注重园区招商，四大工业园区年内共落户项目33个；注重产业招商，发挥油盐化工、循环经济和资源等优势，与江苏三木、齐星集团等大企业成功实现合作。促进多元融资，积极参加第十届银企合作洽谈会，签约金额达133.7亿元，争取黄河三角洲产业基金2亿元。外经贸健康发展，实现进出口总额1.3亿美元。碣石山镇被命名为省级旅游强乡镇。黄河岛文化产业园列为全省重点文化产业项目，通过全国休闲农业与乡村旅游五星级示范园区评审。贝壳堤岛、海洋贝瓷分别入选“到山东不可不去的100个地方”和“到山东不可不买的100种旅游特色商品”。车王千年古桑林、海盐博物馆、魏王庙等景点启动建设，秦口河芦荡游项目一期、海城海上风光休闲游项目一期完工。

社会事业。完成民生投入10.75亿元，占财政总支出的67%。城乡居民社会养老保险全面启动并直接进入国家试点。启动实施“关爱五保老人三年集中行动”，供养标准居全市第一、全省前列。成立全国首家公车公营校车公司，经验得到国务院领导肯定，为全国校车科学运营提供了借鉴依据，成为6个国家中小学校车运营试点县之一。高考实现历史性突破。县中医院建成投用，新农合筹资及补偿标准不断提高，建成乡村中心卫生室123处，基层医疗卫生机构改革在全省创出经验。在市内惟一开展结合事业单位招聘招录大学生应征入伍工作，成为全市先进典型。县乡实现工资同酬发放，打破十年来乡镇工资低于县直单位局面。城镇新增就业7256人，农村劳动力转移2.5万人。

【鸿月轮和鸿日轮成功下水】2011年3月9日和10日，无棣县西港经济园区滨州中盛船务海运有限公司承建的3100吨级自卸船“鸿月轮”和“鸿日轮”先后成功下水。这两艘船是为烟台风源海运有限公司建造的，为同等型号，船长87.95米，型宽19.60米，型深4.77米，设计航速10节。

【中国海瓷产品在中央电视台播出】 2011年4月13日，“创新·力量——海洋贝瓷的无限奥妙”在中央电视台科教频道播出。山东珍贝瓷业有限公司董事长郭春森做客张腾岳主持的《创新无限》节目。山西省美协副主席狄少英、山东工艺美术学院副教授耿大海作为嘉宾参加了节目。郭春森展示了海洋贝瓷的原料——贝壳粉，介绍了海洋贝瓷的发明经过及技术创新历程，并介绍了年初胡锦涛总书记访问美国时，将4件中国海瓷艺术品赠送美国总统奥巴马的情况。主持人与嘉宾都对中国海瓷艺术品给予高度评价。

【蔡河路全线通车】 2011年7月1日，蔡河路通车仪式在无棣举行。蔡河路是无棣县列入黄河三角洲项目库的3个重点项目之一。蔡河路以东张路北海新区蔡庄子村为起点，贯穿马山子镇、柳堡镇、西小王乡、佘家乡、水湾镇、棣丰街道办事处及无棣县经济开发区与205国道相连，与高速公路、国省

●2011年7月1日，蔡河路通车仪式在无棣县举行。

●2011年12月26日，首届中国渤海黑牛产业发展研讨会在无棣县召开。
（摄影　孟维彬）

干线一起形成一个有机整体，全长47.3公里。整个工程按国家标准二级公路建设，双向4车道，路基封顶35米，总投资5亿元。这是无棣县投资建设的规模最大、速度最快、里程最长、标准最高的道路项目。工程由山东高速路桥集团所属山东鲁桥建设有限公司承建。自2010年4月份破土动工，至2011年6月底全线通车。

【吴式芬故居修复工程开工】 2011年9月29日，无棣县举行吴式芬故居修复工程开工仪式。吴式芬故居是无棣古城建设的核心景点。吴式芬故居修复工程的开工，标志着无棣古城开发进入了全面建设阶段。该工程由曲阜义德古建艺术有限公司承建，按照"修旧如旧、成片原貌"的原则，修复重建吴式芬故居南院、北院、西花园三大部分，建筑均为青砖青瓦木结构，明清建筑风格，整个工程总建筑面积1580平方米，总投资2560万元。

【首届世界华人运动会圣火采集仪式在碣石山举行】 2011年10月15日，首届世界华人运动大会圣火采集仪式在无棣碣石山举行。华运会主席聚博圣等参加。世界华人运动会是世界各地华人共同发起创办的国际性社会团体，其宗旨是倡导"人本、自然、健康、和谐"的华运精神，推动世界华人体育事业、促进世界和谐发展。首届运动会会场分设于上海、台湾、香港、澳门四地，主会场设在香港。圣火采集点按照东、西、南、北、中五个方位，分别选择了全国5个点。无棣县碣石山是第四个圣火采集点。

【首届中国渤海黑牛产业发展研讨会在无棣县召开】 2011年12月26日，首届中国渤海黑牛产业发展研讨会在无棣县召开。省畜牧兽医局畜牧科技处、省畜牧总站、省农业科学院、北京欧中联合商会、中国农业大学、山东农业大学等单位负责人和相关专家，东营、德州、淄博市畜牧兽医局有关负责人，市县畜牧兽医局主要负责人及受邀专家出席。到会的国家与省级业务部门负责人和专家对渤海黑牛产业发展进行了研讨，对无棣县养牛业提出了建设性的意见和建议。

（张明峰）

沾　化　县

县领导人员名单

县委书记　贾善银
副书记　张宝亮
　　　　丁　锋
常　委　贾善银
　　　　张宝亮
　　　　丁　锋
　　　　王景辉*
　　　　李　岩(女)
　　　　杨　明
　　　　王立忠
　　　　巴明华
　　　　乔　铭
　　　　刘长锋
　　　　董保云
　　　　术国强
县人大常委会主任　贾善银
副主任　刘德成*
　　　　陈志凯
　　　　李景顺*
　　　　赵金芳(女)*
　　　　杨春和*
　　　　郑同庆
　　　　王振祥

苏玉杰
县　长　张宝亮
副县长　杨　明
王立忠
刘庆敖 *
崔洪凤(女)
王守泽
季景华 *
杜长亮
县政协主席　卢文芝 *
王信峰
副主席　徐言海 *
苏宪成
王廷安
徐焕章 *
马云国
王　娜(女)
章俊国
牟金合
县纪委书记　李　岩(女)

【县情综述】 2011年,沾化县辖7镇2乡3个办事处,438个行政村,总面积2218平方公里。全县总人口39.01万人。人口出生率11.27‰,死亡率6.00‰,自然增长率5.27‰。全县实现国内生产总值132.54亿元,按可比价格计算,比上年增长11.7%。第一产业增加值30.19亿元,增长6.9%;第二产业增加值51.61亿元,增长14.3%;第三产业增加值50.74亿元,增长12%。三次产业比例为22.78:38.94:38.28。全社会固定资产投资总额97.18亿元。实现财政总收入11.4亿元,其中地方财政收入7.01亿元,按可比口径增长34.78%。年末金融机构人民币各项存款余额61.06亿元,其中居民储蓄存款余额33.41亿元。年末金融机构各项贷款余额56.01亿元。

农业特色产业再上新台阶。全年农林牧渔业实现总产值59.91亿元,比上年增长6.92%。粮食总产13.61万吨,同比增长6.25%;棉花总产3.94万吨;蔬菜、瓜类总产9.88万吨;水产品总产13.69万吨。肉类总产5.20万吨,禽蛋总产2.75万吨。沾化冬枣转型提升效果明显,冬枣品质、品牌再创历史新高,完成疏密间伐4万亩,推广“沾冬二号”3000亩,2处冬枣基地获得国家有机转换产品认证,沾化冬枣被认定为中国驰名商标,种植面积3.33万公顷,总产35万吨,销售收入24亿元。新建国家级畜禽标准化示范场2个,全年畜禽存栏量470万头(只)。现代渔业优质鱼项目获评省优质工程,成为全国整建制绿色食品产地认证第一县。

“工业强县”战略成效显著。全县规模以上工业企业85家,工业增加值同比增长15.97%;实现主营业务收入191.61亿元,增长44.42%;实现利润7.44亿元,增长60.36%;实现利税11.86亿元,增长59.62%。高新技术产业产值32.22亿元,占规模以上工业总产值的17.33%。引进县外投资项目131个,到位资金35.6亿元。272个项目开工建设,其中过亿元项目35个;油盐化工、有色金属、生态皮革等支柱产业持续壮大,奥仕化学、海益化工、炜烨电化等93个项目竣工投产。投资26亿元的中海油盐化工二期具备生产条件,炜烨镍业、庆翔金属材料4台新炉投产,镍铁年产量34万吨。全县主营业务收入过10亿元企业2家,税收过百万元企业122家,其中过千万元企业11家,工业带动作用明显。

现代服务业发展迅速。实现社会消费品零售总额48.29亿元,增长17.1%。进出口贸易完成1.84亿美元,增长34.88%。全年实际到账外资金额196万美元,同比下降91.5%。文化旅游业、现代物流业等服务业快速发展。银路仓储、盛大物流项目扎实推进,温泉度假村试运营。冬枣销售拉动了物流、包装、餐饮业发展。沾化冬枣生态旅游景区获2011最美中国(山东)最佳休闲度假景区,下洼镇获评全省最佳休闲乡镇,文化古城获AA级景区,万亩芦苇湿地公园竣工开放。县境主要旅游景点有下洼生态旅游园、文化古城、徒骇河城市湿地公园、滨化海源盐化有限公司省级工业旅游示范点、大高薛家枣香生态园、下河青城省级旅游特色村、黄升孙家冬枣采摘园。全年接待各类游客57万人次,实现旅游社会总收入2.2亿元。

基础支撑有效提升。境内公路通车总里程2347.378公里,其中高速公路55.99公里。投资2.5亿元、全长45公里的滨海大道一期10公里竣工通车。滨孤路改造4.8公里竣工通车,滨德高速沾化段基本竣工。沿海新防潮大堤工程稳步推进,沾化一级渔港配套工程基本完成。完成农村公路改造175公里,乡镇交管所“四位一体”管理模式全省推广。成功入选“全国小型农田水利重点县”,连续三年每年可获财政补助2000万元。思源湖

得到有效的控制。推行国家基本药物制度，镇卫生院实现上划管理，初步构建起"一刻钟"卫生圈。有效遏制人口出生性别比偏高问题，人口出生率、自然增长率分别为8.7‰、3.1‰；全县婴儿性别比为109.2。连续大幅度提高保障人群补助、补偿、救助标准，城乡低保实现应保尽保，城镇居民医疗保险覆盖面不断扩大，养老保险征缴率、养老金社会化发放率均达到100%。新农合参合率达到100%，新农保参保率达到93%，五保集中供养率达到85%。加大劳动力转移力度，城镇失业率控制在2.9%以内。成为国家级新型农村和城镇居民养老保险试点县。成功承办京博杯·滨州市第十七届运动会，博兴县连续两届囊括参赛金牌、参赛总分、总金牌、总分数四个第一。文化体制改革深入推进，农家书屋实现村村全覆盖，农村公共文化服务体系覆盖率达到90%，群众文化生活日益丰富。

【博兴县被评为山东省最具竞争力十强县市区】 2011年1月，在山东省县域经济调查推介表彰大会上，评审专家组从区位优势、生产要素、产业基础、产业园区规模、产业集群度、产业发展潜力、产业结构和竞争、投资软环境及政府作用9类指标进行综合评价和横向对比后，在全省140个县市区中，博兴县荣膺"山东省最具竞争力十强县市区"，县委书记李家良荣获"山东省县域经济十大领军人物"，县经济开发区被评为"山东省最具投资价值十佳开发区"，兴福镇被评为"山东省最具投资潜力十佳乡镇"。

【"博兴小戏艺术节"获"中国最佳非物质文化遗产节庆活动"称号】 2011年5月15日，在第二届中国节庆创新论坛暨2011中国品牌节会颁奖盛典上，由博兴县文化旅游新闻出版局呈报的"中国滨州·博兴小戏艺术节"从全国9000多个节庆活动中脱颖而出，高票获得"中国最佳非物质文化遗产节庆活动"，成为全省惟一入选的国家级非物质文化遗产节庆活动。

【召开《博兴县志》评审会】 2011年6月22日，博兴县举行《博兴县志》志稿评审会，邀请有关专家学者对新编纂完成的《博兴县志》(1986~2007)志稿进行评审。省史志办主任刘秋增，县委书记、县人大常委会主任李家良等领导出席会议。此次续修博兴县志工作从2007年10月开始，历经组织发动、资料征集、志稿编写、总纂合成等阶段，2010年9月完成评审稿，历时三年时间，续志内容时限为1986年至2007年。

【举办"京博杯"滨州市第十七届运动会】 2011年，"京博杯"滨州市第十七届运动会在博兴县隆重举行，本届运动会自7月12日正式开赛，到9月20日结束，共设县区组、系统组和高校组三个组别，其中县区组有4000多名运动员参赛。共设田径、摔跤、柔道、乒乓球、武术等16个大项547个小项，金牌数638枚，团体总分12558分，从项目开设数、金牌数、总分数、参赛单位数到运动员数均为历届之最。

【博兴董永文化艺术节暨第六届中国(博兴)国际厨具节】 2011年10月26日，2011中国滨州·博兴董永文化艺术节暨第六届中国(博兴)国际厨具节在兴福澳博厨具商城举行盛大开幕式。经中国工商联合会厨具商会研究，中国(博兴)国际厨具节固定为每年10月26日至28日举行。第六届中国(博兴)国际厨具节展览面积5万平方米，参展商近800家，分高层次规划酒店用品、厨具、机械设备三大展区，既满足厨具经销商、星级酒店、餐饮企业、学校、部队等社会团体以及贸易商的需求，也满足机械生产设备采购商需求，同时引领发展"健康、低碳、环保"现代化厨具产业新方向。博兴县是全国最大的不锈钢厨房设备生产基地，兴福黑白铁市场荣获"全国十大金属材料交易市场"称号。中国(博兴)国际厨具节是国内最专业的厨具盛典，也是促进厨具产业提升发展的良好平台。董永文化艺术节期间，举办了第六届国际(博兴)厨具节展销会、第八届中国小戏艺术节系列活动、"董乡情"大型书画展、博兴特产展销会、走进黄河三角洲滨州博兴项目投资推介会等主题活动。

【电影《血色清河》在博兴县开机拍摄】 抗日电影《血色清河》取材于1940年3月初发生在博兴县的"王文庄突围战"。影片以此为故事原型，艺术地反映清河区人民与日伪军开展艰苦卓绝斗争的光荣历史。此片在博兴县引黄济青渠首工程沉沙池风景区等地拍摄部分外景,在八一电影制片厂影视基地拍摄部分内景。此片的拍摄,对宣传博兴县人民抗日英雄事迹及扩大博兴影响具有重大推动作用。

(逯　菲　杨　涛)

邹　平　县

县领导人员名单

县委书记　王传民
副书记　范连生 *
赵怀臣
邹继刚
张金梅(女)
常　委　王传民
范连生 *
邹继刚
赵怀臣
张金梅(女)
高立东 *
张宝武
唐志强 *
郭金鹏
展　翼
李汝伟
杨　成
房　斌
尹艳玲(女)
闫士柱
孙利华
县人大常委会主任　刘书忠
副主任　朱秀东
崔　明 *
韩祥水
彭翠凤(女)*
杨传生
张洪俭
县　长　范连生 *
邹继刚(代)
副县长　邹继刚
高立东 *
张宝武
尹艳玲(女)
刘　峰
张宪强
张　凯
潘玉兰(女)*
崔连民 *
单纪亮 *
县政协主席　程作通
副主席　刘　力
朱秀英
王允栋
由守宏
李法水
耿洪海
县纪委书记　张金梅(女)*
房　斌

县情综述

2011 年,邹平县辖 11 个镇、5 个街道办事处和 1 个国家级经济技术开发区,858 个行政村,常住人口 95 万,总面积 1252 平方公里。邹平区位优越,东接淄博,西邻济南,南依胶济铁路,北濒黄河,济青高速横穿县境 26 公里,距济南国际机场 62 公里,距青岛 240 公里,距淄博 37 公里,具有吸纳要素集聚的有利条件。

邹平历史悠久,夏朝立邹侯国,西汉置县,是历史上有名的齐鲁上九县之一;1991 年境内发现属龙山文化的古城遗址,把中国文字史向前推进了 800 年。邹平人杰地灵,秦末伏生口传《尚书》名闻天下;魏晋数学家刘徽为《九章算术》做注;隋末著名的王薄起义在邹平发起;宋代名相范仲淹在邹平度过了青少年时代;20 世纪 30 年代,著名学者梁漱溟在邹平创办山东乡村建设研究院,进行了为期七年的乡村建设实验活动。邹平文明开放,是中美建交后全国第一个对美国学者开放的农村调查点,先后访问的外国学者达 3800 多人次;1997 年,美国前总统吉米·卡特及夫人专程到邹平进行了为期三天的考察访问。邹平资源丰富,境内长白山脉绵延百里,拥有“鲁中生态明珠”鹤伴山国家森林公园、“齐鲁小灵岩”佛教寺院唐李庵、丁公遗址、王薄起义遗址、范公祠等景点 80 余处。

2011 年,全县完成地区生产总值 632.5 亿元,同比增长 12.6%;实现财政总收入 86.1 亿元,其中地方财政收入 44.6 亿元,同比分别增长 14.8%和 21.9%。城镇居民人均可支配收入达到 21763 元,农民人均纯收入 10230 元。在全国县域经济基本竞争力百强、全国中小城市科学发展百强、全国中小城市最具投资潜力百强排名中,分别居 15 位、11 位和第 3 位。先后被授予国家卫生县城、国家园林城市、全国最具区域带动力中小城市百强、全国新能源产业百强、全国最具幸福感城市、全国文明县城等 150 多项省级以上荣誉称号。

坚持不懈抓解放思想。近年

来，针对不同时期邹平发展定位和不同阶段干部群众的精神状态，先后开展了“远学江浙、近学魏棉，干事创业、跨越发展”“学赶全国前十强、争当全省排头兵”“弘扬三敢精神、推进跨越赶超”等解放思想大讨论活动。2011年，全县提出“全力冲刺全国县域经济前十强”的目标，成为引领邹平新一轮赶超跨越的动力，全县上下形成了聚精会神搞建设、一心一意谋发展的良好局面。

坚持不懈抓工业强县。按照“抓投入、上项目，培植大企业、建设大园区”的思路，大力实施工业强县战略，千方百计增投入、扩总量、优结构、提质量，全力打造先进制造业基地，加快推进新型工业化进程。(1)项目建设。2011年，新增工业利税中，有五成以上来自上年投产的重点项目。实现规模以上工业总产值2420亿元、利税213亿元，同比分别增长31.9%和24%。(2)经济园区建设。2010年11月11日，经国务院批准，邹平经济开发区成功升级为国家级经济技术开发区，是全省首家设在县级的国家级经济技术开发区。2011年县经济技术开发区完成工业总产值1798.8亿元、增加值350.5亿元，分别增长36.3%和19.9%。(3)招商引资。2011年全年引进县外项目182个，利用县外资金198亿元、境外资金10亿美元。扎实推进企业上市工作，全县上市企业达到9家，融资总额达到189亿元，上市企业个数和融资总额均居全省第一。全县银行达到11家，小额贷款公司达到4家，担保公司达到12家，被评为中国金融生态县。邹平县整体上培植起了“三个一批”：培植了一批主导产业。基本形成了家纺服装、新型材料、食品医药、机械制造、精细化工、高档用纸等六大主导产业，被命名为“中国棉纺织名城”“中国糖都”和“中国玉米油城”；棉纺织产业被评为“中国百佳产业集群”。培植了一批骨干企业。全县利税过千万元的企业达到70家，过亿元的15家。魏桥创业集团、西王集团分别列中国企业500强第69位和第384位。其中，魏桥创业集团2011年销售收入突破1600亿元。培植了一批知名品牌。有中国名牌产品3个、中国驰名商标5个，山东名牌产品30个、山东著名商标16个。

坚持不懈抓转型升级。树立“扩大总量是基础、是主要矛盾，升级转型是关键、是内在要求”的思想，突出自主创新、高新技术、节能减排、现代服务业等重点，加快建立现代产业体系，推动全县经济进入存量提升、增量优化、创新驱动、节能低耗的发展轨道。(1)加强自主创新。全县科技创新型企业达到172家，省级以上技术创新平台达到16个，被评为全国科技进步考核先进县。(2)发展高新技术产业。完成高新技术产业产值510亿元，同比增长58.9%，成功入选首批山东省高端装备制造产业园区。(3)发展服务业。实现服务业增加值194.8亿元、社会消费品零售总额104.9亿元，分别增长11.7%和17.5%，被评为全省服务业发展先进单位。(4)节能减排。近年来，先后关停非法“土小”企业和“两高一资”企业500余家，全县污水日处理能力达到42万吨，市级以上资源综合利用企业达到12家，被评为全国十佳“两型”中小城市。

坚持不懈抓城乡统筹。按照“以工促农、以城带乡、工农互动、城乡统筹”的思路，加大惠农扶持力度、增强外力拉动，发展现代农业、提升内力驱动，不断加大城乡统筹力度，逐步缩小城乡差距，加快推进城乡一体化进程。(1)加快编制城乡规划。坚持把全县作为一个整体，从城市中心、副中心、特色镇、新型社区、行政村五个层面，加快编制各类详细规划和专项规划，高标准完成了《邹平县城乡统筹规划》《邹平县县域村镇体系规划》《老城区城市形象设计》《南部新城区规划设计》等一批规划项目，城乡规划覆盖率达到100%。(2)加快推进城市建设。以建设现代化生态园林型鲁中中等城市为目标，按照东部现代工业区、南部旅游度假区、西部休闲生态区、北部特色工业区、中部城市核心区“五区合一”的总体布局，全力实施事关邹平长远发展的13个重大城市建设项目，即：济青高速南出口综合整治、魏桥镇新型社区、济青高速沿线环境综合整治、会仙一路西口综合整治、黛溪河综合治理、工业用水、北外环东延、邹韩路提升、东南外环对接、黄山市民公园拓展、于祖山林业生态园、月河水系建设、高速公路邹平段路域环境综合治理等，进一步完善城市功能，提升城市形象。五年累计实施城建项目277项，完成投资110亿元，县城建成区面积达到54平方公里，人口39

万，基本搭起了中等城市发展框架。(3)加快推进小城镇建设。加强现代化新型小城镇建设，不断增强综合承载和辐射带动能力，加快推进农村人口向城镇集中，五年累计实施小城镇建设“百件实事”560项，完成投入78亿元，城镇化水平达到62%。加强城乡环境综合整治，加快推进城乡管理一体化，切实改善城乡环境面貌，成功创建国家卫生镇2个、省级3个，7个镇通过省级环境优美环境审核，被评为中国城乡建设范例城市、中国宜居宜业典范县。(4)加快推进新农村和社区建设。按照“科学规划、分类指导、典型引路、梯次推进、整体突破”的工作思路，加快推进新农村建设，完成95个市级、122个县级新农村示范村创建任务。探索推广“村企合作型、合村并点型”等农村社区建设模式，积极稳妥推进新型农村社区建设，加快改变农村聚落形态，改善广大农民居住环境，开工农村社区68个，完成投入22.9亿元，被确定为首批全国农村社区建设实验县。(5)大力发展现代农业。认真落实支农惠农政策，严格落实粮食、良种、农资、农机等各项补贴，提前一年在全市率先全部免除农业税及附加。按照“规模化生产、产业化经营、品牌化发展”的思路，大力实施“一村一品”工程，积极发展优质高效生态农业，促进农业增产增效、农民持续增收。全县市级农业产业化重点龙头企业达到45家，农民专业合作社达到227家，农产品“三品”认证总数达到62个，标准化生产基地达到42万亩，各类高标准连片优质蔬菜大棚达到4600个，长山山药通过了农产品地理标志认证，被命名为中国山药之乡、中国甜椒之乡、中国香椿之乡和全国食用菌行业优秀基地县。

坚持不懈抓民生事业。坚持一手抓经济发展，一手抓民生事业，围绕群众最关心、最直接、最现实的利益问题，每年都精心确定实施一批“民心工程”，让全县人民共享改革发展成果。(1)优先发展教育事业。五年累计完成教育投入34.3亿元，新增校舍面积31.8万平方米，中小学标准化建设扎实推进，幼儿入园率达到98.36%。先后投资5000多万元，实施城乡义务教育“两免一补”“211”取暖、“三免惠民”工程(即免除义务教育阶段中小学生作业费、免费为义务教育阶段中小学生提供一套学具、免费为中小学生提供校方责任保险)，提前一年对全县初中、小学学生全部免除杂费，对经济困难学生免除书本费、补助寄宿生活费。2010年起，县财政每年投入400多万元，实施农村小学生乘校车补助工程，受益学生近2万人，补助比例约占学生乘车费用的1/3。先后投资4000万元建设了职教实训基地、鲁中职业学院综合大楼和特教学校学生公寓楼，鲁中职业学院被评为全国百佳职业学校、国家级重点职业院校和全国高级技工学校。(2)大力发展卫生事业。深化创新县镇村三级医疗卫生服务体系建设，改善医疗卫生条件，达到了每个镇办有一处规范的卫生院、每3000人左右有一处社区卫生服务站、每500人左右有一处卫生室的标准。自2008年起，创新实施农村卫生普惠工程，建立家庭健康档案18.2万份，为农村群众提供家庭保健式医疗卫生服务，被评为全省惟一一个县级“两好一满意”服务品牌，经验在全国推广。率先实施国家基本药物制度，药品平均降价44.4%。巩固发展新农合制度，参合率达到100%，一级定点医院住院报销最高达到85%。被评为全国最具创新力医改示范县。(3)大力发展社会保障事业。不断扩大社会保险覆盖面，各类保险参保人数达到95.2万人次。2011年全面启动城乡居民新型社会养老保险工作，在全省率先实现了全覆盖，领取社会养老金的60周岁以上老人突破10万人。不断提高城乡低保标准，城市、农村低保分别提高到每人每年3840元和2200元，城乡低保实现应保尽保，农村五保集中供养率达85%以上，被表彰为全省敬老院建设先进县。大力推进城乡充分就业，五年累计新增就业3.2万人，转移农村劳动力7万余人，城镇登记失业率始终控制在3.5%以内，零就业家庭在“存量消零”的基础上保持了“动态消零”。(4)大力发展公共事业。五年改造农村公路732公里，全县通油路里程达到2489公里，实现了村村通达等级路。大力实施村村通自来水工程和农村安全饮水工程，解决了374个村、21.2万人的吃水问题，自来水普及率达95%以上。大力推进城乡公交一体化建设，一、二级公交网基本建成，三级公交网覆盖40%的村，韩店镇在全省率先实现农民免费乘坐公交车。大力推进城乡环

近10个配套企业也随之入驻。1个计划投资280亿元的冶金建材产业龙头项目落户。3个投资过10亿元的油盐化工产业企业完成注册。44个投资大、科技含量高的项目,合同总金额达207亿元。

服务业发展充满活力。年内,有2个重点项目列入市服务业重点项目,累计完成投资9930万元,占总投资的20.73%。万亩生态林及生态湿地修复旅游项目,栽植白蜡、速生杨等各种苗木30余万株,北海明珠生态湿地公园内明珠塔、芦雪湖、逍遥阁、槐香岛、荷风亭等景点土方工程完工;滨州北海星级酒店主体工程建设完工。年内新增6个市服务业产业链项目。建筑总面积5万平方米的北海大酒店加快推进;山东焦化北海国际物流项目开工奠基,填补了大型物流基地的空白。房地产业开始起步,大千置业中心商业街、玉泰房地产项目、正泰房地产、玉峰香缇墅房地产项目动工建设。金融担保行业破题上路,中国建设银行滨州分行设立分支机构,正德小额贷款公司正式组建成立,滨州银信担保有限公司入驻。

破解发展瓶颈。广开融资渠道,借助外力加快发展,30家民营企业垫资承担了起步区路网、桥涵、绿化亮化等工程,累计垫资额达6亿元。以北海开发投资有限公司为载体,通过银行融资、土地储备贷款、项目建设BT运作等形式,共筹集建设资金2.8亿元。积极争取上级资金支持,累计争取国家财政性无偿资金3152万元。银企合作初见成效,在滨州市第十届银企合作洽谈会上,累计签约合同金额35亿元。根据规划,对区域内土地统一进行整合,依法收储土地22.7万亩,发展空间进一步拓展。加快未利用土地开发,2万亩的未利用地开发建设新材料产业园项目开工建设。

社会事业协调推进。积极营造尊师重教的良好社会氛围,成立了总额高达160万元的教育发展基金,年内,列入区财政预算教育专项资金235万元;完成投资近两亿元涵盖新北海中学、中心小学、中心幼儿园的教育中心规划,新中学建设破土动工,职业教育中心建设规划酝酿出台,建筑面积6万平方米的北海第一实验学校9月份实现招生。慈善总会正式成立,新农保全面实施,机关事业单位养老保险、城镇职工医疗保险工作步入正轨,社会保障能力不断加强。基本药物制度试点、药品零差价全面实行。建立健全人口计生信息共享平台和利导政策,继续稳定低生育水平。新型社区建设扎实推进,北海家园社区25幢楼房、80套保障性住房全部封顶。规划用地165亩的市民文化活动中心,"五一"前投入使用。深入实施"林水会战",扎实开展"农村环境综合整治创建生态文明村"活动,马山子镇蔡家庄子村顺利通过市级生态文明创建村验收。稳步推进农村改革,以马山子镇北鄁村为试验田,依托区内企业汇泰投资集团,成立圣东农业合作社,开创了土地入股、"以企带村"、整合土地资源的新模式。路域综合开发治理工作顺利开展,城乡环卫一体化工作有序推进。推进社会管理创新,加强社会治安综合整治,发展环境日趋平稳,和谐北海建设成效显著。

在2011年12月13日召开的全市实施"黄蓝"两区战略,深入推进港口、北海新区建设大会上,北海经济开发区党工委、管委会受到市委、市政府通报表彰。

【民政事业全面发展】 2011年8月10日,召开滨州北海经济开发区慈善总会成立大会及慈善一日捐活动启动仪式,共接受慈善捐款140余万元。积极开展朝阳助学工程,共计为4名低保家庭大学生发放助学款1.6万元。为全区农村最低保障群众提升了低保标准,补助标准提升到人均每月104元。组织义务兵培训,提高了义务兵的自主择业技能。共发放义务兵家属优待金和三老优待金23余万元。投资5万余元对敬老院进行了改扩建,改善了孤寡老人的生活环境。共为全区困难群众发放社会救助资金20余万元,救助群众1500余人。发放大病医疗救助资金4万元,建立领导定期联系困难户机制,及时对每个救助对象予以救助。对全区内12名孤儿发放生活费9万余元,确保了孤儿正常生活需要。

【落实各项惠民政策】 (1)2011年,区党工委、管委会根据实际情况,制定一系列医改政策,保证了医改工作的顺利开展。自2011年1月1日起,马山子镇中心卫生院实施基本药物制度以来,所需药品均通过山东省药品集中采购交易监督管理平台招标采购,并实行零差率销售。药品总费用平均下降30%,群众就医负担明显减轻。(2)全面落实建立居民健康档案、健康教育、免疫规划、传染病防治、儿童保健、孕产妇保健、老年人保健、慢性病管理、重性精神疾病患者管理等9项基本公共卫生服务项目。基础免疫接种率均在98.0%以上。无疑似异常接种反应发生。(3)新型农村合作医疗制度不断完善。2011年,全区参合农民2.44万人,参合率达99%。补偿方案不断优化,年初,居民在乡镇医疗机构住院补偿比例达75%,在省内定点医疗机构补偿比例提高到45%,省外定点医疗机构住院补偿比例提高到25%,封顶线设置为8万元。

(孔令芝)

滨州工业园

区领导人员名单

区工委书记 李　勇
副书记 王忠亭
委　员 李　勇
王忠亭
李建汉
郑立民
荆开科*
张文杰
蔡宝芹(女)
管委会主任 王忠亭
副主任 李建汉
郑立民
荆开科*
张文杰
蔡宝芹(女)

区情综述

滨州工业园区是2006年3月经省政府批准成立的省级经济开发区,辖滨北街道办事处,版图面积179.29平方公里,控制性规划面积48平方公里,建成面积11.15平方公里,有村居156个、人口8.59万。2010年荣膺"全省最佳投资园区"称号。

滨州工业园地理位置优越。国道205纵贯南北,国道220横穿东西,长深高速公路穿越境内与青银高速相连,可直接连接京沪、荣乌高速公路;1小时内可到达济南机场,3小时内可到达北京;已开工建设的德龙烟铁路穿越园区,设有国家大型铁路客货站。基础设施完善。累计投资10.2亿元,建成"10纵12横"22条共计78公里园区道路及配套设施,建成区全部实现"九通一平";建成住宅区、商业街面积62.3万平方米,人均绿地面积达到12.65平方米;建成日处理污水能力5万吨的北城污水处理厂。水电资源充足。建成占地4400亩、容量1400万立方米的秦台水库,有自来水和远水两条供水管线,日供水能力10万立方米;建成110KV变电站2座、220KV变电站1座、500KV变电站1座;建成两座自备热电厂,年发电量2.5亿度,供热能力每小时300吨。经济发展迅猛。有工业企业132家,其中规模以上工业企业29家,形成了纺织印染、能源化工、农副产品深加工、机械制造、建筑建材五大支柱产业。拥有省环保部门批准设立的化工区,规划占地622.15公顷,建成486.53公顷,现入驻化工企业31家。投资环境和谐。注重项目服务意识,项目落户即成立专门服务小组,提供全天候项目服务,做到"份内事情主动办、份外事情帮着办、重大问题上门办、特殊事情灵活办""保姆式"服务环境赢得投资客商的认可。

2011年6月26日,滨州工业园友泰化学年产100万吨芳烃项目签约仪式在滨州大学饭店举行。 (摄影　李志刚)

●2011年6月28日，滨州工业园中技桩业滨州项目签约仪式在上海举行。（摄影　李志刚）

2011年，滨州工业园区坚持以科学发展观为指导，认真把握“高效生态”的发展主题，锁定“全省一流经济园区”目标，扎实开展基础设施完善年、重点项目推进年、发展环境优化年活动，做大、做强、做优工业经济，完成了各项任务目标，经济社会呈现持续发展的良好态势。

综合实力不断增强。2011年，完成全社会规模以上固定资产投资30.27亿元，同比增长16.02%；实现规模以上工业企业总产值124.21亿元，同比增长19.75%；规模以上工业企业增加值29.68亿元、利税6.39亿元，同比分别增长17.29%、23.35%；完成地方财政收入1.92亿元，同比增长19.64%；农民人均纯收入达到8263元，增长1047元。

项目建设有序推进。大力实施“项目带动”战略，把多上项目、上大项目、上好项目作为调结构、转方式的总抓手，增强经济持续发展的能力。全年引进招商引资合同项目12个，实现到位资金11.1亿元。滨农科技质检中心物流仓储、佳化化学、新天阳化工二期、宇洋新材料等14个项目建成投产，大唐热电联产、亚光工业园二期、中技桩业、明大新材料等11个项目建设顺利。

承载能力明显增强。编制完成《凤凰湖景观规划》。投资1.06亿元，建成梧桐二路东延工程，改造梧桐四路、五路三千桥，亮化凤凰六路、永莘路园区段、205国道北出口段。综合服务平台项目进入内外装修，站北新苑安置小区一期顺利封顶。管道天然气城区主干管网铺设完成。拆除205国道北出口、永莘路房屋275户、4.9万平方米，新增绿化面积9.4万平方米。

基层基础牢固稳定。完成155个村居“两委”换届选举工作，加强对村居党支部书记、村委会主任的工作管理。落实各项维稳工程和工作机制，深入推行“一线工作法”，创新成立“老卜调解工作室”，排查各类矛盾纠纷99起，处结99起。扎实开展“安全生产基层基础深化年”活动，查改各类安全隐患443项。

社会事业全面进步。切实做好新农合、新农保宣传发动，农村群众新农合参合率达到95%以上，9113名农村老人领取到养老金，18255名农村群众加入新农保。加大社会救助力度，2859人纳入农村低保，328人纳入城镇低保。强化教育基础设施投入，投资3500万元、建筑面积1.85万平方米的北城受田小学如期建成启用。狠抓环境保护，配合有关部门关停不达标企业2家，限期整改企业6家。

（张　晴）

惠民经济开发区

区领导人员名单

区工委书记

副书记　尚鸿鸣*
高树先

委　员　尚鸿鸣*
高树先
刘丙海
王振刚
刘洪田
石　磊

管委会主任　尚鸿鸣*
高树先

副主任　刘丙海
胡俊生

【区情综述】 2011年，惠民经济开发区辖何坊街道办事处，版图面积108平方公里，总体规划控制面积42平方公里。

加大基础设施投入。至2011年底，开发区建成道路50余公里，铺设雨污管线90公里，安装自来水管道15公里，架设电力干线36公里，铺设通讯光缆15公里，建成日处理污水3万吨的污水处理厂一座，绿化面积达150万平米，基本实现通路、通水、通电、通讯、通燃气、通有线电视、排雨、排污、供热和场地平整"九通一平"。

优化投资软环境。健全服务机制，营造了"亲商、爱商、安商、护商"的投资环境。项目审批实行"一条龙"跟踪服务，限时办结，大大提高了审批效率。实行半封闭式管理，县内的各项检查收费必须经开发区管委会同意，减少了外界对企业的干扰，确保企业的正常生产秩序。坚持副科级以上领导干部联系企业制度，定期走访，及时解决他们的急、难、盼问题。严格执行环保第一审批权制度，紧抓区域环评不放，杜绝高污染、高耗能项目进区。

发展项目工作。随着更多项目的落户，各项经济指标持续快速增长。全年30家投产企业创造工业产值16.77亿元，实现销售收入16.8亿元，实现税收4146万元。产业集群效应逐步显现，基本形成了纺织服装、装备制造为主导，新型能源、生物医药等产业快速发展的格局，依据"纺织服装、装备制造、生物医药、新型能源、高档造纸"五大产业板块布局规划，实现分区、集群发展目标。以力丰机床、龙马重工为主体的装备制造项目的建设，有效带动惠民县装备制造产业的快速发展。康和药业一期工程的顺利试生产，拉开了惠民生物制药产业发展局面；天利新能源项目带动惠民太阳能产业的开发与发展。至年底，累计落户项目54个，合同总投资突破160亿元，其中过亿元项目26个，投产项目30个。

【力丰机床制造基地项目】 力丰集团山东高端重型机床生产基地项目由广东ACL力丰集团投资兴建，计划总投资17亿元，总建筑面积20万平米。项目由山东力丰重型机床有限公司、山东富力世液压油缸有限公司、山东沈一希斯科技发展有限公司三个子公司组成。其主要产品有重型数控折弯机、数控闸式剪板机、数控卷板机、数控油压机、板材自动加工生产线、型钢生产线、液压油缸等。至2011年底，项目一期工程顺利投产，建成重型车间、油缸车间、自动化车间、员工宿舍、食堂等7万余平米，引进设备600余台套。2011年，公司销售收入突破4亿元。项目二期工程于2010年中旬启动，与沈阳机床合作的3.5万平米恒温车间主体已完成，大型数控卧式车床已小批量试产；4万平米标准件车间已进入设备安装调试阶段。项目达产后，年可实现产值20亿元，利税2.5亿元，解决就业岗位2500余个，成为国内规模最大的高端重型数控锻压机床、板材加工生产线制造基地。

【滨州市龙马重工项目】 滨州市龙马重工科技有限公司由山东龙马重工集团投资建设，总投资51亿元，主要从事铸铁、铸钢、锻造以及铸锻件的精加工，主要产品为高速铁路铸件、汽车零部件铸件、大型机床铸件以及风电设备铸件四大系列。该项目于2009年7月份动工建设，2010年底公司一期工程顺利投产。10万平米铸造车间、2万平米机加工车间、1万平米生活配套区同步投入使用，引进再生能力达25吨/小时的国内一流砂处理生产线6条，主要生产大型机床铸件、风电设备铸件等，年生产总量20万吨。2011年1月，公司顺利通过ISO9001质量管理体系认证。二期精密铸件项目于2010年9月份启动，其主要产品为汽车零部件、高速铁路铸件等灰铸件和球磨铸铁，重量自0.5公斤到25公斤左右。2011年10月份二期工程垂直线车间投产，该车间拥有4条丹麦产DISA造型线、4台德国产爱立许强力混砂机及6套后处理设备。按照集团计划，利用三年时间在惠民启动制焦、冶炼、发电、模具、树脂、铸造、锻造及精加工八个项目建设，建成年总铸锻量60万吨的循环经济产业园区。预计五年达产，年可实现产值100亿元，利税15亿以上，提供就业岗位5000个，并拉动相关配套项目20~30个，产值近100亿元。

【山东康和制药项目】 山东康和药业有限公司是由湖南千山制药机械股份有限公司与山东翔和医疗器械有限公司合作建设的集制

第九年进入全国百强县，位居第15位。(4)不断扩大对外开放。坚持把招商引资作为引导结构调整、加快追赶超越的战略性措施，积极走出去、请进来，邀请中外客商到滨州投资兴业。先后在香港、温州、台州、台湾等地开展大型招商活动，成功举办第二届黄河三角洲高效生态经济区经贸洽谈会、第九届国际家纺节等系列活动，总共达成签约项目146个，涉及金额达1662亿元。全年实际到账外资10.43亿美元，全市上市企业发展到14家，其中在香港股市形成了滨州板块，境外上市工作走在了全省前列。各类经济园区加快建设，高新区建设日新月异，北海经济开发区搭起了快速发展的大框架，50个重点园区功能日趋完善，一大批项目落户开工或建成投产，形成了高效集约、产业配套、竞相发展的格局。(5)加快推进基础设施建设。年初确定的十大基础设施项目进展顺利，其中，滨州港已累计完成投资30多亿元，防波堤一期工程全部完成、港区17公里一级公路实现整体通车，码头装卸设备完成整机建造，2个3万吨级的码头已达到靠泊条件；海港港区已建成东、南两条防波堤，形成了14.86公里的深水岸线，可建设3万吨级以上深水泊位50多个。滨港铁路一期运营良好，二期工程已奠基开工，预计投资18亿元。德龙烟铁路滨州段、滨德高速建设进展顺利。全市公路通车里程已达1.5万多公里，其中高速公路172公里。

三、切实保障和改善民生，努力维护社会和谐稳定。(1)坚持从解决群众最关心、最直接、最现实的问题入手，年初研究确定了“十大民心工程”，认真对待，强力推进，积极落实，成效显著。2011年，城市居民可支配收入22540元，增长14.5%，增幅列全省第六位；农民人均纯收入8744元，增长21.5%，增幅列全省第二位，高出全省402元。就业、住房、社会保障等统筹推进，在全省地级市中第一个同步实现了新型农村和城镇居民养老保险制度全覆盖及国家基本药物制度全覆盖。在中国社会科学院首次公布全国城市居民幸福感调查结果中，滨州市列全国294个城市第五位。(2)全年教育、社会保障和就业、医疗卫生、农林水事务四项重点支出完成112.9亿元，增长33.4%，占全市财政支出的56%。素质教育深入实施，义务教育免费政策得到全面落实，家庭困难学生的资助面进一步扩大，中小学校舍安全工程完成情况列全省第一位。医药卫生体制改革扎实推进，人口计生工作扎实有效，文化体制改革深入推进。滨州吕剧、阳信鼓子秧歌、惠民泥塑、博兴柳编被国务院公布为第三批国家级非物质文化遗产项目。市民体育中心基本完成投入使用，市民文化中心、市民活动中心、市民公共卫生中心建设顺利推进。成立了市公共资源交易中心，搭建起了统一管理、电子支撑、网上交易、全程监控的公共资源交易平台。市档案馆晋升为国家一级，成为鲁西、鲁北惟一一家国家一级档案馆。数字滨州地理信息公共平台建成，被授予“全国数字城市建设示范市”。(3)深入推进社会矛盾化解、社会管理创新、公正廉洁执法三项重点工作，一些重大不稳定因素得到有效解决和控制。坚持以群众工作统揽信访工作，畅通群众诉求渠道，把各类矛盾化解在萌芽状态。积极开展“社会管理创新年”活动，重点实施了天网、地网、人网、法网、数网“五网联动工程”，法律顾问全覆盖工程得到省委领导批示肯定。深入开展“严打”斗争，加强社会治安综合治理，认真组织开展生产安全、交通安全、校园安全、食品药品安全等专项整治行动，有效维护了社会持续平安和谐稳定。

四、不断加强和改进党的建设，努力提高执政能力和领导水平。(1)坚持集中学习制度，组织举办了市委理论学习中心组读书会，引导各级党员干部深入理解和全面把握科学发展观，增强了各级贯彻落实科学发展观的自觉性和坚定性。坚持项目化运作，举办“周末大讲堂”8期、“名师送教”40余场次，举办示范班4期，邀请张声雄、金一南等知名学者进行高端培训，取得良好效果。加强山东干部学习网滨州专区建设，为2.5万名党政干部和专业技术人员提供在线学习服务。同时，着力打造渤海革命纪念园党性教育基地、杜受田故居廉政教育基地、京博商学院党政干部经济专题培训基地，引导广大党员干部学理论、长见识、强本领，党员干部素质结构有了新变化。(2)坚持正确的选人用人导向，认真贯彻《干部任用条例》，不断深化干部人事制度改革，提高选人用人的公信度。高度重视换届纪律，坚持教育在先、警示在先、预防在先，认真落实换届纪律，营造风清气正的换届环境。健全完善了全市科学发展综合考核办法，进一步树立科学的工作导向。实行市县组织部长接受干部约谈制度，广泛开展了谈心谈话活动，进一步畅通了干部意愿表达渠道。积极推进人才工作创新发展，实施创业人才梯次培养工程，为全市经济社会发展提供了有力的人才保障和智力支持。(3)坚持“书记抓、抓书记”，完善了县区委书记抓基层党建工作专项述职制度，出台了乡镇(街道)党(工)委书记抓基层党建工作约谈办法和履行基层党建工作责任离任检查办法，健全了基层党建工作责任体系。完成了村“两委”换届工作，实施了党的村级组织建设保障工程，农村基层班子整体素质得到较大提升。在非公有制经济组织、社会组织中扎实开展“建组织、扩覆盖”活动，以党建带工建、团建、妇建，扩大了党的组织覆盖和工作覆盖。突出为民服务、让群众满意，深入推进创先争优活动，党员的先锋模范作用充分发挥，涌现出了一批优秀干部和先进典型。(4)扎实开展“发展环境提升年”活动，针对服务不优、作风不实等开展了整治行动，促进了发展环境的优化。深入实施领导干部廉洁工程和基层反腐倡廉机制，严格落实党风廉政建设责任制，执行领导干部廉政准则，构筑思想道德、体制机制、权力运行、党纪国法四道防线，推动了全市党风廉政建设和反腐败工作的深入开展。

(任建义)

【重要会议】 **全市蓝色经济区建设动员大会** 2011年1月21日召开。市委书记、市人大常委会主任邓向阳作重要讲话，市委副书记、市长张光峰主持并讲话。市领导王浩、曹兴宽、燕钦国、祁维华、王文禄、胡炳山、葛伟、于常青、魏克田及市几大班子领导出席会议。邓向阳指出，各级各部门要紧紧把握山东半岛蓝色经济区建设上升为国家战略这个机遇，着眼长远、立足当前，突出重点、抓住关键，在加快推进上下工夫，在尽快落实上见实效，努力在重要领域、关键环节取得实质性突破，确保滨州在蓝色经济区建设中快行一步、抢占先机。在具体工作中要注意处理好三个关系：山东半岛蓝色经济区建设和黄河三角洲高效生态经济区建设的关系；重点突破和整体推进的关系；陆地和海洋的关系。邓向阳要求，加快蓝色经济区建设：要高点定位，科学制定规划，要把滨州蓝色经济区建设放到全省乃至全国发展的大局中来把握，放到区域竞争的大格局中来谋划，突出特色，打造优势。要研究政策，争取最大支持。要做好重大项目的争取工作，加快实施一批重大项目，提升项目建设速度。要借海兴市，转变发展方式。要从“背靠大海”转为“面向大海”，着力在发展海洋经济上下工夫，加快推进“海上滨州”建设。要着眼长远，完善基础设施，要把海陆重大基础设施建设摆上更加突出的位置。要深化改革，扩大合作交流。要统筹兼顾，推动全面发展。市委副书记、市长张光峰在主持会议时指出，各县区各部门要倍加珍惜山东半岛蓝色经济区建设的机遇，牢固树立责任意识、紧迫意识，结合工作实际，抓紧组织对国家《规划》的学习研究，全面理解和掌握核心内容。要边学习、边研究、边分析，对照《规划》重新审视本县区、本部门的优势、潜力和不足，解放思想，找准坐标，实现与《规划》的有效对接，确保把各项优惠政策用好、用活、用足。要理清思路，把握工作主动权。要大胆创新，高点定位，坚定“小区域也能做出大文章”的信念，把滨州打造成山东蓝色经济区开发建设的亮点，闯出一条发展蓝色经济的成功之路。

2010年度综合表彰大会 2月9日召开。市委书记、市人大常委会主任邓向阳作重要讲话，市委副书记、市长张光峰主持会议，市委副书记王浩宣读了市委、市政府《关于2010年度市级综合表彰的通报》。邓向阳指出，过去的一年是滨州发展历史上极不平凡的一年，经过全市上下的共同努力，经济社会发展各项工作都取得了新进展、新成就。邓向阳要求，以科学发展为主题、以加快转变经济发展方式为主线，是“十二五”时期我国经济社会发展的主基调、主方向，必须牢牢抓住、不能偏离。要坚持做到“四个不动摇”：(1)锁定发展目标不动摇。全市各级各部门必须紧紧围绕执行落实既定的决策思路和目标任务，持之以恒地推进落实，确保把各项工作抓圆满、抓到位，抓出最大成效。(2)坚定追赶超越不动摇。要始终围绕追赶超越来定思路、定目标、定措施，敢与强者项事业发展有利的事情。刘伟指出，滨州的创先争优活动组织有力、主题鲜明、工作突出、成效显著，推动了经济社会全面发展，为全省科学发展、和谐发展、率先发展作出了贡献。刘伟强调，要认真总结经验，加大工作力度，努力完成创先争优活动的各项任务。要加快转方式调结构步伐，为“十二五”开好局、起好步；要实事求是，分析优势、潜力、不足，有针对性地做好各项工作。要坚持分类指导、探索创新，不断开创工作新局面。要把创先争优活动的成效体现到促进群众工作、保障改善民生上，重点就是把给困难群众送温暖活动组织好，让困难群众过一个温暖、祥和的春节。要以创先争优活动为契机，加强基层党组织和群团组织建设。要加强对创先争优活动的组织领导，确保活动取得实效。

省委书记姜异康到滨检查指导 2月24日，省委书记、省人大常委会主任姜异康到滨州检查指导抗旱工作。省委常委、秘书长王敏，滨州市委书记邓向阳、市长张光峰等陪同。姜异康深入惠民县李庄镇大徐村村民徐传敏、徐传三家中，实地查看生活用水情况，详细询问其生产和生活情况。姜异康先后到白龙湾引黄闸引水现场、小农水工程麦田抗旱灌溉现场、惠民县麻店镇岭上刘村，深入田间地头，实地查看旱情，了解抗旱保苗情况。姜异康指出，面对特大旱灾，滨州市委、市政府高度重视，迅速行动，应对积极，取得了很好的效果，希望各级各部门高度重视当前旱情，充分认识做好抗旱工作的极端重要性，采取有效措施，扎实开展工作，努力抗旱保丰收。姜异康强调，抗旱是当前的头等大事，各级各部门要紧紧围绕“保吃水、保春灌”的用水目标，科学调配水资源，确保城乡群众饮水，统筹安排城乡生活、生产、生态用水。要立足抗旱保丰收，提前做好工程设备、资金和人力各项准备，科学组织小麦春灌和春季农田生产管理，努力实现粮食增产丰收。要加强对抗旱工作的组织领导，确保领导到位、责任到位、措施到位，把各项工作部署真正落到实处。要紧紧抓住中央加强水利改革发展的重大机遇，落实好加强水利建设的各项政策措施，加快农田水利基本建设，为农业农村经济又好又快发展创造条件。

全面实施数字滨州地理空间框架建设项目 3月23日，数字滨州地理空间框架建设项目合作协议签署仪式在滨州大饭店举行，标志着数字滨州地理空间框架建设项目正式全面启动实施。国家测绘局副局长李维森，市委书记邓向阳出席仪式并讲话。国家测绘局国土测绘司副司长罗建军，省国土资源厅副厅长王玉志，副市长尚龙江分别代表三方签署合作协议。市委常委、副市长李眈陆主持仪式。李维森对滨州加快推进数字城市地理空间框架建设，申请开展数字滨州试点工作，推进数字滨州建设与应用，提高测绘服务经济社会发展的能力和水平给予高度评价。他希望作为全国地理空间框架建设与应用试点城市的滨州继续加大工作力度，利用资源，组织实干的队伍，把项目做出亮点。

中纪委副书记孙忠同到滨参观考察 4月3日，中央纪委副书记、解放军总政治部原副主任孙忠同上将到滨州参观考察惠民孙子兵法城开发使用情况。滨州军分区司令员胡红兵等陪同参观。在孙子兵法城，孙忠同向陪同人员详细了解了兵法城的建设及使用情况，并对惠民县着力打造孙子品牌，大力开发旅游产业给予肯定。

副省长王随莲到滨调研 4月7日至8日，副省长王随莲到滨州调研深化医药卫生体制改革工作。市长张光峰等陪同调研。王随莲深入无棣县车王镇卫生院、车王镇蒋桥村中心卫生室、海丰社区卫生服务中心和市人民医院详细了解国家基本药物制度实施、基层医疗卫生服务体系建设、公立医院改革试点等开展情况；听取了滨州市深化医药卫生体制改革情况汇报，并就在落实医改过程中遇到的困难和问题进行了探讨和交流。王随莲充分肯定了滨州医改工作所取得的成效，希望滨州勇于创新。王随莲指出，要坚定信心，推动各项医改工作不断深入。要紧紧围绕缓解群众看病难、看病贵问题，加快推进公立医院改革试点，全面推行便民惠民措施，优化门诊流程，开展便民服务，控制医疗费用，充分体现公立医院的公益性质。要进一步优化公立医院布局结构，加快形成多元化办医格局，在体制机制综合改革等难点问题上取得突破。要

●2011 年 4 月 13 日，全国政协常委赵启正到杜受田故居参观考察。（杜受田故居供稿）

继续完善基本药物制度，建立健全基层医疗卫生机构补偿机制，积极推进人事分配制度改革，强化绩效工资考核，构建基层医疗卫生机构长效运行机制。要加强基层医疗卫生队伍建设，发挥中医药作用，切实增强基层服务能力。认真实施公共卫生服务项目，严格操作规范，提高服务质量，最大限度地惠及群众。

全国政协常委赵启正到滨调研并作专题报告 4 月 13 日，全国政协常委、全国政协外事委员会主任赵启正应邀到滨州调研并作“公务员的新闻素养”专题报告。市委书记邓向阳，市委副书记王浩，市人大常委会副主任曹兴宽，市政协主席燕钦国等陪同调研并出席报告会。赵启正一行先后到滨州城市规划展示馆、杜受田故居了解了滨州的历史文化、城市建设。赵启正说，我是第一次来滨州，没想到滨州的城市规划这么好。要在提高知名度上下工夫，把滨州名声叫响。在杜受田故居，赵启正说，杜氏家族“一门十二进士”全国罕见，要借助媒体、影视剧等，提高其影响力和知名度。在“公务员的新闻素养”专题报告会上，赵启正就如何处理与媒体的关系、加强公务员的新闻素养、如何提高滨州知名度等进行了深入阐释，并和与会者进行了互动交流，就大家关心的问题作了解答。王浩在主持报告会时指出，赵启正的报告内容丰富，见解深刻，具有国际视野和很强的针对性、指导性、实践性，具有十分重要的指导作用。要深刻领会报告精神，正确认识新闻媒体，特别是新兴媒体的地位和作用，善于运用新闻宣传推动实际工作，不断提高新形势下舆论引导水平。要善待媒体、善用媒体、善管媒体，为抢抓“黄蓝”两区开发的历史机遇，建设富裕文明、和谐幸福的现代滨州，营造良好的舆论环境。

2011 年春季山东省糖酒会在滨举办 4 月 16 日，2011 年春季山东糖酒商品交易会在滨州国际协主席燕钦国等出席仪式并为项目奠基。“一馆三中心”为市科技馆、市职工活动中心、市青少年中心和市妇女儿童活动中心，项目建筑总面积7万多平方米，预计总投资3.5亿元，是“市民活动中心”的重要组成部分，是市委、市政府确定的重点投资项目。市委副书记王浩指出，“一馆三中心”的开工建设，是市委、市政府健全公共服务设施、完善城市功能、提高城市品位，打造黄河三角洲中心城市的一项民心工程，更是创建省级文明城市的一项重要内容。王浩希望项目建设指挥部、各建设单位、施工单位、监理单位都要树立精益求精的质量意识，认真履行好各自职责，严格建设程序，科学规范管理，狠抓工程质量，加快建设步伐，用一流的管理、一流的设计、一流的技术、一流的施工把“一馆三中心”建设成质量一流的标杆工程、造福百姓的德政工程，合力将“市民活动中心”打造成滨州中心城市的标志性工程。

省委常委王仁元到滨调研

5月23日至24日，省委常委、常务副省长王仁元就推进黄河三角洲高效生态经济区和山东半岛蓝色经济区建设工作到滨州调研。市长张光峰等陪同调研。王仁元要求，滨州市作为“黄蓝”两区叠加的地区，要抢抓机遇，立足区域特色和资源优势，认真落实国家和省出台的支持政策，加快两区建设步伐。在惠民县力丰高端重型数控锻压机床制造基地项目、龙马重工科技有限公司、滨州经济开发区政通铝材高精度铝板带箔项目，王仁元详细了解了项目和企业建设情况。王仁元指出，滨州要做到科学定位，利用自己原有的产业优势，拉长企业产业链条，利用充足的发展空间，打造具有滨州特色和优势的产业集群，要加快各类经济园区建设步伐，引导重点产业聚集发展。王仁元专门到滨州经济开发区北美海棠示范基地、沾化县思源湖万亩生态林场进行调研。王仁元指出，滨州要突出高效生态特色，壮大高效生态农业生产规模，实施经济林、生态林、观赏林造林工程，大力发展环境友好型工业和现代服务业，打造优势产业集群；要结合高效农业和现代渔业发展需要，加快冷链物流业发展，拉长产业链条，促进三次产业融合发展。王仁元一行还到惠民公园、南护城河公园、西护城河及月亮湾湿地公园、北护城河公园，滨州城市规划展示馆、滨州万吨港引堤工程建设现场、北海经济开发区起步区建设等进行实地调研。王仁元强调，滨州要发挥土地后备资源丰富的优势，扎实推进未利用土地综合开发，加大对盐碱荒地的开发整理力度，增加可利用土地；要强化基础支撑，全面推进基础设施和重大项目建设，进一步加强平原水库等蓄水工程建设，为“两区”开发提供支持。

省委常委李法泉到滨调研

6月9日至10日，省委常委、省纪委书记李法泉就贯彻落实十七届中央纪委六次全会和省纪委九届七次全会精神到滨州调研。市委书记邓向阳，市长张光峰等陪同调研。调研期间，李法泉深入到沾化县、滨城区、邹平县部分企业、社区和农村，实地调研反腐倡廉建设特别是基层党风廉政建设情况，并参观了滨州城市规划展示馆、渤海革命老区纪念园、市廉政教育中心等，听取了市委、市政府和市纪委工作情况汇报。李法泉对滨州经济社会发展和反腐倡廉工作给予充分肯定和高度评价。李法泉要求，要认真贯彻落实十七届中央纪委六次全会和省纪委九届七次全会精神，把监督检查作为一项长期的、基础性的工作，重点加强对党的政治纪律执行情况、转方式调结构重大决策落实情况、保障改善民生政策措施落实情况和换届工作的监督检查，确保政令畅通。要扎实推进惩治和预防腐败体系建设，始终保持查处案件的工作力度，严肃查处领导干部以权谋私、贪污受贿、腐化堕落以及滥用职权、失职渎职等问题，查处严重损害群众利益、群众反映比较大的问题，积极营造良好的发展环境。要下气力做好预防腐败工作，充分利用示范教育、警示教育、岗位廉政教育和集中廉政教育等载体，努力增强廉政教育的针对性和实效性；要提高制度建设的科学化和执行力，增强权力运行的透明度；要加强作风建设，贯彻以人为本、执政为民要求，建立作风建设的长效机制。要高度重视解决损害群众利益的问题，认真解决与群众利益密切相关的教育、医疗、安全生产、食品安全、征地拆迁等领域存在的问题，以反腐倡廉实际成效取信于民。李法泉强调，要适应新形势、新任务、新要求会展中心开幕，市委书记邓向阳和省糖酒副食品商业协会会长张洪强一起按动七彩球正式启动交易会。省糖酒副食品商业协会常务副会长、秘书长薛剑锐以及滨州市市长张光峰，市政协主席燕钦国等出席开幕式。此次交易会是继2003年之后第二次在滨州市区召开的全省糖酒会，从办展条件、展会规模、展会影响力都远远超过了上次展会。参加本届交易会的企业，汇聚了扳倒井、泰山生力源、古贝春、景芝、兰陵、孔府家、琅琊台、趵突泉等省内骨干白酒企业，也吸引了茅台、五粮液、酒鬼、泸州老窖、西凤、沱牌等全国知名品牌参展，同时，滨州的白酒生产企业如无棣万德、邹平天地缘、博兴董公、董郎家等东道主企业也借助地利、人和的优势，积极参与了交易会。据不完全统计，参展企业达2000余家、参会代表超过5万人，各项指标均创历届交易会之最。

水利部黄河水利委员会主任陈小江到滨调研 4月26日，水利部黄河水利委员会主任陈小江到滨州调研黄河治理开发与管理工作。山东黄河河务局局长周月鲁，市委书记邓向阳等陪同调研。陈小江一行实地查看了黄河标准化堤防工程、黄河滨州段大崔险工，并参观了滨州城市建设，听取了滨州市黄河工作汇报。陈小江充分肯定了滨州市近年来黄河防汛抗旱与水量调度工作，邓向阳对水利部黄河水利委员会给予滨州工作的大力支持表示感谢。邓向阳说，长期以来，水利部黄河水利委员会在黄河流域水资源开发利用、水资源分配、水土流失防治、抗旱防汛、节水型社会建设等方面给予了滨州市大力支持和帮助，有力促进了滨州各项事业的发展。滨州市水资源十分短缺，黄河水在人民生产、生活中有着举足轻重的作用，随着全市经济社会的快速发展，水资源利用的供需矛盾越来越突出，希望黄河水利委员会继续加大对滨州发展的支持。陈小江对滨州经济社会发展特别是水利事业所取得的成就给予充分肯定。陈小江表示，黄委会将一如既往地支持滨州各项事业发展，希望滨州市继续抓好黄河水的引蓄工作，节约水资源，保护水资源，让黄河水资源发挥最大的经济效益和社会效益。陈小江强调，黄河水资源供需矛盾日益突出，要认真贯彻落实中央一号文件精神，全面落实最严格的水资源管理制度，提高黄河水资源管理水平，加快节水型社会建设，以水资源的可持续利用支持流域及相关地区经济社会可持续发展。要加强防洪工程建设，研究洪水形成机理，发挥干支流水库群联合调度功能以及非工程措施作用，确保黄河岁岁安澜，让黄河更好地造福中华民族。

国务院机关党组成员阎京华到滨调研 5月6日至8日，国务院机关党组成员、纪检组长阎京华一行到滨州调研经济社会发展情况，并看望国务院办公厅在滨州市挂职干部。省委常委、副省长孙伟，市委书记邓向阳，市长张光峰等陪同调研。阎京华一行听取了滨州市经济社会发展基本情况暨国办挂职干部工作情况的汇报，参观了滨州市的城市建设，并先后到滨城区、博兴县、邹平县、无棣县和北海经济开发区实地调研。阎京华充分肯定滨州经济社会发展所取得的成绩。阎京华指出，滨州市委、市政府认真贯彻落实科学发展观，以转方式调结构为主线，抢抓发展机遇、破解制约瓶颈、勇于创新创造，发展方式加快转变、经济结构不断优化，经济和社会各项事业呈现出科学发展、和谐发展的良好态势。阎京华感谢滨州市委、市政府对国办在滨挂职干部的周密安排和支持帮助，希望挂职干部充分发挥聪明才智，扎根基层、深入基层、服务基层，以强烈的事业心和责任感，圆满完成挂职锻炼任务。邓向阳汇报了滨州市委工作。关于国办挂职干部的情况，邓向阳指出，上年11月3日，国务院办公厅选派三位干部到滨州挂职，这是国务院办公厅和省委、省政府对滨州的关心厚爱。三位干部勤奋好学、心系群众、真抓实干、艰苦朴素、民主团结、清正廉洁，为滨州发展作出了贡献，赢得了广大干部群众的好评。实践证明，上级组织安排的挂职活动，有利于挂职干部了解基层、丰富实践、历练能力、增长才干，有利于地方拓展视野、丰富思路、推动工作、促进发展，非常必要，很有意义。

“一馆三中心”综合楼项目开工奠基 5月20日，滨州市“一馆三中心”综合楼项目开工奠基，市委书记邓向阳，市长张光峰，市人大常委会常务副主任曹兴宽，市和人民群众的新期待,加强纪检监察干部队伍自身建设。要提高思想政治素质,做到维护大局、服务大局、保障大局,敢于坚持原则,忠诚于党的事业。要提高服务经济社会发展的能力、提高有效防治腐败的能力、提高维护群众利益的能力、提高促进社会和谐的能力,努力提升纪检监察工作水平。要认真研究派驻机构加强监督的特点和规律,健全相关制度,规范工作程序,充分发挥派驻机构作用。

省委常委高晓兵到滨调研

6 月 17 日,省委常委、组织部长高晓兵到博兴县看望慰问建国前老党员和困难党员,并就全市村“两委”换届工作进行调研。市委书记邓向阳,市长张光峰等陪同调研。高晓兵一行先后到博兴县锦秋街道办事处毛园村困难党员赵继颂和老党员付保芳家中走访,给他们送去贺卡和慰问金。高晓兵说,老党员为革命和建设事业作出了重要贡献,我们在任何时候都不能忘记。希望老党员们注意保重身体,继续发挥先锋模范作用,为当地经济社会发展和稳定发挥余热。高晓兵要求各级党委政府,要怀着深厚的感情,倾注更多的爱心,关怀老党员的生活,使他们心情舒畅,生活愉快。高晓兵还就村“两委”换届工作,与市、县、村负责人进行座谈。在听取了相关工作情况汇报后,高晓兵对滨州市的村“两委”换届工作给予高度评价,并表示要向全省推广滨州市村“两委”换届工作经验。高晓兵指出,滨州村“两委”换届工作领导重视、责任落实,准备工作做得很好,程序非常规范,取得了非常好的成绩,为夯实执政基础,更好地为老百姓服务,打下了一个坚实的基础。高晓兵说,滨州的组织工作站位高,有思想、有思路,工作务实,整个组织工作走在了全省前列。高晓兵强调,针对村“两委”换届后遇到的一些新情况和新问题,要开展多种形式的教育培训,切实帮助农村党支部掌握工作方法,进一步提高农村干部的综合素质,要把群众满意作为评价农村干部的最高标准,打造一支政治过硬、群众拥护,能发展壮大村集体经济,带领群众致富的农

●2011 年 6 月 17 日,省委常委、组织部长高晓兵到博兴县检查村两委换届选举工作。 (滨州市民政局供稿)

村干部队伍,为当地经济社会快速健康发展,提供坚强的基层组织保障。

副省长贾万志到滨检查指导防汛工作 7月13日,副省长贾万志到滨州检查指导防汛工作。市委书记邓向阳,市委副书记王浩等陪同。邓向阳代表市委、市政府向贾万志汇报了滨州市防汛工作情况。贾万志一行到徒骇河沾化城区应急治理工程现场检查,他高度评价徒骇河沾化县城区段综合整治工程。他指出,上年8月份,徒骇河流域遭受百年大汛,沾化县城受到严重威胁,各级各部门要警钟长鸣,在徒骇河治理疏浚过程中要做到整体提升流域防洪泄洪能力,保证人民群众生命财产安全;要在沿徒骇河两岸着力打造景观带、建设产业带;要加强薄弱环节和安全隐患排查,做好在建工程的安全度汛应急方案。在黄河张肖堂险工段,贾万志指出,各级各部门要坚持依法管水、科学用水、统筹治水,完善黄河流域水资源开发利用的整体规划,加强黄河流域生态环境建设。

省军区政委刘从良到滨调研 8月17日至18日,省军区政委刘从良少将到滨州进行工作调研。市委书记、市人大常委会主任、滨州军分区党委第一书记邓向阳,滨州军分区司令员胡红兵,市委常委、滨州军分区政委于培洪等陪同调研。调研中,刘从良对滨州军分区扎实推进党委班子和干部队伍建设、加强民兵预备役基层建设取得的成绩给予充分肯定。刘从良要求滨州市人武系统认真贯彻济南军区和山东省军区党委议训会议精神,强化使命意识,把军事训练摆上重要位置,要着眼战时打得赢、平时能应急,全面加强国防后备力量建设;进一步增强领导工作的科学性,在认真学习理解、正确把握上级指示精神的基础上,找准与本单位实际的结合点,在结合中形成正确的思路,推动本单位全面建设、科学发展;进一步落实好从严治军要求,坚持依法治军、刚性治军、赏罚分明。

科技部副部长张来武到滨调研 8月23日,科技部副部长张来武在山东省委常委、副省长孙伟的陪同下,到滨州就国家农业科技园区建设情况进行调研。滨州市委书记邓向阳陪同调研并主持汇报会,市长张光峰陪同调研并就滨州国家农业科技园区建设情况作汇报。张来武一行先后参观了滨州龙升有机农业生产基地、滨州国丰高效生态农业示范园、高新区现代农业示范区和有机水稻基地,听取了滨州市关于黄河三角洲(滨州)国家农业科技园区建设情况的汇报,并就国家农业科技园区建设提出了具体指导意见。张来武对滨州在现代农业科技园区方面所做的工作给予肯定。他指出,科技部与省政府在济南签署《部省工作会商制度议定书》和《部省共建黄河三角洲国家现代农业科技示范区协议》,对滨州而言是又一个发展的春天。张来武表示,此次调研看到滨州在现代农业科技园区建设上已经先行一步,下一步要紧紧抓住有利机遇,集中资源,形成合力,在现有框架的基础上,升华内容,丰富内涵,以黄河三角洲高效生态经济区开发为依托,把思维放大,立足高效和生态合理定位,大手笔规划建设现代农业科技园区。张来武指出,要深入思考现代农业如何转型的问题。国家农业科技园区建设要树立产业融合发展的思路,在园区内形成和延伸产业发展链条,带动产业升级,推动城乡统筹发展;要有战略眼光、国际眼光,立足滨州,放眼全国、放眼世界,倾力打造战略联盟,实现一体化发展;要注重品牌建设,树立质量第一的思想,把品牌塑造与当地产业特色相结合;要在机制上下工夫,转变观念,重视市场、社会的引导力量,以倒逼机制实现科技创业、科技创新;要结合服务体系、市场体系、金融体系的建设,实现园区的物流化、信息化、现代化。孙伟指出,在滨州市委、市政府的大力推动下,滨州现代农业科技园区建设进展迅速,取得了初步成效。要紧紧围绕建设黄河三角洲高效生态经济区的主题,把建设现代农业科技园区作为工作的重中之重,抓住科技创业、科技创新这个关键环节,真抓实干,为建设一流的国家级农业科技园区作出积极贡献。

省委常委孙守刚到滨调研 8月25日,省委常委、宣传部长孙守刚到滨州调研宣传思想文化工作。市委书记邓向阳,市长张光峰等陪同调研。孙守刚一行实地考察了邹平县广电中心、文化中心、西王集团、韩店镇东王村、邹魏第三工业园车间和魏桥创业集团产品展示厅、滨州市城市规划展示馆、奥林匹克体育馆、市民文化中心、杜受田故居、亚光集团、传媒集团等。孙守刚认真听取相关负责人的介绍，详细了解滨州市文化基础设施建设、文化产业发展、文化体制改革、乡村文明建设、企业科技研发、循环经济发展等工作情况，并提出具体指导意见。孙守刚说，近年来，滨州全市上下深入落实科学发展观，大力实施追赶超越战略，经济始终保持较好较快发展的态势，社会各项事业健康发展，城乡面貌发生重大变化，人民生活水平不断提升，每次到滨州都能感受到新发展、新变化、新气象。孙守刚指出，“十二五”时期是全面建设小康社会、实现富民强省新跨越的关键时期，也是宣传思想文化工作大有作为的重要机遇期。要切实增强做好宣传思想文化工作的责任感、使命感和紧迫感，把宣传思想文化工作摆到更加突出的位置，围绕中心、服务大局，高点定位、创新思路，把握重点、突出特色，推动工作实现新跨越。要坚持“三贴近”原则，开展好“三个一切”群众路线主题教育活动，把党委、政府的方针、政策以喜闻乐见、生动活泼的形式介绍给群众，让群众真正入脑入心，增强舆论引导的针对性、实效性和吸引力、感染力，提高宣传、教育、动员和服务群众的能力。要顺应当前生产、生活方式的巨大变革以及城乡结构的深刻变动，以统筹城乡一体化发展为抓手，以基层为重点推进文化惠民工程，积极构建覆盖城乡的公共文化服务体系，不断提高城乡文明水平；要进一步深化文化体制改革，稳妥推进国有文艺院团体制改革，在落实重点改革任务、巩固配套提升、突破改革难点上下工夫，进一步增强文化发展活力。文化产业发展是经济文化强省战略的重要内容，也是省委、省政府强力推动的重点工作，要以改革创新精神推动文化产业大发展、大繁荣，突出特色、发挥优势，实施规划引领和大项目带动战略，努力推动文化产业成为支柱产业。

第二届黄河三角洲高效生态经济区经贸洽谈会 9月17日，第二届黄河三角洲高效生态经济区经贸洽谈会在滨州国际会展中

●2011年8月25日，省委常委、宣传部长孙守刚到滨州视察工作。（滨州传媒集团供稿）

心开幕。省委常委、常务副省长王仁元宣布第二届黄河三角洲高效生态经济区经贸洽谈会开幕；省政府特邀咨询阎启俊，省长助理、省黄河三角洲建设办公室主任陈光出席开幕式。本届经贸洽谈会以“高效生态、科学发展”为主题，以展览推介、经贸洽谈、人才招聘、项目签约等为主要内容，为海内外企业、金融机构带来了新的商机、提供了新的合作平台。邓向阳在致辞中说，黄河三角洲高效生态经济区经贸洽谈会是山东省委、省政府为深入推进国家规划实施，吸引国内外大型企业集团、金融机构积极参与黄河三角洲开发建设而举办的大型经贸洽谈活动，对于包括滨州在内的黄河三角洲地区扩大对外开放、加强经贸往来、实现合作共赢，推动黄河三角洲高效生态经济区深入开发建设，将产生积极深远的推动作用。经洽会上，准备了100多个对外合作项目。

省委常委王仁元到滨检查 9月19日，省委常委、常务副省长王仁元带领督查组到滨州就“蓝黄”两大战略实施情况进行督促检查。省政府特邀咨询阎启俊等参加活动。市委书记邓向阳、市长张光峰等陪同。王仁元一行先后到邹平县和沾化县进行督促检查。在君晖高效农业生态园，王仁元叮嘱生态园要立足高效生态理念完善好企业的“十二五”规划。王仁元指出，黄河三角洲高效生态经济区建设在区域经济发展中地位重要，滨州要充分利用区位优势、资源禀赋和产业基础，大力发展现代农业，积极构建现代农业产业体系。在西王集团，王仁元称赞企业聘请专家组建起了发展战略咨询委员会的做法。他说，这个决策很英明，企业发展到一定程度，必须靠人才和科技支撑才能进一步提升发展高度。在西王集团老年公寓，王仁元与老人攀谈，详细询问他们生活情况，并祝他们幸福安康。王仁元一行还到山东辰坤集团传感器项目、六丰机械年产500万只汽车轮毂项目、长星集团风电项目、大高航空城滨奥钻石飞机项目现场实地督查。督查组在滨期间，还到黛溪河综合治理工程、徒骇河沾化城区段综合改造现场、黄河三角洲现代渔业示范区进行了督促检查，并听取了滨州市对进一步推动蓝黄“两区”战略的实施意见。

数字滨州地理信息公共平台开通启用 10月10日，数字滨州地理空间框架建设与应用示范项目通过国家验收，并举行成果发布暨应用推广会。国土资源部副部长、国家测绘地理信息局局长徐德明，国家测绘地理信息局副局长李维森，省国土资源厅厅长徐景颜，市委书记、市人大常委会主任邓向阳，市长张光峰等出席会议。会上，数字滨州地理信息公共平台开通启用，滨州被授予“全国数字城市建设示范市”。数字滨州地理信息公共平台是全市惟一、权威、全覆盖、多尺度无缝集成的地理信息公共平台，可提供在线地图、资源中心、二次开发、运维管理、三维应用等服务，并可联通国家“天地图”网站，调用“天地图”地图服务。徐德明指出，滨州市数字城市建设速度快，成果丰富，得到了验收专家的高度评价。希望滨州市进一步加大数字滨州建设与推广应用的广度和深度，切实建立健全并落实数字滨州城市建设更新、维护和信息共享机制。张光峰在致辞中表示，这次项目建设通过国家验收，对滨州来讲是一个新的契机、新的起点，结合滨州实际，重点抓好健全完善长效运行机制、提高管理服务水平、推广项目成果应用工作。进一步提高城市建设和管理水平，把数字滨州地理空间框架项目建设成亮点工程、惠民工程。

中宣部部务委员官景辉到滨参观考察 10月16日，中宣部部务委员、秘书长官景辉一行到滨州参观考察。官景辉一行先后参观了滨州市城市规划展示馆、大高通用航空城及滨州市城市建设情况。官景辉指出，滨州市着力打造“四环五海·生态滨州”“粮丰林茂·北国江南”城市名片，不断加大投资，加强城市规划、建设与管理工作，全力推进城镇化水平，城市发展空间得到进一步扩展，城市综合承载能力进一步增强，城市人居环境进一步优化，群众的满意度不断提高，各项事业突飞猛进，是个充满魅力的新兴城市。官景辉说，航空产业是现代高技术制造业的代表，发展航空产业是抢占战略性新兴产业制高点的重要突破口，要大力突出规划导向，立足当前，着眼长远，谋划航空产业的科学发展之路，通过不断示范和实践，探索出通用航空发展规划、建设和管理的新模式。

省高级人民法院院长周玉华到滨调研　12月14日至15日，省高级人民法院院长周玉华到滨州调研。市委书记、市人大常委会主任邓向阳，市委副书记王浩，市委常委、政法委书记胡炳山，市中级人民法院院长宋文明等陪同调研。周玉华一行听取了市中级人民法院及各县区法院工作情况的汇报。周玉华对滨州市中级人民法院工作给予充分肯定，要求全市各级法院要进一步加强法院文化建设，提升队伍素质，为地方经济社会发展、和谐稳定提供更大支持。周玉华指出，滨州市几大班子领导高度重视法院工作，为法院开展工作创造了良好环境，促进了审判执行工作的健康开展；滨州市中级人民法院坚持围绕工作大局履行司法职责、围绕群众关切践行司法为民、围绕队伍建设促进素质提升、围绕固本强基狠抓基层基础，审判执行和自身建设等各项工作均取得了新的发展和进步。下一步工作中，要注意三点：(1)要做好审判执行和信访工作。各级法院尤其是基层法院要把解决纠纷化解矛盾作为法院工作的着力点，在公正高效处理案件的同时，从根本上化解矛盾纠纷。要进一步探索和完善多元化解决纠纷机制，不断完善司法为民的各项措施，做到以人为本、执法为民。(2)要加强法院文化建设。要将法院文化建设纳入到社会主义文化建设的整体中，坚持用社会主义文化占领法院思想阵地，在全社会进一步强化社会主义法治精神、社会公平正义观念，营造崇尚法治、遵从法律的浓厚氛围，为发展和繁荣社会主义文化作出应有贡献。(3)抓好法院队伍建设。要抓好培训，加强廉政建设，使队伍整体素质和执法形象进一步提升。在滨期间，周玉华还与部分住滨全国、全省人大代表、政协委员进行座谈，并到博兴县法院及部分企业实地调研。

省长姜大明到滨调研　12月18日，省委副书记、省长姜大明到滨州调研经济社会发展情况。姜大明一行先后考察了滨州市城市规划展示馆、滨州市公共资源交易中心和滨州市公共行政审批服务中心，了解了滨州市公共行政审批服务中心创先争优、窗口党员承诺践诺和基层党建工作情况等，向窗口工作人员询问行政审批提速、提质、提效情况，并听取了滨州市行政审批和公共资源服务平台建设工作的汇报。姜大明对滨州市深入推进行政审批制度改革、打造阳光诚信政府的做法给予充分肯定。姜大明指出，经过各级各部门的共同努力，滨州市行政审批制度改革取得显著成效，各级各部门要把这项工作放到改革发展稳定的大局中去研究、去谋划、去推进，紧紧围绕中心、服务大局，努力破除制约经济社会发展的体制机制障碍，推动政府职能转变和行政管理体制改革取得新进展，进一步激发全社会的活力和创造力，加快推进经济文化强省建设。姜大明要求，要继续精简行政审批事项，严格规范行政审批行为，创新政府服务方式，优化流程，提高效能。要进一步加强政务服务中心建设和电子政务建设，积极推行服务质量公开承诺制和亲切服务，加快构建覆盖全市、上下联动、功能完善、运行高效的四级政府服务体系。要坚持把反腐倡廉贯穿于行政管理体制改革和行政审批制度改革的全过程，努力开创法治政府和服务型政府建设新局面。调研中，姜大明听取了滨州市经济社会发展情况汇报，对滨州近年来经济社会发展取得的成绩给予充分肯定。姜大明指出，中央经济工作会议为做好明年经济工作指明了方向，滨州市位于“黄蓝”两区开发的叠加地带，区位优势突出。要按照中央经济工作会议精神，稳增长，转方式，控物价，抓改革，促开放，保民生，保稳定，扎扎实实地做好各项工作，以优异的成绩迎接中共的十八大胜利召开。

（许琳琳）

政策研究工作

2011年，市委政研室坚持服务决策、服务发展、服务大局“三服务”，贴近中心、贴近领导、贴近实际“三贴近”的原则，认真履行职能，较好地完成了各项任务。

做好市委、市委领导重要文稿起草。直接参与起草了市委领导讲话和重大文稿50余篇，包括全市科学发展第一次、第二次现场观摩会、庆祝中国共产党成立90周年大会、市委理论学习中心组读书会、市委七届十四次、十六次全委会等的讲话、市委书记赴延安学习党性分析报告，特别是市第八次党代会工作报告，都得到领导和与会者的肯定。主持起草了《滨州市

2011年工作要点》《中共滨州市委关于学习贯彻党的十七届六中全会和省委九届十三次全会精神加快文化强市建设的实施意见》《中共滨州市委关于认真学习贯彻胡锦涛总书记在庆祝中国共产党成立90周年大会上的重要讲话的通知》,对《关于进一步加快老龄事业发展的意见》《关于在全市实行村务监督委员会制度的实施办法》等20余个市委、市委办文件进行把关,做到了质量高、领导满意。起草了市委书记邓向阳署名文章《培育蓝色经济增长极》《抢抓"蓝黄"两区叠加开发机遇,加快滨州追赶超越步伐》《推动科学发展,加快追赶超越》,先后在《山东通讯》刊发,《弘扬延安精神加强党性教育》在《机关党建》刊发。

围绕工作大局搞好调查研究。为做好市第八次党代会工作报告的起草和超前谋划各项工作,牵头组织全市经济社会发展大调研活动,形成了15篇调研报告。为摸清上半年全市经济社会发展情况,向市委提供第一手资料,先后到各县区、部门进行调研,起草了《关于全市上半年经济运行情况及下一步相关建议》,作为市委理论学习中心组读书会参考资料印发。发挥市委政研室牵头抓总作用,先后与市委政法委、市委组织部、市"两区"办等部门单位,分领域、分重点联合开展大型专题调研活动10余次,组织撰写调研文章20余篇。及时进行典型调研,起草的《以合作社催生土地流转的有益实践》《以机制创新推动文化事业发展的有益探索》《滨州经济开发区创造房屋搬迁"北街速度"》《民生为重,和谐拆迁》《做强产业集群,再创兴福辉煌》《倾力打造民生财政,提升群众幸福指数》等调研文章,分别得到了市委主要领导批示和肯定。

主动作为搞好决策咨询。在设立决策咨询中心的基础上,向市委建议尽快成立决策咨询委员会,并做好各项筹备工作。开办了《咨政文选》,继续办好《呈阅件》《领导参阅》,分别以不同的形式向市委常委报送带有前瞻性、科学性的问题和建议。年内,向市委领导报送关于城市建设、信访稳定、新农村建设、文化建设、体制机制创新等方面咨政文稿12篇。

提高《现代滨州》办刊水平。坚持秉承"崇尚务实、开拓创新、与时俱进"的办刊理念,科学改进版面设计,不断丰富内容,使刊物思想性、指导性同知识性、可读性紧密结合。全年共完成编辑《现代滨州》10期,修改稿件260余篇。

(王　峰)

组织工作

【概况】 2011年,全市组织系统紧紧围绕科学发展主题,突出换届中心,着眼解决问题,求真务实干事,各项工作取得了新的进展,为全市"十二五"顺利开局提供了坚强的组织保障。

领导班子和干部队伍建设。(1)稳步推进集中换届工作。始终围绕"科学发展"主题,突出扩大民主、推进改革、严肃纪律三个重点,精心组织,认真做好市八次党代会、十届人代会、政协会的筹备工作。(2)不断完善干部选拔任用机制。制定差额竞争选拔干部试行办法,加大竞争性选拔干部力度。年内,市直竞争选拔干部294名,占选拔干部总数的78%;其中县级干部45名,占选拔县级干部总数的58%,对北海新区2个副县级职位进行了公开选拔。实行"德"的专项考察和反向测评,征求干部对班子成员进退留转的意见,加大市县乡干部交流力度。注重把事业发展需要与干部个人的意愿最大限度地统一起来,建立市、县两级组织部长接受干部约谈制度。此做法获得2011年度全省组织工作创新奖第三名、全国组织系统党的十七大以来"十佳"特色工作第四名。(3)加强干部教育培训管理。提高干部教育培训的针对性,改进培训方式,重点抓好精品示范班、名师送教、周末大讲堂、干部在线学习等工作。出台规范办学行为"十不准"等制度,改进学风建设。加强干部考核的科学性,结合全市百项重点工程,掌握干部的现实表现。把科学发展综合考核与领导班子、领导干部考核结合起来,考准考实干部。强化考核结果运用,加大结果反馈力度,树立干事创业的用人导向。(4)强化干部监督管理。建立了"统一管理、渠道畅通、分类办理、快捷高效"的工作机制。在"12380"举报电话、举报网站、信访举报的基础上,建立手机短信举报平台。联合相关部门组成相对固定查核小组,加大重大典型案件的查处和反馈力度。严格执行四项监督制度,对县区干部选拔任用工作事项严格把关,全年共审核16批598人。

基层组织建设。(1)深化创先争优活动。结合庆祝建党90周年，隆重举行系列纪念活动，走访慰问优秀共产党员，深入推进创先争优活动开展。开展“双百先锋宣传行动”，“七一”前夕，市委命名表彰了100个先进基层党组织、100名优秀共产党员、50名优秀党务工作者、10名优秀乡镇(街道)党(工)委书记、50名优秀村党组织书记。(2)村“两委”换届工作扎实推进。加强调研摸底，举办乡镇党委书记专题培训班，抓实工作基础。制定政策规定，明确工作流程，强化工作指导。建立信访举报查处机制，确保风清气正。出台督查、考核和约谈三个《办法》，推动责任落实。通过换届，一批优秀人才进入村“两委”班子。换届期间信访量在全省保持较低水平。省委常委、组织部长高晓兵到滨州市调研村“两委”换届工作，给予高度评价。(3)统筹抓好各领域党建工作。坚持用责任制管责任人，完善了县乡党委书记抓基层党建工作责任体系。把抓实农村党建作为重中之重，大力推进党的村级组织建设“四有”(有班子、有场所、有活动、有收入)保障工程，以抓后进转化促整体提升。扎实推进非公有制经济组织和新社会组织“建组织、扩覆盖”行动，以党建带团建、带工建、带妇建，扩大了党的组织覆盖和工作覆盖。机关事业单位、高校、城市社区等党建工作有序推进。深化发展远程教育工作，市级创办电视《党建栏目》，县区开办电视频道，加大课件资源开发。抓好党员发展及教育管理服务，大学生村官工作、到村任职干部工作等取得一定成效。

人才队伍工作。(1)完善人才工作运行机制。制定《滨州市人才工作领导小组运行规则》，明确市人才工作领导小组主要职责、工作程序和工作制度。建立市人才工作领导小组例会制度，每季度召开一次联席会议，形成和成员单位年初定目标、年内搞督查、年终述职的工作机制。实行人才工作目标责任制考核，拟定《人才工作目标责任制县区差异性考核办法》，推行科学评价、责任落实、督查考核“三位一体”人才目标管理体系。对农村实用人才、高成长型企业后备人才、创新团队等明确了评价标准，制定了培养计划，建立了督查办法。(2)着力开展初始创业人才培养工程。随时受理初始创业项目，定期评审示范项目，搞好跟踪服务。全市选拔县区重点扶持项目544个，市级重点扶持项目84个，成功举办第一届全市人才初始创业大赛。(3)扎实推进各项人才重点工程。实施“526工程”引进海外人才，建立引进海外高层次人才服务窗口，共引进海外人才235名，其中申报省“万人计划”人选1名，“泰山学者”特聘专家1名。实施乡村之星示范带动工程，在全市广泛建立农业协会和农民合作社，同类合作社跨乡镇、跨县区建立协会联盟。建立乡村之星培养体系，评选全市乡村之星30名。举办第二届全市优秀创新团队评选，共评选5个优秀创新团队。广泛开展职业技能竞赛和岗位练兵活动，评选首席技师10名。出台培养青年学术技术带头人实施意见，评选本年度全市有突出贡献的专业技术人员29名。(4)重点支持人才载体建设。出台《滨州市支持人才载体建设暂行办法》，财政列专项资金对重点实验室、企业技术中心等13类人才载体建设重点支持，开展部门联系企业指导服务。年内新增国家企业技术中心1个、省级科研平台15个。

●2011年10月20日，滨州市人才初始创业大赛颁奖仪式在传媒集团演播大厅举行。

【“组织部长接受干部约谈制度”获

创新奖】 2011年3月，市委制定出台《滨州市市县组织部长接受干部约谈暂行办法》，明确约谈对象、约谈内容、约谈程序及约谈问题的处理方式等。在市级媒体连续发布公告，公布预约电话。向县乡干部发出公开信，公开预约电话、电子邮箱、通信地址。按管理权限，干部可向市、县组织部门提出约谈申请，根据约谈事项及轻重缓急安排约谈，重要情况随时约谈。约谈内容可以是个人思想、工作、生活等情况，也可对换届工作、班子建设、个人进退留转或组织部门的工作提出意见建议。创新了约谈方式，除接受干部"申请约谈"外，还进行"主动约谈"和"下访约谈"。"主动约谈"是对重点岗位、职务发生变动、有苗头性问题、民主评议结果较差、生活遇到困难的干部，主动约请谈心谈话。"下访约谈"，是结合到基层调研指导工作，主动了解干部思想、学习、工作和生活情况，听取意见和建议。8月下旬，市委组织部领导分赴县区，与县乡干部进行换届专题谈心谈话。至年底，市、县两级组织部长已接受441名干部约谈，其中涉及个人诉求的59件，汇报工作和思想情况的341件，提出意见建议的41件。该做法畅通了干部个人诉求表达渠道，为干部解决了工作、生活中的一些实际困难，加强了组织部门与干部之间的相互了解，稳定了干部队伍，激发了干事创业活力，被评为2011年山东组工创新奖。这一做法在全省推开后，又被评为全国组织系统党的十七大以来"十佳"特色工作第四名。

【市县乡领导班子换届工作】 2011年，市委成立换届工作领导小组，组织部牵头成立5个具体工作组，通过广泛征求意见、深入调查摸底，做好了周密准备。先后举办换届业务培训班、换届软件培训班、人大代表换届选举工作骨干培训班、县区领导班子换届考察工作培训班，学习换届政策，培训工作骨干。针对市级领导班子，配合省委考察组做好考察工作。制定换届相关配套的文件，细化工作流程，搞好换届选举会议的组织筹备。县区领导班子换届工作自8月9日启动，与市纪委联合组成多个考察组，赴各县区进行换届考察，提出了县区换届人事安排建议方案。12月28日前，各县区党代会全部召开，省委批复、市委研究的人选全部高票当选。加强对乡镇换届的指导，审察考察方案，对上报的乡镇换届人事安排方案严格把关，确保实现结构性目标要求。指导沾化县开展公推直选乡镇党委领导班子成员试点工作。至年底，全市62个乡镇领导班子换届全面结束，换届后全市乡镇党委领导班子成员达542名（含交叉任职），政府领导班子成员193名（含交叉任职），党政交叉任职干部124名。换届中坚持教育在先、警示在先、预防在先，着力营造风清气正的选人用人环境。在《滨州日报》开辟专栏，开通滨州电视台《党建栏目》宣传换届纪律，借助报纸、电视、网络等媒体引导社会舆论。通过发放警示卡、开展短信有奖答题活动等喜闻乐见的形式，大范围、深层次地宣传换届纪律。采取集中学习、考试测验等方式，组织广大干部深入学习换届纪律。及时向社会公布换届工作监督电话和电子邮箱，自觉接受干部群众监督。坚持有报必查、查实必究，对各类信访举报，成立专门查核小组，实行专办制度，加大查核力度。滨州市换届纪律要求知晓率为100%；换届风气满意度、严肃换届纪律工作满意度、治理拉票效果满意度均为100%。

【村"两委"换届工作】 2011年，全市村"两委"换届前，以市委名义发给各县区委书记一封信，突出强调风清气正的换届环境，做好事先警示，强化县区委书记的责任意识。制定出台了《关于村"两委"换届选举工作督查、考核和约谈办法》，将村"两委"换届选举工作，纳入2011年度全市科学发展综合考核，对工作不力的县区委组织部长、乡镇党委书记进行约谈，达不到要求的不提拔重用，提前传递压力，把责任摆在明处。畅通群众信访举报渠道，建立了群众信访举报24小时值班制度，对举报的问题迅速组织力量调查，对查实的问题及时纠正，提高了群众满意度。注重从农村致富能手、复转军人、回乡大中专毕业生和大学生"村官"中发现人才，使村级班子的整体素质有了明显提升。2011年全市完成村（居）党支部换届5216个，占99.31%；完成村（居）委会换届5188个，占98.78%。

【推进初始创业人才培养工程】 在2010年梯次培养创业人才工作

基础上，2011年加大对初始创业人才的培养力度。在市县建立人才创业服务中心11个，开设服务窗口，形成了随时服务创业人才的工作机制，累计服务创业项目2100余个。以县区为单位，按照遴选推荐、集中评审答辩、实地考察评价等程序公开选拔扶持项目。年内，全市选拔县区重点扶持项目544个，市级重点扶持项目84个。市县两级财政列支专项资金8050万元，对创业项目分类给予贷款担保、贴息贷款、以奖代补等支持。在市、县区职业技术院校成立创业教育指导中心，全面开设创业教育课程，举办培训班23期，培训初始创业人才1306人次。成功举办第一届全市人才初始创业大赛，全市344名选手参加比赛，前50名分别授予“滨州市创业新星”“滨州市希望之星”“滨州市创业先锋”称号，给予一定数目的现金奖励，纳入滨州市优秀创业人才库，引导社会树立了支持创业、关注创业、尊重创业的风尚。

（王　梅）

宣传工作

【概况】 2011年，全市宣传工作围绕中心，服务大局，扎实推进各项工作，为建设生态滨州、美丽滨州、幸福滨州提供了强有力的精神动力、舆论支持、思想保证和文化条件。

理论武装工作。召开了全市学习胡锦涛总书记“七一”重要讲话理论研讨会，承办了全省理论工作座谈会。认真组织十七届六中全会精神学习，邀请中宣部理论局原副局长、中国文化软实力研究中心主任张国祚，省委政策研究室巡视员孙建生分别作学习党的十七届六中全会精神专题报告。广泛开展理论下基层活动，成立宣讲团深入各县区和市直各部门、各单位，开展胡锦涛总书记“七一”重要讲话、十七届六中全会精神宣讲，全年开展各类宣讲活动100余场，受教育人员1.2万余人次。制定下发了2011年度全市县级以上党委（党组）中心组学习计划，编发《中心组学习参阅》5期，编印《渤海论坛》6期。组织开展了“全市建设学习型党组织典型案例”征集评选展播活动，总结和推广学习型党组织建设典型做法和创新经验。在全省学习型党组织建设工作经验交流会上，滨州市作典型发言。

舆论宣传工作。建立和完善了新闻策划联席会议制度和新闻线索报送机制，先后组织了“抗旱双保”、海河迎查、解放思想大讨论活动、创建省级文明城市、庆祝建党90周年、生态文明乡村建设等重大宣传活动。年内，在省以上重点媒体发稿1266篇（条），其中在大众日报刊发头版头条新闻稿件11篇，再创历史新高。组织评选了第三届“粮丰林茂、北国江南”杯滨州好新闻奖。在市重点新闻媒体开设了“我们的榜样”典型宣传栏目，先后宣传了维和英雄王宏刚、“星火义工”牟玉霞、救人英雄刘冲冲、“炕头医生”吴文林等典型榜样。强化调研信息工作，承办了全省舆情信息工作会议，采集上报省委宣传部各类信息5000多条，被采用1000多条，其中中宣部采用近20篇，《山东宣传信息》采用10多篇，报送量、采用量均位居全省前列。完成上报领导署名文章和调研报告17篇，被综合和单独采用14篇。完善化解媒体危机长效机制，化解媒体危机710余起。积极做好网络监控引导工作，全市网络评论员共发贴2万余篇，处理负面信息2000余条。编发《互联网舆情专报》和《互联网舆情周报》78期。在

2011年5月28日，滨州市举行“文明让生活更美好”演讲比赛。

市内网站、论坛开展了清理整治互联网低俗之风专项行动，删除相关不良信息200余条，关闭1家非法网站，约谈市内1家论坛负责人。

文明创建工作。组织召开了创城动员大会，成立了以市委书记、市长为组长的市文明城市创建工作领导小组，制定下发《滨州市创建省级文明城市工作实施方案》等文件，召开调度会20多次，滨州市被省委、省政府命名为“省级文明城市”，测评总分在全省同批参选城市中列第一位。开展“百城万店无假货”示范街（店）评选、万人健步走活动、文明伴我行活动月、环中海自行车比赛、“文明让城市更美好”演讲比赛等大型活动近20项，组织志愿服务活动100多次。扎实推进公民道德建设，开展了第三届全市道德模范评选，共评选出39名全市道德模范，并举办了“德耀滨州”道德模范颁奖典礼。举办了“感动滨州·2011年度人物”评选活动。以“乡村文明行动”为抓手，实施文明诚信联动工程，推进乡风文明提升工程，大力推进农村精神文明建设。切实加强未成年人思想道德建设工作，在中小学广泛开展了清明节网上祭奠英烈签名、《论语》诵读、“童心向党红歌同唱”和优秀童谣传唱等活动。依托有关部门成立了青年志愿者、工商志愿者、巾帼志愿者等19支分队，城区志愿者注册人数达7.4万人。9月9日，滨州市被省委、省政府授予“省级文明城市”称号。

文化建设工作。公共文化服务体系进一步健全，2011年，全市共建成文化馆、图书馆14处，乡镇综合文化站91处，农村文化大院3373个，农家书屋2242个，基本实现文化信息资源共享、农村电影放映、乡镇综合文化站和村文化大院、农家书屋、有线电视“村村通”等文化惠民工程服务网络全覆盖。广泛组织“三下乡”和“百场公益戏曲乡村行”活动，组织了消夏广场演出活动14场。投入近200万元对重点作品实施专项资金扶持，策划推出了一大批戏剧优秀文艺作品，滨州吕剧、阳信鼓子秧歌、惠民泥塑、博兴柳编4个项目入选第三批国家级非物质文化遗产项目。始终保持“扫黄打非”的高压态势，组织开展6次专项集中整治行动。加大对重点文化产业项目资金扶持力度，落实文化产业发展专项资金600万元，对19个重点文化产业项目进行了资金扶持。山东鼎龙民俗文化传播公司和滨州传媒集团动漫项目得到省文化产业专项资金扶持。滨州传媒集团成功入选全省文化企业三十强。

●2011年10月31日，滨州市举行“德耀滨州”第三届道德模范颁奖典礼。

对外宣传工作。在中央电视台推出了滨州城市形象宣传广告。在《走向世界》杂志进行了2期大篇幅宣传。积极组织向外宣媒体供稿，发稿31篇。完成了第二届黄河三角洲高效生态经济区经贸洽谈会等多项重大节会（赛事）活动的新闻宣传工作，举办了5场政府新闻发布会。邀请香港近20家媒体参加“2011年滨州黄河三角洲高效生态经济区暨蓝色经济区（香港）项目推介会”，播发40多条报道。配合省委宣传部完成了“问道鲁商”“全国网络媒体山东红色老区行”大型采访考察活动。建立了党委新闻发言人工作制度，举办了全市新闻发言人培训班。编辑出版《滨州外宣博览》6期。

【开展“开局起步加快转变，‘两区’开发创先争优”解放思想大讨论活动】 2011年3月中旬至5月下旬，按照市委的统一部署，在全市范围内组织开展了“开局起步加快转变，‘两区’开发创先争优”解放思想大讨论活动。大讨论活动按照宣传动员、学习提高、讨论调研和总结推进四个阶段展开。期间，向

2011年4月17日,滨州市举办"开局起步加快转变,'两区'开发创先争优"演讲比赛。

89个省直部门发送征求意见函,征求对相关市直部门的意见建议。举办了"公务员的新闻素养专题报告会",邀请全国政协常委、全国政协外事委员会主任赵启正作专题报告。举办了演讲比赛等活动。编印了《解放思想大讨论活动学习材料汇编》,编发简报41期,并在市内新闻媒体统一开设专题专栏集中宣传。活动共查摆突出问题469个,制定整改措施658条。

(李宗民 毛立东)

统战工作

【概况】 2011年,全市各级统战部门和广大统战干部以全市"党外代表人士队伍建设年"活动为载体,提高统战工作科学化水平,优化统一战线发展环境,为建设生态、美丽、幸福的新滨州做出了贡献。

加强多党合作,服务政治文明。(1)年内,市委常委联系民主党派无党派人士制度,市政府及有关部门对口联系民主党派工商联工作制度,市各民主党派、工商联秘书长联席会议制度等得到较好落实,先后召开迎春招待会、通报会、座谈会、协商会等10余次;市各民主党派轮流主办的《参政议政》刊物连续发行5期,取得较好效果。结合中国共产党成立90周年、辛亥革命100周年纪念活动,10月30日,市委统战部特邀中央社会主义学院副院长张峰教授到滨州举办"学习和践行社会主义核心价值体系"专题报告会,张峰教授作了题为《同心同德——民主党派学习践行社会主义核心价值体系的要义》的专题报告。市各民主党派、无党派代表人士300余人参加了报告会。召开全市党外人士学习和践行社会主义核心价值体系先进事迹报告暨表彰大会,首次以市委名义对30名党外代表人士进行表彰,这是全市首次以市委名义对党外代表人士进行表彰。加强组织建设,在协助民主党派调整20余个基层组织的基础上,召开民主党派基层组织建设经验交流会、全市民主党派换届工作座谈会,协助民革、民盟、民建、农工党、九三学社5个党派市委会顺利圆满完成换届任务;协助各民主党派发展党派成员43人。(2)深入开展"党外代表人士队伍建设年"活动。加强组织领导,成立活动领导小组,制订实施方案,对全市2791名党外代表人士进行全面摸底调查,建立分级分类数据库,形成了《我市党外干部情况调研报告》。强化教育培训,制定了《关于加强党外代表人士教育培训的实施意见》,举办民主党派基层组织负责人第二期培训班,委托中央社会主义学院举办党外县处级领导干部培训班。重视实践锻炼,在全省率先建立"党外代表人士实践锻炼基地",首批选派2名优秀党外干部圆满完成挂职锻炼任务,先进经验在全省统战系统推广。(3)积极做好人大、政府、政协换届的有关工作。按照要求,对市县政协换届工作进行调研,对九届市政协委员的年龄、任期等进行分析测算,到市直45个主管部门、单位调研,制定十届市政协人事安排方案。县区人大、政府、政协和市直部门党外干部交流使用,新提拔县级党外干部6名,提名厅级党外干部1名。

发挥统战优势,服务经济社会发展。(1)积极向市委常委会专题汇报工商联工作,市委主要领导对涉及的工商联编制、职能、经费等五个方面问题作了明确指示和要求;组织召开全市工商联工作会议，对工商联工作提出明确要求。推动基层工商联工作创新发展，各县区及时召开了工商联工作会议，新增编制10个，配备年轻专职副主席4人，新增工作人员3人。认真做好各级工商联换届工作，召开全市工商联换届工作会议，举办全市非公有制经济代表人士综合评价软件操作员培训班，采取电话调查、实地督导等形式，推动市县两级工商联圆满换届。(2)深化实施“智力惠民”工程，1000余名统战干部和统一战线成员积极参与“三下乡”“四进堂”和服务热线等“智力惠民”活动200余次，通过组织农、林、科、卫等方面的党外专家举办冬枣、蔬菜、鸭梨、小麦等农业技术方面的培训班，畅通畜牧养殖服务热线，对乡镇教师、医疗卫生人员进行培训，捐建农家书屋、健身广场等形式，惠及群众10万余人；积极开展“争当优秀建设者”活动，精心组织“我为‘两区’建设献计出力”“百名企业家走访百名‘三老’人员”等活动，召开非公有制企业代表人士恳谈会，引导非公有制经济代表人士积极投身到光彩事业、“感恩行动”“民企帮村”中去，通过捐资助学、抗震救灾、支持家乡建设等形式，为公益事业投入资金5000余万元，2名非公经济代表人士分别被评为“全省优秀民营企业家”和“全国十佳孝贤楷模”。(3)加强海外联谊，选派3名台胞参加全省台胞代表人士培训班；在泰国、日本的海外联谊会名誉会长、理事遭受自然灾害后，及时发信慰问；做好5个海联新农村卫生室的项目申报、筹建工作；充分发挥统一战线对外联系广泛的优势，加大招商引资力度，超额完成招商引资任务。

落实统战政策，民族宗教领域团结和谐。(1)加大帮扶力度，积极协调180万元资金，用于五营大武村修建排水工程、村容村貌治理，改善回民学校基础设施，筹资3万余元对阳信县民族团结进步教育基地展馆进行修缮。召开全市第三次民族团结进步表彰大会，对全市15个民族团结进步模范集体和30名模范个人进行表彰。市委统战部被市政府授予“滨州市民族团结进步模范集体”称号。(2)积极推进宗教团体建设，市伊斯兰教协会顺利换届，市基督教爱国会换届筹备工作就绪；牵头组织有关部门到四所高校调研，采取积极措施抵御境外宗教势力渗透；积极解决宗教历史遗留问题，顺利落实滨城区秦董姜天主教堂房产政策；充分发挥宗教界代表人士的作用，有效预防非法宗教活动；配合周村教区做好祝圣工作。

●2011年3月26日至4月2日，经市委同意，市委统战部在中央社会主义学院举办滨州市党外县处级领导干部培训班。各县区党外副县区长、市直有关部门党外副局长参加了培训。图为市政协副主席、市委统战部部长姜银浩到中央社会主义学院看望参修学员并合影。

夯实统战基础，加强统战部门自身建设。(1)基层新增专职统战委员26名，新配统战干事、民族宗教助理82名，新建基层商会、知识分子联谊会等统战组织24个，统战干部、民族宗教、商会“三条线工作机制”和四级统战工作网络更加健全和完善。(2)调研宣传信息工作走在全省前列。在全省统战理论调研宣传“四新工程”评选中获先进单位奖，调研成果获二等奖1篇、优秀奖2篇。《中国统一战线》刊登《“双基建设”给统战工作带来了新变化》和《“智力惠民”显成效》2篇宣传文章；市委统战部和3个县区被评为《中国统一战线》宣传先进单位；市委统战部和2个县区获全省统战宣传工作一等奖。继续开展“情系滨州、奉献自我”系列宣传活动，先后向省委统战部、中央统战部上报7篇典型人物事迹和2篇典型工作事迹材料。《滨州统一战线70年》史册编辑出版，并获省“四新工程”宣传成果特别奖。重新调整信息员队伍，举办重点县区信息员培训班，全年上报信息150条，省以上采用28条，获全省统战信息工作三等奖。(3)强化统战干部队伍建设。举办“统战干部学经济”系列讲座，邀请党史委专家讲授渤海革命老区革命史；提拔、重用干部各2名，新进干部2名，部机关干部队伍进一步优化；县区委统战部领导班子进一步调整充实，新配统战部长4名；市委统战部被市委、市政府授予“市级文明机关”称号，党派经济科科被市委、市政府评为“2011年度优化发展环境先进科室”。

【全市党外县处级领导干部培训班在中央社会主义学院举办】 3月26日至4月2日，市委统战部在中央社会主义学院举办滨州市党外县处级领导干部培训班。各县区党外副县区长、市直有关部门党外副局长参加了培训。中央统战部副部长陈喜庆等领导到中央社会主义学院看望并与培训班全体学员座谈。

【在全省率先建立市级党外代表人士实践锻炼基地】 6月27日，滨州市党外干部实践锻炼基地在阳信县劳店乡揭牌。实践锻炼基地由市委统战部和阳信县委共建，锻炼对象是各民主党派、市直各单位推荐的党外优秀科级干部，挂职副乡长，每期两人，每期半年时间，旨在通过实践锻炼，不断提高党外干部的政治把握能力、参政议政能力、组织领导能力和合作共事能力。这一先进经验被省委统战部在全省统战系统推广。

2011年6月27日，滨州市党外干部实践锻炼基地在阳信县劳店乡揭牌。这是全省统战系统建立的第一个市级党外代表人士实践锻炼基地。年内先后选派两批优秀党外干部到基地挂职锻炼。图为市政协副主席、市委统战部部长姜银浩和阳信县委书记马福祥共同为滨州市党外干部实践锻炼基地揭牌。

【举办全市民主党派基层组织负责人第二期培训班】 10月29日，市委统战部、市社会主义学院联合举办的全市民主党派基层组织负责人第二期培训班在市委党校(市

2011年11月26日，九三学社滨州市第三次社员代表大会召开。会议选举产生了九三学社滨州市第三届委员会，曹玉斌当选为主任委员。

社会主义学院)举行开学典礼。培训班为期两天,全市7个民主党派的各基层支部负责人共46人参加了培训。

【九三学社滨州市第三次社员代表大会召开】 11月26日,九三学社滨州市第三次社员代表大会召开。会议审议并通过了九三学社滨州市第二届委员会工作报告,选举产生了九三学社滨州市第三届委员会。曹玉斌当选为主委,刁万祥当选为副主委,孙淑芹、刘兴元、李丽、宋月雁、刘世英当选为委员,孙淑芹兼任秘书长。

【中国民主建国会滨州市第三次代表大会召开】 11月27日,中国民主建国会滨州市第三次代表大会召开。会议审议并通过了民建滨州市第二届委员会工作报告,选举产生了中国民主建国会滨州市第三届委员会。吴国瑞当选为主任委员,商建文、何建华当选为副主任委员,杨军、徐佃海、高希海、赵永顺当选为委员,商建文兼任秘书长。

●2011年11月27日,中国民主建国会滨州市第三次代表大会召开。会议选举产生了中国民主建国会滨州市第三届委员会,吴国瑞当选为主任委员。

【中国农工民主党滨州市第三次代表大会召开】 11月30日,中国农工民主党滨州市第三次代表大会召开。会议审议并通过了农工党滨州市第二届委员会工作报告,选举产生了中国农工民主党滨州市第三届委员会。刘凤当选为主任委员,高玉君、孙翠玲当选为副主任委员,韩德富、许爱宏、王荣华、傅廷亮当选为委员;韩德富兼任秘书长。省政协副主席、农工党山东省委主委王新陆出席大会并讲话。

【中国民主同盟滨州市第五次代表大会召开】 12月2日,中国民主同盟滨州市第五次代表大会召开。会议审议并通过了民盟滨州市第四届委员会工作报告,选举产生了中国民主同盟滨州市第五届委员会。万永格当选为主任委员,王强、李保国当选为副主任委员,王莉、杨胜、赵秋兰、毛海峰当选为委员,王莉兼任秘书长。

【中国国民党革命委员会滨州市第三次代表大会召开】 12月4日,中国国民党革命委员会滨州市第三次代表大会召开。会议审议并通过了民革滨州市第二届委员会工作报告,选举产生了中国国民党革命委员会滨州市第三届委员会。史东当选为主任委员,孙兆泉、宁彩云当选为副主任委员,黄胜国、杨成、温炳伦、吕玉泽当选为委员,孙兆泉兼任秘书长。

(孙维勇)

政法工作

【概况】 2011年,滨州市委政法委深化平安滨州建设,加强基层基础建设、政法队伍建设,实现了矛盾纠纷调解率、人民群众满意率持续上升的工作目标,为全市经济社会发展提供了坚强政法保障。

明确任务,落实责任。年初,着眼于"十二五"开局的新形势新任务,紧密结合滨州实际,制定了《滨州市2011—2015年社会治安综合治理工作规划》,作为国民经济与社会发展十二五规划的配套文件,对"十二五"时期全市综治工作进行了全面部署安排。11月,积极适应加强和创新社会管理不断升温的新形势,超前谋划,提早部署,出台了全市《加强和创新社会管理工作实施意见》,在全省第一个召开了市综治委更名会议,将社会治安综合治理委员会更名为社会管理综合治理委员会,并成立了8个专项工作组和4个重点工作联系组;第一个召开了全市加强和创新社会管理工作会议,邓向阳书记讲话,对全市加强和创新社会管理工作进行了动员部署；第一个编制了《加强和创新社会管理项目分工方案》，将社会管理创新细化为70项具体任务，落实到67个综治委成员单位，进一步明确了重点、细化了责任，加强和创新社会管理工作全面有序铺开。

严打整治，遏制犯罪。先后组织开展了城区建筑装卸和土方管理市场集中整治“百日行动”，共排查70个项目部237个单位工程施工现场，化解纠纷50起，查处案件87起，有效解决了强买强卖、强装强卸、强揽工程、敲诈勒索、封门堵路等问题，强装强卸警情同比下降73%，发展环境明显优化，受到社会各界广泛好评；组织开展了油区治安秩序专项整治活动，共抓获犯罪嫌疑人276名，打掉打孔盗油团伙33个，维护了油区生产和治安秩序；组织开展了校园安全整治，优化了校园及周边治安环境；组织开展了冬季社会治安综合整治专项行动，全年共破获各类刑事案件222起，查处治安案件136起，社会治安秩序明显好转；组织开展了铁路护路联防，调整领导机构，理顺工作关系，健全规章制度，强化责任落实，切实保障了境内铁路运行安全。

联调联动，促进和谐。以贯彻落实《人民调解法》为契机，把强化人民调解，坚持联调联动，构建“大调解”工作格局摆上重要议事日程，先后建立了道路交通事故人民调解委员会、经营性纠纷人民调解委员会、医患纠纷人民调解委员会等专业性、行业性调解机构。各县区普遍建立了矛盾纠纷调处中心，乡镇（街道）普遍建立了综治维稳便民服务中心，形成了“纵向全覆盖，横向无缝隙”的大调解工作格局。全市各级人民调解组织共调处各类矛盾纠纷10019件，调处成功9769件，为减少社会不和谐因素，维护社会稳定发挥了重要作用。探索实施了涉法涉诉信访案件承办终身责任制，中政委交办滨州的38起进京重复访案件和全市统一录入数据库的92起涉法涉诉信访案件已全部化解，有效维护了群众合法权益，促进了社会和谐。

适应形势，不断创新。组织开展“社会管理创新年”活动，推出了系列创新成果。召开了全市加强和创新社会管理成果交流会，集中总结交流了2011年全市政法综治系统加强和创新社会管理的经验做法。社会稳定风险评估机制、便民服务代理制、看守所监管“3C”管理办法等做法，均起到了良好效果。法律顾问全覆盖工程得到省委常委、政法委书记柏继民批示。见义勇为工作引起社会高度关注，国内多家知名网站相继转载，百度搜索结果达8万余条，成为网友热议的话题。

管好队伍，加强建设。结合纪念庆祝建党90周年，认真开展“发扬传统、坚定信念、执法为民”主题教育实践活动，先后组织开展了走红路瞻旧址、书画摄影展、政法综治干部培训班、乒乓球比赛、主题征文比赛等活动。共组织温誓词270场4000余人次，各类党史知识竞赛、演讲比赛50余场（次），瞻旧址10余处50余批2500余人次，看红片150余场3800余人次，唱红歌30余场2000余人次。在全市政法系统开展了“增强群众观念、强化法治意识、严肃纪律作风”集中教育活动，并创新实施了承诺、提醒、警告、报告四项制度，全市政法干警共签订承诺书6106份，市委政法委利用移动飞信向广大政法干警发送教育提醒短信2万余条，取得良好效果。

【实施“五网联动工程”】 从2011

●2011年8月8日，市委常委、政法委书记胡炳山带领有关人员到所帮扶的阳信县劳店镇三台张村视察工作。

年8月开始，全市实施了天网、地网、人网、法网、数网“五网联动工程”，初步构建起五网联动、疏而不漏、四防结合(人防、物防、技防、心防)、平安稳定的平安建设新格局。(1)天网。即动态视频监控系统，全市76个派出所全部建立了监控中心，4.1万多个探头覆盖全市，治安防控效能明显增强。(2)地网。即综治维稳便民服务体系，对各乡镇(街道)综治工作中心进行改造升级，并全面推广便民服务代理制。(3)人网。即人民调解组织，全市建立人民调解委员会5843个，配备人民调解员21516人，形成覆盖城乡的人民调解组织网络。(4)法网。即法律顾问全覆盖，全市421个政府机关、3645个村(居)、516家企业聘请了法律顾问，农村法律顾问覆盖率达到80%。(5)数网。即政法信息网络，市级综合应用平台已经建成，积极进行市县之间的横纵互联和软件应用。

【全力打造群防群治六支队伍】 基于滨州警力薄弱，承担一定治安秩序尤其是防范、预防职责的物业服务公司、保安服务公司尽责不到位的实际，全市探索新形势下公众参与治安管理的新思路新举措，从2011年10月开始，全力打造群防群治管理队伍、保安服务队伍、环卫职工队伍、交运队伍、社区巡逻队伍、治安志愿者队伍“六支队伍”。至年底，广大群众共提供各类治安信息3600余条，提供破案线索182条，协助破案53起，更为明显的是，六支队伍发挥了不可替代的威慑预防作用，提高了群众安全感。

【开展“加强和创新社会管理”大调研活动】 2011年10月10日至11月10日在全市政法综治部门开展大调研活动，主要围绕如何实现维稳风险评估规范化制度化、如何化解经营性矛盾纠纷、如何规范社区矫正工作、如何更好发挥政法委执法监督作用等13个课题展开，上报调研报告50篇，评选出一等奖5篇，二等奖10篇，三等奖10篇，并将获奖的25篇优秀成果编印成册，下发至全市政法各部门。

【开展案件评查活动】 2011年11月，全市9名专业人员对市、县区两级政法部门2011年度110起案件进行了集中评查。按系统划分，法院系统被抽查案件49件，占总数的45%；检察院系统被抽查案件30件，占总数的27%；公安系统被抽查案件31件，占总数的28%。经评查组从实体裁量、程序规范、法律文书制作、卷宗装订、社会效果等方面认真评查，评出没有问题的案件47件，占总数的43%；瑕疵案件63件，占总数的57%。

【首次举办新闻发布会】 2011年12月，以“老卜调节工作室”为主题举办市委政法委首次新闻发布会，有15家新闻媒体参加，宣传人民调解工作和老卜同志先进事迹，收到良好效果。“老卜”，是滨北办事处司法所所长——卜祥海。“老卜调解工作室”，于2011年9月22日以卜祥海姓氏命名授牌成立的，主要职责是调解矛盾，化解纠纷，是滨州市基层调解工作的一个品牌。

【全市政法系统“双十佳”评选活动】 2011年12月，市委政法委对全市20个候选单位和20位候选干警进行公众投票评选，通过手机短信、固定电话、网络投票三种方式进行，在为期10天的时间里，共有40余万人次参与评选，最终评出十佳人民满意政法单位和十佳人民满意政法干警并记二等功奖励。十佳人民满意政法单位和十佳人民满意政法干警名单如下：

一、先进单位(10个)

1、滨城区人民法院少年审判庭

2、滨城区人民检察院职务犯罪预防科

3、滨州市公安局特警支队

4、邹平县人民法院庭前调解中心

5、惠民县公安局交警大队

6、博兴县人民法院陈户法庭

7、邹平县公安局刑事侦查大队

8、滨州市公安边防支队岔尖边防派出所

9、市公安局高新技术产业开发区分局刑事侦查大队

10、滨州市人民检察院反贪污贿赂局

二、先进个人(10人)

1、张希勇　沾化县下河派出所所长

2、张鹏鹏　滨州公安局开发区分局工业园区派出所民警

3、吴元贞　邹平县公安局网络安全保卫大队大队长

4、孙鹏飞　武警滨州市支队直属大队一中队指导员

5、王文柱　阳信县人民检察院党组成员、副检察长

6、程云杰 博兴县检察院党组成员、反贪局局长

7、刘国锋 无棣县公安局车王派出所所长

8、任 波 滨州市公安消防支队防火监督处工程师

9、吴国平 阳信县公安局党委副书记、副局长

10、刘建忠 滨州市公安局北海经济开发区分局政委

【开展“两联一办”活动】 从2011年1月开展的“两联一办”活动，实行台帐式管理，普遍建立“两本”(《干警记录本》《单位记录本》)、“两台帐”(《方案计划台帐》《帮扶工作销号台帐》)制度，对联系帮扶进行细化分解，实行限时办结。至年底，全市政法系统231个基层党组织，3872名党员干警全部确定了联系点和帮扶对象，共帮扶贫困家庭1282户，帮助失学儿童和孤独鳏寡老人2436人，帮助下岗职工就业创业1579人，帮扶服刑人员子女和失足青少年389人，帮扶因公牺牲、受伤干警和见义勇为积极分子困难家庭13户。

【举办先进事迹报告会】 2012年3月，与市广播电台共同举办全市政法系统“忠诚、为民、公正、廉洁”核心价值观教育实践活动先进事迹报告会，张敏、田新民、王文柱、史亚伟、张华领、卜祥海6人作了先进事迹报告，共300余政法干警现场聆听。该报告会先后在市广播电台播放5次，收到良好的社会效果。

(刘振勇 刘国杰)

市直机关党的工作

2011年，全市机关党的工作以迎庆建党90周年系列活动为主线，积极作为，创新实干，为全市科学发展、追赶超越提供了政治保证。

开展了创先争优、争做黄河三角洲大开发服务先锋活动。按照中央和省、市委要求，年内，市直机关深入开展了创先争优、争做黄河三角洲大开发服务先锋活动。先后3次召开了创先争优活动推进会，对各阶段工作进行及时安排部署。5月，工委采取现场汇报现场打分的办法，对市直机关创先争优活动进行了民主考核评议，并组织了4个督导组对拟受表彰的优秀党组织进行了全面考核。通过考核评议，推出了受省、市各级表彰的先进党组织、优秀党员和党务工作者，推动了创先争优活动的深入开展。此做法先后被《中直党建》《领导科学报》等报刊以“创先在一线，争优在基层”为题做了宣传报道。

开展了创建学习型党组织活动。市直机关工委下发了《关于开展创建学习型党组织活动的实施意见》，活动中，进一步规范完善了“议学、导学、述学、考学、评学、用学”六项机制，按照市委解放思想大讨论活动要求，结合创先争优活动的推进，举办市直机关“开局起步加快转变，‘两区’开发创先争优”解放思想大讨论演讲比赛。4月中旬，市直机关52名选手经过预赛，产生了11名选手进行了决赛。此次演讲是对学习成果的一次检阅，同时展示了

为充分发挥市直机关共产党员志愿者的先锋模范作用，进一步提高机关党员干部服务发展、奉献社会的意识，弘扬志愿服务精神，倡导现代滨州新风，在市直机关大力推进省级文明城市创建工作，2011年5月17日，市委市直机关工委在市政文化广场举办了市直机关“志愿服务集中活动月”暨共产党员志愿者服务队启动仪式。市委常委、宣传部部长祁维华，市委副秘书长兼市直机关工委书记焦守俊，市委宣传部副部长、市文明办主任吕德章等领导出席仪式。

●2011 年 6 月 28 日，滨州市“颂歌献给伟大的党—庆祝建党 90 周年大型红歌演唱会”在市政文化广场隆重举行。晚会由中共滨州市委、滨州市人民政府主办，市直机关和滨城区、开发区共 17 个代表队参加。

机关党员干部满怀信心投身“两区”建设的精神风貌。

组建共产党员志愿者队伍，完成了市直机关创建省级文明城市工作任务。按照市创建省级文明城市领导小组要求，充实完善了市直机关“创城”工作档案资料；在市直机关组建了 4000 余名共产党员参加的志愿者服务队，制定了活动章程，完成了网络注册。5 月 17 日，在市政文化广场举办了市直机关“志愿服务集中活动月”暨共产党员志愿者服务队授旗启动仪式，为志愿者颁发了证书、徽章，并积极倡导各志愿者服务分队结合实际，组织开展志愿服务活动。市直机关工委被市委市政府记集体三等功。

坚持不懈抓好基层党组织班子建设。年内，调整基层党组织班子 41 个，调整专职党务干部 17 名，一批学历高、能力强、热心党务工作的年轻干部走上了机关党的工作岗位，保持了领导班子的健全和工作的正常开展。通过举办培训班、以会代训、外出学习考察等形式，提高党务干部工作能力。按照《党章》和程序规范做好新党员发展工作，有计划地为党的事业输送了新生力量。年内发展新党员 343 名、418 名预备党员办理了转正手续。

突出抓好载体建设。(1)至年底，市直机关工委分四批对 13 个市直机关“党建工作示范点”进行了授牌，同时命名了 6 个“市直机关党员教育基地”。七一前夕，机关工委专门到北海新区和岔尖派出所为市直机关党员教育基地挂牌。(2)按照“两年单位内部流动评选”的要求，七一前夕，市直机关工委通过考核，重新为 90 个“共产党员示范岗”进行了命名表彰。(3)五四前夕，市直各部门各单位推荐 65 名青年参加评选，经过公示和评委会票选，推选出了市直机关“十佳杰出青年”“十佳榜样青年”“十佳优秀青年”。5 月 9 日召开了市直机关第二届“十佳青年”表彰座谈会。7 月份组织受表彰的“十佳青年”外出考察学习。(4)年内出版《滨州机关建设》6 期，其中增刊 1 期，成为指导工作的重要手段和载体。“滨州机关建设网”实现了文件信息即时上网，方便了党务干部，提高了工作效率。

开展了建党 90 周年系列活动。(1)举办了全市机关党务干部培训班和建党 90 周年机关党的工作座谈会。4 月，围绕党的建设科学化、创先争优和中国共产党党史等专题，聘请专家对全市机关党务干部进行了培训。培训期间专题召开了庆祝建党 90 周年机关党的工作研讨会和座谈会。13 个市直机关党组织和部分县区直机关工委围绕“加强理论学习，推动工作创新”进行了工作成果交流。(2)举办了第一届全市机关运动会。2011 年，每年一届的市直机关运动会扩大为全市机关运动会，作为纪念建党 90 周年的重要活动之一。5 月 20 日开幕，省委省直机关工委、省体育局领导及市六大班子主要领导参加了开幕式。运动会设 22 个比赛项目。6 县 4 区及市直 90 个单位共报名参加比赛项目 988 项次，1 万多名干部职工参加了比赛及服务工作，历时 1 个多月。(3)组织了“颂歌献给伟大的党—庆祝建党 90 周年大型红歌演唱会”。6 月 28 日晚，在市政文化广场举行了“颂歌献给伟大的党”庆祝建党 90 周年大型红歌演唱会。市直机关和滨城区、开发区共 17 个代表队 3000 多名职工参加了演出，市五大班子主要领导出席演唱会并登台演唱。(4)召开了市直机关庆祝建党90周年暨“创先争优”总结表彰大会。6月30日,市直机关工委召开市直机关庆祝表彰大会,对38个先进基层党组织、50名优秀共产党员、30名优秀党务工作者进行了表彰,并对市直机关工委推荐受省委、市委表彰的先进基层党组织、优秀党员和优秀党务工作者进行了特别表彰。7月初,组织受表彰的部分基层党组织书记和优秀党员赴党建工作先进地市进行了学习交流。(5)举办了全市庆祝建党90周年老干部老党员书画展和“光辉历程,伟大成就”大型图片展。6月,与市老干部书画研究会共同举办了全市庆祝建党90周年老干部老党员书画展,并出版了《永远跟党走——庆祝建党90周年老党员老干部书画作品集》。与市摄影家协会联合举办了大型摄影展,并出版了《光辉历程,伟大成就——纪念建党90周年专题图片集》,1000余幅作品从不同角度,展现了滨州的时代变迁和发展成就。(6)组织了“万名党员重温入党誓词”活动。6月29日,市直机关党组织书记和专职党务干部以及新老党员代表1000多名,在渤海革命老区纪念园参加了宣誓和重温入党誓词活动。各机关党组织按照市直机关工委要求,采取不同形式,在全体党员中普遍进行了一次“重温入党誓词”向党宣誓活动。(7)与市妇联联合举办了庆祝建党90周年“颂党恩、跟党走,做党的好女儿”演讲比赛。7月1日,由全市37个单位推选出的15名女党员、女干部参赛选手参加了演讲。(8)组织了“向党说句心里话,万名党员寄心语”活动。发放邮政明信片1.2万余张,收到“寄语卡”1万余份。优秀“心语”被《鲁北晚报》《领导科学报》等新闻媒体予以登载。(9)举办了影片《建党伟业》首映式,组织市直机关6000余名党员分12场观看了影片。

(高长庆)

党校工作

2011年,市委党校积极推进教学、科研、行政后勤等各项工作的改革创新,发挥了“主渠道”“主阵地”作用,为全市经济社会发展做出了积极贡献。

保持正确的办学方向。6月,开展了以“学党史、增党性、提素质、见行动”为主题的集中学习宣传月活动,举办了全市党校系统纪念建党90周年及建校60周年庆祝大会、赴临沂革命老区进行传统教育等一系列活动。胡锦涛总书记“七一”重要讲话发表和党的十七届六中全会召开后,先后选派教师到滨州电视台进行解读20多次;组织教师深入市直部门、县区、乡镇、企业进行宣传辅导200余场;及时举办全市领导干部专题辅导班,发挥了党校培训轮训党员干部的主渠道作用。

发展环境提升年、教育培训质量提升年和重点工程建设年活动取得新成效。年初,集中利用1个月的时间开展了“发展环境提升年,党校怎么办”集中学习讨论活动,统一了思想、凝聚了力量。开展“干部教育培训质量提升年”活动,建立了党校教学课题库,形成11个系列教学专题和精品课程;打造以老渤海革命纪念园为载体的党性教育和以杜受田故居为载体的廉政教育2个教学品牌。建立了愉悦家纺、博兴国税局2个教学基地;整合校内外2种资源,按照高层次、高水平的标准,先后邀请到了市级以上领导、专家20多人次,市直部门有工作经验的领导干部40多人次来党校授课,让理论深厚的人讲理论、掌握政策的人讲政策、从事工作的人讲工作、熟悉专业的人讲专业,实现了党校出题目、名师做文章、学员提素质、教学上水平。强化教学管理,实行了试讲准入制;落实教学评估制。扎实开展“重点工程建设年”活动,抓投入,教学办公条件得到了新改善;抓校园环境的绿化、美化、亮化,提升了校园环境和文化档次;积极推进新校二期工程建设,各项前期手续基本办完。

万名干部培训工程取得新进展。坚持围绕中心、服务大局,服务黄蓝“两区”开发建设和全市干部队伍建设,认真落实新一轮大规模培训干部、大幅度提高干部素质的要求,按照一流的组织、一流的师资、一流的服务、一流的管理、一流的设施、一流的效果“六个一流”标准,全力做好教学、管理、服务、保障等各项工作,突出示范引领,主体班次办出了精品;突出服务保障,全市领导干部周末大讲堂办出了特色;突出管理,行业部门班次办出了规模、提高了质量。8月和10月重庆奉节县考察团以及江西省委党校中青班分别进行了异地培训，做到了严密组织、热情接待，展现了党校的良好形象。成功举办了省委党校东营、淄博、滨州、油田学区在职研究生在滨州考点的考试。启动了与山师大MPA、西安科技大学MBA的联合办学，初步趟出了联合办学的新路子。

发挥参谋咨询作用。坚持科研为党的理论创新服务、为提高教学质量服务、为党委政府决策服务、为经济社会发展服务“四个服务”的方针，在出精品、进教材、进课堂、进决策上下工夫，形成了一批高质量、高水平、操作性强的调研报告，得到市委市政府的充分肯定，并签署了意见。特别是《以老渤海革命纪念园为载体建立全市党员干部党性教育基地》的调研报告，市委邓书记进行了签批，并在《滨州日报》头版进行了全文刊登，充分发挥了党校的参谋助手和决策咨询作用。10月，协助省委党校高水平、高规格、高标准的承办了由北京、天津、河北、山西、内蒙古、辽宁、山东7省市党校参加的第四届环渤海区域合作与发展党校论坛，受到了与会7省市党校领导专家和省委党校、市委市政府领导的高度赞扬，提升了党校的美誉度和影响力。

（李明瑞）

党史工作

2011年，市委党史研究室充分发挥党史部门“存史、资政、育人、服务”的作用，较好地完成了各项工作任务。

编辑出版了《永远的怀念》《渤海区红色地图选编》《邢天才同志访谈录》《邢天才讲渤海区党史实录》等体例不同、各有特色的党史书籍。对1921年至2011年共90年的市委历史大事记进行统一纂稿，统一格式，共约80万字。挖掘史料开展课题研究，3月成立以主要领导为组长的课题组，抽调业务骨干对渤海区革命史中一些重大亮点、难点、疑点问题进行专题攻坚，重点研究了“爆破英雄侯登山”的课题。从侯登山的相关记载史料中仔细梳理线索，外出赴上海、广州、泰安、东营、广饶、博兴等地实地采访知情人、查阅烈士名录等，取得宝贵的证明材料，完成了课题论文，在新华网刊发。与滨州传媒集团共同策划制作《红色遗址行》专栏，自5月始，重走滨州各县区及垦利县的重点红色遗址、采访知情人和党史工作者、拍摄照片等，完成了15个整版的稿件，集中展现滨州市党组织的建立、发展和革命历程，在《鲁北晚报》刊登。在山东电视台《生活帮》栏目播出1期《寻访纪念碑背后的故事》，讲述了渤海区的光辉历程和伟大贡献。配合省图书馆拍摄《山东红色之旅·滨州篇》3期专题节目。“七一”前，与市档案局、史志办联合举办“庆祝中国共产党成立90周年沧桑滨州大型展览”。

优化党史工作发展环境。2月28日，市委召开常委会议，听取市委党史研究室关于全省党史工作会议精神及贯彻落实意见的汇报，邓向阳书记主持会议并讲话。邓书记要求继续强化党史职能，提高把握全局、研究创新、宣传教育的能力，认真抓好党史学习教育，大力弘扬“老渤海精神”，更好地服务全市经济社会科学发展、追赶超越。4月20日，市委印发了《中共滨州市委关于加强和改进新形势下党史工作的意见》（滨发［2011］10号文件），明确了当前和今后一个时期滨州党史工作的总体要求和基本任务，是一个指导全市党史工作的政策性、纲领性文件，为全市党史工作科学、规范、有序发展起到强劲的推动作用。

在全市广泛开展“学党史”活动。结合“创建学习型党组织”“创先争优”“学党史、增党性、当先锋”主题实践活动，号召以《中国共产党历史》二卷为重点全面开展学党史活动。与市委组织部、市委宣传部联合转发了《关于认真组织学习宣传〈中国共产党历史〉第二卷的通知》；与市关工委、市精神文明办、团市委联合下发了《关于在全市青少年中开展“学党史、颂党恩、跟党走”主题教育活动的意见》，在全市广大党员干部和青少年中迅速掀起了学习党史的热潮。举办“党史知识竞赛”，全市机关、学校、企事业单位和社区等近8万名党员参加；受市委统战部、人民银行等单位邀请，安排人员到多个单位讲党史，普及地方党史知识，有效地推动党史学习教育活动深入开展。

完成走访任务。根据市委、市政府统一部署，积极参与全市走访活动，承担了在外地的原渤海区部分老领导、老干部的走访慰问任务。“七一”前，分赴北京、上海、广州、福州、济南等地走访了135名渤海区老干部，向他们赠送慰问金、纪念章、慰问信和慰问品。在建党90年之际滨州市委、市政府和党史研究室看望慰问老干部。这次走访很好地宣传了渤海老区,提升了滨州的知名度和美誉度。

招商引资工作。在向全国各地广大渤海区老干部征集党史资料的同时,主动与渤海区老干部及其后代联系,向他们宣传滨州的新发展、新变化和滨州市的区域发展优势。在有关市领导、经济开发区和杜店办事处党委政府的支持下,成功促成了滨州洪基置业有限公司在杜店南北街的房地产开发项目。引进开发资金过亿元,超额完成招商引资任务。

(战英杰)

信访工作

2011年,全市加强信访工作规范化建设,推进积案化解,妥善处理群众反映的问题。受理群众到市信访2033件,其中办理群众来信1170件,接待群众来访863起7312人。组织市领导联合下访12次,参与接访领导干部442人次,接待上访群众299起1252人。全年无到省进京登记集体上访。到省进京正常上访、非正常上访登记数量之少,均居全省前三位;信访信息系统推广应用、"网上信访"试点等工作走在全省、全国前列。在全国、全省"两会"、庆祝建党九十周年、各级领导班子换届等重大活动期间,均未出现异常情况。全省科学发展综合考核中滨州信访工作得分为满分,市信访局被市委市政府授予全市科学发展综合考核先进单位(一等奖)。

信访和特殊疑难信访问题治理。自6月以来,在全市范围内开展为期4个月的重信专项治理活动,对16件写信大户进行了重点交办和动态管理。省信访局交办的5户写信大户中,2户息诉罢访,3户进入三级终结程序,重复来信数量出现大幅下降,上级交办我市的18件重点来信案件全部查结上报。全力推进特殊疑难信访问题化解,协调各县区设立特殊疑难信访问题化解专项资金,坚持实行月调度、季跟踪督查制度。共摸排信访积案90件,争取上级专项资金192万元,市级配套90余万元,化解78件,化解率达86%。

重点敏感时期的信访工作。在全国"两会"、庆祝建党九十周年以及各级领导班子换届等敏感时段,市信访局提前下发通知做出周密部署,把工作重点从事后处理转移到事前排查化解上来,严格落实领导包案调处责任制。不断探索完善驻京驻省值班工作机制,共接待劝返到省上访572起1677人,进京上访708起1058人。其中全省、全国"两会"期间,接待处理进京上访64人次、到省上访16人次。建党九十周年期间,安排市、县公安、民政、信访等部门增派人员进京值班,强化人员和车辆保障。同时,在市里组织三个专项督导组,深入县区、部门和基层检查督导,防止进京上访人员滞留、倒流问题的发生。

网上信访试点和信息系统推广应用。12月6日,国家信访局将滨州市列为网上信访惟一地级试点市。全市认真组织开展试点工作,设立了网上信访投诉中心,出台了网上信访工作办法。协助改进网上信访软件功能缺陷14项,实现了网上信访软件与全国信访信息系统的顺畅对接。全市乡镇办全部联通全国信访信息系统,新建部门用户40个。山东省信访局3次通报网上信访办理情况,滨州市办结率和回复率等四项指标均为100%,位列全省第一;2次通报全国信访信息系统录入情况,滨州市县级录入率连续位列全省第一。

(张兴先)

保密工作

2011年,全市各级保密组织和保密部门紧抓保密法制建设、宣传教育培训、技术防范、监督检查、涉密载体管理和销毁5方面工作,取得了一定成绩。

法制宣传教育工作。对全市教育系统保密工作人员和门户网站管理人员300余人进行了保密知识培训;举办了全市保密工作培训班,从密码电报的管理与使用、涉密文件信息资料的管理与使用(公文处理)、保密电话的管理与使用、计算机网络管理、定密工作、计算机非法外联监控、涉密信息系统分级保护等方面进行了专题培训,播放了泄密窃密技术演示片,邀请省保密局技术检查中心主任李军就保密法律法规作了辅导报告,编印了《计算机信息系统保密防护常识》。这是滨州市首次举办涉及面较宽的保密培训班,在全省也是首次,培训人员达300余人。在全市五五保密法制宣传教育规划中各项工作推进的基础上，根据《全省六五保密法制宣传教育规划》和全市六五普法宣传教育规划起草印发了《全市六五保密法制宣传教育规划》；组织市、县区分管领导、保密行政管理部门工作人员、市委、市政府两办、市机要局有关人员50余人参加了省保密委组织的全国窃密泄密案例警示教育展。印制保密法律责任宣传简易手册1万余份，发至党政机关领导干部及涉密工作人员。到无棣、北海新区作了保密法律法规、相关保密技术培训报告，培训人员分别达到200余人。

保密监督检查工作。年内开展了包括密码电报管理、涉密文件信息资料管理、保密电话管理、计算机网络管理4个方面的专项检查。分别对市、县区的重点部门、重点部位进行了检查，共检查市直、县区直910个单位重点部门、部位的5300台计算机。其中互联网计算机3520台，涉密计算机105台，政务专网计算机1675台，涉密移动存储介质210个，非涉密移动存储介质1820个；会同山东省国家安全厅驻滨州工作站邀请山东省国家安全厅十三处对市委、市政府、市人大、市政协等领导的办公室及涉密会议室进行了技术安全检查，针对存在的问题，提出了处理建议；会同教育、司法等部门，对高考、司法考试等试卷押送、保管场所等进行严格保密检查，认真做好各项保密服务工作。

技术防范工作。对应当纳入全市“涉密计算机非法外联监控系统”的计算机进行了重点检查，并逐一登记造册。召开了滨州市“非法外联监控管理系统”客户端安装培训班，各县区保密局长和技术人员参加了培训。市保密局专门邀请济南中孚公司的技术人员进行了培训。对全市800余台未安装监控软件的计算机进行了全部安装。至年底，全市共安装“监控软件”1300余台，完成了滨州市“非法外联监控管理系统”的客户端软件安装，确保全市涉密及办公内网计算机监控到位。

学刊用刊工作。各县区各部门及时向上级保密部门报送本地区本部门保密工作情况和信息。明确1人保密工作宣传报道人员，具体负责保密信息上报和宣传报道工作，共报送信息12篇，市保密局向《山东保密》投稿8篇，被采用5篇。全市订阅《保密工作》杂志684份，超额完成了万人一份的任务。

涉密载体销毁中心正式运行。年内，市保密局向财政局申请设备购置费20万元，协调财政局相关科室先后购置了硬盘消磁机，安装室内监控、计算机、打印机等设备。市委、市政府两办《关于涉密载体管理销毁暂行管理办法》正式下发，涉密载体集中统一销毁的各项工作正在展开。

（孙媛媛）

老干部工作

【概况】 2011年，滨州市委老干部局围绕中心、服务大局，以让党委政府放心、让老干部满意为宗旨，完成了全年各项工作任务。至年底，全市有离休干部2701人，退休干部2.8万人。离休干部中机关单位1112人，事业单位780人，企业809人。70~79岁的240人，80岁及以上的2461人。

年内，市委老干部局被省委老干部局表彰为信息调研工作先进单位，1人被中组部表彰为老干部工作先进个人；受到省委组织部、省委老干部局联合表彰的老干部先进个人8人、先进离退休党支部8个。市委组织部、市委老干部局联合表彰老干部先进个人50人、先进离退休党支部50个、老干部工作先进个人40人、老干部工作先进集体30个。

各级党委政府高度重视离退休干部工作。年内，市委书记邓向阳、市长张光峰两次向离退休干部通报经济社会发展情况；参加与老干部有关的重要会议和活动；重大节日带头走访离退休干部代表；并在听取老干部工作汇报时对老干部工作提出了新要求、作出了新指示。各级各部门都建立了在职干部联系老干部制度，并在同级老干部工作部门登记备案。庆祝建党90周年之际，市委、市政府专门从财政拨款450余万元用于为2710名离休干部提高生活补贴标准并扩大发放范围以及“七一”期间的走访慰问。

进一步完善离退休干部工作机制。建党90周年之际，在广泛开展问卷调查的基础上，出台了《关于进一步加强新形势下离退休干部工作的意见》（滨发〔2011〕22号），该意见明确规定，各级党委、政府每半年向离退休干部通报一次经济社会发展情况；市、县区党委常委会和市直部门、单位党委（党组）每年专题研究一次离退休干部工作；离

志刚、国民党荣誉主席吴伯雄、海基会董事长江丙坤、国民党荣誉主席连战的会见。7天时间里，滨州市交流团先后参观考察了桃园市六和集团、台北市旺旺集团、太子集团、润泰(大润发)集团、台中市旭昶绿能科技股份有限公司、嘉义市祯祥食品工业股份有限公司、屏东县强匠冷冻食品公司、台南市台盐实业股份有限公司、统一集团、高雄市乔治亚生物科技股份有限公司等台湾企业，拜会了中华亚太中心企业合作经济促进会、中华两岸企业发展协进会和台湾中华工商联合会。台湾工商企业界表示，滨州产业基础好，发展环境优良，愿意进一步加大在滨州的投资力度，推动滨台合作再上新台阶。16日下午，滨州市代表团在台湾台南市举行"现代农业交流合作洽谈会"，应邀到会台商80余人，与滨州市企业代表进行交流洽谈，20余家农业企业携带产品进行现场展示。滨台双方就加强高效生态农业、休闲观光农业、食品深加工业合作达成了广泛的共识。本次活动是滨州市在台湾举行的最大一次商贸洽谈活动。在台期间，双方在新材料、新信息、新能源和海洋科技开发以及现代农业、现代服务业等方面达成多个合作意向。签订合同项目3个，合同台资额1.65亿美元；协议项目2个，协议金额5.8亿美元；意向项目2个，意向金额7600万美元；采购合同2个，金额6800万美元。

【第三届海峡两岸(滨州)孙子文化交流研讨会在滨召开】 2011年9月4日至14日，第三届海峡两岸(滨州)孙子文化交流研讨会在滨州市召开。本次研讨会是海峡两岸孙子文化研讨最高层次、最高水平、最大规模的交流活动。研讨会邀请台湾师生、专家和工商业人士60余人、大陆孙子研究学者200余人，举办了台湾大学生齐鲁文化考察之旅、第二届海峡两岸(滨州)大学生孙子兵法友谊辩论赛、海峡两岸大学生交流座谈会、第三届海峡两岸(滨州)孙子文化交流研讨会暨第九届中国(惠民)国际孙子文化旅游节大型开幕式、大型舞台剧《武韵》展演、海峡两岸孙子文化高层交流研讨会、两岸同胞"庆中秋、盼团圆"联欢晚会、乐安孙氏后裔祭祖典礼、海峡两岸孙子文化摄影展等多项主题活动，期间还组织台湾农业交流团参观考察了黄河三角洲滨州现代农业开发情况，召开了滨台现代农业交流合作洽谈会。研讨会连续举办三届，在海峡两岸产生了非常好的效果与影响。

(王学强　胡　建)

中国共产党滨州市纪律检查委员会

2011年，在市委和省纪委的领导下，全市各级纪检监察机关围绕中心、服务大局，突出重点、落实责任，深入推进反腐倡廉建设，各项工作取得新的成效。

强化监督检查。全市立项开展执法监察15项，检查单位287个，涉及资金180.02亿元，查处违纪违规资金2330.61万元，挽回经济损失1950.29万元，追缴入库资金856.6万元，提出监察建议59件，作出监察决定16个，协助建章立制104项。

加强权力监督制约。开展了"以人为本、执政为民"主题教育活动，举办反腐倡廉形势报告200余场，解决突出问题150余个，提出整改措施70余条，为群众办实事1500多件。推动各县特色的廉政文化创建活动，挂牌建立市级廉政教育基地14个、廉政文化示范点247个，形成了革命传统教育、历史文化教育、现代科技教育和反面警示教育"四大基地"，有100多批次、近10万人次参观。按照"整体布局、分步实施、典型带动、全面推进"的原则，以制约和监督权力为核心，推行廉政风险防控管理制度，健全规范了权力运行监控机制，初步形成预防超前、制度完善、监督有力的廉政风险防控体系。认真落实党员领导干部《廉政准则》，举办专题宣讲辅导活动80余次、培训班11期。认真落实党内监督条例，全市1384名县级干部进行了述职述廉并接受民主评议；6454名领导干部报告了个人有关事项；开展廉政谈话1847人次，诫勉谈话31人次，询问函询15人次；为714名拟提拔重用领导干部出具书面廉政鉴定。大力推进公共资源交易管理制度改革，建成市区统一的公共资源交易中心。建设了高水平、广覆盖的电子监察系统，执行规范化、程序化交易流程，通过视频、音频和数据对公共资源交易的每个环节进行全过程监督监察。建成公共资源交易监督员库，从300

多名特邀监督员中随机抽取监督员，对每一项交易活动进行现场监督。在中心派驻监察室，对公共资源交易管理机构及其工作人员进行监督监察。初步形成了规范有序的监管体系，促进了公共资源交易的公开、公平、公正。

推进基层反腐倡廉。以各级党校为阵地，突出抓好农村基层党员干部的党风廉政教育培训，全市举办各类培训班756次，培训党员干部3.76万人次。各县区依托三农服务中心建立农村集体“三资”管理服务中心90个，组织开展资产资源经营处置招投标450次，累计为村集体节约资金1782.5万元。建立村务监督委员会4546个，参与监督村级重大事项8730余件次，参与村级招标项目357项，化解群众矛盾4620件。开展党务公开专题培训70次，培训人员2912人；创新公开载体，建立党务公开栏6352个，培育市级党务公开联系点13个，开通了“市委党务公开”网站；建立公开内容审核、公开情况登记、公开资料归档、公开责任追究等16项制度，聘请党务公开监督员4357人；全市党务公开工作比全省提前两个月实现了全覆盖。滨州市构建“十项机制”的做法得到了上级充分肯定，《“十项机制”的力量》一文在《中国纪检监察报》刊发，《滨州：三资管理走进“阳光地带”》在山东电视台《廉政齐鲁》栏目播出。

加大案件查办力度。严肃查办领导机关和领导干部、重点领域和关键环节以及侵害群众切身利益的案件。全市纪检监察机关共受理信访举报2111件次，初核案件312件，立案319件，处分311人，挽回经济损失7610.37万元。先后为102名被错告、诬告的干部澄清了是非。严格“两规”措施审批、陪护和后勤保障等制度，建立责任追究体系，确保“两规”万无一失，健全完善查办案件制度体系，保证了办案工作规范有序。开展了依纪依法、安全文明办案教育活动，提高了安全文明办案意识和工作水平。完善市廉政教育中心办案设施，提高了市、县区办案装备现代化水平。

增强执纪为民成效。深化工程建设领域突出问题专项治理，建立了工程建设领域项目信息公开和诚信体系平台，排查规模以上建设项目642个，整改问题1550个，罚没补交款项金额2779万元，查办涉及工程建设领域违纪案件36件，给予党纪政纪处分25人，移送司法机关7人，行政问责37人。“小金库”专项治理不断推进，发现整改“小金库”63个，纠正违纪违规资金5693.5万元。对全市14项庆典、研讨会、论坛活动进行了清理规范，涉及经费225.7万元。不断深化政风行风民主评议，深入开展创建“群众满意基层站所”活动，评选表彰了25个基层站所。全面加强广播、电视、网络、报纸、市长公开电话“五位一体”政风行风热线建设，开设了《行风热线直通基层》栏目，选择了21个基层站所上线接受群众咨询。举办行风热线112期，接听群众咨询和投诉585个，实现了政民互动交流。对强农惠农政策落实情况进行专项检查，涉及专项资金53.57亿元，发现财务管理、专户设置、资金拨付、制度建设等方面的问题339个，涉及资金3695.53万元，追究责任人6名，督促建章立制265项。深化征地拆迁和征地补偿监管，及时纠正和查处征地拆迁中的违法违规行为，对全市保障性安居工程建设情况进行了督导检查。全年受理群众关于公路“三乱”、教育收费、医药购销等方面的投诉112件，办结109件，维护了群众合法权益。

优化经济发展环境。开展服务承诺活动，组织市直115个部门主要负责人在“中国·滨州”政府网站和“滨州廉政网”等媒体公开服务承诺书，承诺服务事项712项。强化正面引导，开展优化发展环境成果巡礼，对市直24个重点职能部门在改进作风、强化服务、优化环境、推动发展等方面的经验做法进行了集中宣传。落实联系企业制度，开展帮扶企业活动4027次，帮助企业解决实际问题6460余件，培训管理人员2100余人，协调资金170多亿元。推进电子监察系统建设，制定了《滨州市行政审批电子监察绩效考核意见》《滨州市行政审批电子监察预警纠错暂行办法》，建立了监察情况定期通报制度，提高了办事效率。切实抓好部门自由裁量权和收费项目的公开工作，对46个执法部门2528项行政处罚自由裁量权细化标准、40个部门1181项收费项目在滨州政府网进行了公开，增设了100个“市政府信息公开一点通”平台，推进了阳光政务。深化职能部门和科室社会评议和满意度测评，对116个部门和439个职能科室进行了评议，整改问题289个。下发有关文件，清理收费政策，进一步规范行业协会、市场中介组织和公务服务收费工作。深入80家企业进行了摸底调查，对20个部门进行了突击检查，发现查处有关问题19件，对相关单位和责任人进行了处理。深入开展建筑装卸市场“百日”集中整治和严打整治等专项行动，查处建筑装卸类案件89起，破获各类刑事案件3267起。

（杨刚强）

民主党派和工商联

中国国民党革命委员会滨州市委员会

2011年，民革滨州市委在中共滨州市委和民革山东省委的领导下，围绕全市中心工作，大力加强参政能力建设，积极履行参政党职能，各项工作均取得了新进展。

思想建设。深入开展学习践行社会主义核心价值体系活动，组织“民革滨州市委纪念中国共产党成立90周年，辛亥革命100周年，观故居，走多党合作之路活动”，召开纪念辛亥革命100周年座谈会；撰写的《民革组织如何组织学习践行社会主义核心价值体系》一文在民革中央组织的“学习践行社会主义核心价值体系征文活动”中获优秀奖；1名党员被省委统战部授予“学习践行社会主义核心价值体系先进个人”；民革滨州市委市直四支部被民革省委授予“学习践行社会主义核心价值体系先进组织”，3名党员被民革省委授予“学习践行社会主义核心价值体系先进个人”。

组织建设。12月4日，中国国民党革命委员会滨州市第三次代表大会召开，会议听取审议了民革滨州市第二届委员会工作报告，选举产生了中国国民党革命委员会滨州市第三届委员会。史东当选为主任委员，孙兆泉、宁彩云当选为副主任委员，黄胜国、杨成、温炳伦、吕玉泽当选为委员，孙兆泉兼任秘书长。成立民革滨州市经济开发区支部，召开民革滨州市市直支部换届大会，选举产生市直一支部、市直四支部、市直五支部以及高校两个支部新一届支部委员会。至年底，民革滨州市委共有86名党员、9个基层支部和1个党员小组。

参政议政。积极参加中共滨州市委、市政府召开的民主协商会、意见征求会、情况通报会及座谈会，就重要人事安排、重大问题的决策、重大方针政策的制订和执行进行协商，发表意见，提出建议。党员中的各级人大代表、政协委员以及特邀（约）人员，积极参加人大、政府和政协组织的视察、检查、调研和座谈等活动，就转方式调结构、节能减排等问题进行调研和视察督导，发挥参政议政、民主监督的作用。年内，民革滨州市委获市委统战部“统战信息工作二等奖”。

建言献策。联合市政协调研组到滨城区调研三河湖湿地修复与保护工程建设情况，在充分调研论证后，提交了《保护生态湿地，推进“两区”建设》提案，被评为2011年“十佳政协提案”，也被民革省委确定为“重点调研课题”，该建议案经民革省委提交省政协。年内，民革滨州市委各级组织及党员通过会议、座谈会以及投稿等方式向市政协提交提案、建议、线索和社情民意信息30多件（条）。其中，民革滨州市委向市政协九届三次会议提交了集体提案15件、大会发言1件，《关于开展分户供热计量试点工作的建议》被市政协列为2011年“重点提案”。

（孙兆泉　郑　珂）

中国民主同盟滨州市委员会

2011年，民盟滨州市委在中共滨州市委和民盟山东省委的领导下，围绕全市中心工作，发挥自身优势，认真履行职能，积极参政议政，为推动滨州科学发展发挥了积极作用。

思想建设。按照《民盟中央关于把树立和践行社会主义核心价值体系活动不断推向深入的通知》的要求，先后两次组织盟员聆听《践行社会主义核心价值理念》报告会；在民盟成立70周年之际，开展“回顾历史，缅怀先烈”思想教育活动；在杜受田故居建立文化研究及活动基地等，深入开展社会主义核心价值体系学习教育活动。

组织建设。12月2日，中国民主同盟滨州市第五次代表大会召开，会议听取审议了民盟滨州市第四届委员会工作报告，选举产生了中国民主同盟滨州市第五届委员会。万永格当选为主任委员，王强、李保国当选为副主任委员，王莉、杨胜、赵秋兰、毛海峰当选为委员，王莉兼任秘书长。

参政议政。在年初的两会上，重点围绕教育、卫生、城建、民政福利等国计民生问题，共提出提案、建议21件，集体提案8件。其中，《关于完善滨州市新型农村医疗制度建设的建议》被市政协列为办理、落实全程追踪报道的唯一提案。在市各民主党派、工商联联合主办的《参政议政》刊物上发表的《关于加快农村富余劳动力转移的建议》，张兆宏副市长作出重要批示，要求相关单位认真研究、抓好办理落实。

服务发展。多次开展社会服务活动，为各乡镇(街道)的村(居)民提供医疗卫生方面的咨询服务；组织广大盟员开展服务进社区活动，为居民提供心理咨询、法律咨询、义工等服务；教育一支部与秦皇台乡确立了"教育对口指导、党委支部结对、长期定时联谊"的工作机制。

(王　莉　盛全城)

中国民主建国会滨州市委员会

2011年，民建滨州市委在中共滨州市委和民建山东省委的领导下，团结带领广大会员，积极进取，开拓创新，认真履行职能，在自身建设、参政议政和社会服务等方面取得了一定成绩。

思想建设。组织直属一支部、三支部和妇女工作委员会会员到台儿庄进行红色教育，组织直属五支部会员赴邹平开展"赏美景，看发展，促和谐"主题活动，组织滨医支部会员参观杜受田故居等。在全市党外人士学习和践行社会主义核心价值体系先进事迹报告暨表彰大会上，2名会员被授予"全市党外人士学习和践行社会主义核心价值体系先进个人"，受到中共滨州市委表彰。

组织建设。11月27日，中国民主建国会滨州市第三次代表大会召开，会议审议并通过了民建滨州市第二届委员会工作报告，选举产生了中国民主建国会滨州市第三届委员会。吴国瑞当选为主任委员，商建文、何建华当选为副主任委员，杨军、徐佃海、高希海、赵永顺当选为委员，商建文兼任秘书长。召开直属一、四支部换届暨五支部成立大会，选举产生了新的直属一、四、五支部委员会。按照民建山东省委建设规范化支部活动室的要求，直属二支部和四支部成立了规范化支部活动室。新发展会员10名，全部大学以上文化程度，其中硕士1名；涵盖科学技术、医药卫生、教育等多个界别，进一步优化了会员结构。

参政议政。在市政协九届四次会议上，充分发挥密切联系经济界的特色和优势，引领会员围绕全市经济社会发展中心，共提交提案14件，其中《关于实施外经贸战略，促进我市经济又好又快发展的提案》被评为"十佳政协提案"，《关于进一步优化税收结构的建议》提案被评为"优秀提案"。在全市政协工作经验交流暨总结表彰大会上，《关于推进政府投资项目实行"代建制"的建议》被评为"十佳政协提案"，何建华、杨军、高希海等3名会员被评为"五好"政协委员。2名会员被市政府办公室、市纪委等5个部门聘为特邀监督员。

服务发展。组织会员企业家参加"2011'中国(河北)非公有制经济发展论坛"；动员会员踊跃捐款购置农业、农村方面的书籍两千余册，为阳信县劳店乡张善村和三台张村捐建了两所"民建·思源农家书屋"。会员企业家赵建栋为3个村捐建了3处农民健身广场，捐赠价值10余万元的体育器材；与1个村结成帮扶对子，帮扶资金5万余元，被民建中央评为"民建全国社会服务工作先进个人"。

调研宣传信息工作。认真承办《参政议政》第三期，创办反映民建基层支部组织活动的《民建沙龙》，在民建中央网站、《山东民建》《关注》《滨州统一战线》上发表调研、宣传、信息30余篇(条)。

(商建文　张艳双)

中国民主促进会滨州市委员会

2011年，民进滨州市委在中共滨州市委和民进山东省委的领导下，深入开展树立和践行社会主义核心价值体系活动，加强人才队伍建设、制度建设和作风建设，各项工作取得了进展。

思想建设。积极开展树立和践行社会主义核心价值体系的主题学习教育活动，邀请民进省委秘书长郭永军做了关于社会主义核心价值体系的专题讲座；组织支部主任开展以"重温历史,同心同行"为主题的红色教育活动;组织部分会员到杜受田故居考察学习;选派6名骨干会员,参加了市委统战部举办的"民主党派基层组织骨干会员培训班",滨城区支部作了典型发言。

组织建设。结合换届工作和民进中央"民进组织信息化管理系统"的建设,对全市61名会员的64 项信息进行了统计摸底,建成了后备干部人才库,向市委统战部推荐党外代表人士10人,向民进省委推荐4人,向各级人大、政协推荐16人次。加强教育培训,积极选派会员参加各级各类培训活动,全年共有18人次参加各级、各类培训。结合市委统战部开展的"党外代表人士队伍建设年"活动,1名机关干部作为第一批挂职干部,被选派到阳信县劳店镇"滨州市党外代表人士实践锻炼基地"挂职锻炼。新发展会员8名。

参政议政。在中共滨州市委、市政府组织的座谈会、情况通报会、征求意见会上,共提出建议13条,被采用10条。年初,在各级"两会"上,共提交建议或提案31件,其中向全国人大提交建议3件、向省政协提交提案4件、向市人大提交建议3件、向市政协提交提案27件。市政协九届四次会议上,《我市公共体育设施建设的建议》和《义务教育均衡发展的建议》被评为"十佳政协提案",1件提案在市政协会议上做大会交流发言,尹清被评为市"五好"政协委员,并被授予"五一"劳动奖章。在全市政协工作经验交流暨总结表彰大会上,《关于进一步加快发展农民专业合作社的建议》和《关于充分发挥海河迎查工作成果全面提升我市环保和水污染防治水平的建议》被评为"十佳政协提案",《关于进一步规范物业管理的建议》和《关于严查酒驾、闯红灯等交通违章行为形成一种长效机制来抓的建议》被评为"优秀提案",刘庆敖、李秋兰、赵云等3名会员被评为"五好"政协委员。《加快农村土地流转的建议》被评为省委统战部"参政议政优秀成果"。

服务发展。滨城区支部在滨州一中举办家庭教育专题讲座,教育支部举办"范公精神"学习报告会,学院支部和综合支部开展水资源现状及工程安全问题专题调研并形成了《滨州市工程安全建设的建议》《滨州市水资源存在的问题与对策》等3篇调研报告,艺术支部筹划建设会员文化活动基地,滨城区支部与教育支部联合开展了"送教下乡"活动。一年来,共开展社会公益活动2次,受益群众2000人;资助贫困学生6人,捐助钱物1万余元,捐赠图书2000余册;组织送教下乡2次,授课20节次;与基层中小学学校交流学习6次,培训教师40人次。开展"双岗建功"评选活动,9名会员被评选省、市先进个人。

机关建设。参加了由民进省委举办的"秘书长联席会";加强与会员的沟通、联系,继续为每位会员定制生日蛋糕,增进了市委会与广大会员的感情。加强调研宣传力度,主办《参政议政》第四期,完成5期《参政议政》约稿;向市委统战部提交理论研讨文章和各种征文材料2篇,在市级以上媒体发表稿件10余篇,获市委统战部"统战信息工作二等奖"。一年来,共获省部级以上表彰20多项,市级以上表彰30余项。

(李秋兰 郭云洲)

中国农工民主党
滨州市委员会

2011年,农工党滨州市委在中共滨州市委和农工党山东省委的领导下,围绕全市中心工作,认真履行参政党职能,为促进全市经济社会发展做出了积极贡献。

思想建设。为纪念中国共产党建党90周年,组织全体党员到渤海革命老区纪念园参观学习,接受革命传统教育。组织部分党员参加庆祝中国共产党成立90周年大会、"学习践行社会主义核心价值体系"专题报告会、渤海革命老区中共党史教育等活动。积极参与农工党山东省委举办的"同心同行——庆祝中国共产党建党90周年征文"活动,王少兰撰写的《您,永远是鲜红的朝阳》一文获征文活动二等奖。农工党滨州市委会被农工党中央评为宣传工作先进单位,韩德富被农工党中央评为优秀宣传干部;高三阳被中共山东省委统战部评为"学习和践行社会主义核心价值体系先进个人";王跃嗣等8名党员分别被农工党山东省委评为参政议政、社会服务、宣传工作、法律援助、机关工作先进个人;刘俊利、徐永通被中共滨州市委评为"学习和践行社会主义核心价值体系先进个人”。

组织建设。11月30日，中国农工民主党滨州市第三次代表大会召开，省政协副主席、农工党山东省委主委王新陆出席大会并作重要讲话。会议选举产生了中国农工民主党滨州市第三届委员会。刘凤当选为主任委员，高玉君、孙翠玲当选为副主任委员，韩德富、许爱宏、王荣华、傅廷亮当选为委员；韩德富兼任秘书长。适时将原有4个基层支部调整为5个支部和2个党小组，并对支部进行了换届，完成了支部调整换届任务。滨城支部组织建设的经验，在全市民主党派基层组织培训班上作了典型发言。年内，新发展7名农工党员。

参政议政。在承办的《参政议政》第5期上刊登“两区建设”专题调研报告、建议3篇，得到市委、市政府领导的高度重视。党员中的人大代表、政协委员认真履行职责，积极参政议政、建言献策，在全国全市“两会”期间提出建议案6件、提案16件。向市政协九届四次会议提交集体提案21件、大会发言材料1份。其中《关于加快黄河三角洲高效生态建设的建议》被评为“十佳政协提案”，3件提案被评为“优秀提案”，《关于加强“小饭桌”管理的建议》等多件提案引起媒体高度关注，孙翠玲等5名党员被市政协评为“五好”政协委员。注重开展思想理论研究，《关于发挥民主党派在人民政协中作用的探索与思考》在市政协理论与实践研讨会上作典型发言，并在全市统战理论优秀调研成果表彰中获三等奖；信息工作获全市统战信息工作二等奖，机关1人被评为全市统战信息工作先进个人。

服务发展。积极配合省委会在邹平县举办了第四届“中国环境与健康宣传周”、医药卫生“关爱行动”计划启动仪式和医药卫生社会服务示范基地揭牌仪式。活动中，农工党省立医院基层委员会与邹平县中医院正式签订了医疗技术服务指导协议书；医学专家们为全县各医疗单位的200余名医务人员进行了医学专业知识讲座，还分别在邹平县老干部活动中心和县中医院为当地群众举行了义诊及环保知识宣传。

（韩德富　李淑艳）

九三学社滨州市委员会

2011年，九三学社滨州市委在中共滨州市委和九三学社山东省委的领导下，深入开展树立和践行社会主义核心价值体系活动，积极参政议政，履职尽责，各项工作均取得新成效。

思想建设。为深入开展树立和践行社会主义核心价值体系活动，庆祝九三学社滨州市委成立十周年，组织举办了“九三之夜”文艺晚会；王大生撰写的《树立和践行社会主义核心价值体系，努力建设符合新时代要求的参政党》理论文章被九三学社中央编入《树立和践行社会主义核心价值体系论文集》；何惠霞被评为“全省民主党派树立和践行社会主义核心价值体系先进个人”，景爱莲、何惠霞被评为“全市党外人士学习和践行社会主义核心价值体系先进个人”。

组织建设。11月26日，九三学社滨州市第三次社员代表大会召开，大会选举产生了九三学社滨州市第三届委员会。曹玉斌当选为主委，刁万祥当选为副主委，孙淑芹、刘兴元、李丽、宋月雁、刘世英当选为委员，孙淑芹兼任秘书长。组织8名骨干成员参加了市委统战部组织的全市民主党派基层组

●2011年9月3日，为纪念九三学社滨州市委成立十周年，九三学社滨州市委举办了“九三之夜”联欢晚会。市政协主席燕钦国，市政协副主席、市委统战部部长姜银浩应邀出席晚会。

捐资助学活动，争取募集资金140多万元，助学物资价值300余万元，资助中小学生1000多人，大学新生154人，立项建设希望小学3所。

（石长清）

妇联工作

【概况】 2011年，市妇联围绕大局抓大事，履行职能解难事，服务妇女办实事，各项工作取得新进展，被评为“山东省妇女维权先进集体”、山东省“节能减排工作先进集体”、山东省“幸福进家先进市”，被市委、市政府授予“创建省级文明城市先进单位”、全市林水会战先进集体、创建生态文明村工作先进单位并荣记集体二等功。

农村女性进“两委”工作实现历史性突破。女性进村委会的比例达100%，女性进村党支部比例达20.1%，分别比上届提高72%、17%，真正实现村村都有女干部。选举产生女村党支部书记69人、女村委会主任137人，分别比上届增加39人和121人。45岁以下占55.8%，高中、中专以上占70.9%；75.4%，以上各项指标均超过全省平均数。

参与生态文明乡村建设工作。年内，全市开展了以村庄绿化、净化、硬化、美化、亮化为重点的农村环境综合整治创建生态文明乡村工作，市里成立了领导小组，办公室设在市妇联，具体负责综合协调、调度检查和考核验收工作。全年全市累计投入整治资金1.3亿元，100个市级生态文明村全部通过考核验收，农村脏乱差现象得到遏制，农民居住环境显著改善。

妇女创业就业工作。在全国妇联、省妇联的大力支持下，市妇联在第九届中国滨州国际家纺文化节上成功举办了第六届中国家纺手工精品创意大赛。展示了妇女创业就业成果、搭建了经贸洽谈平台、促进了企业交流合作。与市财政、人保、人行等部门联合下发了《关于进一步做好妇女小额担保贴息政策落实工作的通知》，将扶持对象向农村妇女倾斜，重点扶持“妇字号”农业龙头企业、合作经济组织和专业大户，带动农村妇女持续增收、创业发展。至年底，市女企业家协会会员人数已达153人，4月，成功举办了市女企业家协会2011年会暨“联通杯”文艺联欢会。与联通滨州市分公司广泛合作，成立了全省首家“联通未来巾帼创业站”，从创业资金、创业项目、创业岗位等8个方面对妇女创业就业工作给予扶持。

妇女儿童发展规划制定和纲要实施工作。完成了2001—2010年滨州市妇女发展“十二五”规划、滨州市儿童发展“十二五”规划“两个规划”终期监测评估工作。妇女参政议政方面实现了新突破，妇女就业结构、妇女儿童受教育程度、妇女儿童卫生保健状况等有了明显改善，“两个规划”主要指标基本达到目标要求，顺利通过全省的监测评估。颁布实施了“十二五”妇女儿童发展规划。争取市委、市政府的支持，将妇女儿童发展纳入全市“十二五”规划，并列入专项规划。《滨州市妇女儿童发展“十二五”规划》（滨政发〔2011〕58号）于10月20日正式颁布实施，为在新起点上推进妇女儿童事业实现新发展奠定了坚实基础。下发了《关于2011年在全市为妇女儿童办好十件实事分工落实方案》。

维护妇女合法权益工作扎实有效。组织开展了以“温暖你我她、维权服务进万家”为主题的“三八”维权周、争创省级妇女维权服务示范站等活动，有5处妇女维权服务站被评为省级示范站；启动了“农村留守妇女儿童关爱行动”，开展了农村留守妇女、留守儿童生活生存状况调研活动，提出了对策和建议；参与了全市每月3日的联合大接访活动，年内，共受理妇女来信来访200余件次，有效维护了妇女的合法权益。

妇女儿童民生实事落到实处。开展乳腺、子宫“两癌”免费筛查，争取上级妇联和社会资金，累计救助“两癌”妇女50余人。与市中医院联合开展了救治百名乳腺癌或乳腺癌术后转移贫困母亲大型公益活动，22人患乳腺癌贫困母亲得到救治。关爱帮扶孤困儿童，动员社会各界，共结对救助贫困儿童100多人。积极争取中国儿基会关爱项目，援建“东州春蕾小学”1所，落户无棣县并投入使用，亮眼睛成长手册2万册。“六一”期间，积极争取市领导的重视和支持，市委、市政府主要领导连续3年到学校、幼儿园走访慰问，带动形成了全社会关心关爱儿童的良好氛围。

【召开全市各界妇女会议】 为纪念“三八”国际劳动妇女节101周年，2011年3月4日，市妇联召开全市各界妇女纪念“三八”国际劳动妇女节101周年暨市妇联四届三次执委(扩大)会议,总结回顾2010年妇女工作,安排部署2011年工作任务,表彰在全市经济社会发展中做出突出贡献的妇女工作先进集体和先进个人。山东芳绿农业科技有限公司董事长寇玉芳,滨州中心医院“爱心妈妈”代表、滨城区妇联主席宋涛做典型发言。市妇联主席杨淑云作了题为《围绕中心,服务大局,团结带领全市妇女为实现“十二五”规划作贡献》的工作报告;市委副书记王浩讲话。市直部门、单位、高等院校副县级以上女领导干部;市妇联四届执委;各县区及乡镇办妇联主席;市女企业家协会会长、副会长、理事;市直妇委会主任;以及受表彰的先进典型代表等共计300余人参加会议。

【举办“亚光杯”第六届中国家纺手工精品创意大赛】 2011年9月23日至25日,第六届中国家纺手工精品创意大赛在滨州国际会展中心举行。大赛以“创新、融合、发展”为主题,为广大妇女实现创业就业搭建广阔平台。大赛从全国范围内征集到老粗布、手工刺绣、十字绣、钩针、编织、民俗工艺、蜡染工艺和手工地毯等七个工艺系列的1300多件作品。山东科技职业学院选送的“潍锦织造”《年画》、海南省五指山市冲山镇番茅村委会选送的“黎锦”《桌旗》及滨州东方地毯有限公司的地毯等15件作品获得金奖。省妇联主席翟黎明出席第九届中国(滨州)国际家纺文化节开幕式并致辞。

(于　婷)

政权 政协

ZHENGQUANZHENGXIE

滨州市人民代表大会常务委员会

【工作综述】 2011年是滨州市九届人大常委会任期的第四年，是届满之年。4年来，市人大常委会认真履行各项职责，促进了滨州经济和社会事业的发展。

常委会围绕全市改革发展稳定的重大问题，认真履行法定职权，依法决定重大事项，着力增强监督实效。常委会根据经济社会发展的形势，对关系全市经济社会发展全局的一系列重大事项进行了审议，及时作出相应的决议决定。为加快推进富裕、文明、和谐的新滨州建设，按照市委的意见，常委会形成了关于进一步解放思想，改进作风，创新实干，科学发展，在新起点上实现富民强市新跨越的决定草案，提交九届人大二次会议作出决定。为支持政府拓宽融资渠道，加快推进重大项目建设，及时审议批准市政府的筹融资议案，全力支持市政府的筹融资工作，确保了一批重大建设项目的资金投入。同时加强对资金使用管理情况的监督，每年听取市政府关于重大基础设施建设项目使用贷款情况的报告，增强了财政资金使用的实效。围绕全市国民经济和社会发展计划、财政预算编制和执行等工作深入开展调研，听取、审查和批准有关报告，作出相应决议，依法支持市政府认真执行国民经济和社会发展计划，保证了市九届人大各次会议确定的经济社会发展目标的实现。

常委会连续听取审议黄蓝两区建设专项工作报告，认真组织执法检查和视察调研，积极推进两大国家战略的贯彻落实。开展城乡规划执法检查，确保城乡建设总体规划与国家战略规划协调一致。围绕完善区域金融服务体系开展专题视察，优化金融生态环境，促进金融产业发展和融资平台建设，为黄蓝两区开发建设提供资金支撑。为优化人才创新创业环境，听取审议市政府专项工作报告，推动人才发展规划和重大人才工程的实施，为黄蓝区域科学发展提供人才支持。组织海洋管理法规执法检查和专题调研，着力推动黄蓝经济统筹发展。

常委会把金融危机形成的倒逼机制作为调结构促升级的战略机遇，深入调研经济运行情况，开展中小企业促进法执法检查，及时提出政策建议，增强企业抗风险能力，促进了经济平稳较快发展。把科技创新和品牌建设作为调结构促升级的关键环节，加强对科学技术进步法、产品质量法和商标法实施情况的监督，督促政府进一步加大政策引导和资金扶持力度，为推动自主创新和品牌建设增强动力。把节能减排作为调结构促升级的着力点，持续加强节能减排工作的监督，组织环境保护法、节约能源法执法检查，开展“滨州环保世纪行”活动，推动了资源节约型环境友好型社会建设。

常委会听取审议市政府关于全市农村公路建设、林业工作、新农村建设情况的报告，开展农业机械化促进法执法检查，深入乡村和农业龙头企业，调研农村水利改革、农业生产和农民增收情况，着力推进强农惠农富农政策的落实，加强农村基础设施建设，完善农村社会化服务体系，提升农业综合生产能力，为促进“粮丰林茂、北国江南”品牌的打造起到了积极作用。

常委会把群众的满意度作为衡量工作的重要标准，围绕学有所教、劳有所得、病有所医、老有所养、住有所居等关系群众利益和社会关注的热点问题开展监督，着力提升人民群众幸福指数。加强义务教育法执法检查，深入调研城乡中小学建设情况，从加大对农村教育投入、加强师资队伍建设、提高教育质量入手，提出有针对性的意见建议，促进义务教育均衡发展。加强对就业促进法、劳动合同法实施情况的执法检查，强化以创业带动就业工作的监督，推动实施积极的就业政策，健全完善政策体系和工作机制，着力统筹城乡就业，优化人才创新创业环境，促进了全市就业和再就业工作的开展。高度关注人民群众的身体健康和生命安全，听取审议市政府关于食品药品安全、新型农村合作医疗工作的专题报告，组织全市餐饮安全工作调研，督促有关部门进一步提高监管水平，完善长效监管机制，保障了人民群众的切身利益。结合办理代表议案，视察养老服务工作，推动养老服务体系建设和全市养老服务社会化工作的开展。围绕城市居民普遍关心的集中供暖问题开展

年环保世纪行好新闻，安排部署了2011年环保世纪行工作任务。

李伯钧到滨州市作《代表法》学习辅导报告 6月24日，市人大常委会邀请全国人大常委会代表资格审查委员会办公室主任李伯钧到滨州市作《代表法》学习辅导报告。市人大常委会副主任郭建新，全国人大代表、市政协副主席刘凤，市公安局局长韩吉顺；部分住滨全国、省人大代表，部分市人大代表；市人大常委会组成人员；市政府组成部门主要负责人；市中级人民法院、市人民检察院主要负责人约200人听取了辅导报告。

全国人大常委会原副委员长蒋正华到滨考察 8月15日至17日，全国人大常委会原副委员长蒋正华到滨州市考察并出席房地产战略发展（滨州）报告会和滨州经济开发区南街棚户区改造项目奠基仪式。省人大常委会原副主任邵桂芳等陪同。

省人大常委会副主任连承敏到滨调研 8月24日至25日，省人大常委会副主任连承敏到滨州市调研。省人大常委会委员、内司委主任委员陈明甫，省人大内司委副主任委员刘本举参加调研。市委书记、市人大常委会主任邓向阳，市长张光峰，市人大常委会常务副主任曹兴宽等陪同调研。在滨期间，连承敏一行先后考察了滨州经济开发区渤海活塞股份有限公司、政通新型铝材项目，惠民县力丰机械集团、龙马重工项目，邹平县长星集团风电项目、魏桥创业集团、西王集团等，参观了滨州城市规划展示馆、杜受田故居、渤海革命老区纪念园、滨州汽车总站、魏氏庄园、惠民公园、范公祠等。连承敏听取了市委、市政府、市人大常委会的工作汇报，对滨州市经济社会发展所取得的成就给予充分肯定，对市人大及其常委会的工作给予高度评价。

马金忠率省人大财经委对《山东省企业国有资产监督管理条例（草案）》到滨调研 8月24至25日，省人大常委会委员、财经委主任委员马金忠率省人大财经委有关人员对条例草案进行立法调研。在与滨州市人大、市政府、国资委、财政局、经信委、审计局、工商局、工会、法制办等部门及渤海活塞、滨印集团企业代表座谈时，有关部门和企业都认为条例草案符合十六大以来中央巩固和发展公有制经济的要求和国资监管体制改革的方向，具有一定的针对性和指导性。

召开全市县乡两级人大换届选举工作会议 8月25日，全市县乡两级人大换届选举工作会议召开。会议学习了中央、省委、市委关于县乡换届选举工作的政策文件，部署了县乡人大换届选举工作。市委常委、组织部长于常青，市人大常委会副主任张冠文出席会议。此次县乡人大换届选举呈现许多新特点。

全市县乡人大换届选举工作骨干培训班开班 8月26日，市人大常委会在滨州举办县乡人大换届选举工作骨干培训班，学习中央、全国人大、省委、省人大和市委关于县乡两级人大换届选举工作的精神和要求，就相关法律法规和有关工作流程对换届工作骨干进行了培训。市人大常委会副主任张冠文出席会议并讲话。张冠文要求各级、各部门要认真学习领会有关换届选举工作的政策文件和法律法规；要做好传达贯彻工作并结合

2011年5月30日，市人大代表视察全市创城工作。

本县区实际，抓紧研究制订选举工作方案，全面部署换届选举工作；要抓好选举骨干培训，各县区可采取举办学习班、座谈会、培训班等形式，准确掌握换届选举的法律程序和工作要求，提高法律政策水平和运作技能，保证全市县乡两级人大换届选举顺利完成。各县区人大常委会分管选举工作的副主任、人代室主任；各县区乡镇人大主席或副主席、街道办事处人大工委主任或副主任；滨州经济开发区、高新技术产业开发区、北海经济开发区党群工作部负责人共约100余人参加了培训班。

全省人大预算审查监督工作培训班在滨举行 8月29日至31日，全省人大预算审查监督工作培训班在滨州举行。全国人大常委会预算工委预决算审查室主任夏光，山东社会科学院经济研究所所长张卫国应邀授课。省人大常委会副秘书长、预算工委主任谭鹏飞出席并讲话，省人大常委会预算工委副主任张玉成、李玉海，市人大常委会常务副主任曹兴宽，副主任韩增金出席开班仪式。

全省人大教科文卫工作座谈会在滨召开 9月7日至9日，全省人大教科文卫工作座谈会在滨州召开。会议的主要议题是围绕如何充分发挥人大及其常委会的职能作用，依法深入推进医药卫生体制改革。省人大常委会副主任刘玉功、温孚江分别主持会议。省人大常委会委员王天瑞、官志峰、刘静、张业法出席会议。省卫生厅厅长包文辉应邀到会介绍了全省医药卫生体制改革的有关情况。邓向阳在致辞中指出，自2009年4月医药卫生体制改革启动实施以来，滨州市按照“保基本、强基层、建机制”的工作要求，新型农村合作医疗参合率达到了100%。2011年实现国家基本药物制度全覆盖。会上，17市人大常委会负责人作了交流发言，滨州市人大常委会作了题为《关注民生依法履职积极推动新医改惠民进程》的发言。

市人大常委会组织理论学习中心组读书会 9月9日至10日，市人大常委会理论学习中心组读书会在惠民举行。市委书记、市人大常委会主任邓向阳出席会议并讲话。市人大常委会常务副主任曹兴宽出席会议并作总结讲话。市人大常委会副主任董吉增、郭建新、张冠文、韩增金，秘书长李国强出席会议。会议期间，与会人员听取并实地查看了惠民县经济社会发展情况。

召开全市人大规范性文件备案审查工作会议 9月15日，全市人大规范性文件备案审查工作会议在滨召开。会议要求，从10月份开始，全市各县区、各部门要按照规定要求按时报备规范性文件。市人大常委会副主任张冠文出席会议并讲话。副市长张兆宏出席会议。

市九届人大五次会议期间代表建议、批评和意见办理情况视察 10月11日，市人大常委会组织部分人大代表对市九届人大五次会议期间代表建议、批评和意见办理情况进行了视察。市人大常委会副主任张冠文参加视察。此次视察的内容是新型农村合作医疗改革情况（95071号、95072号建议）；滨州市保障性安居工程建设情况（95042号建议）；加强食品安全方面的情况（95084号）；农资市场经营管理方面的情况（95017号建议）。参加视察的市人大代表听取

●2011年10月11日，市人大代表视察代表建议、批评和意见办理情况。

了有关部门建议办理情况的汇报，先后视察了隆达食品公司、绿洲农业开发有限公司食品安全方面情况；滨城区人民医院、秦皇台社区卫生所新型农村合作医疗改革落实情况；保障性住房工程安兴花园工程建设情况；博兴县农资市场经营管理情况等。通过视察，人大代表们对有关部门建议办理情况表示满意，希望各部门在办理工作中加大落实、督查和考核力度，提高办理质量和时效。

保障性安居工程建设情况视察 10月14日，市人大常委会组织部分人大代表对全市保障性安居工程建设情况进行了视察并听取了相关情况汇报。市人大常委会副主任张冠文参加活动，副市长尚龙江作情况汇报。

张若飞率住青岛全国人大代表到滨州市调研 10月18日至19日，青岛市人大常委会主任张若飞率住青岛全国人大代表，到滨州市就黄河三角洲高效生态经济区建设情况进行调研。市委书记、市人大常委会主任邓向阳，市人大常委会常务副主任曹兴宽，市委常委、常务副市长韩奎祥，市委常委、秘书长王文禄陪同活动。

邓向阳会见美国夏威夷州众议院议长佘贵人一行 10月22日，市委书记、市人大常委会主任邓向阳会见了美国夏威夷州众议院议长佘贵人一行。邓向阳希望佘贵人议长一行在滨州多走走、多看看，进一步了解滨州、关注滨州；衷心欢迎夏威夷州更多的朋友来滨州旅游观光、洽谈业务、共谋发展。佘贵人议长表示，很荣幸能够来到滨州这个美丽的城市，滨州的规划框架非常好。夏威夷是一个以旅游业和农业为主的城市，日后将全力推进两地交流。市人大常委会常务副主任曹兴宽，市委常委、秘书长王文禄，副市长万永格出席会见仪式。

山东鲁人摄影艺术交流中心滨州分会成立暨摄影展开展仪式在市档案馆举行 10月24日，山东鲁人摄影艺术交流中心滨州分中心成立暨摄影展开展仪式在市档案馆举行，省人大常委会原副主任、山东鲁人摄影艺术交流中心名誉会长时立军，市人大常委会常务副主任曹兴宽，市人大常委会副主任郭建新、张冠文等出席仪式。山东鲁人摄影艺术交流中心滨州分会是一个主要由全市人大系统摄影爱好者组成的非营利性质的群众团体。

省人大常委会到滨调研 12月8日，省人大常委会就《山东省科技进步条例(修订草案修改稿)》修订工作到滨州市进行立法调研。座谈会上，市人大、市农业局、科技局、财政局、海洋与渔业局、经信委、渤海活塞等部门和企业负责人结合各自工作实际，针对修订草案修改稿中的有关条款提出了非常具体的有针对性的意见和建议。调研组充分肯定与会人员就《条例》提出的意见和建议。

组织全国人大代表和省人大代表进行视察活动 12月9日，受全国人大常委会和省人大常委会委托，市人大常委会组织住滨部分全国人大代表和省人大代表进行会前集中视察活动。山东省选举的全国人大代表冯怡生、张忠正、沈志强、董风华，滨州市选举的省人大代表曹兴宽、李成明、张秀葵、刘曰兴、姜玉华、郭延军、孙青林、肖广兰参加视察。代表们先后到滨州高新技术开发区、滨州经济开发区实地视察，并召开座谈会听取了市发改委代表市政府作的关于“十二五”规划执行及重点项目建设情况的汇报，听取了市中级人民法院、市人民检察院的书面工作汇报。

邓向阳等市领导参加滨城区人大代表选举 12月18日是滨城区第九届人民代表大会代表换届选举投票日，邓向阳等市领导分别在各自选区投票站参加投票或委托工作人员投票。此次县乡两级人大代表换届选举，是选举法修改后首次实行城乡按相同人口比例选举人大代表。这次选举，全市共登记选民289.91万名。通过差额选举，选出县区人大代表1546名、乡镇人大代表4201名。

（杨　娟）

滨州市人民政府

【工作综述】 2011年，面对复杂多变的国际国内环境和艰巨繁重的改革发展任务，全市上下坚持以科学发展观为统领，围绕“科学发展、追赶超越”的目标要求，打基础利长远，抓投入惠民生，经济社会始终保持了跨越发展的良好态势。

综合实力进一步增强。全力抓投入、上项目、保增长，实现地区生产总值1817.58亿元，按可比价格计算，增长12%；实现地方财政收入130.76亿元，增长25.7%。社会销售品零售总额505.75亿元，增长17.3%。金融机构存贷款余额1309.69亿元、1256.49亿元，分别增长22.8%、17.5%。固定资产投资1010.69亿元，增长23.8%。进出口总额66.93亿美元，其中出口28.47亿美元，分别增长31.4%和11.6%；实际利用外资10.43亿美元，增长236.4%。新增上市企业3家，1家上市公司实现再融资。成功举办第二届黄河三角洲高效生态经济区经贸洽谈会、第九届(滨州)家纺文化节、第十届银企合作促进会、香港及北京推介会等重要节会活动。黄河三角洲(滨州)国家农业科技园区成功纳入国家“一城两区”发展规划，邹平经济开发区上升为国家级开发区，省级以上开发区成为新的产业和要素聚集区。高新区、北海经济开发区初步拉开快速发展的大框架。

质量效益进一步提高。产业结构明显优化，三产比例调整为9.8:53.5:36.7。农林牧渔业实现增加值178.07亿元，增长4.9%。粮食总产309.37万吨，增长4.6%，实现“九连增”，新增规模以上农业龙头企业132家、农民专业合作社135家、“三品”认证33个，58个农业示范园区建设初显成效。规模以上工业增加值增长15.9%，主营业务收入4978.04亿元，其中过百亿企业达10家。新认定高新技术企业19家，新增省级企业技术中心8家。1家企业获“省长质量奖”，28个产品获“山东名牌”。严格落实节能减排和环境保护目标责任制，海河迎查取得全国“十大”重点流域和海河流域“双第一”。新增4个全国环境优美乡镇、7个省级环境优美乡镇。顺利实现贝壳堤岛与湿地国家级自然保护区调整。实现服务业增加值667.22亿元，增长12.3%；旅游业总收入56.07亿元，增长27.7%。民营经济快速发展，实交税金147.3亿元，增长28.1%。

基础设施承载能力进一步提升。滨德高速主体全线贯通，济南至滨州高速公路成功立项；大济路、庆淄路完成改造提升。滨港铁路一期运营良好、二期工程奠基；德大铁路滨州段工程全面铺开。2个3万吨级码头及附属工程达到靠泊条件。市城区竣工城建项目115个，中海风景区完成高标准升级改造，18个城中村整体搬迁。园林绿化、夜景亮化等城市管理设施更加完善。“数字滨州地理空间框架基础平台”正式建成，滨州市成为全国数字城市建设示范市。县城区和小城镇规划建设管理水平明显提升，建设市级生态文明村90个、县级417个。“林水会战”成效显著，完成合格造林18.9万亩、水利工程464项，林木覆盖率达28.5%，一次性蓄水能力8.7亿立方米。滨州市成为“未利用地开发管理试验区”，12.5万亩起步区建设顺利启动。

民生事业进一步改善。城镇居民人均可支配收入、农民人均纯收入达到22540元、8744元，分别增长14.5%、21.5%。新增城镇就业6.1万人、农村劳动力转移就业13.8万人次。城乡低保、“五保”救助水平显著提升，在全省地级市中率先同步实现新型农村和城镇居民养老保险制度全覆盖。开工建设保障性住房8401套、棚户区改造6435套，完成农房建设、危房改造4.4万户。校舍安全工程走在全省前列，高等教育、职业教育迈出新步伐。医药卫生体制改革扎实推进，顺利完成国家基本药物制度改革，新型农村合作医疗参合率保持在100%。市民文化中心、活动中心、公共卫生中心、健身中心加快建设，体育事业蓬勃发展，群众文化生活条件不断改善。深入推进社会矛盾化解、管理创新，集中组织生产、交通、消防、校园、食品药品等安全专项整治行动，认真开展“扫黄打非”及平安文化市场创建。对口援建四川禹里任务圆满完成，帮扶重庆奉节工作扎实推进。法制、民宗、广电、外侨、统计、物价、对台、史志、地名、地震、气象、水文、海事、人防、油区管理、国防动员和妇女儿童、老龄、慈善、残疾人等事业健康发展。成功创建省级文明城市。

发展环境进一步优化。自觉接受人大法律监督、政协民主监督，认真听取各民主党派、工商联、无党派人士意见建议，办理人大代表建议95件、政协提案355件。深化政务公开、行政监察、审计监督，坚持依法行政，加大行政问责力度，严格规范行政行为。“市阳光政务服务中心”正式落成，公共资源交易中心建成启用，责任政府、法治政府、服务政府建设迈出新步伐。

（李　昂）

【市政府常务会议】 *九届市政府第五十五次会议* 2011年1月4日召开，主要内容是安排部署2012年市政府工作。各县区（区）长、主任，市政府组成部门的主要负责人，市政府秘书长、各副秘书长出席了会议。

九届市政府第五十六次会议 1月12日，市长张光峰主持召开。会议听取了市财政局关于2011年财政预算安排建议，市发改委关于2011年全市国民经济和社会发展计划（草案），市政府办公室关于《政府工作报告》（征求意见稿）的汇报，研究了具体意见，安排部署了工作。(1)会议原则同意市财政局的汇报意见。要求市财政深化预算管理改革，提高财政资金使用效益。对统筹项目只标明其所包含的项目内容，不明确项目具体数额，打捆预留，执行中按项目综合效益和实际需要，由市政府统筹安排项目资金。2011年是黄河三角洲高效生态经济区和山东半岛蓝色经济区开发建设的关键年，市级财政预算安排要有所体现。加强机构编制管理，从严控制行政机关和财政供给事业单位新增工作人员，严禁超编进人，减轻财政负担。(2)会议原则同意市发改委关于2011年全市国民经济和社会发展计划（草案）的汇报意见。(3)会议要求各部门要抓紧把《政府工作报告》（征求意见稿）修改意见、建议反馈给起草小组，起草小组要认真吸纳，进一步修改完善。张光峰市长指出，2011年是“十二五”规划实施的开局年，也是黄河三角洲高效生态经济区和山东半岛蓝色经济区建设的关键年，各级各部门要把加强全方位的学习摆在更加突出的位置，不断适应新形势、新情况的变化。要时刻保持昂扬向上的精神状态，时刻保持时不我待的创业激情和快节奏、高标准、高效率的工作方式。各级各部门要迅速投入工作，确保“十二五”开好局，起好步。市委常委、副市长韩奎祥、孙承志，副市长崔娅妮、张兆宏、尚龙江、万永格等出席会议。

九届市政府第五十七次会议 2月25日，市长张光峰主持召开。会议听取了市政府办公室关于2011年度《政府工作报告》目标任务分解说明，市统计局关于全省统计工作会议精神及统计改革有关情况，市水利局关于认真贯彻中央一号文件加快滨州水利建设情况的汇报，研究了具体意见，安排部署了工作。(1)会议指出，《政府工作报告》目标任务分解表经进一步修改完善后以滨政发〔2011〕1号文件发布，并通过新闻媒体对外公布。市政府将就有关重点项目与责任部门签订责任书，市政府督查室定期督查调度，尤其对签订责任书的重点项目，实行一月一检查，一月一通报，年终现场督查考核。(2)会议指出，从2011年开始，国家实施统计制度重大改革，生产总值核算实行下算一级制度。会议强调，要高度重视统计方法制度改革带来的影响，积极主动制定相应的对策和工作措施，扎实推进统计制度改革，构建现代统计体系，为促进科学发展、加快转变经济发展方式提供有力的统计保障。要加强学习培训，提高统计干部队伍素质。要加快推进统计信息化建设，为统计工作提供科技支撑。任何部门、单位对外发布的数据，必须先经统计联席会议领导小组审核，确保统计数据真实可靠，为全市经济社会发展提供优质服务。(3)会议指出，新年伊始，中共中央、国务院印发了《关于加快水利改革发展的决定》对水利改革与发展进行了全面部署。会议强调，全市各级要从水利建设事关经济社会发展全局的高度，充分认识学习贯彻中央1号文件精神的重大意义，抢抓机遇，研究政策，搞好对接，争取上级资金、项目支持。要抓住国家对水利大投入、大建设、大发展的政策机遇，立足实际情况，及早谋划一批能够取得国家和省政策资金支持的大项目、好项目。要进一步解放思想，充分利用国家政策性贷款，采取与央企进行战略合作、发行债券吸纳社会投资，多方筹措资金，逐步建立政府主导、社会参与相结合的水利建设投入新机制。按照“先急后缓”、保重点的原则，科学安排实施好2011年水利建设项目，实现滨州水利大发展。张光峰市长强调，要认真学习贯彻省“两会”精神，迅速掀起科学发展、追赶超越的热潮。要抓住有利时机，各项工作务求上半年取得突破。要精心研究工

业经济平稳健康运行的针对性措施,要认真研究农业产业化的具体措施,要全力推进重大基础设施建设,确保港口、铁路、高速公路、干线公路以及重大城建项目按期完成。要把握好黄河三角洲高效生态经济区和山东半岛蓝色经济区的开发建设,要与国家有关部委和省直有关厅局的联络对接,要抓好招商引资工作,要抓好园区建设,要抓好北海经济开发区和高新技术产业开发区建设。要突出重点环节和关键部位,全力抓好工作落实。要提升境界标准,防止克服一切自满和松懈情绪。市委常委、副市长韩奎祥、孙承志,副市长崔娅妮、张兆宏、尚龙江、万永格、耿涛出席会议。

九届市政府第五十八次会议

3月29日,市长张光峰主持召开。会议听取了市发改委关于《实施蔬菜等五大产业振兴规划》编制情况,市推进黄河三角洲高效生态经济区建设办公室关于第二届黄三角经洽会方案及有关工作,市老年体协关于全市老年体育工作,市法制办关于《滨州市开展文化市场管理相对集中行政处罚权工作方案(草案)》和《滨州市市级教学成果奖励办法(草案)》的汇报,研究了具体意见,安排部署了工作。(1)会议指出,蔬菜、渔业、畜牧、果业、苗木花卉等产业是滨州市传统的特色优势产业,也是农业农村经济发展的重要支柱和农民增收的主要来源。会议原则同意市发改委的汇报意见。会议强调,市发改委要充分吸纳会议讨论研究的意见,进一步修改完善规划,确保规划目的明确,内容全面,可操作性更强。要明确责任主体。要搞好学习培训。充分发挥各级培训机构的作用,培养一批有文化、懂技术、善经营、会管理的高素质农民,加快科技成果推广应用,加大科技下乡和农业技术指导,为五大产业振兴提供科技支撑。(2)会议原则同意市推进黄河三角洲高效生态经济区建设办公室汇报意见。会议指出,2011年第二届黄三角经洽会6月16日在滨州市举行。本届洽谈会对充分展示滨州市近年来经济社会发展取得的成果,进一步提高滨州对外影响力和知名度,深入推进黄河三角洲高效生态经济区和山东半岛蓝色经济区开发建设,都具有十分重要的作用。为做好筹备工作,确保活动取得圆满成功,经洽会组委会各相关成员单位一定要提高认识,高度重视。要搞好活动定位,要借鉴学习,要注重效果。(3)会议指出,全市各级党委、政府认真贯彻上级关于老龄工作的方针政策,切实加强对老年体育工作的领导,老年体育工作取得了很大成绩。会议强调,各级各有关部门要从构建和谐社会,提高人们幸福指数的高度,进一步提高做好老年体育工作重要性和必要性的认识,采取切实措施,不断推进全市老年体育工作。会议原则同意市老年体协的汇报意见。(4)会议指出,为加强文化市场管理,提高行政执法效能,市文化市场执法局依据有关法律法规,组织起草《滨州市开展文化市场管理相对集中行政处罚权工作方案》是非常必要的。会议原则同意市法制办的汇报意见。会议强调,为规范各级行政执法主体依法行使职权,必须建立权责明确、行为规范、监督有效、保障有力的执法体制,确保行政执法行为公开、透明,使权利在阳光下运行,促进依法行政,加快法治政府、阳光政府建设。张光峰市长强调,要深入分析把握当前形势,找准问题,坚定信心。要突出工作重点,强化指导,加快推进,要转变工作作风,锲而不舍,狠抓落实。市委常委、副市长孙承志,副市长张兆宏、尚龙江、耿涛出席会议。

九届市政府第五十九次会议

4月25日,市长张光峰主持召开。会议听取了市国资委关于加强全市国资监管工作情况,市水利局关于南水北调工程建设情况,市法制办关于《滨州市建设工程抗震设防要求管理办法(草案)》的汇报,研究了具体意见,安排部署了工作。(1)会议原则同意市国资委的汇报意见。会议强调,要进一步加强和改善国有资产监管,不断深化国有资产监督管理体制改革,确保国有资产保值增值。要积极学习外地先进的国资监管经验,正确处理国资监管与国有企业放权搞活的关系,激发企业发展内生活力。要进一步深化国有企业改革,按照构建现代企业制度的要求,加快国有经济布局结构的战略性调整,不断增强国有企业活力,壮大国有经济实力,充分发挥国有经济在加快转变发展方式中的引领和带动作用。(2)会议指出,南水北调工程是优化我国水资源配置,促进经济社会又好

照全市经济工作会议精神，把握好明年的奋斗目标、工作重点，抓好调查研究，迅速展开工作。各级、各部门要利用“两节”时机，加强与国家部委、省厅部门的沟通联系。会议强调，要高度重视民生工作，做好走访慰问、“送温暖、献爱心”等活动，努力解决群众实际问题。切实抓好食品药品安全、烟花爆竹监管、市场供应、治安防范、节日文化活动等工作，确保人民群众过一个祥和温馨的节日。(2)提升境界，勇争一流。会议指出，滨州正处在加快发展的战略机遇期，面对“稳中求进”的新形势、“两区”建设的新任务、民生改善的新期待，必须以更高的境界谋划工作，以更高的标准推进落实。会议要求，各级、各部门要认真研究工作和规律，把自己的工作目标定位在全国、全省的位置上，提升境界，提高标准，制定具体可行的方案，决不能仅仅停留在概念层面上。会议强调，市政府将全力营造干一流工作的机制和环境，进一步健全考核机制，奖优罚劣，狠抓落实，定下的事情、做出的决策，要抓住不放、一抓到底。加大行政问责力度，对承诺的每一项工作，都要做到“言必行、行必果”，确保事事有回音，件件有落实，努力打造“诚信政府”“责任政府”。(3)自我加压，主动作为。会议指出，当前全市经济社会发展存在问题多、发展任务重，特别是面对广大人民群众的期望，各级领导干部必须保持良好的精神状态，自我加压，勇挑重担，倾心投入工作，毫不畏惧困难，尽职尽责、尽心尽力完成市委、市政府交办的各项任务。会议强调，领导干部要亲历亲为，既当指挥员，又当战斗员，既善于宏观协调，又善于微观操作，以身体力行带动作风转变，促进工作落实。(4)密切配合，协调高效。会议指出，无论是部门、单位之间，还是领导干部之间，要处理好坚持原则和尊重理解之间的关系，在大是大非和重大原则问题上，一定要敢于坚持正义，敢于动真碰硬，不和稀泥；在一般问题上要相互理解尊重，做到大事讲原则、小事讲风格。会议强调，各级、各部门要牢固树立“全市一盘棋”的思想，相互协调、相互支持，克服部门利益倾向，自觉服从和服务于大局，在全市营造凝心聚力、干事创业的良好氛围。(5)勤学善思，敢于创新。会议指出，面临新的工作领域、新的工作标准、新的工作要求，各级、各部门不能靠传统思维、凭习惯做法，必须深入学习，锐意创新，不断适应新形势、新变化。会议要求，各级、各部门要努力提升创新能力，重点研究信息化建设、前沿知识、投融资体制等方面的问题，在各自工作领域的创新发展上取得突破。要善于养成思考的习惯，特别是本县区、本单位在全省乃至全国同行业同系统中的亮点、差距和不足，学会用发展的眼光看待问题，熟练掌握经济发展、产业演进、区域经济、城市建设和资本运营的规律，自觉按照规律谋划新思路、制定新办法、采取新措施。要坚持把加强学习作为提升领导水平的基本前提，注重学习上级政策和宏观经济走势，敏锐把握发展机遇，努力争取项目资金，牢牢把握工作的主动权。市委常委、副市长韩奎祥，市委常委、市政府党组副书记祁维华，市委常委、市政府党组副书记王文禄、副市长张兆宏、万永格、耿涛出席会议。

【政务督查】 2011年，政务督查工作按照周计划、周总结、周分析的总体要求，坚持以推动《政府工作报告》任务分解100项重点工作为主线，以19个签订责任书的重点项目和十大民心工程推动落实为重点，以强化专项督查、现场督查、跟踪督查为手段，全面提高督查水平。全年督查室共承办督查落实事项590余件，其中，承办省政府8项重点工作和为民办26件实事的跟踪督办落实工作，全省经济工作会议、农村工作会议等9个重要会议贯彻落实情况的督查调度，市委、市政府“1010工程”年度督查考核，市政府领导批示事项335件次，市政府重要会议决策事项70件次，《政府工作报告》确定的主要任务100项，组织专项督查57件次，省长信箱信件110件次；下发《重要事项督办通知单》20期，共计70个；刊发《滨州政务督查》19期、《督查专报》17期，起草各类督查报告40余篇。办理省、市人大代表建议96件、政协提案355件，办结率达到100%，代表、委员满意率达到98%以上(其中政协提案满意率达到99%)。(1)承担了《政府工作报告》起草、重点工作分解、日常跟踪督办落实到督查考核通报的各个环节的重点工作，起草了19个重点项目的建设目标责任书，调度设计了十大民心工程并全程进行了跟踪督办落实。全程参与了“1010工程”项目筛选和一年两次的督查考核工作，为完成全年任务发挥了重要作用。(2)先后对海河迎查、环境污染、城中村改造、计划生育、统计重点工作、市城区供热工程、保障性住房、城乡教师同工同酬、重大疫病防控及瘦肉精问题、新农保全覆盖、旅游重点工程等工作进行了专项督查。经过督查，滨城区、无棣县、阳信县、惠民县、沾化县先后实施了城乡教师同工同酬，全市保障性住房10月份顺利实现开工60%以上的目标，海河迎查重点工程在2月份前实现全部竣工。(3)狠抓领导批示件和省长信箱信件的规范化办理，将批示事项分门别类下发办理通知，对重要事项实行了跟踪催办制度，力求在最短时间内办结；重点强化了对涉及群众切身利益的领导批示事项和省长信箱信件的办理，对复退军人安置、离休人员工资、拆迁安置、环境污染等热点焦点问题进行了重点办理，全年省长信箱信件办理率达到100%，受到省政府主管部门的高度评价。(4)努力把督促检查、行政效能监察、科学发展目标考核和新闻监督有机结合起来，形成工作合力，提高督查工作的权威性、针对性和时效性。8、9、10月份先后连续性对保障性住房建设情况进行了跟踪督查和报道，12月份连续对十大民心工程完成情况进行了跟踪报道，利用新闻媒体对重点工作督查起到明显作用。加强督查的规范化建设，努力做到督查有据可依。自5月开始，正式启用了滨政督字系列文号，设计了滨州市人民政府重要事项督办通知单，使立项督办工作步入了规范化和正规化渠道。

（王洪民）

【政务信息】 2011年，市政府信息工作按照办公室的整体工作思路，积极参与主题活动，突出重点，创新实干，完成了各项任务。(1)上报信息取得好成绩。全年累计报省信息508篇，采用70篇。其中报国办15篇，采用8篇；省府办特刊采用2篇、专报采用3篇、要情采用5篇，普刊采用45篇。《山东省无棣县成立校车公司确保中小学生上下学安全》被国务委员刘延东批示，《滨州市滨城区提前完成中小学校舍安全工程三年目标任务》获姜大明省长批示。(2)同级信息发挥新作用。及时采编领导最关注、最有价值的信息。坚持对每一条信息认真编写，深入修改，层层把关，千方百计提高编报质量。全年共编发领导参阅254期、手机报243期，共计1057条。(3)工作水平得到再提升。制定出台了《关于进一步加强和改进政务信息工作的意见》，使信息工作更趋规范。加大培训力度，分部门召开信息工作座谈会，组织召开了全市政府系统政务信息工作会议，省府办信息处领导进行了专题培训，信息工作人员写作水平进一步提升。

（翟海东）

【调研工作】 2011年，市政府调研工作坚持以科学发展观为统领，发扬“学习为本、调研立业、服务到位、奉献精品”的调研室精神，创造性地开展调查研究，发挥了“参谋部”作用。(1)围绕农村人口转移、农村社区建设、相对集中行政处罚权、地方特色产业发展、增强县域统筹城乡发展能力、增强园区经济辐射带动功能、加快水利改革发展、新农村建设、现代服务业发展、培植壮大财源、城中村改造等热点问题组织大型调研活动19次，形成的《关于当前经济社会发展情况的调研报告》《南街村和谐拆迁、人本拆迁调查》等调研报告得到领导好评，《完善协调机制坚持互利共赢推动山东半岛蓝色经济区实现一体化发展》被评为首届东方行政论坛优秀成果三等奖。有2篇调研报告获全省政府系统优秀调研成果二等奖，8篇获得三等奖。(2)《调研与综合》《决策参考》两个内部刊物既是各县区、市直部门相互交流工作经验的平台，也为各级领导提供决策依据。调研室全体人员本着高度负责的态度，认真组织稿件，精心把关每一个数据，年内，《调研与综合》编辑印发12期，《决策参考》编辑印发8期，共编发文章200余篇计80余万字。(3)进一步强化综合服务意识。参与了市九届人大五次会议和十届人大一次会议《政府工作报告》的起草工作，以及市领导在各种会议上的讲话、发言、署名文章等综合材料28篇、其他材料11篇，有效文字量10余万字。对部门提报的讲话材料从内容、形式、篇幅、报送时间进行规范要求，力争多出精品，共审核把关材料500余篇。接待国务院参事室、福建省政府经济研究中心、山东省社会科学院、省政府研究室、省政府参事室和青岛市政府、东营市政府研究室等省内外到滨州市的学习调研活动21批次，起草各种汇报材料32篇12余万字。

（张 文）

机构编制工作

2011年，滨州市编办积极稳妥地推进各项改革任务，着力加大事业单位监管力度，不断强化机构编制日常管理和监督，各项工作均取得了新成绩。先后被授予省级文明单位、省机构编制宣传工作先进单位、先进基层党组织等荣誉称号。

完成了市县政府机构改革评估任务。在市县政府机构改革基本完成后，及时组织开展了市县两级政府机构改革评估工作。评估中，由市编办牵头，从市纪委、市委组织部、市编办抽调人员组成评估组，到六县一区和机构改革中机构整合及职能调整范围较大的10个市直部门进行了实地检查评估。为确保评估实效，设计了评估表、调查问卷，采取了听取汇报、座谈交流、调阅资料等多种方法，同时，还征求了县(区)政府、部门领导班子、中层干部、普通职工以及相关单位和服务对象的意见建议。集中评估工作结束后，在梳理汇总的基础上，将评估中发现的问题，及时反馈给了有关县区和部门，并进行了认真的督促整改落实。从评估结果看，市县两级政府机构改革贯彻落实上级改革精神到位，执行机构编制纪律严格，普遍建立了大部门管理体制，达到了转变政府职能、理顺职责关系、优化组织结构的改革目的。

完成了乡镇机构改革任务。多次召开调度会议，明确目标任务，研究推进措施，凡按期完不成任务的，县区编委主任书面向市编委说明情况。同时，加大督导落实力度，对改革进度一日一调度、一周一通报，确保了改革工作的顺利完成。改革后，全市乡镇(街道)行政机构由382个调整为389个，事业机构由571个减为481个。按照“突出重点、着力下放管理权限、理顺县乡财政关系、调整机构设置和编制配备”的原则，组织起草了邹平县长山镇行政管理体制改革试点方案。

完成了医药卫生体制改革任务。会同市财政局、市卫生局，严格按照省规定的机构编制配备标准，核定并批复了市六县一区和三个市属开发区92家乡镇卫生院和社区卫生服务中心的机构编制事项并报省备案。结合医疗卫生体制改革，全市乡镇卫生院和社区卫生服务中心全部划归县区级医疗卫生部门管理。

事业单位分类改革有了良好开端。分别向市委常委会议、市政府常务会议汇报了事业单位改革的有关精神。在深入贯彻上级精神的基础上，结合实际，起草印发了《滨州市事业单位清理规范工作方案》，组织开展了事业单位清理规范工作。至年底，调查摸底阶段工作基本结束，摸清了事业单位机构设置、编制配备、职能履行等方面的基本情况，为实施清理规范和科学分类奠定了基础。

出台制度，规范编制使用许可。出台了《关于进一步加强市直机关事业单位编制使用管理的意见》，《意见》明确规定在编制的使用管理工作中必须严格做到“三先三后”：即先申请后使用、先许可后办手续、先入(出)编后核发(减)工资。为将《意见》贯彻落实到实处，全面掌握各单位编制使用情况，及时组织开展了全市党政群机关、事业单位的机构编制实名制复核工作。此项工作历时5个多月时间，共复核人员1.6万余人，提高了编制管理的精细化水平。至年底，市直第一批46个单位1332人的实名制信息已经通过滨州机构编制信息网进行了公示。

健全机制，加强事业单位监管。协助省编办在滨州召开了全省事业单位监管工作座谈会，研究探讨了新形势下加强事业单位监督管理的方法和手段。拟定了《关于贯彻〈山东省事业单位登记管理信息公开办法〉的实施意见》，为事业单位信息公开工作的稳步推进奠定了基础。按照“监管、创新、服务”的主题，着眼于加大事业单位监管工作力度，出台了《滨州市事业单位法人登记现场核查暂行办法》，对事业单位法人登记现场核查的项目、程序、措施等内容作了进一步规范，至年底，按照《办法》对市公路路政管理支队等12个单位申请的登记事项进行了现场核查。联合人保、法院、工商等19个职能部门，制定出台了《滨州市事业单位法人监督管理工作联席会议制度》，凝聚了事业单位监管合力。严格按照国家、省有关规定做好事业单位年检工作，至年底，全市办理事业法人登记2517个，通过年检，有2495个单位合格，合格率为99.1%，市直应进行年检的单位405个，403个单位合格，合格率为99.5%。年检合格的事业单位通过滨州机构编制信息网进行了公告。受省登记局委托，对省质监局、工商局等六个系统所属的47个市级及以下事业单位进行了年检，全部年检合格。

整合资源，发挥支撑保障作用。撤消了原布局分散的滨州开发区5所中小学校和高新区15所小学，分别成立了滨州开发区第一中学和高新区第二小学、高新区福生小学，发挥了机构编制资源对社会公益事业的支撑保障作用。按照中央和省关于加快文化产业发展的精神，坚持"撤一建一""多撤少建"的原则，对文化系统事业单位进行了调整整合，撤销滨州影剧院、滨州人民剧院等4个事业单位，设立了滨州市文化管理服务中心。改革公共资源交易管理体制，实行监管职能和交易职能分离、监管部门与交易机构分设，撤销整合了市直和滨城区3个事业单位，组建了市公共资源交易中心，加快形成了统一、有序、规范的公共资源交易体系。在深入调查研究和赴外地学习的基础上，结合实际，提出了邹平经济技术开发区升级为国家级开发区后机构编制设置的建议。

（李正大　高　迪）

公共资源交易管理工作

2011年是滨州市公共资源交易管理体制革故鼎新的一年。按照中办、国办相关文件精神，瞄准"全国一流、山东领先"的建设目标，从"统一管理、电子支撑、网上交易、全程监控"的总体要求出发，滨州市快速推进全市公共资源交易管理制度改革。

2011年1月，张光峰市长在市政府工作报告中明确提出要"建设综合电子监察平台和公共资源交易中心"。8月，市政府召开公共资源交易管理体制改革专题会议，成立了市公共资源交易管理工作领导小组。9月，市委、市政府出台《关于进一步加强和规范公共资源交易管理工作的意见》，明确了公共资源交易管理工作的指导思想、基本原则、管理体制机制及统一进场交易范围。9月到10月，完成了中心硬件设施建设和交易系统等软件平台的搭建。10月31日，滨州市公共资源交易中心成功试运行。12月18日，省委副书记、省长姜大明莅临中心视察指导工作。姜大明对滨州市加快推进公共资源交易管理制度改革，加大科技防腐力度，从源头预防和治理腐败等做法给予了充分肯定。12月30日，滨州市公共资源交易中心正式揭牌成立。从9月6日市筹建办公室正式组建到10月31日中心试运行，交易中心筹建工作仅仅用时56天，创造了公共资源交易平台建设的"滨州速度"。

滨州市公共资源交易管理制度改革注重顶层设计，强化体制创新，形成了"一组、一办、一中心、行业监督、行政监察"的公共资源交易管理模式。"一组"即滨州市公共资源交易管理工作领导小组，"一办"即领导小组在市电子政务办公室设立办公室，"一中心"即滨州市公共资源交易中心，"行业监督"即有关行政监管部门在中心设立监

●2011年11月1日，中央纪委、监察部领导李立新一行35人考察指导滨州公共资源交易中心工作。

●2011年1月12日，市政协主席燕钦国慰问人民解放军某部队官兵。

生体制改革、生态湿地修复与保护工程以及关系民生的物价等问题进行重点视察，先后形成调研视察报告8件，并专门对新型农村养老保险、生态湿地修复与保护课题分年初、年中、年终进行跟踪视察、监督，有力地推动了相关工作进展。配合山东省政协就推进中小企业信用担保体系建设、安全生产、防震减灾、半岛蓝色经济区发展规划实施、预防青少年犯罪等进行调研视察，借助上层智力，建言滨州发展。围绕全市推进“发展环境提升年”“重点项目突破年”“质量效益提高年”活动实施，组织委员通过联系界别群众、撰写提案、反映社情民意信息等形式积极献计出力。组织召开“五侨四联”工作研讨会，着力探究并做好港澳台同胞和华侨华眷的工作。组织县区政协和有关企业赴南方招商引资，达成多项合作意向，积极为滨州发展凝心聚力、献策出力。

突出团结民主主题。着力扩大与市各民主党派、工商联和社会团体联合开展重大活动和调研视察的范围，积极为其建言议政提供平台。对党派、团体提案、建议实行重点办理，发挥了民主党派、工商联参政议政的积极作用。通过组织委员对全市“1010”工程、重点实施的“惠民工程”进行集中视察，对重大工程项目进行重点视察，对农民增收、新型农村合作医疗、少数民族教育、城乡就业和社区建设等进行专题视察，推进了一大批事关群众切身利益问题的解决。通过走访委员、联系群众和界别活动，积极协助党委、政府做好协调关系、化解矛盾和维护稳定的工作。充分发挥委员作用，着重就社会治安综合治理、文明城市创建等方面工作进行专项督查。九届二十次常委会议对市教育局、卫生局、文化广电新闻出版局、体育局工作进行民主评议。组织委员围绕农产品安全、工业强县、校园周边安全、城市管理、民营企业发展、污水处理等，开展“社情民意日”集中活动6次，为党政领导科学决策提供了有价值的参考。组织优秀政协委员、委员企业家赴台考察学习，加强与民族、宗教界别和社会各阶层的联系，及时反映他们的意见、愿望和诉求。

规范创新工作。成立督导组，对各县区落实中央5号文件和省委5号、市委8号文件情况进行督导检查，进一步推进中央、省委《意见》的贯彻落实。协助市委召开全市政协工作会议，专题研究和部署、推进政协工作。制定出台了《中共滨州市委关于贯彻落实<中共山东省委关于加强人民政协政治协商制度建设的意见>的实施意见》。深入开展政协工作“规范提升年”活动，协助市委制定出台了《关于推进政协工作制度化规范化程序化建设的意见》，制定了《关于政协工作制度化规范化程序化的实施办法》《关于进一步加强与界别委员联系的实施办法》，并对原有制度进行了进一步修订、完善，提案、调研视察、反映社情民意等常规工作更加规范、有序。制定了《关于加强政协新闻宣传工作的意见》，加强了政协新闻宣传工作。加强市政协网站建设，提高《关注》杂志办刊质量。完成了《山东区域文化通览·滨州卷》《滨州区域文化通览》《滨州望族》《政协委员风采》编纂工作。结合工作实践，对《提案工作条例》进行了重新修订。继续实行市政协领导领衔督办提案制度，强化市政协各专委会协办力度，实行跟踪办案、现场办案、“提”“办”双向评议。召开提案办理工作听政会，进一步强化了重点提案的办理。建立提案办理网络平台，加快了提案工作信息化进程。不断密切与市各主流新闻媒体的联系与合作，加强提案宣传，进一步强化了提案提出、办理、督办“三位一体”的工作格局。完善了“社情民意日”集中活动工作机制，联合河北、辽宁、天津等省市成立了“环渤海书画联谊会”。

（薛希忠）

【市政协常委会议】 **市政协九届十八次常委会议** 2011年3月8日在滨州召开。会议传达学习了全国“两会”精神和山东省委副书记、省政协主席刘伟在省政协十届十九次常委会议上的讲话精神；审议通过了《政协滨州市委员会2011年工作要点》；市政协主席燕钦国讲话。市政协副主席姜银浩、王方正、李绍木、史东、王乃信、刘凤、宋振华、王秀夫，秘书长刘相庆出席会议。

市政协九届十九次常委会议 6月29日在滨州召开。会议传达了省政协十届二十次常委会议精神；听取了市政协经济委员会《关于加快我市传统工业转型升级的建议案》起草情况的说明；围绕“加快我市传统工业转型升级”进行了专题议政；审议通过了《关于加快我市传统工业转型升级的建议案》。会议通过了有关人事事项。市政协主席燕钦国讲话，副主席姜银浩、李绍木、史东、王乃信、刘凤、宋振华、王秀夫，秘书长刘相庆出席会议。

市政协九届二十次常委会议 9月5日在滨州召开。会议传达了省政协工作会议精神和中共滨州市委七届十四次全体会议精神；听取了市政府关于市政协九届四次会议以来提案办理情况的通报；听取了市政协社会法制委员会《关于加快我市重大交通基础设施建设的建议案》（草案）起草情况说明；审议通过了《关于加快我市重大交通基础设施建设的建议案》；听取了市教育局、卫生局、文化广电新闻出版局、体育局工作情况汇报，并进行了民主评议；审议通过了《中国人民政治协商会议滨州市委员会提案工作条例》。会议通过了有关人事事项。市政协主席燕钦国讲话，副市长万永格代表市政府作了关于市政协九届四次会议以来提案办理情况的通报，市政协副主席姜银浩、王方正、李绍木、史东、王乃信、刘凤、宋振华、王秀夫，秘书长刘相庆出席会议。

（刘　真）

【重要活动】 **社情民意日活动** （1）2011年4月10日，市政协组织部分委员以“农产品质量安全问题”为专题开展第二季度“社情民意日”集中活动。委员们先后视察了高新区青田办事处高效生态农业园区、市农业局农产品质量检测检验中心和农业信息中心，听取了全市农产品质量安全工作汇报，并就如何抓好农产品质量安全监管工作，进一步提高农产品质量安全水平，提出了七条建议和对策。市政协主席燕钦国，副市长耿涛，市政协副主席王乃信、刘凤，秘书长刘相庆以及中共、农业、特邀等9个界别的委员和市农业局、林业局、海洋与渔业局、畜牧兽医局的主要负责人参加活动。本次活动形成了《关于加强农产品质量安全监管，提高农产品质量安全水平的建议》。（2）7月11日，市政协组织部分委员以“城市管理工作”为专题开展第三季度“社情民意日”集中活动。委员们先后视察了黄河五路绿化升级改造工程、黄河八路滨州学院北门东侧裸露治理工程、黄河十二路路灯改造工程、黄河八路金融广场公厕星级化管理工程、黄河五路樊家门头牌匾升级改造工程等，听取了市园林处工作汇报，并进行了座谈交流。委员们对全市城市管理工作给予了高度评价，并针对视察中发现的一些问题提出了四条意见和建议。市政协主席燕钦国，副市长尚龙江，市政协副主席王乃信、王秀夫，秘书长刘相庆参加活动。（3）10月10日，市政协组织部分委员赴沾化县以“生态环境建设情况”为专题开展第四季度“社情民意日”集中活动。委员们先后参观了思源湖、徒骇河公园（在建）、沾化县城市污水处理厂万亩湿地水质净化工程，并召开座谈会，听取了沾化县政府负责人关于生态环境建设情况的汇报。委员们在肯定成绩的同时，围绕加强生态环境建设积极建言献策。市政协主席燕钦国、副市长张兆宏、市政协副主席王乃信出席活动。

省政协到滨联谊 3月9日，省政协秘书长毕泗生带领省政协机关女厅级干部和省政协女委员艺术团部分驻济成员到滨州市与市政协委员艺术团举行联谊活动。市委副书记、市长张光峰，市委副书记王浩，市政协主席燕钦国，副主席王方正、李绍木、宋振华、王秀夫，顾问吴金娃，秘书长刘相庆及机关各委室主任参加联谊活动。

调研新农保制度全覆盖工作进展情况 4月11日至13日，市政协副主席宋振华带领提案委员会部分委员，对全市各区县新农保制度全覆盖工作进展情况进行调研。调研组先后到邹平县、阳信县、无棣县、北海新区、沾化县进行座谈调研，并在市人保局召开座谈会，听取了滨城区、惠民县、博兴县的情况汇报，提出了七条建议，形成了《关于我市新农保制度全覆盖工作进展情况的调研报告》。市委书记邓向阳批示："这个调研报告很全面实在，对下一步的工作提出了很好的建议，这是市政府确定的民心工程，我们给省委、省政府都有承诺，人民群众大多数热切期盼，只能办成功、办好。市政府有关部门要切实跟进措施，解决具体问题，坚决按期完成任务。"市长张光峰批示："政协的这个调研报告很好，对我们全面了解掌握情况很有帮助。请兆宏市长阅并组织相关部门学习，分解任务，研究措施，把这一民生事情办好。"至7月1日，滨州市在全省地级市中率先同步实现新农保和城镇居民养老保险制度全覆盖，实现了市委、市政府的承诺，全市社会保障体系建设向前迈出了历史性的一步。

黄河三角洲书画联谊会第二次会议 4月14日至15日，黄河三角洲书画联谊会第二次会议在阳信县召开。会议审议通过了联谊会会徽、会旗方案，并将会旗由滨州市政协转交给东营市政协。书画家们到阳信万亩梨园现场采风，创作作品20余幅。省政协委员活动工作室主任张有兴出席会议并讲话，市政协主席燕钦国，副主席王方正及东营、潍坊、德州、淄博、烟台市政协领导和各市书画界人士40余人参加会议。

中央党校第54期地厅级干部培训班学员到滨考察 4月15日至16日，中央党校第54期地厅级干部培训班学员到滨州市参观考察。考察团先后参观了滨州城市规划展示馆、杜受田故居、渤海革命老区纪念园、阳信万亩梨花园、惠民魏氏庄园、孙子兵法城和无棣珍贝瓷业有限公司、大觉寺。培训班学员对滨州发展文化旅游的做法给予好评，同时建议进一步转方式、调结构，积极对接省、市出台的相关政策，做好文化旅游项目包装，不断完善配套服务。市政协主席燕钦国、副主席宋振华、秘书长刘相庆陪同活动。

江苏省南通市政协到滨考察 4月18日至20日，江苏省南通市政协主席王德忠一行14人，到滨州市考察纺织服装产业转型升级的做法和经验。考察团先后听取了市政府经济发展情况的介绍和经信委关于纺织服装产业发展情况的介绍，双方就纺织业的发展交流了经验；考察团还到滨州城市规划展示馆、市政协委员活动中心、亚光集团，惠民县孙子兵法城、魏氏庄园，邹平县魏桥创业集团、西王集团、芳绿科技参观考察。市政协主席燕钦国，市委常委、副市长孙承志，市政协副主席李绍木、宋振华，秘书长刘相庆陪同活动。

省政协副主席乔延春到滨调研 4月19日至20日，省政协副主席乔延春率省政协调研组一行19人，到滨州市调研推进中小企业信用担保体系建设情况。调研组先后参观了中海国家水利风景区、滨州城市规划展示馆，无棣海的贝瓷、大觉寺，惠民龙马重工、力丰机械、魏氏庄园，以及中小企业投资担保中心、翔盛担保中心、市政协委员活动中心、杜受田故居和渤海革命老区纪念园。听取了市政府关于中小企业信用担保体系建设情况的介绍以及市金融办关于融资性担保行业发展情况的介绍。调研组就建立担保机构的损失补偿与奖励机制、协调建立银行担保机构风险分担机制和共同抵御风险等问题与有关部门进行了深入探讨。市委书记邓向阳，市长张光峰，市委副书记王浩，市政协主席燕钦国，市委常委、副市长孙承志，市政协副主席姜银浩、宋振华、王秀夫，秘书长刘相庆分别陪同活动。

省政协副主席王乃静到滨调研 5月12日，省政协副主席、省工商联主席王乃静，省非公有制经济组织党工委书记、省委统战部副部长、省工商联党组书记孙孺声一行赴邹平调研民营企业发展和非公有制经济组织"创先争优"活动开展情况。调研组先后视察了长星集团、长山镇商会、芳绿科技、西王集团和魏桥创业集团，对各企业经济运行和“创先争优”活动开展情况进行了深入了解。市政协主席燕钦国，市人大副主任郭建新，市政协秘书长刘相庆陪同调研。

人民政协理论与实践研究会第三次研讨会 5月16日，市政协组织召开滨州市人民政协理论与实践研究会第三次研讨会，交流探讨2011年政协理论研究工作思路。会上，8位会员作了交流发言，12位会员作了书面交流。市政协主席、滨州市人民政协理论与实践研究会名誉会长燕钦国出席会议并讲话。市政协副主席李绍木、王乃信、宋振华、王秀夫出席会议。市政协秘书长、滨州市人民政协理论与实践研究会会长刘相庆主持会议。

省政协社会法制委员会到滨调研 5月24日至25日，山东省政协常委、社会法制委员会主任惠菽林率领省政协调研组一行6人到滨州市调研安全生产工作情况。调研组先后听取了滨州市政府、滨城区政府及有关部门关于安全生产工作情况的汇报，组织召开了市政府分管领导和市公安局、市交通运输局、市住建局、市安监局、市海洋与渔业局、滨州海事处、市工商局、市质监局等有关单位负责人参加的专题座谈会，到滨州活塞集团厂区、亚光集团生产车间、东瑞化工厂房、滨州城市规划展示馆、市政协委员活动中心、杜受田故居等地参观考察。市委常委、副市长孙承志，市政协副主席姜银浩、王秀夫分别陪同调研。

省政协副主席赵玉兰到滨视察 6月21日至22日，山东省政协副主席赵玉兰一行到滨州市视察政协委员活动工作，并就下半年召开全省政协委员活动工作座谈会事宜进行调研。调研组一行听取了市政协委员活动工作情况汇报，先后到渤海革命老区纪念园、杜受田故居、市政协委员活动中心、滨州城市规划展示馆等处及邹平县视察。市委书记邓向阳，市长张光峰，市委副书记王浩，市政协主席燕钦国，副主席姜银浩、李绍木、史东、王乃信、刘凤、宋振华、王秀夫，秘书长刘相庆分别陪同活动。

九届市政协第五期委员培训班 7月13日，九届市政协第五期委员培训班举行。市委书记邓向阳作重要讲话，市委常委、副市长韩奎祥通报了上半年全市经济运行情况，市委常委、纪委书记葛伟通报了反腐倡廉工作情况，《人民政协报》社长赵珩作了题为《如何做好新形势下的人民政协工作》的专题讲座，市政协主席燕钦国作了总结讲话。6名政协委员围绕“履职尽责、干事创业”进行了发言交流，360余名与会政协委员参加了“政协知识应知应会”测验。市政协副主席姜银浩、王方正、李绍木、史东、王乃信、宋振华、王秀夫，顾问吴金娃，秘书长刘相庆参加活动。

省政协副主席栗甲到滨视察 7月21日至22日，山东省政协副主席栗甲带领视察组到滨州市视察防震减灾工作。视察组一行先后到无棣县大山地震台、市地震局台网中心、应急指挥中心、12322防震减灾公益服务热线等处，详细察看了地震监测预报、震灾预防及地震应急救援等工作的情况，听取了市地震局关于全市防震减灾工作情况的汇报，并参观了滨州城市规划展示馆、市政协委员活动中心等地。视察组对滨州市防震减灾工作

●2011年6月21日至22日，省政协副主席赵玉兰到滨调研委员活动室工作情况并到委员活动中心视察。

●2011 年 11 月 16 日至 18 日，市政协主席燕钦国带队到青岛市学习考察。图为青岛市政协主席孙德汉陪同参观董家口港建设现场。

给予了充分肯定。市委书记邓向阳，市长张光峰，市委副书记王浩，副市长崔娅妮，市政协副主席王乃信、王秀夫分别陪同视察。

省政协人口资源环境委员会到滨调研 7月25日至26日，山东省政协常委、省政协人口资源环境委员会主任王宝山率调研组到滨州市调研山东半岛蓝色经济区发展规划实施情况。调研组先后听取了“两区”建设办公室、发改委等有关部门的情况汇报，实地考察了滨州北海经济开发区、滨州港等地。调研组对滨州蓝色经济区建设工作给予了充分肯定。市委书记邓向阳，市长张光峰，市委常委、副市长韩奎祥，市政协副主席史东、王秀夫分别陪同调研。

市政协理论学习中心组读书会 8月22日至24日，市政协理论学习中心组读书会在无棣县举行。会议学习了中共中央总书记胡锦涛“七一”重要讲话精神、2011年山东省政协和中共滨州市委理论学习中心组读书会精神以及《政协知识应知应会学习读本》相关内容；各县区政协和市政协各专门委员会汇报交流了上半年工作情况及下半年工作打算；实地考察了无棣经济开发区、无棣古城建设指挥部、鲁北企业集团、滨州北海经济开发区、滨州港以及黄河岛等地。市政协主席燕钦国出席会议并讲话，副主席王方正、李绍木、史东、刘凤、宋振华、王秀夫，顾问吴金娃，秘书长刘相庆出席会议。

全市政协提案办理工作听证问政会议 9月2日，市政协召开全市政协提案办理工作听证问政会议。与会政协委员围绕《关于充分发挥海河迎查工作成果，全面提升我市环保和水污染防治水平的建议》《关于进一步加快我市重大交通基础设施建设的建议》《关于在全市实行新型农村养老保险全覆盖的建议》三份提案的办理进行了咨询问政，提案承办单位进行了面对面答复。市政协主席燕钦国出席会议并讲话，市委常委、副市长孙承志代表市政府对提案办理工作提出了具体要求，市政协副主席姜银浩、史东、宋振华、王秀夫，秘书长刘相庆出席会议。

全市政协工作会议 9月28日，全市政协工作会议召开。市委书记邓向阳出席会议并讲话，市长张光峰主持会议，市委副书记王浩作总结讲话；市政协主席燕钦国通报了市政协贯彻落实《中共中央关于加强人民政协工作的意见》以来履行职能、发挥作用情况；市政协副主席姜银浩传达了山东省政协工作会议精神；无棣县委、滨城区政协、邹平县长山镇党委、市政府办公室、市住建局主要负责人作了交流发言；与会人员讨论了《中共滨州市委关于贯彻落实〈中共山东省委关于加强人民政协政治协商制度建设的意见〉的实施意见》。市政协副主席王方正、李绍木、史东、刘凤、宋振华、王秀夫，顾问吴金娃，秘书长刘相庆出席会议。

青岛市政协到滨考察 10月11日至13日，青岛市政协主席孙德汉带领青岛市政协考察团140余人到滨州市参观考察。考察团先后参观考察了杜受田故居、亚光集团、无棣县古城改造及新区建设工程、沾化县徒骇河改造工程及城北工业园和冬枣园。市委书记邓向阳，市长张光峰，市委副书记王浩，市政协主席燕钦国，市委常委、秘书长王文禄，市委常委、组织部长于常青，市政协副主席姜银浩、王方正、李绍木、史东、刘凤、宋振华、王秀夫，顾问吴金娃，秘书长刘相庆分别陪同考察。

市政协考察团赴青岛学习考察 11月16日至18日，市政协主席燕钦国率领滨州市政协考察团赴青岛学习考察。考察团先后参观了董家口港规划展厅及建设现场、琅琊台风景区、海尔工业园、青岛啤酒博物馆、青岛迎宾馆(德国总督官邸旧址)、极地海洋世界、青岛奥帆中心和青岛西海岸医疗中心等处，深入了解了青岛市城市建设、文化旅游、半岛蓝色经济区建设、经济结构转型升级等情况，学习了先进的工作理念和工作经验。市政协副主席姜银浩、王方正、李绍木、史东、刘凤、宋振华、王秀夫，顾问吴金娃，秘书长刘相庆，市政协部分老领导、退休干部，各县区政协主席、秘书长及市政协机关全体人员参加考察。

省政协社会法制委员会到滨视察 11月29日至30日，山东省政协社会法制委员会副主任朱有林一行到滨州市视察预防青少年违法犯罪工作情况。视察组先后听取了团市委、教育局、公安局、妇联等相关单位的工作情况汇报并到清怡中学、滨城区法院、渤海革命老区纪念园实地考察。市委书记邓向阳，市长张光峰，市政协主席燕钦国、副主席王秀夫、顾问吴金娃，市公安局局长韩吉顺，市政协秘书长刘相庆分别陪同活动。

全市政协工作经验交流暨总结表彰大会 12月9日，全市政协工作经验交流暨总结表彰大会召开。会上，对2011年度优秀政协委员、“五好”政协委员和“十佳”政协提案、优秀政协提案、政协提案“十佳”承办单位以及市政协文史资料委员会进行了表彰，宣读了《滨州市总工会关于向2011年度滨州市优秀政协委员颁发“五一”劳动奖章的决定》；惠民、沾化、博兴县政协以及无棣县海丰街道办事处、滨州市福建商会负责人分别作了大会交流发言。市委书记邓向阳出席会议并讲话，市政协主席燕钦国作总结讲话。市长张光峰，市委副书记王浩，市人大常委会常务副主任曹兴宽，滨州军分区司令员胡红兵，市委常委、市总工会主席魏克田，市政协副主席姜银浩、王方正、李绍木、史东、王乃信、刘凤、宋振华、王秀夫，顾问吴金娃，秘书长刘相庆出席大会。九届市政协全体委员，各县区委联系政协工作的副书记，县区政协主席、秘书长，各乡镇、街道办事处政协工委(工作室)主任，市政协机关全体人员和受表彰的提案承办单位负责人参加大会。

【环渤海采风写生活动】 2011年8月8日至26日，市政协、市书画联谊会举办“助推半岛蓝色经济发展”环渤海采风写生活动，并在沾化县召开总结大会。市政协主席燕钦国、副主席王方正带领30余名书画家，从滨州出发，赴环渤海三省一直辖市的十一市两区（东营市、潍坊市、烟台市、威海市、大连市、营口市、盘锦市、锦州市、葫芦岛市、秦皇岛市、唐山市、天津市滨海新区、黄骅港渤海新区)开展考察交流、采风写生活动。此次活动全面、细致地考察了环渤海城市的发展变化、风土人情、人文名胜和自然景观，学习交流了环渤海各市、区政协的工作经验。市政协主席燕钦国、副主席王方正、秘书长刘相庆出席总结大会。

【环渤海书画联谊会在滨州成立】 2011年10月17日，环渤海书画联谊会成立大会在滨州召开。会议审议通过了联谊会会员名单、章程、会徽和会旗设计方案；选举产生了理事会、会长主席团、副会长、秘书长、副秘书长；聘请了山东省政协原副主席，中国书画家协会第一届、第二届副主席，中国艺术家协会副会长，正大书画研究院院长王宗廉和山东省政协党组成员、秘书长，黄河三角洲书画联谊会会长毕泗生为名誉会长；大会决定采取轮值制开展工作和活动，并向第一届轮值市天津滨海新区授旗，滨海新区政协副主席赖德斌代表轮值市讲话。山东省政协原副主席王宗廉和中共滨州市委常委、宣传部长祁维华分别致辞。山东省政协委员活动工作室主任、黄河三角洲书画联谊会常务副会长张有兴以及天津滨海新区、滨州、沧州、东营、锦州、盘锦、秦皇岛、唐山、潍坊、烟台等九市一区政协的有关领导及书画家参加成立大会。

【拍摄电影《政协委员》】 2011年9月28日，由中央电视台新影制作中心和滨州市政协联合拍摄的全国首部反映基层政协委员关注民生的电影《政协委员》在滨州举行开机仪式。中央电视台副台长、中央新闻集团总裁高峰，山东省政协秘书长毕泗生，市委副书记王浩，市政协主席燕钦国，市委常委、宣传部长祁维华，市政协副主席姜银浩、李绍木、史东、宋振华、王秀夫，秘书长刘相庆出席开机仪式。10月12日，拍摄阶段结束，在无棣县举行杀青仪式。电影《政协委员》是由滨州市政协以近几年来滨州的发展为背景编创的剧本，由滨州市政协文史委主任顾峰，著名编剧、制片人阿弋联合执笔编写；李勇导演执导；中央电视台副台长、中央新影集团董事长兼总裁高峰和滨州市政协主席燕钦国任出品人。该片展现了政协委员献身事业、关注民生、服务群众的时代风采，对于进一步扩大政协工作的影响具有积极的意义。同时，影片在拍摄过程中也展现了滨州历史文化和人文元素，体现了滨州经济社会发展取得的成就，宣传了滨州、扩大了滨州的影响。

2011年9月28日，电影《政协委员》在滨州举行开机仪式。

【文史工作】 2011年，市政协文史资料委员会创新发展文史工作，在区域文化研究、政协委员题材影视剧创作、区域文化通览编纂和宣传工作方面取得了显著成绩。(1)成立《滨州区域文化通览》编纂工作领导小组，组成以全市文史专家、学者为骨干的编纂队伍，精心编纂《通览》，受到市政协党组通报表彰。(2)完成了《政协委员》剧本创作和联合拍摄工作，宣传了滨州近几年的发展和政协工作的创新，实现了全国政协委员题材电影"零"的突破。(3)组织文史专家、学者对"滨州新八景"进行评选，邓向阳书记先后两次做出重要批示，《人民政协报》和《联合日报》(头版头条)等媒体予以报道。(4)组织文史专家、学者，对新建滨州市标志性建筑——黄河楼的展陈和"蒲台古城复建方案"进行论证，为打造"黄河三角洲中心名城"作出智力贡献。(5)组织历史文化方面的专家、学者认真审议《滨州市城市雕塑总体规划》，并就滨州市城市雕塑的主题定性、意象特征、地域布局、视觉效应等提出建设性意见。《滨州历史与民俗文化考略》《滨州历史与民俗文化研究》《滨州历史与民俗文化论坛》先后荣获山东省政府"泰山文艺奖""山东省社会科学奖"和市政府孙子文化一等奖。

(何朝霞 李象润 王惠强 王艳芬 梅红星 李新珍 杨 军 商 军 由 晶 李 芹 张 旋)

小资料

滨州摄影家——刘相生

滨州市文联副主席，中国摄影家协会会员，滨州市摄影家协会副主席，滨州市青年摄影家协会艺术顾问，滨州市人大代表，滨州市工商联常委，滨州市羽毛球协会主席。

1980年代开始摄影创作，先后在省级摄影大赛中获奖；1990年至1993年连续四年被评为滨城区优秀共产党员，1995年至1999年连续五年被评为市文联先进工作者；1995、1997、1998、1999年被评为市文联优秀共产党员；2005年获山东省民办教育先进个人并荣立二等功；2007年被山东省摄影家协会评为“德艺双馨”优秀会员；同年，被评为滨州市创城工作先进个人，记个人三等功；2010年在滨州市撤地设市十周年系列活动中被评为先进个人，记二等功；2010年被评为北京摄影函授学院第二十期摄影专修班优秀学员；2012年被评为山东省文联系统先进工作者。

军事

J U N S H I

滨州军分区

【工作综述】 2011年，滨州军分区党委坚持以科学发展观为指导，认真贯彻济南军区和山东省军区党委全会精神，结合滨州市及军分区实际，确立了两个“力争”目标：即力争年内有些大项工作走在省军区前列，力争2至3年军分区全面建设跨入先进行列。提出“三个口号”：即奋发有为，坚强党委领导班子，主动作为，贡献滨州经济发展；热爱滨州、美化滨州、平安滨州、建功滨州；军分区要务军、人武部要爱武、专武干部要专心、职工要尽职，民兵要像兵。明确了“四抓”思路：即抓中心谋发展，抓安全保底线，抓重点出特色，抓风气树形象。一年来，全区上下真抓实干，全面建设稳中有进，所属单位创先争优，各类人员履职尽责，取得了一定的发展进步。

●2011年1月27日，济南军区杜恒岩政委到滨州军分区检查指导工作。

科学发展的理念深化转化。坚持把创新理论学习作为提高思维层次、加强自身建设的大事，采取“上下同步、相互促动，参观见学、拓展课堂，学用结合、搞好转化”办法，提高学习质量和效益。军分区党委常委组织“学习‘七一’讲话，解决棘手问题”的专题交流；按照节俭、高效、严谨的要求，召开了军分区第六次党代会，筹划未来五年的发展思路。坚持“凭素质立身、凭政绩进步、凭比拼胜出”的用人理念，规范团职后备干部推荐选拔程序，制定《推荐团职后备干部实施办法》，按照个人申请、单位推荐、机关审核、政绩考核、素质排队、全委会推荐、党委集体研究“七步法”公平公正推选后备干部，经验被省军区转发。结合年度工作调研，采取与地方主要领导交换意见和召开军地领导联席会议的方法，推进了武装工作重点难点问题解决；坚持军地合力，政策助推，强势宣传，调动了应征青年参军入伍积极性，顺利完成了1681名新兵征集任务。滨城区人武部《扎实搞好基层武装干部培训，着力提高依法开展工作能力》的研究成果被军区《军事信息》刊发；军分区干休所结合建党90周年组织老干部重温入党誓词，增强“永葆革命本色”意识，其专题报道在《山东国防报》刊发。全年刊发工作研究和内部材料10

●2011年1月27日，滨州军分区司令员胡红兵(左)、政治委员于培洪(右)受省军区委托到南街村民兵连走访慰问。

续表

序号	名 称	负责人	人员	地 址
16	阳信鲁信法律服务所	顾元龙	7	阳信县幸福一路566号
17	阳信明义法律服务所	马宗昌	2	阳信县汽车站一楼
18	阳信商店法律服务所	宋宝华	6	阳信县交警大队二中队南邻
19	阳信温店法律服务所	何 涛	4	阳信县温店镇政府驻地
20	无棣证民法律服务所	高新华	6	无棣县院前街法院东邻
21	无棣水湾法律服务所	王怀青	4	无棣县水湾镇人民政府
21	无棣志诚法律服务所	范本华	4	无棣县车镇乡人民政府
23	无棣富民法律服务所	张占林	4	无棣县院前街14号
24	无棣海丰法律服务所	从金平	3	无棣县中心大街原人大一楼
25	无棣秉政法律服务所	孙 峰	3	无棣县城院前街
26	沾化正平法律服务所	张亭岩	3	沾化县城富国路262号
27	沾化为民法律服务所	王建信	6	沾化县城沿河路电业局以北
28	博兴阳光法律服务所	王建桥	6	博兴县博昌街道胜利一路486－2号
29	博兴捷诚法律服务所	焦守涛	4	博兴县湖滨镇工业园
30	博兴杰人法律服务所	王俊亮	7	博兴县博昌街道博城三路
31	博兴方圆法律服务所	王成林	5	博兴县湖滨镇
32	博兴民德法律服务所	苏培江	5	博兴县博昌街道胜利一路
33	博兴经邦法律服务所	曹 娜	3	博兴县博昌街道胜利一路486－3号
34	博兴金剑法律服务所	韩春贤	3	博兴县博昌街道胜利一路486－10号
35	邹平健宇法律服务所	邓永明	8	邹平县醴泉四路
36	邹平海岳法律服务所	明金星	11	邹平县好生镇驻地
37	邹平环宇法律服务所	张 莉	10	邹平县人才市场一楼
38	邹平擎天法律服务所	怀 峰	6	邹平县孙镇
39	邹平鹤伴法律服务所	张来厚	6	邹平县城南新区交通大厦东临
40	邹平城中法律服务所	曹 波	16	邹平县汽车站二楼
41	邹平敬达法律服务所	孙汉德	8	邹平县翠屏公园南临
42	滨州经济开发胜地法律服务所	庞爱国	24	滨城区委党校一楼
43	滨州经济开发汇安法律服务所	孟祥彬	9	滨城区黄河二路渤海二十四路
44	滨州高新开发小营法律服务所	王凤霞	2	高新区小营办事处

小资料

滨州摄影家——李建民

自1980年接触摄影,30多年来,创作活动从未间断,特别喜爱风光、风土人情以及纪实类摄影。有100多幅作品在省级以上获奖及展出。1998年至2006年期间,担任滨州市摄影家协会副主席,从2006年开始担任滨州市摄影家协会主席,7年来,先后组织了20余次摄影创作和比赛活动。2009年6月,为配合中国摄影家协会举办的"2009年第三届建设社会主义新农村摄影作品展暨新农村建设示范村成果展"活动,协会组织当地同行多次赴邹平县西王集团进行创作,全市有15幅作品入选此次展览和画册,其中有个人的两幅作品入选。2010年9月滨州市摄影家协会又组织了《大众摄影》"走进滨州"名家摄影创作活动。个人被山东省摄影家协会评为"德艺双馨优秀会员"。2010年,先后四次去上海,五进世博园,拍摄了三千多张照片,并于2010年12月由德国雅知出版社出版了个人摄影画册,《与世界相遇——李建民"世博"镜像》,170余幅作品收入其中,该画册于2011年10月荣获山东省泰山文艺奖。

经济管理

JINGJIGUANLI

发展改革管理

【概况】 2011年，全市发改系统围绕中心，服务大局，各项工作实现了新的突破。市发改委先后荣获省级文明单位、全省“五五”法制宣传教育工作先进单位、全省国民经济动员工作先进单位、全市“1010”工程建设先进单位、全市招商引资先进单位、全市优化发展环境先进单位、全市创先争优活动先进基层党组织、全市生态文明村创建先进单位、政协提案“十佳”承办单位等一系列荣誉称号。

出主意当参谋，谋划发展思路。围绕全市经济社会发展大局，想大事、出思路、谋发展，发挥了党委、政府参谋助手作用。起草的《关于我市加快培育和发展战略性新兴产业的建议》获市政府领导批示，代市政府起草的《加快培育和发展战略性新兴产业重点工作推进方案》印发执行。编制完成了《滨州市“十二五”发展规划纲要》，并将《纲要》的主要目标和任务分解落实到各县区和部门。指导各部门完成了32个专项规划的编写，汇编印发了《滨州市“十二五”发展规划汇编》。编制完成了《蔬菜等五大产业振兴规划》《滨州市中心城区热电联产规划》《滨州市太阳能发电“十二五”发展规划》《滨州市“十二五”生物质能发展规划》《滨州市黄河三角洲高效生态经济区能源发展规划》等一系列专项规划。随时掌握了解国家和省宏观经济政策变化趋势，先后组织了一季度、上半年和三季度经济形势分析调研活动，深入县区和企业了解实情，分别形成了经济运行情况分析报告，为市委、市政府领导决策提供了参考。

扩投入上项目，推动投资增长。发挥职能作用，筹集建设资金，推进项目建设，加强投资管理，推动了全市固定资产投资健康快速增长。全年争取中央、省预算内资金7.3亿元，其中黄蓝“两区”建设专项资金1亿元；争取农产品进口配额45.36万吨，总数列全省首位；争取服务业跨越发展专项合作贷款1亿元。组织境内外招商活动，先后组织和参加了香港招商、西洽会、渝洽会等重大招商经贸洽谈活动。香港招商活动签约项目金额214.57亿元，西洽会签约项目金额6.6亿元，渝洽会签约项目金额11.3亿元。推动企业债券和创业投资发展，邹平国投公司5亿元企业债券正式发行，指导协调3家创业投资公司通过省发改委备案，全市备案创投企业12家，争取省首批创投引导基金5000万元，均列全省首位。做好省、市重点项目的筛选上报工作，全市7个项目列为省重点建设项目，筛选确定了50个发展前景好、带动能力强的市级重点建设项目。加强省市重点项目的管理推进，将重点项目的管理督促、协调服务，落实到科室、明确责任人，按月调度指导，及时协调解决项目建设中的问题。先后印发了《滨州市建设项目竣工验收管理办法（试行）》《关于加强和规范中央投资项目管理的通知》《建设项目办理工作流程》《关于房地产投资项目核准有关问题的通知》等规范性文件，对原有项目管理办法进行了创新和调整，提高了投资项目管理水平。

重统筹抓协调，推进重点工作。发挥综合协调作用，认真做好全市重大工作的牵头协调。深入推进与大企业集团战略合作，协调有关部门，为中油中泰在滨州市投资的4个项目办理了核准手续；主动为三峡新能源提供投资政策指导，帮助其完成了沾化风电公司注册；加快推动大唐滨州2×35万千瓦公共热电项目，获得国家能源局前期工作“路条”；推进与山东高速的战略合作，首个合作项目无棣县蔡河路改造工程基本完工，实现全线通车。推进医改工作，三年五项任务圆满完成。全市城镇职工和城镇居民参保率达到97%以上，新农合参合率达到100%。全市政府办的86处基层医疗卫生机构、1287处村卫生室全部取消药品加成，实行零差率销售。医改中期评估工作顺利完成，全市在省医改办组织的集中考核中取得优异成绩。加强与重庆奉节的沟通联络，共同协商制定了扶贫协作五年工作规划，协调落实政府援助资金350万元。按照全市生态文明村建设要求，积极推进帮扶阳信张善村工作，协调落实帮扶资金100多万元，完成了绿化、净化、硬化、美化、亮化等“五化工程”建设，顺利通过市级生态文明村考核验收。

抓队伍激活力，加强文化建设。深入开展以“争创省级文明机关”为目标的机关文化创建活动，激发机关活力，树立了发改系统的良好形象。深入开展“创先争优”“解放思想大讨论”“发展环境提升年”三项活动，通过活动带动工作，实现了工作与活动的双促进、双提升。先后组织了机关春季拓展运动会、全市发改系统“庆七一”书画摄影作品展、2012年迎新茶话会等一系列文体活动，增强了机关活力。创新制定了《滨州市县区发改工作综合考评办法》《全市发改系统信息调研工作考核奖励办法》等考核办法，组织开展了全市发改工作交流会、全市发改系统优秀调研成果评比等一系列活动，调动县区发改部门的工作积极性、主动性和创造性，形成了系统建设的整体合力。作为电子政务平台建设先行单位，率先实现了与市政府政务协同办公系统、省发改委办公系统的互联互通，基本实现了无纸化办公。利用市发改委门户网站，实现了网上答疑问题、网上业务指导、网上公示审批事项等对外电子化服务，向基层和企业提供优质、便捷的服务。组织了全市农业项目管理培训班、投资实务培训班，指导帮助基层和企业熟悉国家政策、了解工作程序，并免费为基层和企业提供培训资料。全年受理行政许可事项117件，按时办结率和群众满意率均达100%。

【计划执行情况】 2011年，全市经济社会保持了平稳较快的发展态势。全年实现地区生产总值1817.58亿元，增长12.0%。(1)三次产业平稳较快发展。农业生产形势良好，全市实现农林牧渔业增加值178.07亿元，增长4.9%。粮食总产309.37万吨，增长4.6%；肉类、禽蛋总产量同比分别增长9.1%、10.2%。全市规模以上农业龙头企业发展到625家，其中国家、省级重点龙头企业分别达到4家和53家。林水会战扎实推进，共完成各类水利工程298项，完成土石方4700万方。工业经济平稳运行，食用植物油、服装、烧碱、电解铝等主要工业产品产量保持平稳增长，分别增长3.4%、27.3%、3.0%、22.3%。服务业发展步伐加快，全市实现第三产业增加值667.22亿元，增长12.3%。交通运输、金融保险、文化旅游、商贸流通等重点行业发展态势良好。金融运行平稳，全市金融机构本外币存款余额1309.69亿元，较年初增加243.04亿元；本外币贷款余额1256.49亿元，较年初增加187.25亿元。(2)三大需求保持强劲增长。固定资产投资健康稳定增长，全市完成固定资产投资1010.69亿元，增长23.8%，超额完成年度计划增速目标。其中，第一产业完成投资27.39亿元，增长36.4%；第二产业完成投资566.17亿元，增长17.9%；第三产业完成投资417.14亿元，增长31.9%。投资结构进一步优化，第三产业投资占规模以上投资的比重达到41.3%，同比提高1.6个百分点。对外贸易增长较快，全市完成进出口总额66.93亿美元，增长31.34%，超额完成年度计划目标。其中，出口额28.47亿美元，增长11.6%；进口额38.46亿美元，增长51.52%。利用外资保持快速增长，全市实际到账外资10.43亿美元，增长236.4%。中国宏桥、金瑞诺华兴、西王食品3家公司成功上市，群星纸业实现再融资，共募集资金66亿元。消费市场持续繁荣，全市实现社会消费品零售总额505.75亿元，增长17.3%。城乡市场协调发展，城镇市场实现零售总额344.93亿元，增长17.64%；乡村市场实现零售总额160.82亿元，增长16.57%。市场物价总体可控，居民消费价格指数累计同比上涨3.9%。(3)经济发展质量稳步提升。结构调整扎实推进，全年三次产业结构比例调整为9.8∶53.5∶36.7。国家农业科技园区建设加快推进，58家高效生态农业示范园区初显成效。全市高新技术产业实现产值901.02亿元，同比增长32.41%，占规模以上工业总产值比重为18.93%，比年初提高3.5个百分点。环境保护力度不断加大，海河迎查取得全国“十大”重点领域和海河流域“双第一”。企业效益持续提升，全市规模以上工业企业实现主营业务收入4978.04亿元，同比增长32.8%；实现利税362.8亿元，同比增长17.3%；实现利润238.55亿元，同比增长18.5%。工业企业经济效益综合指数达到272.35%，同比增长14.58个百分点。主营业务收入过百亿元的企业达到10家。财政收支运行积极平稳，全市完成地方财政收入130.76亿元，增长25.75%。增值税、营业税、企业所得税、个人所得税四项主体税种保持稳定增长，共完成收入56.88亿元，增长21.6%。财政支出逐步优化，教育、社会保障和就业、医疗卫生、农林水事务等民生类支出112.62亿元，增长33.0%，占地方财政支出的55.98%。(4)社会民生事业显著改善。社会就业持续扩大,全市城镇新增就业6.11万人,完成全年目标任务的174.6%。其中,失业人员再就业2.53万人,困难群体再就业0.67万人,分别完成全年任务目标的148.8%和134%。全市新增农村劳动力输出13.79万人,完成全年目标任务的176.8%。社会保障不断加强,全市城镇基本养老保险、城镇基本医疗保险、失业保险、工伤保险、生育保险参保人数分别达到43.5万人、94.4万人、21.47万人、36.81万人、21.19万人。城镇居民可支配收入达到22540元,农民人均现金收入达到8744元,分别增长14.5%和21.5%。社会事业全面发展,义务教育经费保障机制各项政策全面落实,全市累计拨付义务教育经费保障机制改革专项资金3.2亿元。公共卫生体系建设全面推进,新农合参合人数达到301.74万人,参合率100%。

【重点项目建设情况】 2011年,全市省、市重点建设项目进展顺利,完成数量和质量均较上年有明显提高,超额完成全年投资计划。(1)省重点建设项目进展顺利。全市共有7个项目列入省重点建设项目,项目总投资257.9亿元,年度完成投资88.9亿元,完成年度计划的134.6%。(2)市重点建设项目扎实推进。经市政府批准确定市重点建设项目50个,累计完成投资178.5亿元,完成年度计划的106%。其中,25个收尾续建项目,共完成投资52.6亿元,完成年度计划的111.7%;21个新开工项目,共完成投资119.7亿元,完成年度计划的103.5%。

【医药卫生体制改革取得阶段性成果】 2011年,全市四项重点医药卫生体制改革任务全面落实。(1)基本医疗保障面大幅扩大,全市城镇职工和城镇居民参保率均超过97%,完成年度任务的102%;新农合参合率100%,超出省要求5个百分点。基层医疗卫生服务体系逐步健全,累计完成了28个中央扶持项目,培训各类卫生人员13610人次,基层机构日门诊人次平均上升31%。以免费或补贴形式向群众提供9项基本和6项重大公共卫生服务项目;城乡居民健康档案电子建档率超出省要求28个百分点,白内障患者免费复明手术完成量居全省首位。公立医院改革开端良好,市人民医院和博兴县人民医院全面推行临床路径、预约诊疗等便民惠民措施。(2)两大攻坚任务顺利完成。全市实现基本药物制度全覆盖,全市政府办的86处基层医疗卫生机构以及1287处村卫生室全部取消药品加成,实行零差率销售,药品价格平均下降37%,惠及378万城乡居民。基层医疗卫生机构综合改革全面完成,队伍结构明显优化,职工人数由4485人减少到3337人,1148名未聘人员得到妥善安置,卫生专业技术人员占总人数比例提高了7.6个百分点。同时,落实了政府补助,收入分配实行绩效考核、绩效工资,医务人员工作积极性和群众满意度明显提高。

●2011年10月14日,全省重点建设项目工作会议在滨州召开。

【滨州黄河三角洲高效生态经济区(香港)投资项目推介会】 2011年5月10日,市发展改革委在香港牵头组织了2011年滨州黄河三角洲高效生态经济区(香港)投资项目推介会。在时间紧、任务重的情况下,市发改委成立了专门的工作班子,制定了筹备、招商、跟踪落实三阶段的工作方案,积极开展项目筛选、项目前期衔接、媒体宣传、

90周年献礼。通过全局上下的共同努力,成功开展了“学党史、增党性、当先锋”党史知识竞赛,参加了市直机关“万名党员寄心语”和在渤海纪念园举行的“重温誓词、牢记宗旨”活动。市局党支部顺利通过市直机关工委的考核验收,第三次蝉联“先进基层党组织”称号。党务公开工作在市纪委牵头组织的分组考核中,名列前茅。在全市文明单位复查中,文明创建工作受到市考核验收组的高度评价。

【建立价格调节基金】 2011年,建立价格调节基金工作被列为市政府100项重点工作之一。5月25日,市政府第60次常务会议讨论通过了《滨州市价格调节基金征收使用管理办法》,并以滨政发〔2011〕30号文件印发了该《办法》,使全市价格调节基金制度建设走上了法制化、规范化轨道。至年底,全市征收价格调节基金1500余万元,动用价格调节基金354万元,其中,10万元用于城区出租车运价调整后计价器的检测和调试工作;从价格调节基金中拨款18.8万元专项用于安康花园居民小区购煤补贴;春节前夕,针对物价上涨影响困难群众生活的实际,市物价、财政、民政三部门联合下发通知,及时启动物价上涨与社会保障联动机制,运用价格调节基金325.2万元,专项用于滨城区、开发区、高新区、北海经济开发区2011年11月底在保的城乡低保对象、农村五保供养对象和享受国家抚恤补助的重点优抚对象,按每人100元标准发放临时价格补贴,共惠及3.25万人。

（王玉忠　杨召龙）

工商行政管理

【概况】 2011年,全市各级工商行政管理机关深入开展“发展环境提升年”和“学习型工商建设年”活动,全力服务“黄蓝”两区建设,提升服务发展能力和依法行政水平。至年底,全市实有各类企业23646家,注册资金1511.4亿元,其中,内资企业4305家,注册资本421.2亿元;私营企业18841家,注册资本950.4亿元;外资企业500家,注册资本21.9亿美元。实有个体工商户63094户,资金数额22.5亿元;实有农民专业合作社1938家,出资额40.7亿元;登记各类市场522处;全市中国驰名商标达到13件、山东省著名商标达到99件、地理标志证明商标达到7件,注册商标总量达到6989件;拥有国家级“守合同重信用”企业6家,省级“守合同重信用”企业75家,省级消费者满意单位62家、市级消费者满意单位247家;认定省级文明市场5处、省级示范农村文明集市16处。市工商局先后被省委、省政府授予山东省普法依法治理工作先进单位、全省就业工作先进集体,被市委、市政府授予全市优化发展环境先进单位、依法行政工作先进单位、支持民营经济发展先进单位、招商引资工作先进单位、全市发展现代服务业工作先进集体、平安滨州建设先进单位等十多项荣誉称号,荣记实施商标战略工作集体二等功、促进服务业发展工作集体二等功、创建省级文明城市集体二等功和实施质量兴市战略集体三等功。

【实施市场主体“四增”工程】 2011年,全市各级工商行政管理机关围绕市委、市政府工作方针和总体发展布局,创新服务载体,提升服务效能,大力实施市场主体增量、增强、增优和服务市场主体增效“四增”工程。出台了关于立足工商行政管理职能促进经济发展方式转变的30条意见,引导和支持全市战略性新兴产业、现代服务业、文化产业和金融业发展;指导具有一定规模的企业实施名称品牌战略、兴办企业集团。进一步规范政务公开和服务承诺,对投资者和经营者只说“怎么办”,不说“不能办”,服务各类市场主体做多、做大、做强、做优。2011年,全市各类企业、个体工商户和农民专业合作社总量达到88678户,比上年同期的83281户增长6.48%;注册资本(金)达到1574.55亿,比上年同期的1122.3亿元增长40.96%,增幅高于全省21个百分点,连续两年居全省第一。全市市场主体总量和注册资本(金)总额呈现“双增长”的良好态势。其中,2011年全市新增各类市场主体26712户,新登记注册资本216.9亿元;新组建企业集团25家,帮助274家企业设立或变更为冠省级行政区划名称,同比分别增长38.9%和25.7%。

【实施商标战略】 2011年,市政府出台了《关于进一步推进实施商

●滨州市工商局创城工作被滨州市委市政府荣记集体二等功。图为 2011 年 4 月 29 日，开展“创建文明城市，工商志愿者在行动”活动现场。

标战略促进全市经济又好又快发展的意见》，邀请国家工商总局商标局有关领导就实施商标战略作了专题辅导讲座，强化了商标法律法规和有关商标知识的学习宣传。实行市、县、所三级联动，着力在推动全市注册商标总量、争创著名商标、地理标志证明商标注册和提升商标附加值上实现快速增长。年内，全市新增注册商标 1682 件，注册商标总量达到 6989 件。4 件商标争创为中国驰名商标，22 件商标争创为山东省著名商标，5 件商标注册为地理标志证明商标，全市中国驰名商标达到 13 件、山东省著名商标达到 99 件、地理标志证明商标达到 7 件，均实现了历史性突破。市政府给予市工商局记集体二等功。

【举办黄河三角洲高效生态经济区(滨州)项目对接活动】 2011 年 3 月 26 日至 27 日，黄河三角洲高效生态经济区(滨州)发展项目对接活动暨省个私协六届二次理事会议在滨州举行。山东省工商局副局长张铁军、省黄河三角洲高效生态经济区建设办公室副主任牛启忠，滨州市市长张光峰、副市长孙承志以及省个私协办公室主要负责人，省个体私营企业协会理事 360 余人出席会议。为搞好对接活动，市工商局、市个体私营企业协会积极争取省工商局和省个私协会支持，优选全市 219 个符合产业政策、具有比较优势和发展前景好的对接项目在省个私协会网站上发布，并由全省 17 市各级个私协会积极向本辖区理事进行推介。对具有投资意向的企业，市工商局、个私协会及时组织相关企业、管委会进行重点考察。会议期间，参会理事通过阅览滨州市经济开发区、高新区和北海新区管委会印发的对接说明书和重点项目展板，观看多媒体演示等，全面了解了滨州市的建设项目和主导产业。经过对接双方广泛接触和充分酝酿，共有 21 家会员企业找到了合作项目，达成了合作意向，意向签约额 15.69 亿元，项目涉及汽车制造、运输、环保、食品、纺织、制药、太阳能和循环农业等诸多领域。

●2011 年 9 月 29 日，工商人员走访农户，详细了解农民专业合作社发展情况。

2011年全市中国驰名商标统计表

商标持有人	商　标	认定时间	备　注
山东亚光纺织集团有限公司	亚光	2006年	行政认定
山东省鲁宝厨业有限公司	鲁宝	2006年	司法认定
山东西王集团有限公司	西王	2007年	行政认定
邹平三星油脂工业有限公司	长寿花	2007年	司法认定
山东天地缘酒业有限公司	天地缘	2008年	司法认定
山东渤海活塞股份有限公司	渤海	2008年	司法认定
山东省滨州裕华(集团)实业总公司	雁来红	2009年	行政认定
山东华兴机械集团有限责任公司	华兴	2009年	司法认定
山东州齐星集团有限责任公司	齐星	2010年	行政认定
沾化县冬枣研究所	沾化冬枣	2011年	行政认定
东方地毯有限公司	东方	2011年	行政认定
山东滨农科技有限公司	滨农	2011年	行政认定
山东滨州豪盛锦被有限公司	豪盛	2011年	行政认定

2011年全市山东省著名商标统计表

序号	商标持有人	商　标	认定时间
1	山东琥珀啤酒厂	琥珀	2001年
2	山东碧云洞酒水有限责任公司	碧云洞	2001年
3	山东华兴机械集团有限责任公司	图形	2002年
4	山东省鲁宝厨业有限公司	鲁宝及图形	2002年
5	山东皇冠厨业有限公司	锦标及图形	2002年
6	山东京博农化有限公司	京博及图形	2003年
7	山东惠民鲁洁棉业有限责任公司	恒星及图形	2003年
8	魏桥纺织股份有限公司	魏桥及图形	2003年
9	山东侨昌化学有限公司	图形	2003年
10	山东华孟集团有限公司	华孟及图形	2003年
11	山东范公酒业有限公司	范公及图形	2003年
12	邹平三星油脂工业有限公司	长寿花	2004年
13	山东农兴种业有限责任公司	惠乐	2004年
14	山东滨化集团有限责任公司	滨化(类别:燃料)	2004年

续表

序号	商标持有人	商 标	认定时间
15	山东省恩贝集团有限公司	恩贝	2004 年
16	齐星集团有限公司	齐星	2004 年
17	山东香驰粮油有限公司	香驰	2004 年
18	山东省滨州裕华(集团)实业总公司	雁来红	2004 年
19	邹平三星机械制造有限公司	星宇及图形	2005 年
20	邹平芳绿乳业有限公司	芳绿及图形	2005 年
21	西王集团有限公司	西王及图形	2005 年
22	山东汇泉厨业有限公司	汇泉及图（类别:厨房炉灶、电热水器、电油炸锅）	2005 年
23	阳信县恒庆堂鸭梨酿造有限公司	恒庆堂	2006 年
24	滨化集团股份有限公司	滨化及图（类别:烧碱、环氧丙烷）	2006 年
25	山东惠民武定府酿造有限责任公司	武定府	2006 年
26	山东金丝食品有限公司	智神及图形	2006 年
27	滨州市良友防水材料有限责任公司	良信及图形	2006 年
28	山东开泰工业科技有限公司	开泰及图形	2006 年
29	山东先达化工有限公司	豆施乐	2007 年
30	山东省博兴县汇金彩钢工贸有限公司	汇金及图形	2007 年
31	阳信清真肉类有限公司	广营及图形	2007 年
32	山东惠民惠星塑料制品有限责任公司	惠星及图形	2007 年
33	山东滨州滨胜酿造有限公司	滨胜及图形	2007 年
34	滨州泰裕麦业有限公司	滨洁及图形	2007 年
35	山东沾化健源食品有限责任公司	长思及图形	2007 年
36	山东滨州豪盛巾被有限公司	豪盛及图形	2008 年
37	山东渤海活塞股份有限公司	渤海	2008 年
38	山东金丝食品有限公司	金丝	2008 年
39	山东利德金融电子器具有限公司	图形	2008 年
40	山东滨州安惠绳网集团有限责任公司	安惠及图形	2008 年
41	山东滨州吉媛种业有限公司	吉媛及图形	2008 年

续表

序号	商标持有人	商　标	认定时间
42	山东鲁丰铝箔股份有限公司	鲁丰及图形	2008 年
43	山东省博兴县泰元家具有限公司	泰元及图形	2008 年
44	山东汇泉厨业有限公司	汇泉及图 (类别:冷冻设备和装置)	2008 年
45	滨州东方地毯有限公司	东方	2009 年
46	滨州贵苑大酒店有限公司	贵苑大酒店及图形	2009 年
47	滨州海得曲轴有限责任公司	海得及图形	2009 年
48	山东阳信广富畜产品有限公司	鸿安及图形	2009 年
49	阳信县鑫悦实业发展有限公司	鑫悦及图形	2009 年
50	山东鲁北企业集团总公司	鲁北及图形	2009 年
51	山东天顺药业股份有限公司	天顺及图形	2009 年
52	滨州华隆生物工程有限公司	雨露及图形	2009 年
53	滨州市亚泰动力配件有限公司	钲道及图形	2009 年
54	山东省博兴县董公酒有限公司	董公及图形	2009 年
55	山东香驰粮油有限公司	香驰及图形	2009 年
56	山东邹平锦华纺织有限公司	锦霞及图形	2009 年
57	山东广富集团有限公司	广富及图形	2009 年
58	山东恩康药业有限公司	恩康及图形	2009 年
59	山东董郎家酒业有限公司	董郎及图形	2010 年
60	山东顺天纺织有限公司	顺天	2010 年
61	山东省皇冠厨业有限公司	锦标皇冠	2010 年
62	山东先达化工有限公司	图形	2010 年
63	山东省鲁宝厨业有限公司	鲁宝及图形	2010 年
64	山东万德酒业有限公司	枣木杠及图形	2010 年
65	山东富通家具有限公司	金富通及图形	2010 年
66	邹平铭波电源有限公司	铭波及图形	2010 年
67	山东伟国食品科技有限公司	伟国及图形	2010 年
68	山东立昌纺织科技有限公司	立昌及图形	2010 年
69	阳信和人昌隆器皿有限公司	和人及图形	2010 年

续表

序号	商标持有人	商　标	认定时间
70	沾化县冬枣研究所	沾化冬枣及图形	2010 年
71	沾化亿人食品有限公司	万亩园	2010 年
72	山东沾化金爵酒业有限公司	金爵及图形	2010 年
73	山东中惠食品有限公司	中惠及图形	2010 年
74	山东农兴种业有限责任公司	新农兴及图形	2010 年
75	滨州东方地毯有限公司	金利及图形	2010 年
76	滨州华晨新型建材有限公司	兰祥及图形	2010 年
77	滨州东海龙活塞有限公司	东海龙及图形	2010 年
78	山东天禧牧业有限公司	天禧 TIANXI	2011 年
79	阳信亿利源清真肉类有限公司	yiliyuan	2011 年
80	山东玉杰面粉有限公司	玉杰及图形	2011 年
81	滨州裕阳铝业有限公司	裕阳及图形	2011 年
82	山东省沾化县百果园食品有限公司	山水人及图形	2011 年
83	愉悦家纺有限公司	愉悦及图形	2011 年
84	山东中大牧业集团有限公司	图形	2011 年
85	山东绿都生物科技有限公司	沈氏及图形	2011 年
86	无棣县海丰电缆有限公司	丰塔及图形	2011 年
87	山东华树办公设备有限公司	华树及图形	2011 年
88	山东金富信家具有限公司	富信及图形	2011 年
89	山东万德酒业有限公司	大山特及图形	2011 年
90	山东金中意家俱有限公司	天意	2011 年
91	山东邹平农药有限公司	清佳及图形	2011 年
92	山东东方汇兴家具有限公司	汇兴及图形	2011 年
93	山东省博兴县稻谷香白酒酿造有限公司	稻谷香及图形	2011 年
94	山东省万事达物资有限公司	福旺	2011 年
95	山东汇泉厨业有限公司	图形	2011 年
96	山东先达化工有限公司	稳收	2011 年
97	山东埕口盐化有限责任公司	鹏飞	2011 年
98	山东侨昌化学有限公司	侨昌	2011 年
99	山东滨州青龙山水泥有限公司	青龙山及图形	2011 年

门在审计执法过程中应综合考虑违法违规金额、改正措施等因素，依法提出处理处罚意见并报送审理部门进行审理。业务部门与审理部门意见不统一时，由审计业务定案会议集体审议。为掌握统一标准和尺度，制定了常见审计查出问题处理处罚自由裁量标准一览表，对审计处理处罚要求设定了三个基准层次。成立规范审计处理处罚自由裁量权领导小组和办公室，法规科通过审计审理、整改督导、执法检查、项目备案等方式，加强对各业务部门行使审计处理处罚裁量权的指导和监督。并将此项工作纳入年度考核内容，对工作成效突出的部门给予表扬，不当行使审计处理处罚权造成后果的给予通报，并取消部门和部门责任人评先晋级资格。

（张瑞杰）

国有资产监督管理

2011年，全市国资系统深化国企改革，改进监管方式，调整优化结构，国有经济保持了平稳较快发展。全市国有企业资产总额276.5亿元，较上年269.1亿元增加7.4亿元，增长3%；负债总额171.1亿元，较上年178.2亿元减少7.1亿元，下降4%；所有者权益105.4亿元，较上年90.84亿元增加14.56亿元，增长16.03%；国有资产总额50.44亿元，较上年41.88亿元增加8.56亿元，增长20.44%。全市国有企业实现主营业务收入为222.19亿元，同比增长37.33%；利润总额为9.68亿元，同比增长5.57%；净利润6.87亿元，同比下降9.25%。实现税费总额为14.86亿元，同比增长74.42%；净资产收益率为7%，比上年上升0.14个百分点；总资产报酬率为4.81%，比上年上升0.81个百分点。在重组调整、外派董事监事、科技创新、业绩考核完善、企业领导班子建设、企业文化建设等7个方面的工作亮点得到省国资委肯定，被评为2011年“企业国有资产统计工作先进单位”和“全省国资监管机构人才工作先进单位”。

引导企业加快转调步伐。5月26日，召开全市国资监管工作会议，总结“十一五”、部署“十二五”国有资产监管和国有企业改革工作任务，市长张光峰到会讲话，提出了深化改革、加强监管、优化环境、率先发展的工作要求。修订经营业绩考核办法，引导监管企业加快转调。增加包括节能减排、安全生产、科技创新和维护稳定等考核指标，发挥好对企业转调的导向作用。引导企业积极开展技术和管理创新，提高市场竞争能力。渤海活塞、滨化股份、华纺股份、愉悦家纺、双峰石墨等企业先后研发新产品92个，技术改造76项，新增专利46项，取得科技成果12项。渤海活塞在荣获全国质量管理奖后，2011年又获全国质量工作先进单位称号。抓好监管企业项目协调、服务，监管企业6个总投资38.68亿元的项目，2011年完成投资8.28亿元。组织重点企业开展以“节能我行动，低碳新生活”为主题的节能宣传周活动，承办2011年全市“安全生产月”启动仪式暨宣传咨询日活动。

优化国有资本布局结构。克服困难、分拆华诚投资股权，使得滨州印染集团成为华纺股份的第一大股东，为华纺股份的发展打下基础。无棣县成功实现鲁北化工重组复牌。引进山东水务投资有限公司重组滨州水务集团，山东水务投资有限公司6000万元资本金到位，11月11日完成工商变更注册，水务集团变更为山东水务投资有限公司控股的国有控股公司。积极与滨城区、沾化县政府沟通协商，重新制定公司章程，增加营业范围，8月11日，滨州渤海铁公路桥公司工商变更登记为滨州市铁路投资管理有限公司。邹平县、博兴县、沾化县完善融资平台，提高了融资能力。按照市政府的批复意见依法解散渤海汽车零部件有限公司，顺利完成渤海活塞长春子公司的解散清算。滨州医药集团公司、滨州银宇公司年底前完成破产终结任务。滨州毛纺的破产工作积极推进，召开第一次债权人会议，初步确定资产处置方案。

确保国有资产保值增值。完善法人治理结构，重点抓好董事会、监事会建设。解决渤海活塞与盟威集团的分立经营及相关问题，按程序调整了渤海活塞董事会、监事会。调整了滨印集团和国信集团董事长、总经理及开发区园林公司主要负责人。对滨印党委和华纺党委进行合并，重组华纺股份党委班子。分别向滨化集团、滨岭矿业、铁路投资公司、滨印集团、华纺股份外派董事、监事，共向12户监管企业外派了董事和监事。国资委与5家企业负责人签订了经营业绩责任书，联合市财政局实行了国有资产经营预算管理，国有资产经营责任得到落实。全年共办理产权登记15户，79户企业完成产权登记年度检查。完成资产评估核准项目2个，增值率32.78%。完成2010年度全市企业国有资产统计工作。组织对滨印集团、渤海活塞、国信集团、渤海绿业监事会（监事）2010年度监督检查，会同市财政局，对滨州第一棉纺厂、柔性石墨密封件厂、滨州曲轴厂和滨州崇山实业总公司2010年度财务收支情况进行审核，形成检查报告，及时反馈企业整改。根据省、市国资监管会议的要求，在全市范围内组织开展了经营性国有资产统计调查工作，132家市属单位报送调查统计表，其中19家市属单位的经营性国有资产通过调查统计，初步建档。按照省国资委要求，成立了市国资委指导县区国资工作领导小组，组织调研组就县区国有资产管理工作现状，企业情况和存在的问题等内容进行工作调研。

加强和改进企业党建工作。完成了17户企业领导班子、领导干部年度考核工作，反馈企业并上报组织部。对企业基层党组织2010年党建工作进行了考核和通报。9月，召开国资委系统企业文化建设现场会，研究部署"十二五"时期加强企业文化建设任务，推动国资系统企业发挥国有企业政治优势，加快建设各具特色的企业文化。组织了系统"开局起步加快转变、'两区'开发创先争优"演讲的初赛，各企业参加演讲选手17名，并推荐2名选手参加全市的演讲比赛，获得第三名和第九名。组织了国资委系统建党90周年党建工作表彰暨"我唱红歌给党听"大型红歌演唱会。继续开展争创"滨州市劳动关系和谐企业"活动。市国资委系统被市以上命名表彰的国资委系统"劳动关系和谐企业"共39家，其中，全国模范劳动关系和谐企业（五星级）1家，省级（四星级）5家，市级（三星级）17家。市国资委系统33家企业组建了市慈善总会市管企业分会。共捐款104.4万元，其中企业捐款50.6万元，个人捐款53.8万元。设立基金的企业4家，基金总数2600万元。组织春节和'七一'建党90周年走访慰问本系统老党员、困难党员和历年受省市表彰的优秀共产党员、建国前入党退休党员的工作。共走访71人，发放慰问金3.95万元。做好复退军人、军转干部稳定工作，定期联系，定期走访，努力帮助他们解决实际困难，共发放各类补助、救助金9.22万元。向18家企业212人发放各类救助金近21万元。"金秋助学"活动中，国资委系统30名贫困子女得到每人2000元的学费资助，占市直58名资助学生的51.7%。

（高连强）

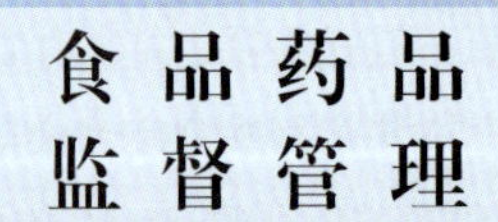

食品药品监督管理

【概况】 2011年，市食品药品监督科学监管，规范执法，实现了全市无重大食品药品安全事故发生的任务目标，维护了改革、发展、稳定大局，为全市经济社会又好又快发展做出了应有贡献。市食品药品监管局荣立市政府"创建省级文明城市集体三等功"、荣获"全市依法行政工作先进单位""2009-2011年度全市优秀执法机关"、履行人口和计划生育职责先进单位；被省食品药品监管局授予"全省食品药品监管系统文明窗口""全省食品药品监管系统先进基层党组织""全省食品药品监管系统药品安全专项整治先进集体""全省食品药品监管系统法制宣传教育先进单位""全省药品检验技术比武决赛团体奖"等荣誉称号；在全省食品药品监管系统年度目标管理考核中被评为优秀等次；继续保持了"省级文明单位"称号；年内，市局机关共获13项集体表彰，44人次获得市级以上表彰。

市县食品药品监管机构改革扎实推进。3月，按照市政府2010年下发的《滨州市食品药品监督管理局主要职责内设机构和人员编制规定》，顺利完成与市卫生局的职能交接，将食品安全综合协调职能移交市卫生局，接管餐饮服务食品、保健食品和化妆品监管工作。滨城、阳信、惠民、博兴四县区局顺利完成职能划转和工作移交，市县监管体制逐步理顺，队伍结构进一步优化，各项工作做到了平稳运转、有序衔接，确保了改革和发展稳定。

餐饮食品、保健食品、化妆品日常监管全面启动。召开了"市属直管餐饮服务单位负责人第一次座谈会”，开展了345家餐饮单位基本信息调查，为120家餐馆、食堂、幼儿园及快餐配送单位建立了电子档案；与45家餐饮单位签订责任书，49家餐饮企业在《滨州日报》发出“共筑饮食安全”公开承诺；严把餐饮服务许可关，建立和规范审批流程，发放餐饮服务许可证489家，许可证和健康证两证的办证率明显提升；完成全省春季糖酒会、创建“省级文明城市”、第九届中国家纺文化节、滨州市第九届体育节开幕式暨2011年国际滑水表演赛等滨州市承办的二十余次重大活动的餐饮食品安全保障任务；开展严厉打击食品非法添加和滥用食品添加剂专项行动，组织实施农村餐饮食品安全专项整治；对全市餐饮企业进行两期抽检，共抽取样品37个品种211批次，对存在问题的企业给予警告并责令整改。加强全市保健食品和化妆品产业调研和统计，建立监管档案，做到“一品一档”“一企一档”；开展全市保健食品品种再注册工作，组织保健食品安全整顿、生产及委托生产企业全面检查，抽验保健食品生产企业2个品种4批保健食品样品。

●2011年9月，市食品药品监管局与卫生局执法人员在餐饮企业进行联合检查。

药品生产、流通、使用环节监管进一步加强。认真实施药品生产企业产品标准提高工作，督促企业制定新版药品GMP实施计划，对全市药品生产企业、医疗机构制剂室进行全面排查；开展麻醉药品和精神药品专项检查，利用特药监控网对辖区内的麻精区域批发企业和二类精神药品批发企业实施进、销、存数据监控；加强对县区局药店现场验收工作的监督指导，提高许可水平，全市新开办药品零售企业65家，医疗器械经营企业22家，234家企业通过GSP认证，办理药品营销人员备案340多人次，1557家医疗机构通过药品使用质量规范化确认；加大对互联网发布药品信息及交易行为、非药品冒充药品、药品添加塑化剂的专项整治；组织打击侵犯知识产权和制售假劣商品专项行动，依法取缔城郊一非法储存药品仓库，查处案件17起，结案13起，销毁假劣药品30批次，货值3万余元；联合卫生部门进一步完善药品不良反应目标管理考核机制，健全三级监测报告网络，上报药品不良反应报告16222例，其中新的和严重的报告1548例，医疗器械不良事件报告3406例，药品不良反应报告和医疗器械不良事件报告均列全省第五位；完成药品抽样1739批，不合格药品186批；全年共出动执法人员1.03万人次，监督检查涉药涉械单位5009家，查处案件1103起，移交公安机关查办重大案件1起，受理投诉举报71起，监测并移交工商部门严重违法药品广告94条，无重大事故发生，确保了公众用药安全有效。

监管队伍自身建设进一步加强。定期进行政策、法律法规培训和廉政教育，邀请专家举办餐饮服务、GSP认证、三区（开发区、高新区、北海新区没有设立食品药品监管机构）基层监管业务等培训10余次，与市总工会、市人保局联合举办全市食品药品监管系统稽查办案和药品快检技术比武；开展315和食品安全宣传周大型宣传活动，举办全国安全生产月启动仪式和集中宣传活动，与山东西王集团联合举办“滨州市西王玉米胚芽油杯食品药品安全知识竞赛”，在滨州电视台公共频道和综合频道播放安全用药公益宣传片140条次，在市区主要交通线路公交车的LED显示屏上循环播放公益宣传广告7000条次，向群众发放食品

●2011年5月20日，全市召开严厉打击食品非法添加和滥用食品添加剂专项行动动员大会。

药品安全知识读本和宣传材料2万余份；制定下发了《2011年依法行政工作意见》《执法责任制标准化建设工作实施方案》《行政审批工作规范(试行)》及举报奖励办法等，健全以制度管人、管事、管权的机制；办理行政服务事项1500余件，办结率和群众满意率为100%，发布信息共185条，打造了高效便捷的服务环境。

【开展打击食品非法添加和滥用食品添加剂专项行动】 2011年5月以来，全市组织开展了严厉打击食品非法添加和滥用食品添加剂专项行动。(1)成立一把手任组长的领导小组，制定《工作方案》，召开了市区两级五大班子出席、300余家企业参加的动员大会暨培训班，加强安全主体责任培训，发放国务院九部门联合《公告》《致餐饮服务单位的一封信》等宣传资料1800余份。(2)严格落实各项制度，餐饮服务单位对食品添加剂实施“五专”管理，即食品添加剂的采购做到专店购买，进货做到专账记录，储存做到专区存放，使用做到专器计量，管理做到专人负责；餐饮服务单位法定代表人做到公开承诺餐饮服务食品安全，公开本单位使用的食品添加剂品种名单，在店堂醒目位置张贴，自觉接受社会监督。食品药品监管执法人员开展拉网式检查，凡未备案或未公示而使用食品添加剂的，责令整改，情节严重的依法予以查处。

【开展农村餐饮食品安全专项整治】 2011年8月，全市开展了农村餐饮食品安全专项整治工作。重点开展农村学校食堂餐饮安全专项整治，建立农村中小学食堂餐饮安全信用档案，实施农村中小学食堂季度监督检查制度；加强农村中小学周边餐饮服务单位整治，严防不合格食品和原料流入餐饮服务环节；加强农村餐饮服务单位监督管理，健全餐饮安全管理制度，开展从业人员培训，规范餐饮服务经营行为。强化和落实九项工作措施：统一换发农村中小学食堂餐饮服务许可证；落实农村中小学食堂餐饮安全公开承诺制度；严把原料进货关，做好台账登记；建立农村中小学食堂餐饮安全信用档案；实施农村中小学食堂定期监督检查制度；做好农村餐饮服务单位从业人员健康检查工作；开展从业人员法律法规和业务知识培训；加大农村餐饮服务单位基本卫生状况整治力度；加大无证经营和违法添加行为打击力度。组织开展了海参、肉制品、酒类、塑化剂、餐厨废弃油脂、小笼包店使用血脖肉等多次专项检查。专项整治期间，全市共出动执法车辆733台次，执法人员2057人次，检查餐饮单位2175家，签订餐饮安全承诺书275份，下达监督意见书49份，提出整改意见280余条，责令整改44家，发放张贴宣传材料1.25万余份。

【开展打击制售假劣药品专项行动】 2011年，全市开展了打击制售假劣药品专项行动。(1)加大对互联网发布药品信息及交易行为、非药品冒充药品的专项整治。及时组织对“今雄牌苍穹胶囊”等4种假药和俏妹牌减肥胶囊、欧亚新疝王胶囊、西替伪麻缓释片的专项检查。(2)开展药品添加塑化剂专项整治。组织打击侵犯知识产权和制售假劣商品专项行动，依法取缔城郊一非法储存药品仓库，查处案件17起，结案13起，销毁假劣药品30批次。(3)开展麻醉药品和精神药品专项检查。利用特药监控网对彰。(3)加强黄蓝两区统计监测。一年来,反映两区建设数据达700余笔,撰写报告5篇,为领导了解重点区域经济发展情况提供了可靠依据。(4)探索创新文化产业统计。建立了文化产业统计季报制度,实现了文化服务业基层单位网上直报,对全市2008年以来3个年度文化产业增加值进行了系统核算,为全市制定文化产业发展规划提供了依据。

2011年6月27日至30日,在全市创建文明城市工作中,滨州市统计局青年志愿者服务队组织全体青年走上街头,进行了为期四天的义务维持交通秩序活动,并且作为第一支上岗的志愿者队伍受到交警等部门的好评。自2007年以来,市统计局青年志愿者服务队多次参与创城、送温暖等志愿者活动,并获得"滨州市志愿者先进集体"荣誉称号。

【表彰第六次人口普查先进单位和个人】 自2010年7月启动并圆满完成第六次人口普查市级综合试点以来,全市2.3万名普查员和普查指导员兢兢业业,恪尽职守,高标准高质量地完成了普查任务,市统计局被省政府评为"人口普查工作先进集体"。2011年9月,滨州市政府召开全市第六次人口普查总结表彰会议,总结全市第六次人口普查工作成绩,隆重表彰先进集体和先进个人。全市共表彰先进集体202个,先进个人500名。其中市政府表彰先进集体62个(记二等功),先进个人150个(记二等功);市人保局和市统计局联合表彰的先进集体140个(其中60个记三等功,80个表彰为"先进集体"),先进个人350名(其中150人记三等功,嘉奖200名)。此次普查表彰等次之高、数量之大,在滨州市统计普查史上前所未有。

(郑步臣)

小资料

滨州摄影家——田军

山东省平原县人，主任记者，滨州日报社摄影部主任，滨州学院客座教授。1962 年出生在滨州。是中国新闻摄影学会会员、山东省新闻摄影学会常务理事、山东省摄影家协会会员、滨州市摄影家协会副主席。1993 从事新闻摄影以来，见证了滨州的发展变化，作为新闻摄影人，对人的关注是从事摄影多年最深的情节，从农民工到 110 警察，从 120 医生到环卫工人，从中央领导人到滨州视察到市重点工程，20 年的拍摄历程中，记录了大量的滨州影像史料。先后多次在全国、省摄影比赛获奖。

●2011 年 9 月 28 日至 30 日，滨州市召开中国(滨州)食用菌产业发展大会。

【农产品质量安全得到保障】2011 年，通过建立完善市、县、乡、企业四级农产品质量监管体系，强化农药、化肥等农业投入品监管，推行标准化生产，实施季抽检、季通报和质量安全责任制等措施，初步建立了农产品质量监管的长效机制。至 6 月，全市农产品质量省级抽检平均合格率达到 98.8%，居全省前列。新增农产品“三品”16 个，全市认证总数已达 258 个，农产品质量和市场竞争力进一步提高。全市已培育形成“沾化冬枣”等一大批优势名牌农产品，200 多个农产品注册了商标，农产品市场竞争能力明显提高。

【保护农民权益工作】2011 年，坚持依法行政，扎实落实强农惠农政策，年内共争取并向农民兑现粮食直补等惠农资金 4.5 亿元。创新服务机制，全市所有 90 个乡(镇、办)已全部建立“三农服务中心”，2 月 17 日，新华社内参清样刊发了滨州市各乡镇办“三农服务中心”建设在全省、全国率先实现全覆盖的做法与经验，3 月 21 日，中央七台又作了专题报道。至年底，所有县(区)已全部建立了农村土地承包仲裁庭，各乡镇依托“三农服务中心”已建立农村土地承包调解庭 80 个，占总数的 89%；建立农村土地承包经营权流转服务中心 85 个，占总数的 95%。以“三农服务中心”为平台，积极开展土地承包、土地流转、集体资产、农村财务、农民负担管理等服务工作，有效维护了农民切身权益。开展农资市场整治，查处假冒伪劣农资 195 吨。

【高效生态农业快速发展】2011 年，全市积极发展农村沼气，构建生态循环农业模式，累计建设户用沼气池 4.9 万个。强化农资监管，实施了 180 万亩测土配方施肥、1500 万亩次的病虫害综合防治和 210 万亩秸秆还田工程，秸秆综合利用率达 83%，减少了农药、化肥用量，促进了高效生态农业建设。着力推进标准化生产，各类农产品标准化生产基地面积达 180 万亩。邹平芳绿科技公司、无棣黄河岛农业园区先后被评为“全国‘五星级’休闲农业与乡村旅游星级示范企业”，为山东省荣获此称号的仅有的两个农业园区，成为全市现代农业发展的亮点。

(高立逸)

●2011 年，滨州市小麦再获丰收。图为 6 月 18 日小麦收获现场。

畜牧业

【概况】 2011年，全市肉类总产量45.4万吨，禽蛋产量23.9万吨，奶类产量13.3万吨，同比增长分别为9.1%、10.1%、5.5%。全年实现畜牧业总产值104.77亿元，同比增长23.4%。完成招商引资项目52个，合同投资23.4亿元，到位资金13.8亿元，争取国家无偿资金7682万元。年内，滨州市畜牧兽医局先后荣获“全省畜牧兽医执法工作先进单位”“农业产业化先进集体”“全市民族团结模范集体”“先进(服务先锋)基层党组织”“帮扶工作先进单位”等集体荣誉称号。

【畜牧业标准化生产】 2011年，开展了畜禽养殖标准化示范创建活动，建立了县、市、省、部四级联创机制。全市成功创建县级示范场200个，市级示范场50个，省级示范场26个，国家级示范场15个。全市新建标准化养殖场148个(存栏100个标准畜以上)，累计已达1200余个。山东吉盛农业高新科技开发有限公司投资1700万元建设的标准化肉鸡养殖场，采用垫料法生态养殖，饲养的肉鸡安全无药残，产品直供肯德基等餐饮连锁企业。新增无公害畜产品认证12个，累计已达36个。畜禽标准化饲养比重占饲养总量的80%以上。

【集约化养殖基地建设】 2011年，狠抓“大规模、集约化、高档次”的集约化养殖基地建设，年内共有22处养殖基地开工建设，养殖规模和建设标准都有很大突破。惠民顺风、阳信华胜肉牛养殖基地，设计存栏能力逾万头，牛舍设计、饲养管理均借鉴日本先进的养殖理念；无棣荣昌集团投资7000万元，新建存栏生猪2万头的生猪养殖基地，引进祖代母猪600头；华特希尔公司成功从美国引入原种种猪1120头，创造国内一次性引种最多纪录；沾化利农肉羊养殖基地建成标准羊舍110栋，存栏肉羊5万余只。尤其是邹平县肉羊产业实现跨越式发展，新建存栏1000只以上的肉羊养殖场20余家，成为滨州市肉羊产业发展的新亮点。

【设施化养殖蓬勃发展】 2011年，以智能化、数据化技术广泛应用为特征的设施畜牧业得到迅猛发展。至年底，现代化肉鸡大棚已达到512个（单体投资50万元以上)；大型奶牛养殖场(小区)全部实现了自动挤奶，配备了TMR全混合日粮系统，部分奶牛场引进了数字化管理系统；华特希尔种猪场引用先进的美国技术和生产设施，成为国内生猪设施化养殖的典范；鸿安公司肉牛养殖场引进数字化可追溯系统，对产品质量实现了有效控制。

【高效生态养殖模式】 2011年，全市共发展各类生态养殖场区208个，其中发酵床养猪户65家，林下养殖户19家，“猪—沼—鱼”“畜—沼—蔬”循环养殖场93个，规模种草养畜户34个。

【龙头企业建设】 2011年，新增市级畜牧龙头企业19家，全市市级以上畜牧龙头企业达93家。龙头企业带动养殖基地的产量占总量的78%以上，龙头企业养殖基地供货量占加工总量的80%以上。年内，全市共有14家畜产品加工企业开工建设，其中肉禽屠宰企业8家，肉牛屠宰企业3家，肉羊屠宰企业2家，生猪屠宰企业1家，填补了滨州市无肉羊、生猪规模加工企业的空白。企业建成投产后，可新增肉禽年屠宰加工能力1.8亿只，肉牛22万头，肉羊90万只，生猪10万头。

【畜牧品牌建设】 2011年，全市拥有畜牧类品牌92个，其中中国名牌2项，山东名牌6项，山东著名商标5项，获得有机畜产品认证3项，绿色认证8项，无公害认证36项；获得各类质量管理体系认证95项。沾化洼地绵羊、沾化白山羊、无棣驴、无棣黑牛获得国家农产品地理标志认证，沾化白山羊、无棣驴地理标志商标获得国家工商总局认证；年内，获“进京入沪”资格企业6家，达到41家；“中大”“开元”“万通达”生态猪肉直销店挂牌营业。

【示范园区建设】 2011年，重点建设了标准化养殖基地11个，完成投资4.9亿元。建设畜牧类园区12个，累计投入资金8.2亿元，全部完成了年度建设目标。畜牧示范园区成为带动农民增收，助推全市现代畜牧业发展的重要引擎。在市政府确立的58个农业示范园区中，畜牧业示范园区占据21席位。在市政府确定的10大特色农业示范园区中，无棣现代畜牧业示范园区和阳信生态畜牧业园区榜上有名。

【重大动物疫病防控】（1）开展重大动物疫病强制免疫。春秋季两次强制免疫应免畜禽免疫密度100%，牲畜标识佩戴率100%，启动了“十大科学防疫示范点创建”工程，推进强制免疫规范化，强制免疫工作进入全省前列。农业部副部长高鸿宾来滨州市视察了疫病防控工作，给予高度评价。（2）加强疫情监测。根据县区养殖分布状况，设立口蹄疫、禽流感等定点调查点19处；实行日常监测和定点监测有机结合，共监测畜禽场3478个，免疫合格率在90%以上。（3）加强兽医实验室建设。年内，5个县区兽医实验室和1个国家疫情测报站通过了省专家组现场考核评审。（4）抓好专项督查。4月，市委、市政府督查室联合市畜牧兽医局成立督查组，对全市春防、“瘦肉精”专项整治和兽医体制改革等工作进行了专项督查。

【畜产品质量安全】（1）组织开展了“瘦肉精”专项整治，严厉打击在畜禽饲料中恶意添加“瘦肉精”等违禁添加物行为。2011年，全市共排查养殖场（户）10302个，饲料生产、经营单位277个，兽药生产、经营单位398个。检测猪、牛、羊尿样样品1.22万个，猪、牛、羊肉产品样品528个。（2）深入开展生鲜乳及畜牧投入品专项整治。春秋季两次对全市所有奶站进行了拉网式检查，并抽取205个批次的奶样进行了兽药残留及三聚氰胺检测。全面完成兽药GSP认证工作，全市通过兽药GSP认证总数达到202家；实施了饲料生产企业等级管理制度，增强了监管的针对性。（3）强化动物卫生监督。全市新设立动物检疫报检点18个；先后组织了“全市动物检疫证明电子出证培训班”“动物检疫培训班”、兽药GSP培训班等10期培训班；组织举办了首届全市动物检疫技能大比武，在全省动物检疫技能比武大赛中获团体第五名。

【生态文明村创建】 2011年，确定创建庞家镇刘寨村为生态文明村。（1）完成“五化”工程。筹集资金近200万元，帮助庞家镇刘寨村高标准完成了硬化、绿化、亮化、美化、净化“五化”任务目标，资助该村开展了荒洼地整治、小型水库建设、治安摄像头安装、衬砌街道排水沟、粉刷沿街房屋墙面、村庄绿化等工作，新建了办公场所和健身广场。（2）农村电网改造工程。争取了200余万元资金，为庞家镇刘寨村改善了村容村貌。（3）协助村“两委”换届。选出了“两委”班子，调整承包土地1000余亩。10月，该村顺利通过市委、市政府考核验收，成为风气正、民心齐、干劲足、思路清的市级生态文明村。

（刘风民）

林 业

【概况】 2011年，全市共完成成片造林1.26万公顷，荒山荒地造林6948公顷，新建农田林网化面积1.5万公顷，建设绿色通道1351公里，育苗2145公顷，幼林抚育1.9万公顷，成林抚育5.5万公顷，苗木产量2091万株，实现林业产业产值170亿元（林业统计口径）。至年底，全市林业用地面积23.31万公顷，农田林网面积30.44万公顷，活立木蓄积量627.4万立方米，灌木林地面积1516公顷，疏林地面积438公顷，未成林造林地面积5436公顷，村镇“四旁”树木7157万株，林木覆盖率达到28.5%。

【特色林果产业】 2011年，全市果品产量达108万吨，直接产值49亿元。林业二、三产业迅速壮大，果品加工量14万吨，果品贮藏保鲜15万吨，果园采摘观光、生态旅游突破50万人次，旅游业收入1亿元。农民人均果品产值1920元、人均果品纯收入1480元，分别比上年增加100元、130元。果品收入总量列全省第三位，人均果品收入居全省第二位。滨城区三河湖高效生态农业示范园、滨州经济开发区大爱玫瑰花种植示范园区、博兴杞柳加工出口示范园区、阳信鸭梨标准化生产基地、北海经济开发区万亩生态林场、无棣金丝枣加工出口示范园区、高新区黄河生态观光采摘园、邹平县千亩圆铃枣示范区、沾化冬枣标准化生产青城示范园区、惠民县板材加工生产基地共10个林果示范园区全部完成年度工作任务，年内，共投入资金2.1亿元，辐射带动高效生态林果生产面积12万亩以上，创建出口示范果园5000亩，带动5200名农村劳动力就业。全市各级果品标准化生产基地面积达48万亩，阳信鸭梨万亩标准化生产基地被认定为国家级农业标准化示范区，阳信县鑫悦实业发展有限公司(鸭梨)、沾化县北陈冬枣植保专业合作社（冬枣)、山东舜园枣业有限公司(金丝小枣)3个基地入选省级经济林标准化示范园；果品“三品”认证面积达到25.6万亩，注册出口果园1.5万亩。通过引导扶持，建立各类农民经济林专业合作社238家，入社会员3.5万人，社员股金3.2亿元。合作社已与沃尔玛、麦德隆、新合作、深圳鑫荣茂、青岛沃林等大型超市和果品公司建立果品直采基地、发展“农超对接”和“农企对接”8000亩。对来自生产基地、批发市场和超市的果品，每季度都进行农残抽样监测，尤其是冬枣作为果品安全生产工作的重点。全年所抽测的204个样品，其农残限量达标率为99.5%。9月，国家林产品检验检测中心派员到滨州市抽检果品安全质量状况，所抽测的3个样点的果品农残限量全部达标。

【林木资源保护工作】 (1)美国白蛾防控。2011年着重加强对第一代美国白蛾的防控，首次采用飞机防治，降低了防控成本，每亩作业成本仅为地面人工防治成本的1/4。加大了生物防治力度，释放周氏啮小蜂40亿头。滨州市美国白蛾三代实际发生27.65万亩，其中轻度发生26.45万亩，中度发生1.18万亩，重度发生0.02万亩；防治作业面积272.61万亩次，其中飞机防治154.16万亩次，无公害药剂防治86.55万亩次，人工物理防治15.21万亩次，生物防治16.69万亩次，有虫株率控制在0.02%，叶片保存率95%以上，实现了有虫不成灾的目标，圆满完成了省政府与市政府签订的美国白蛾防控责任任务目标。(2)湿地修复与保护工程。年内，全市重点修复滨城区三河湖湿地和沾化徒骇河中上游湿地。滨城三河湖湿地修复与保护工程进一步扩大，恢复了芦苇湿地，建设防护林带2000亩，栽植莲藕600亩，打通了7.2公里水系。沾化徒骇河中上游湿地修复与保护工程人工造林6000亩，完成徒骇河流钟大桥——富国大桥共计20公里的乔灌花树木及常绿树栽植，完成万亩湿地沼泽芦苇复壮。(3)遏制涉林案件。组织开展了“春季行动”“亮剑行动”等专项行动，查处了一批破坏森林和野生动植物资源案件。年内，全市共立案查处各类涉林行政案件193起，其中盗伐林木4起，滥伐林木111起，非法收购、运输木材61起，非法经营、加工木材3起，违反森林植物检疫规定14起；盗伐、滥伐、非法运输等涉及林木266.05立方米，没收苗木6740株；责令补种树木20537株；行政处罚256人次，案件查处率为100%。

【集体林权制度改革工作】 2011年，滨州市集体林权制度改革主体完成，6月7日通过省级检查验收，验收面积134万亩，共发放林权证10.89万本、发证面积61.89万亩。年内，滨州市林业局、沾化县林业局、阳信县林业局、无棣县林业局被省委、省政府评为“山东省集体林权制度改革先进集体”。

【农村环境综合整治工作】 2011年，在全市农村环境综合整治工作中，认真做好对滨城区梁才办事处北石村开展帮扶工作，建成了围村林，对主要街道进行了高标准绿化。共栽植大乔木1500余株，成活率达85%以上；衬砌排水沟1000余米，铺地砖1500平方米，粉刷墙壁8000平方米，购买健身器材10套，增设路灯22盏，设置垃圾箱140个，投资近86万元，北石村环境综合整治顺利通过全市首批验收。

【邹平县西王村获“全国生态文化村”称号】 2011年9月23日，邹平县韩店镇西王村被中国生态文化协会授予“全国生态文化村”称号，是全省三个获此称号的村之一。韩店镇西王村通过工业兴村、以工补农、反哺农业的发展之路，充分发挥龙头企业辐射面广、带动力强的作用，不断延伸农产品深加工产业链，使农民从农产品加工中获得了实实在在的经济利益。西王村为实现农村城市化的目标，进行了科学的村庄规划，建设了“五纵五横一大道，四区四化一广场”的西王工业园，道路实现了“硬化、绿

2011年全市500万立方米以上平原水库统计表

县区名称	座数	水库名称	地点	原设计库容（万方）	现状库容（万方）	建成时间	总投资（万元）	护砌形式	管理人员数（人）	占地（亩）	续建情况	
											时间	新增或恢复库容（万方）
合计	32			42256	44496		147712.8		391	149894.4		4860
滨城区	7	东郊水库	梁才办	1390	1300	1996	9800	预制板护坡	10	4700		
		秦台水库	滨北办	1200	2600	1997	5244	砼板衬砌	8	4500	2002	1400
		龙饮水库	小营办	1250	1250	2006	6000	砼板衬砌	30	3100		
		蒲城水库	原蒲台旧址	500	630	1982	1500	砼板衬砌	3	2907	1992	130
		中海	彭李办、开发区	600	600	2004	7850	均质土坝		1800		
		北海	市东办	500	500	2004	1500	均质土坝		1100		
		憩龙湖	梁才办事处	750	750	2006	2000	砼板衬砌	2	545		
惠民县	2	孙武湖	何坊乡	770	2200	2006	7380	砼板衬砌	19	3359.3	2006	1230
		李庄	李庄镇	1000	1000	2009	7666	砼板衬砌	14	3600		
阳信县	1	仙鹤湖水库	阳信镇	1071	1071	2007	7020	砼板衬砌	8	3870		
无棣县	10	埕口水库	埕口镇	1400	1400	1998	840	均质土坝	15	5150		
		三角洼水库	车镇乡	1000	1000	1995	667	均质土坝	8	5873		
		芦家河子水库	西小王乡	1000	1000	1993	600	均质土坝	8	6800		

续表1

县区名称	座数	水库名称	地点	原设计库容（万方）	现状库容（万方）	建成时间	总投资（万元）	护砌形式	管理人员数（人）	占地（亩）	续建情况	
											时间	新增或恢复库容（万方）
无棣县	10	王山水库	柳堡乡	1000	1000	1994	662	均质土坝	8	6400		
		月湖水库	无棣镇	100	1200	2005	493	砌石衬砌	10	2037	2002 2005	400 700
		孙鄣水库	柳堡乡	500	500	1997	100	均质土坝	3	3350		
		赛尔水库	西小王乡	1210	1210	2004	2120	均质土坝	12	5486		
		碣石山水库	大山镇	500	500	2004	2000	部分砌石	5	4436		
		明湖水库	无棣镇	995	995	2007	3500	砌石衬砌	10	4500		
		桃花岛水库	马山子镇	1180	1180	2006	5134	无	9	5310		
沾化县	6	毛家洼水库	富国镇、下洼镇、冯家镇	4260	4260	1999.1	10847	砼板衬砌	57	10500		
		滨海水库	富国镇、滨海乡	2600	2600	2006.6	8309	砼板衬砌	10	6367		
		富国水库	富国镇	1380	1380	2004.11	4560	砼板衬砌	22	3000	2003	1000
		河贵水库	滨海乡 下河乡	1490	1490	2002.7	3724.4	均质土坝	10	9800		
		马营水库	利国乡	650	650	1998.12	1393.6	均质土坝	8	4745		
		齐鄣水库	富国镇	580	580	2001.7	2450	均质土坝	8	2600		

续表2

县区名称	座数	水库名称	地点	原设计库容（万方）	现状库容（万方）	建成时间	总投资（万元）	护砌形式	管理人员数（人）	占地（亩）	续建情况	
											时间	新增或恢复库容（万方）
博兴县	2	打渔张水库	乔庄镇	1340	1000	1997.12	2200	均质土坝	13	4000		
		纯化水库	纯化镇	3450	3450	2000.12	9752	砼板衬砌	15	12325.5		
邹平县	2	码头水库	魏桥	1200	1200	2002.10	3800.8	砼预制块	18	2954.6		
		韩店水库	韩店	4500	4500	2004	17000	砼预制块	21	8000		
开发区	2	西海	里则办	1490	1000	2004	8000	砼板衬砌	16	4500		
		南海	杜店办	1400	500	2004	3600	均质土坝	11	2279		

注：表中“原设计库容”“兴利库容”与“占地”分别按照可研报告中的设计数据来填写；“现状库容”是指现在实际蓄水库容。

黄河河务

【概况】 2011年，滨州黄河河务局积极打造防洪屏障、生态长廊，全面完成年度目标任务，实现了“十二五”良好开局。严格落实以行政首长负责制为核心的各项黄河防汛责任制，认真抓好各项备汛工作，确保了黄河安全度汛。全年引黄供水12.62亿立方米，同比增长20%，基本满足全市工农业生产和生活用水需求。加强黄河河道管理，大力实施水法规宣传，保持了良好的水事管理秩序。强化工程日常管理，使各类工程始终保持良好运行状态，投入1500多万元用于黄河工程日常维修养护。积极推进“和谐滨州黄河”建设，基层职工生产生活条件显著改善。被市政府授予“支持滨州发展突出贡献奖”。

【黄河防汛】 （1）落实防汛责任制。5月26日，在全市防汛工作会议上，沿黄各县（区）签订了黄河防汛责任书；各级层层签订防汛责任书750份。加强黄河系统内部岗位、技术责任制落实，印发了《关于2011年滨州黄河河务局机关防御大洪水机构设置及人员安排的报告》，分工明确，责任到人。（2）修订防洪预案和抢险方案。市及沿黄各县（区）及时修订和印发了黄河防洪预案，为防御可能发生的大洪水，从程序、组织、技术等方面奠定了基础。(3)落实防汛队伍。组织各类群众防汛队伍12.87万人，其中一线4.94万人，二线7.63万人，三线0.3万人。加强了第三、第十一黄河专业机动抢险队建设，第十一机动抢险队平均年龄由原来的48岁减小为33岁，大专以上文化程度占62%，实现了知识化、年轻化。5月12日，在惠民齐口控导组织进行了抢险实战演练。(4)加强国家常备防汛物资管理。准备石料13.8万立方米、铅丝70吨、麻料61吨、袋类48万条、土工布1.3万平方米及其他防汛物资。群众和社会团体备料进行登记造册。(5)完成调水调沙任务。调水调沙期间组织干部群众巡查沿河滩岸，及时填注堵串；对出现塌岸险情的10处工程、24坝次进行了及时抢护，动用备防石3174立方米，确保了洪水安全下泄。

【黄河防凌】 2011~2012年度凌汛期，冷空气强度不大，滨州河段未封河，发生三次淌凌，淌凌时间总计13天。为加强对防凌工作的组织领导，修订颁布了《滨州市黄河防凌预案》，层层落实了防凌责任制；成立了16个冰凌观测组，对所辖河段水位站和险工的水尺进行了认真的检查和零点校测，对冰情观测人员进行了技术培训。落实了防凌物资和爆破器材，对国家常备料物和防凌器材、设备进行了清仓检查，对交通车辆、照明设施和冰凌观测、爆破工器具进行了检查维修，保证管打管用。凌汛期间，安排24小时防凌值班，认真做好气象、水情、冰情观测和通信工作，确保了黄河防凌安全。

【黄河工程管理】 (1)制定印发了《关于进一步完善工程管理运行机制的指导意见》，保持了工程的良好面貌，工程整体管理水平显著提高。惠民河务局通过国家级河道目标管理单位复核验收，博兴河务局王旺庄堤防被评为黄委示范工程，邹平台子堤防、博兴王旺庄庭院、张肖堂引黄闸被评为山东河务局示范工程。(2)推行工程承包责任制，签订维修养护合同28份，合同金额1959.61万元；实行定期考核和不定期考核相结合的办法，根据考核结果对基层管理段和维修养护职工进行奖惩，促进了日常管理的顺利开展。全年完成养护土方15.57万立方米，完成美国白蛾防治4~6遍，树株浇水养护230万株，堤顶及控导连坝路洒水、刮平683个台班，围格堤整修16.9万平方米，完成根石加固、沿子石翻修、坝坡整修石方2.46万立方米，根石平整193.5万平方米，备防石整修1.54万立方米。完成日常维修养护投资1548.53万元。全年植树12.94万株，完成计划的104.6%。(3)完成维修养护专项施工。全年完成10个专项和8个年久失修项目，完成土方5.94万立方米、石方2.15万立方米，完成投资411.08万元，加强了对专项工程建设的监督、检查，确保维修养护专项施工的质量。(4)加强黄河水利风景区建设。依托邹平黄河丰富的工程、生态、人文资源，规划建设了总面积300平方公里的邹平黄河水利风景区。景区突出亲水主题，把黄河淹没的古齐东县城文化遗存，以及沿黄自然、人文景观纳入风景区范围，丰富了景区内涵，展现黄河文化的特有魅力，体现了人水和谐之美。11月，邹平黄河水利风景区被水利部批准为第十一批国家水利风景区。

【黄河河道管理】 (1)河道内建设项目管理。进一步规范工作程序，加强河道内建设项目受理、转报、许可等各个环节的审核、监督工作，认真审查建设项目申报材料，严格按期限、程序办理。全年受理、转报、审批建设项目6件，全部按规定权限进行了审批或转报。组织了汛前、汛期执法大检查，对辖区内的防洪工程、非防洪工程、滩区进行了全面排查，督促落实了跨河大桥、浮桥等大、中型建设项目的防汛责任。加强浮桥管理，9月，根

邹平黄河国家水利风景区核心景区——梯子坝

●2011年4月26日,黄河水利委员会主任陈小江视察滨州黄河。

据山东河务局《关于做好浮桥管理工作的通知》要求,组织对辖区内的8座浮桥进行了逐一核查,对查出的问题及时督促整改,消除了安全隐患;凌汛和调水调沙期间,按要求及时组织拆除浮桥,确保了黄河行洪畅通和浮桥安全运营。(2)水法规宣传教育。印发了2011年法制宣传教育工作计划。建立健全了滨州黄河"六五"普法网络,配齐配全了"六五"普法工作联络员。3月22日,在滨州市渤海国际广场举办了大型集中宣传活动,设置彩虹门、气球、大型背景墙,精心制作了宣传展版、水法规宣传册及印有水法规的学生作业本、一次性纸杯等宣传材料,吸引上千名群众参与。积极开展送法下乡、送法进学校、送法进企业、送法进工地等活动,3月23日至25日,组织水政、公安派出所人员开展了联合巡回宣传,出动宣传车11辆,深入沿黄乡镇田间地头、学校,宣传治黄知识、水法规知识等,宣传队伍行程数百公里,遍及滨州3县2区23个乡镇,120多个村庄,10多所学校,分发宣传手册7000份,水法规作业本9000个,一次性纸杯13万只。"12·4"法制宣传日期间,组织全局干部职工观看法律讲座,参加法律法规考试、网上答题等活动,取得较好的宣传教育效果。(3)水利执法工作。本着"早发现、早制止"的原则,认真组织开展河道巡查工作,严厉查处河道内各类水事违法行为,全年累计巡查300余次,行程1.6万余公里。针对春季植树期间的季节特点,组织了联合大检查,各级水政人员改变巡查时间,增加巡查次数,有效地杜绝了新增阻水片林的出现。全年查处水事案件事件43起,其中27件现场进行了及时处理,13件破获,查办率达到100%,结案率达到93%。麦收和"三秋"期间,印发了《关于进一步加强河道执法巡查、做好河道管理工作的通知》,在全局范围内开展了禁止在堤顶道路打场晒粮专项整治活动,维护了良好的工程管理面貌,确保了防汛道路畅通无阻。通过全市2009—2011年依法行政工作考核。(4)队伍建设。全年组织水政人员32人次参加省、市组织的各类培训,进一步提高了整体执法水平。开展公安派出所与水政联合执法新机制研究,建立完善黄河派出所和水政监察大队协作配合机制的有关制度,各县(区)河务局先后出台《水政、公安联席会商制度》《水政、公安情况通报制度》《水政、公安联合巡查制度》《水政、公安重大应急突发事件协同处置制度》《水政、公安联合宣传制度》等5项制度,进一步整合了执法力量。

【黄河水资源管理与调度】 深入推进两水分供,强化引水监管,2011年,签订供水协议96份,完成引黄供水总量12.62亿立方米,同比增长20%;完成非农业引水1.81亿立方米(不含引黄济青1.51亿立方米),完成山东河务局下达的目标任务的112%。全力支援滨州市六十年一遇的严重干旱,春节期间及时开启小开河、簸箕李、韩墩等引黄涵闸,破冰引水,缓解了滨州北部沿海人畜饮水困难;加大应急性调水力度,实行24小时值班制度,对水闸启闭设备、电器设备等进行全面系统的检修,确保了引水安全。抗旱期间引水4.98亿立方米,解除了滨州市270万亩麦田旱情。

【精神文明建设】 (1)注重办实事惠民生。投资30多万元建成码头管理段五星级职工之家;小开河引黄闸、道旭引黄闸、养护基地等一

●2011年7月13日,山东省副省长贾万志检查滨州黄河防汛工作。

批新的值守设施投入使用。危房改造工程进展顺利,基层职工饮水问题基本解决,基层段所职工生产生活条件持续改善。年内,走访困难职工35户,发放救助金6.7万元。(2)推进文明创建。广泛开展了建党90周年系列庆祝活动。成立了自行车健身俱乐部,组织开展了红色旅游、登山及体育比赛等活动,活跃了职工文化生活,市河务局、惠民河务局分别被国家体育总局表彰为全国全民健身活动优秀组织奖和先进单位。滨城河务局晋升省级文明单位;滨州恒达黄河水利工程维修养护公司荣获全省“工人先锋号”。滨州河务局被表彰为全省先进县级党委(党组)理论学习中心组;滨州河务局机关党委被山东黄河河务局评为先进基层党组织。(3)强化廉政建设。认真落实党风廉政建设责任制,全面推进廉政风险防控管理,建立了廉政档案,初步建立健全了监督检查、考核评估、纠错整改和责任追究机制,实现了廉政风险防范关口前移。被评为黄委党风廉政建设先进单位。(4)加强安全和资金管理。严格落实安全生产责任制,实现了安全生产年。严格执行财务预算管理,认真做好国家审计署水利资金审计迎审及整改工作,加强养护经费的跟踪审计,确保了资金规范使用。

(崔宝军)

引黄济青管理

2011年,胶东调水滨州分局紧紧围绕强化工程管理和搞好胶东调水工程两个主题,各项工作取得了一定成绩。积极组织职工参与社会捐助活动、抗洪救灾活动、“送温暖、献爱心”、扶贫帮困活动;积极组织开展多种形式的文化、体育活动;重阳节组织全体老干部参观革命战争遗址、缅怀革命先烈;滨州分局机关、博兴管理站连续保持了市级文明单位、省级文明单位荣誉称号。

调度运行。本年度共引黄河水21164.6万立方米。其中为博兴农灌供水1687.2万立方米,为博兴县夏粮丰收和秋粮夏种打下了坚实基础。为渤海油脂供水349.8万立方米,给本企业扩大生产效益增添了活力。

博兴站办公楼维修。投资265万元,对工程进行了招投标,确定了施工队伍。技术人员严把质量关,确保工程的顺利完成完成。

清淤工作。年内,共投资285万元,完成胶东调水渠首沉沙池清淤21.23万立方,为冬春季胶东调水工程的引输水工作奠定了坚实的基础。

水土资源开发。年内,共种植乔木9301株,灌木1650墩。工程绿化区域中,发生美国白蛾中度灾害的林地面积3000亩,全部采用人工操作专用喷药机械喷洒生物药剂,取得了显著的效果。

(侯燕钦)

农业机械

【概况】 2011年,全市农机化事业全面发展,农机装备总量快速增长,农机总动力达到567.9万千瓦,农机总值达到30.1亿元,比上年分别增长3.97%和5.5%;农用拖拉机7.88万台,其中大中型拖拉机2.77万台,联合收获机1.26万台,分别增长4.13%和1.61%;大中型农业机械与小型动力机械比为1:1.84,机具配套比为1:1.65。全市农机作业水平全面提升,小麦机收率达到98%,玉米机收率达到90.2%,农机化综合水平达到

【技术改造工作】 编制完成了《全市工业和信息化“十二五”发展规划》，明确了全市工业产业结构调整的方向和重点。深入实施“项目建设年”活动，有55个项目列入全省工业转方式调结构技术改造重点项目。联合市人民银行、银监局筛选了189个重点技术改造项目，向全市各金融机构进行推介，申请银行贷款238亿元。举办了国际资本对接滨州新兴产业系列活动，有27家投资机构与滨州市41家企业进行了对接，有7个项目与投资机构达成投资意向21.5亿元，加快推进了新材料等六大新兴产业发展。全年累计完成工业技改投资405.6亿元，同比增长24.8%，占全社会固定资产投资的比重超过40%。

【技术创新工作】 2011年，新增省级企业技术中心8家，认定市级企业技术中心26家，至年底，市级以上企业技术中心144家。依托愉悦家纺等骨干企业建立了家纺服装、装备制造、新材料、新能源等4个行业技术创新联盟。邹平、沾化被认定为山东省高端装备制造产业园区，亚光毛巾、齐星铁塔2企业获得省工业设计中心认定，有5个重点领域首台(套)技术创新项目通过省认定，有3家企业获得省军民结合产业专项资金扶持。大高通用航空城被列入山东省航空产业重点园区，哲人新能源被列入省新能源汽车产业重点支持企业并获专项资金支持。

【中小企业工作】 2011年，全市中小企业实现总产值6973.13亿元，同比增长22.98%；实交税金147.28亿元，其中国税99.42亿元，增长11.45%，地税47.86亿元，增长85.8%；固定资产投入1219.26亿元，增长20.37%。出台了《关于鼓励支持发展中小企业信用担保机构的意见》，成立了滨州市担保行业协会，新增担保公司8家，全市注册的担保机构已达77家，全年完成贷款担保额76亿元，同比增长27%。培训各类中小企业经营管理人才6000人次。滨州市纺织产业集群公共服务平台、博兴钢板产业集群公共服务平台、市中小企业综合服务平台列入国家扶持计划，建成了好生家居网、博达钢板网、沾化枣制品电子商务网站。邹平家居产业集群和沾化县盐化工产业集群得到省级重点产业集群专项支持，争取到省级扶持资金1000万元。着力破解中小企业融资难，邹平、博兴2支中小企业集合票据、邹平1支集合信托发行成功，共为企业融资4.8亿元。

【信息化工作】 2011年，抓住滨州市列入全省两化融合试验区的机遇，印发了《两化融合试验区建设实施方案》和《关于加快无线城市建设的指导意见》，重点实施了65个“两化”融合项目，认定市级信息化示范企业12家，信息技术推广应用中心4家，有5家企业列入第一批省两化融合“四个100”工程，17项列入第二批培育范围，有3家企业被认定为首批“省电子商务企业”，7个项目获得两化融合试验区重点项目专项资金支持。滨软软件通过双软企业认定，滨州市双软认定工作实现了零的突破。

【节能降耗工作】 2011年，全市工业累计用电量和六大耗能行业累计用电量均低于全省平均水平。对9个项目实施了节能评估，对16个项目进行了节能评价，遏制了高耗能项目的上马建设。加快淘汰落后产能，实施节能技改项目，督促传洋集团淘汰两座380立方米高炉，引导建材、纺织、机械、轻工、化工5个行业的9户企业淘汰落后生产工艺设备，共淘汰生产设备686台套。积极引导企业、单位提报、建设重点节能项目，有2个项目获得中央预算内投资1260万元，11个项目获得省奖励资金270万元，12处学校获得太阳能集热系统推广应用补贴180余万元。完成了21家企业的清洁生产审核工作，对66家企业进行了高耗能行业和单位能耗限额专项检查，对6家企业下达了限期整改通知书。引导和鼓励企业加快循环发展，实现资源综合利用。圆满完成省政府下达的节能降耗年度目标任务。

【四大行业发展势头良好】 2011年，全市家纺服装、生态化工、先进装备制造、绿色食品深加工四大行业发展势头良好。(1)家纺服装行业。实现主营业务收入1844.95亿元，增长33.37%，占规模以上企业的37.06%；利润104.15亿元，增长14.22%；利税151.22亿元，增长15.45%。(2)生态化工行业。实现主营业务收入833.71亿元，增长

33.71%，占规模以上企业的16.75%；利润38.91亿元，增长9.11%；利税77.85亿元，增长8.35%。(3)先进装备制造业。实现主营业务收入681.39亿元，增长43.05%，占规模以上企业的13.69%；利润32.59亿元，增长11.7%；利税41.32亿元，增长14.33%。(4)绿色食品深加工行业。实现主营业务收入741.12亿元，增长25.64%，占规模以上企业的14.89%；利润32.69亿元，增长38.51%；利税45.67亿元，增长34.71%。

●2011年9月23日，第九届滨州国际家纺文化节开幕。

【第九届中国(滨州)国际家纺文化节】 9月23日至25日，第九届中国(滨州)国际家纺文化节暨第二届中国国际服饰文化博览会在滨州国际会展中心成功举办。本届节会共吸引了国内外参展参赛家纺企业880余家，与会专业客商300余家。联合国副秘书长沙祖康专门发来贺信，对节会的隆重召开表示祝贺。中国纺织工业协会副会长王天凯，全国人大农业与农村委员会委员、中国服饰文化委员会主席、原国防大学副政委李殿仁中将，山东省人民政府省长助理陈光，中国国际文化传播中心秘书长戴述高将军，中国纺织工业协会副会长、中国家用纺织品行业协会名誉会长杨东辉，中国家用纺织品行业协会会长杨兆华等领导以及国内外知名家纺企业的专家学者汇聚滨州出席开幕式并考察指导。本届节会以展示为主干，以赛事为亮点，以销售为辅助，以采购洽谈为重点，"展、赛、销、谈"相结合，把产业的展示交易与行业的技能竞赛结合起来，把政府主导与市场运作结合起来，实现了节会模式的创新和办会理念的突破。节会期间，举办了"愉悦杯"第六届中国家纺时尚产品大赛、"华纺杯"第六届中国家纺时尚产品设计大赛和"亚光杯"第六届中国家纺手工精品创意大赛，国内外知名家纺服装服饰企业纷纷拿出精品参展参赛，代表了家纺服饰行业的顶级水平。同时，国内各家纺产业集群都组团与会洽谈合作，有12个招商引资重点项目进行了集中签约，合同金额达140亿元人民币。

2011年全市利税过千万元企业主要经济指标一览表

单位：万元、%

企业名称	主营业务收入		利润		利税	
	本期	同比%	本期	同比%	本期	同比%
魏桥集团	16103983	40.02	1022751	19.67	1403010	21.74
滨化集团	3581864	41.73	187993	-27.29	487659	-8.95
长星集团	1351691	29.41	203709	83.20	221879	78.77
西王集团	2121833	33.37	153054	42.35	194887	36.22

续表 1

企业名称	主营业务收入		利 润		利 税	
	本期	同比%	本期	同比%	本期	同比%
京博石化	1494602	45.05	90829	19.60	121726	-5.28
齐星集团	1240807	10.51	52716	8.47	69405	0.84
滨阳燃化	789018	109.52	46518	16.26	54589	15.92
海生生物	531863	401.35	34934	转盈	39819	
创新金属	1360603	96.57	29282	249.30	34879	232.09
渤海油脂	658442	2.56	13858	11.16	27597	-0.31
香驰粮油	1011688	84.08	19612	16.74	27431	17.93
亚光毛巾	535483	25.99	15626	-11.06	27237	-25.64
三星油脂	498106	6.01	19456	5.72	26234	13.00
华纺集团	205056	2.51	1308	-44.39	24052	-24.28
铁雄冶金	539838	24.64	14271	270.96	23058	214.11
华兴机械	758017	104.78	19226	30.07	21673	31.31
炜烨新能源	313183	54.24	12548	19.61	20873	18.32
广富集团	650125	21.88	3957	-25.17	20193	5.33
永鑫化工	122311	-28.93	990	1185.71	19735	-1.58
侨昌化学	383102	0.38	11710	1.08	18847	-9.15
渤海活塞	201075	2.06	11751	-8.15	18211	-9.78
愉悦家纺	258238	31.68	9386	58.17	14969	44.82
传洋金属	387541	18.19	9445	18.33	14797	12.21
滨农科技	375665	-0.76	6386	-43.77	13482	-26.20
基德医药	143719	63.95	12760	82.70	13305	33.09
华义玉米	123195	93.85	11218	292.24	13198	248.22
无棣六和食品	42721	28.93	1743	53.70	12214	976.67
三利集团	95739	179.37	9838	5826.51	12042	1069.09
九环机械	383340	73.15	5400	4.33	11557	18.45
星一皮革	366918	22.62	6739	26.55	11530	28.59
天宏新能源	472509	-0.55	7560	-70.59	11009	-64.90
泰裕麦业	237331	20.73	6040	17.92	10520	21.05

续表 2

企业名称	主营业务收入		利　润		利　税	
	本期	同比%	本期	同比%	本期	同比%
金光焦化	74412	134.22	6093	145.98	9913	92.35
龙福生态	63444	320.10	4455	54.37	9184	217.38
华康食品	107346	27.66	8727	63.98	8786	63.78
华润油脂	117541	17.19	4959	-56.77	8747	-37.41
恒丰热电	33888	47.87	7264	103.70	7984	80.62
齐明集团	49851	14.29	5963	19.36	7675	21.51
天顺药业	190371	42.71	3078	50.51	7387	45.86
先达化工	51373	27.77	6800	-8.93	6800	-17.91
天禧牧业	78884	64.82	6728	87.83	6793	87.08
埕口盐化	54395	18.55	1725	33.10	5931	27.50
山水水泥	43068	8.94	4005	54.75	5783	45.36
科瑞钢板	302988	86.88	4372	31.89	5776	39.38
鑫岳化工	471767	2.96	2154	5.02	5543	43.17
华隆生物工程	45494	20.67	5226	-2.13	5226	-2.13
瑞丰铝板	130171	63.60	3443	1.15	4700	19.37
天地缘集团	149804	35.05	1711	23.01	4514	9.66
华润集团	36687	10.54	2517	-43.12	4402	-21.97
东方地毯	31037	44.67	3316	142.75	4337	86.53
基德生态	204949	22.97	1140	19.75	4244	20.85
开泰工业	38964	23.31	1880	27.98	4025	23.47
亚圣集团	56685	25.44	2622	24.86	4019	25.28
京博农化	51692	32.63	3564	-13.52	3814	-14.46
鲁丰铝箔	118435	-2.74	1846	3.65	3445	13.28
东进餐具	20243	6.99	2874	8.21	3394	24.90
远大板业	207233	11.59	2143	573.90	3231	162.15
天兴化工	48376	15.70	2751	33.61	3098	25.07
宏诚集团	100843	-9.77	503	-63.76	3078	-46.21
顺天纺织	69104	30.60	136	5.43	2779	2.91

标，抓质量，抓安全，抓创新，编制了《锦秋220kV变电站工程项目管理实施规划施工组织设计》和《工程创优实施细则》等质量管理措施，明确质量目标，建立完善的质量管理体系。实行了全过程参与、阶段性检查和环节性把关等管理办法，对施工质量进行控制。同时，应用新材料、新工艺及环保节能措施，实现了全站设备无垫片安装，全所二次电缆无一外露；采用微机监控系统装置，实现遥测、遥信、遥控、遥调，提高了变电站的综合自动化水平，实现了真正意义上的无人值守。2011年，该工程顺利通过了消防、环保、档案等专项验收，优良率达到100%，工程启动一次成功，通过山东电力集团公司达标投产验收。变电站投运以来，继电保护正确动作率100%，保护装置、运动装置、计量装置投入率100%，遥测，遥信正确率100%，全部设备运行良好，安装工艺等各项工艺指标均居全省先进水平，被山东电力集团公司评为优质工程，被滨州市建管局和滨州市建筑业协会评为2011年度滨州市建设工程质量“建滨杯”奖（市优质工程），被国家电网公司评为“国家电网公司优质工程”。

【滨州供电公司职工书屋被中华全国总工会授予“全国优秀职工书屋”称号】 滨州供电公司领导高度重视企业职工书屋建设，把其作为促进职工进步，推动公司发展和建设和谐企业的重要工程。注重发挥“职工书屋”的载体作用，广泛开展了“创建学习型组织，争当知识型职工”活动，在企业内部营造了良好的学习氛围，在文化服务和知识支撑方面取得了显著成绩。在建设职工书屋的过程中，设置了职工图书阅览室，配备了专职管理人员，建立了图书阅览室借阅制度、图书增补制度、电脑使用管理制度、报刊书籍污损遗失赔偿办法和设施设备更新等制度；在建设资金上，采取企业拨一点、工会出一点的办法，每年公司对图书阅览室的投入都不少于2万元，保证了职工能够阅读到最新的书籍。至年底，职工书屋占地面积达350余平方米，图书室共有藏书3.5万余册，配有书橱120余套，总计资产额为20余万元。近年来，滨州供电公司结合开展和谐企业建设、“人人讲诚信”主题教育和深入学习实践科学发展观等活动，组织了行之有效的活动。在推进“创建学习型组织，争做知识型职工”活动中，图书阅览室与公司教育培训中心联合组织征文和读书活动，购置专业辅导书籍，配置到各车间、班组。另外，将读书学习与企业的实际工作有机结合。定期组织职工技术比武，开展职工道德素质教育，职工自觉学习的习惯逐步养成，图书阅览室的阅读者不断增加。同时，每年组织“读一本好书，写一篇读后感”活动，开展读书交流、“我读书、我快乐、我进步”班组职工读书竞赛等各种形式的学习竞赛，提高了职工的学习热情，为促进公司企业文化建设起到了积极的促进作用。为了改变职工书屋的单一形式，为每个班组设立了“图书角”，统一配备了书橱和文学、艺术、生活、健康、管理、娱乐、励志等各类图书，方便了职工读书学习和成才进步。职工书屋较好地发挥了文化载体功能，逐步成为实施职工素质教育和开展“争创”活动的重要阵地，为提高职工整体素质，促进企业改革发展发挥了积极作用。2009年，被山东省总工会授予“山东省百佳职工书屋”称号，公司也先后荣获了“全国五一劳动奖状”“全国文明单位”“全国模范劳动关系和谐企业”等荣誉称号。2011年，滨州供电公司职工书屋，又被中华全国总工会授予“全国优秀职工书屋”称号。

（李德亮）

盐　业

2011年是“十二五”开局之年，全市盐业围绕年初制定的目标，上下同心，真抓实干，生产原盐360.37万吨，溴素5534吨，生产其他化工产品3万多吨。批发企业累计销售各类食盐2.47万吨，其中小包装食盐1.12万吨，分别完成年度计划的109.10%、102.06%；全行业实现销售收入16.60亿元，利税4.17亿元。

妥善处置食盐抢购风潮。受日本大地震造成的海啸及核泄漏影响，吃碘盐能防核辐射等谣言迅速传播，引发了从江浙地区开始的食盐抢购风潮，并迅速蔓延到全国各地，事件发生后，市盐务局迅速启动食盐供应应急预案，各级批发企业干部职工开赴一线，沉着冷静，齐心协力，忠于职守，用最短时间妥善平息了食盐抢购风潮。食盐抢购风潮历时3天，充分考验了盐业系统广大干部职工应对突发事件的能力，体现了食盐专营保证市场供应的政策优势。事件平息后，全市有4个单位被省盐务局评为平息食盐抢购先进集体，9人被省盐务局评为平息食盐抢购先进个人，1人受到中盐总公司表彰。

促进全市盐业平稳健康发展。原盐生产企业不断加大基础设施投入，全年更新塑苫2万余公亩，新增塑苫3.5万余公亩，塑苫面积占结晶面积的比例达到90%以上。同时，加强了塑苫的维护与保养，塑苫利用率和收放准确率显著提高。狠抓上水制卤，缩短制卤周期，加强结晶管理，严格分晒，杜绝“老卤”回头，保证原盐质量。全市盐化工企业以技术革新为重点，优化工艺流程挖潜改造，强化管理，降低生产成本，实现了全市盐化工生产平稳健康运行。海珍品养殖进一步发展，育苗、养成技术逐步成熟，养殖品种逐年增加，养殖面积不断扩大，逐步向规模化发展。各单位坚持预防为主，常抓不懈的原则，加强对安全生产工作的领导，普遍成立了以一把手为第一责任人的安全生产领导小组，建立健全各项安全生产制度和操作规程，定期进行安全检查。组织开展突发事故应急处置和逃生自救演练，提高了企业应急处置能力和职工自我保护意识。年内，全市盐业无一例安全责任事故发生。

规范盐政执法工作。各级盐务局认真履行职责，强化管理，积极与公安、工商、质监、物价、卫生、食品药品等职能部门配合，开展联合执法，构建了政府领导、部门配合、社会参与打击涉盐违法犯罪的长效机制。开展了春秋两季集中治理活动，巩固日常管理成果。集中人力、物力，堵源头，净市场，查线索，端窝点，维护食盐市场秩序，保证了食盐市场安全有序。平稳运行边界市场协查机制，共享盐政执法信息。滨州、德州、沧州两省三市边界地区盐业市场协查机制运行平稳，通过召开三方会议，及时处理工作中出现的问题。与东营、淄博、济南等边界市场协查机制逐步走向正规，信息流转进一步通畅，边界市场得到进一步治理。以公安盐政联合办公室为依托，不定期对私盐重灾区进行梳理检查，深挖大案要案线索，打击一个，震慑一片。2011年11月，市局批管处根据群众举报，经过1个多月的跟踪蹲守，将涉盐违法分子孙某当场抓获，成功打掉一个集采购、运输、销售一条龙的私盐贩运窝点，没收流入食盐市场的劣质工业粉盐2.5吨，罚款7000元，《齐鲁晚报》于12月21日以《一吨工业盐险些上餐桌》为题予以刊登报道。年内，全市共查处盐业违法案件661起，没收私盐316.1吨，罚款23.92万元，端掉制售假冒食盐窝点3个，盐政公安联合办案8起，无一例行政复议案件发生。

食盐专营工作。在上年客户经理负责制试点取得成功经验的基础上，各县区进一步细分市场，根据食盐销量分别区分为大客户、小客户、终端户，采取访销与送销相结合的方法，放手于客户经理，对客户经理实行业绩考核，充分调动客户经理的积极性，增强食盐终端市场的控制力。结合食盐市场的清理清查工作，对全市食盐零售网络重新梳理布局，全市食盐零售网点调整为7719个。市局坚持跟踪管理计划完成情况，当月计划，当月落实，严格考核，每月通报计划完成情况，每季召开食盐专营调度会，推广先进经验，查摆存在问题，制定整改措施，促进了专营计划的落实。采取上街宣传、悬挂条幅标语、散发宣传材料等形式，积极开展第十八个防治碘缺乏病宣传日活动，面向群众讲解碘缺乏危害知识和碘盐识别方法。

企业文化建设。开展了“开局起步加快转变，‘两区’开发创先争优”解放思想大讨论活动，组织了“以人为本、执政为民”学习教育活动和“创先争优在行动”等活动，鼓励党员干部和职工立足岗位，立足自身，建功立业，创造佳绩，涌现了一大批先进党组织和个人。在全省盐业“创先争优”表彰大会暨党建宣传工作会议上，2人被表彰为“全省盐业系统优秀党委书记”，1个单位被表彰为“全省盐业系统‘四强’党组织”，3人被表彰为“全省盐业系统‘四优’共产党员”。紧密结合单位实际，严格落实党风廉政建设责任制，逐级分解责任，签订责任状，形成了“一把手”为第一责任人，纵横到位、上下贯通的“一岗双责”的责任网络体系。

（马明军）

交通 邮电

JIAOTONGYOUDIAN

交通运输

【概况】 2011年，全市交通运输事业实现了“十二五”良好开局，得到省交通运输厅和市委市政府及人民群众的充分肯定。

经济发展的保障能力进一步增强。2011年，全市交通固定资产投资完成44.46亿元。至年底，公路通车里程达到1.49万公里，等级客运站、货运站分别达到46个和22个，沿海港口泊位18个。(1)项目前期工作进展顺利。济南——滨州——东营高速公路通过省发改委立项，鲁冀界(埕口)——沾化高速公路、沿海高等级公路、长深高速辛庄子——高青段等重点项目编制工程可行性研究报告，《滨州港总体规划》顺利通过省政府和交通运输部审批，滨州港海港港区21.5公里防波堤工程、3万吨级航道工程前期工作顺利完成，3×5万吨级液体化工泊位等项目前期工作扎实推进。(2)公路网络日臻完善。滨德高速主体完工；庆淄路高青界——邹平韩店、大济路惠民县城——联伍、博临路博兴——淄博界、孤滨路下河至沾化县城、广青路东营界至小营等路网改建项目稳步推进，部分项目竣工通车。(3)港航建设强势突破。集全市交通运输系统之力，克服工程量浩大、工期紧迫、施工环境恶劣、资金极度短缺等困难，滨州港2×3万吨级码头达到靠泊条件，建成长达17公里的集防波堤、挡沙堤、深水岸线、集疏运通道等多功能于一体的综合性工程，海港港区南防波堤完成主体工程，圆满实现市委、市政府年初确定的建港目标；滨州港海港港区、套尔河港区分别形成14.86公里、13.5公里的深水岸线，初步搭建起万吨大港建设框架。创造了滨州交通运输重大项目建设的更大突破。(4)场站物流全面推进。开工建设场站物流项目21个，滨南客运中心、邹平运达物流中心、滨南物流园、惠民集疏运中心、鑫辉仓储物流、博兴交通物流、阳信汽车新站等项目主体均基本完工；滨北客运中心、无棣客运总站、惠民汽车南站、滨州市公交调度中心等项目建设全面展开。积极推进乡镇交管所规范化建设，省交通运输厅在沾化县召开全省乡镇交管所“四位一体”建设现场会，推广滨州市经验。

交通运输行业服务水平进一步提高。2011年，完成道路客运量6245万人，客运周转量38.6亿人公里；完成货运量1.27亿吨，货运周转量313.7亿吨公里；沿海港口吞吐量首次突破400万吨。坚持管理与服务并重，更加注重惠民利民、服务为本，努力为社会提供安全、便捷、高效的运输服务。(1)便民公交提档升级。投资1亿元新增绿色环保公交汽车100台，安装设置电子智能站牌、候车亭66个，新增、调整了一批公交线路，市民出行更加安全、便捷、舒适；积极开展城乡客运一体化试点，博兴县兴福镇镇域公交开通运行。(2)市场监管扎实有力。积极开展以京博物流为代表的道路货物甩挂运输试点，企业经济效益显著提升；强化驾培和维修业管理，在全市范围实行“驾驶员培训检查现场勘验记录”报表制，启用道路运输车辆二级维护和检测作业视频监控系统。《滨州港套尔河港区航道及功能区规划》由市政府印发实施，航政和岸线管理进一步规范。(3)交通执法严格规范。与公安特警联合执法，路面执法保持高压态势，超限率控

2011年11月16日，省交通运输厅与滨州市政府签署贯彻实施“黄蓝”两区发展战略，推进综合交通运输体系建设战略合作协议。

●2011 年 8 月 26 日，市委书记邓向阳乘坐公交车调研城市公交便民工程。

制在 3.9%以下；积极开展打非治违活动，治理非法营运三轮车、黑出租、违章客运班车和出租车 300 余辆次，有效维护了运输市场秩序。(4)路桥管养全面加强。以迎接全国公路养护管理大检查为契机，积极打造 G205、G220、G309 三大文明样板路工程，重点完成 4 个大中修项目、19 座危桥改造，全市干线公路综合优良路率达到 93.07%。农村公路养护示范段建设全面展开。(5)服务“三农”成效突出。全市农村公路改造完成 853.9 公里、桥梁 61 座。无棣县蔡河路建成通车。惠民县、博兴县被省交通运输厅确定为全省首批农村公路网化工程试点县。农村交通物流网络体系进一步完善，沾化、博兴、惠民三个试点县分拨中心投入使用，建成 18 个乡级物流节点、573 个农村物流网点。(6)安全监管扎实有效。严格落实责任，层层签订安全生产目标管理责任书；以科技化、信息化为手段，开工建设全市交通应急指挥中心；组织开展为期三个月的安全生产集中整治活动，加强安全生产事故应急预案演练，强化驾乘人员安全知识教育和管理，全面排查、消除安全生产隐患，开展“平安工地”创建活动，加强工程质量监督，全市交通运输行业持续安全稳定。

交通运输发展的软实力进一步提升。坚持内强素质、外树形象，加强干部职工素质能力和党风廉政建设，行业文明程度进一步提升。全市交通运输系统被重新命名为省级文明行业，市交通运输局被评为省级文明单位，市公路局继续保持全国文明单位称号，监察、道路运输、港航被评为省级文明子行业；市交通运输局、市港航局获全市科学发展综合考核二等奖；全系统获市委、市政府二等功嘉奖 5 次，全市交通运输行业在全省综合考核中位次前移。在市纠风办组织的群众满意度测评中，交通行业满意度排名第三。

【率先完成“十大民心工程”公交体系升级】 2011 年 4 月 28 日，公交车便民工程启动仪式在滨州汽车总站东广场举行。为切实解决市民的出行问题，提高公共交通档次和水平，为广大人民群众提供更加安全、便捷、舒适的交通环境，市政府把完善城市公交体系作为 2011 年的十大民心工程。该工程投资 1 亿元，新建 2 处公交车加气站，新上 100 辆高档绿色环保新能源公交车，完成部分线路电子智能化公交站牌和候车亭建设，新增公交线路 5 条、延伸调整 12 条，提高了全市公交覆盖率。新能源空调公交车全部采用新型空调、欧Ⅲ排放标准，具有豪华、舒适、节能、环保等特点，同时运用了集中润滑、缓速装置、GPS 定位、安全监控和自动报站等系统，配置科技含量高、安全性能好；车身分绿、蓝、黄三种外观颜色，分别寓意绿色环保和蓝色半岛经济区、黄河三角洲高效生态经济区开发建设。在油料价格上涨、各项费用增加的情况下，市交通运输局帮助滨州公共汽车公司克服困难、多方筹措资金，圆满完成了年内新上 100 台新能源公交车的目标任务并全部投入使用，完成市区 10 条线路车辆的全面更新；黄河 2 路公交电子站牌和候车亭安装完毕，新增、延伸调整的公交线路全部落实到位。在大批淘汰超期服役、污染严重、安全性能差的公交车辆，多条线路更新高档绿色环保新能源公交车的同时，市内所有公交车票价保持不变，让老百姓共享滨州经济社会发展的成果。

公交便民工程的启动，是城市公交纳入交通运输系统后市交通运输局促进公交加快发展的又一项重要举措，也是交通行业关注民生、改善民生、服务群众的最新成果。

【大型现代吕剧《生命极限》首映】2011年6月20日，在滨州影剧院举行庆祝中国共产党建党90周年献礼剧《生命极限》首映礼。《生命极限》讲述的是滨州市交通局原党组书记、局长高发明在任期间为滨州市交通事业发展兢兢业业，不辞辛劳，最后倒在工作岗位上的感人事迹。

（韩　晓　刘俊岱）

水上安全监管

【概况】 2011年，滨州海事处认真组织开展"安全生产基层基础深化年"活动和创先争优等主题实践教育活动，大力加强海事文化建设，海事监管能力不断提高，水上安全形势始终保持稳定。办理船舶进出港签证2838艘次，同比增长32%；船舶安全检查23艘次，滞留船舶2艘次；船舶现场监督检查351艘次，港区巡查848次、9641公里；水上巡航43次，巡航里程1120海里；水工作业审批8件次；规费收入107.6万元，增长4.8倍。先后获得省级青年文明号、滨州市依法行政先进单位、安全生产先进单位、支持滨州发展突出贡献奖和山东海事局"四客两危"船舶安全隐患大排查活动先进集体称号，被山东海事局、济南海事局和滨州市直机关工委表彰为先进基层党组织，荣获山东海事局文化建设示范单位、滨州市基层应急管理示范点、滨州市廉政文化建设示范单位，被山东省委组织部授予全省"学党史、增党性、当先锋"主题实践活动先进基层党组织。

2011年，滨州海事处深入开展"安全生产基层基础深化年"活动，定期分析安全监管规律，排查安全隐患，实行网格化管理，努力夯实安全管理长效机制，年内未发生任何等级的水上交通事故和险情，辖区安全形势保持稳定，实现了4个落实到位。(1)安全责任落实到位。制定下发了《安全生产基层基础深化年活动方案》，成立了以处长为组长的活动领导小组，明确了活动目标，突出薄弱环节治理，做到了以点带面，层层落实。召开了辖区2011年开航前座谈会、冬季海上安全会议、港口建设安全管理会议和落实乡镇船舶安全管理责任制专题会议，发出打击"三无"船舶和低标准船舶的倡议，与辖区港航企业、施工项目部签订了安全生产责任状。编制了《船员培训监督检查指南》，加强对船员培训机构的监督管理，开展了水上交通事故案例进课堂活动，切实提高船员教育培训质量。(2)隐患治理落实到位。按照上级局的工作部署，围绕"四重一关键"，积极开展了水上交通安全综合整治、安全生产月、雾季安全检查等专项活动，与市直有关部门组织联合执法行动15次，下达停止作业通知37份，发出协查通知17份，协调市城管执法局清理了中海太阳岛景区非法旅游船。开展航运公司安全与防污染检查4次，查处缺陷50项，下达安全隐患整改通知书8份，对2家单位进行了安全约谈。(3)打非治违落实到位。进一步规范了船舶现场检查、港口巡查和水上巡航行为，加大了海事监管的力度，严把危险货物申报审批关，严厉查处非法违法行为。活动中，与河北沧州海事局开展毗邻水域联合巡航，下达"安全隐患整改通知书"19份，"违章行为调查通知书"49份，"船舶监督管理协查通知书"17份，进行船舶现场检查55艘，查处缺陷160项。危险品船舶到港检查率达到100%。(4)预警预报预防工作到位。严格执行预警预防及应急响应工作相关要求，修订了《滨州市海上搜救应急预案》，召开了全市海上搜救工作会议。购置了测风仪，定时测量风力和能见度，每天为进出港船舶提供气象信息服务。加强与气象、海洋等搜救中心成员单位的联系，及时将预警信息以短信的形式向辖区港航企业发布，全年共发布预警信息36期，禁航3次。强化节假日等特殊时段的海事监管，严格执行24小时值班和重大事件零报告制度，做到了不漏报、不瞒报、不迟报。

【服务地方港航经济发展】 2011年，滨州海事处围绕工作主题、主线，丰富创先争优活动载体，深入开展了发展环境提升年、解放思想大讨论、"擦亮窗口服务百姓"等实践活动，组织了"两区开发我们怎么办"科室长访谈，向社会做出了"高效服务、便捷服务、热情服务、规范服务、廉洁服务”的承诺并制定了21项落实措施。(1) 主动作为。6月份组织召开了滨州港2×3万吨级码头海事管理研讨会,邀请海事管理方面的领导专家从通航环境配套建设、航海保障、航标布设、防治船舶污染和口岸开放等方面为滨州港建设献言荐策,为实现市委市政府提出的年底简易运营发挥海事支持和服务保障作用。(2) 在上年限制船舶吃水的基础上,制定颁布了《滨州套尔河水域水上散货过驳作业安全管理办法》和航道疏浚的安全保障措施。在套尔河航道疏浚完工后,协调黄骅航标处完成航标调整。(3)争取海测、航标部门和上级海事机构的支持,协调将套尔河航道扫测列入国家测绘计划,通过3年的努力,5月,正式出版了套尔河辖区海图,为进出港船舶提供了安全可靠的航行保障。(4)服务基层群众。利用山东海事局新配备的3G移动办公网卡,第一时间在大口河办事处进行安装,为大口河鲁北码头提供了极大的便利,为每艘船舶缩短办理签证时间2小时,结束了大口河办事处无法办理签证业务的历史。在政务大厅制作安装了政务公开栏,对海事处职责、海事行政执法人员守则、海事执法人员工作纪律、海事处收费依据及标准等进行公开明示,为管理相对人提供了便利,保障行政相对人的合法权益,树立了良好海事形象。

（刘树东）

公路建设

【概况】 2011年,滨州市公路局推进公路基础设施建设,加强公路养护路政管理,提升公路综合服务水平,各项工作取得新成绩。

稳步推进公路建设,路网结构布局不断完善。(1)加快重点项目建设。滨德高速公路完成主体工程,累计完成投资10.6亿元。(2)推进重点项目前期工作。济南——滨州——东营高速公路获国家和省批准立项建设,鲁冀界(埕口)——沾化高速公路工可报告编制完毕,沿海高等级公路和长深高速公路辛庄子——高青段等正在编制工可报告。(3)抓好普通路网改建工程。庆淄路高青界至邹平韩店段路面工程全部完成,顺利贯通;大济路惠民县城至联伍段路基、小桥涵工程全部完成,路面实现半幅通车;博临路博兴至淄博界改建段全部完工通车,新建段初步设计获批复;孤滨路下河至沾化县城段和广青路东营界至小营段改建工程

●2011年6月28日晚,全市“颂歌献给伟大的党”庆祝建党90周年大型红歌会在市政文化广场进行,滨州公路代表队合唱的《祖国不会忘记》夺得一等奖。

●2011 年 5 月 20 日至 22 日，交通运输部组织的全国性公路养护管理检查组在滨进行“国检”，图为现场活动一角。

进展顺利，普通路网改建工程全年完成投资 2.1 亿元。

全面加强养护管理，迎检工作取得圆满成功。以全国干线公路养护管理大检查为契机，全面加强养护管理工作，深入实施“五大养护工程”，年内完成养护投资 1.69 亿元，实施普通干线公路大中修工程 35.9 公里，改造危桥 19 座，增设一级公路中央防撞护栏 48.5 公里，优良路率达到 93.07%，其中国道 100%、省道 91.3%。稳妥推进养护运行机制改革，深入探索管养新模式，在 7 个县区局、22 个公路站选取 30%进行试点，逐步实现事企分离、管养分离、路面保洁与小修保养分离。

强化行业管理，应急保畅能力明显提升。(1)加强路政管理。全年路政巡查里程达 126.5 万公里，路政事案查处率、结案率均达到 97%以上。加大治超力度，查处超限车辆 3.27 万辆次。(2)加强高速公路运营管理。组建高速公路清障救援中心，完成长深高速滨州服务区升级改造，对长深、荣乌高速两处停车区进行改扩建，设施功能更加完善。(3)提高应急保畅能力。突出抓好重要路段、重点时段和特殊天气的保通保畅，成立了市局、高管处和县区局、养护工区和公路站三级除雪防滑组织机构，实行市局领导分工包段，制定完善除雪防滑工作实施方案，投资 300 余万元购置除雪防滑物资设备，有效地保障了路面安全畅通。

抓好规费征收，窗口文明服务再上台阶。大力推广应用高速公路非现金支付和电子不停车收费，与市财政局等 7 局委联合印发《关于应用高速公路联网电子不停车收费系统实施意见》，市政府办公室转发并组织召开新闻发布会，使滨州市应用高速公路联网电子不停车收费系统由部门行为上升为政府行为。同时新增全业务网点 5 个、充值网点 4 个，鲁通卡业务量大幅上升。全年发售鲁通 A 卡 1587 张、鲁通 B 卡 3028 张，安装 OBU 电子标签 5079 个，充值金额达 1284 万元。深入持久开展“讲文明、树新风、提升公路新形象”作风整顿活动，在全省公路系统率先推行收费站长上岗带班收费的基础上，2011 年又实行市局分管领导、业务科室负责人、高管处领导带班上岗收费制度。

深化行业文明创建，三个文明建设成果丰硕。顺利通过“全国文明单位”考核验收，连续 5 年夺得全省公路系统创建文明行业竞赛活动综合银杯，荣获全省公路系统“十一五”创建文明行业“突出贡献奖”，年内新增博兴公路局路政管理大队“全国青年文明号”1 个，滨州港海港港区疏港公路项目部全国交通系统“工人先锋号”1 个，省道 239 线惠民收费站、荣乌高速滨州港收费站省级青年文明号 2 个，省级“工人先锋号”1 个，荣获“全市妇联系统先进集体”并记三等功，国字号荣誉达到 10 个。全力帮扶南邱家村开展环境综合整治创建生态文明村工作，被市委、市政府授予集体二等功。全面推进廉政风险防控体系建设，被评为首批“省级廉政文化示范点”。

【全国干线公路养护管理检查到滨检测路况】 全国干线公路养护管理检查是交通运输部组织的全国性公路养护管理检查活动，一般每五年进行一次，对各省、市、自治区公路养护与管理情况进行检查验收。2011 年 5 月 20 日至 22 日，全国干线公路养护管理检查组路况检查组一行 6 人先后对滨州市

G18、G25两条高速公路,G205、G220、G309三条国道进行了路况检测,两条高速以不丢一分的优异成绩顺利通过国检大考,其余三条国道路况全部达标,G25高速公路黄河大桥规范化管理检查成绩优秀,为山东省荣获"十一五"全国干线公路养护管理工作优秀单位做出积极贡献。

【滨州公路志愿者服务队建设受欢迎】 2011年,滨州市公路局充分发挥全国文明单位示范带动作用,重视志愿者队伍建设,取得明显成果。在5月"志愿服务集中活动月"中,29支滨州公路志愿服务分队、937名志愿者主动走上街头巷尾,深入社区农村,访贫问苦,扶危济困,助人为乐,开展了丰富多彩的服务活动,为1000多名群众提供便民服务,救助困难家庭6个,结对帮扶空巢老人6名,扶残助残1名,到敬老院为孤寡老人送温暖7次,帮扶家庭困难子女16名,关爱农民工子女26名,为未成年人做实事51件次。

(王 莹)

2011年全市公路基本情况表

单位:公里

项 目	合计	滨城	惠民	阳信	无棣	沾化	博兴	邹平
公路通车总里程	1161.3	166.7	191.8	96.3	266.0	211.6	111.0	117.9
国 道	365.3	116.5	37.1	4.7	65.3	76.0	32.8	32.9
省 道	796.0	50.2	154.7	91.6	200.7	135.6	78.2	85.0
晴雨通车里程	1161.3	166.7	191.8	96.3	266.0	211.6	111.0	117.9
桥涵齐全里程	1161.3	166.7	191.8	96.3	266.0	211.6	111.0	117.9
养护里程	1161.3	166.7	191.8	96.3	266.0	211.6	111.0	117.9
等级公路里程	1161.3	166.7	191.8	96.3	266.0	211.6	111.0	117.9
高 速	171.1	40.8	0.0	2.8	46.1	56.0	0.0	25.4
一 级	542.0	97.8	126.6	17.5	131.9	54.3	64.5	49.4
二 级	443.7	28.1	60.7	76.0	88.0	101.3	46.5	43.1
三 级	4.5		4.5					
有路面里程	1161.3	166.7	191.8	96.3	266.0	211.6	111.0	117.9
高 级	1141.6	166.7	191.8	96.3	266.0	191.9	111.0	117.9
次高级	19.7					19.7		

备注:公路总里程均含乡村路里程

2011年全市公路重点工程建设一览表

项 目	长度(km)	宽度(m)	标准	设计行车速度(km/h)	开工时间	总投资(亿元)	完成投资(亿元)
滨德高速公路滨州段	29.124	23.5	高速	120	2008.12	10.07	8.52
S233博临路博兴—淄博界桥涵路面	17.2	15-20	一、二级	80	2010.04	1.89	0.66

续表

项目	长度(km)	宽度(m)	标准	设计行车速度(km/h)	开工时间	总投资(亿元)	完成投资(亿元)
大济路惠民县城—联伍桥涵路面	26.5	20	一级	80	2010.04	1.57	1.23
S246庆淄路高青界—邹平韩店大中桥路面	13.4	15	二级	80	2010.04	0.71	0.67
S319广青路东营滨州界至小营段改建工程	26.7	12－18	二级	80	2011.10	0.97	0.4
S312孤滨线下河镇至沾化县城段改建工程	22.6	15－20	一、二级	80	2011.10	1.18	0.41

邮　政

【概况】 2011年，全市邮政部门强化管理上水平，内强能力拓市场，企业发展呈现良好局面。

企业经营效益明显提升。全年实现邮政收入1.81亿元，完成省公司计划的112.59%，同比增长18.45%，计划进度居全省第五位，实现了全年超一个半月收入；收支差额实现678万元，完成计划的144.17%，居全省第四位；资金存量达到1210万元，比年初增加525万元；全员劳动生产率达到13.33万元。邮政经济发展和运行质量达到历史最好水平，滨州邮政步入健康快速发展的新时期。

邮政营销体系建设扎实推进。从健全机制入手，加快结构调整和发展方式转变，推进专业化经营。制定出台了销售团队建设实施方案和专职销售人员管理考核办法，在全市开展了“优秀团队”“优秀项目”评选，通过组织“营销创优竞赛”“中秋营销PK赛”等活动，激发专职营销人员积极性，营造比、学、赶、超的氛围，提高了专职营销能力。全市共建成销售团队18个，配备专职销售人员75人。

深入开展农村邮政宣传。投入30万元集中购置投影仪、音响、VCD等宣传设备35套，开展“下乡放电影”宣传活动，为每个支局制作业务宣传片，统一宣传口号和内容。根据县局、支局宣传需求，先后8次投入近400万元集中购买宣传品，在邮政网点或宣传现场发放。全市组成35支电影放映队入村放电影，在向农村送去文化的同时宣传了邮政业务，提高了邮政知名度。

加强服务与安全管理。开展“服务质量暨安全生产提升月”及投递、营业服务规范管理达标活动，有效地促进了服务质量的提高；加强社会监督，召开了全市邮政社会监督员座谈会，两次参加“行风热线”，面向全市寄发《服务质量用户意见征询函》1000封，广泛征求社会各界对邮政的意见，改善邮政服务质量，邮政用户满意度达到90分以上；加强用户投诉管理。制定下发了《关于进一步加强投诉管理工作的通知》，完善投诉处理流程，畅通用户投诉渠道，加大考核处罚力度，全年发生客户有理由投诉5件，下降76%；强化日常监督检查。全年出检150余天次，检查县区局5个频次、支局班组260余个，定期对网点局容局貌、规范服务、邮件验视、金库值守制度执行情况进行了暗查暗访，共暗查网点79处，辞退违规人员3人；加强安全生产管理。加强安防设施建设，全市购买电视监控19套、智能枪柜9个、更新运钞车4辆，安全形势总体平稳，为企业发展营造了良好环境。

文明创建实现新突破。积极开展创先争优活动，市邮政局建成省级文明单位，被授予滨州市优化发展环境先进单位、滨州市“富民兴滨”劳动奖状、滨州市三星级劳动

予“十强县公司”、无棣分公司连续3年被授予“十快县公司”；滨北分公司连续2年被省公司授予“六快区公司”。公司内多个班组(集体)也多次获评省、市级“青年文明号”，顺利通过市文明办“市级文明单位”复查验收，实现业务发展与文明创建同步发展，不断推动了企业和谐发展。

年内，启动开展了IT应用助企活动，IT下乡活动，积极参与平安城市、数字矿山、渔信E通、城市应急管理等项目建设，提升当地经济社会信息化应用水平。上半年，全市范围内启动开展了“3G应用下乡助企”活动；下半年，联合市经信委启动开展了山东电信“应用物联网技术、建设万家数字企业”巡展推介会，全力助推滨州市中小企业信息化建设的全面发展。

结合全市开展“优化发展环境服务年”活动，公司积极开展“服务提升年”活动，从办事态度和办事流程入手，增强全员服务意识和创新意识，得到了广大客户的好评。(1)坚持从用户感知出发，严格落实首问负责制，提升服务质量。建立服务质量全面通报制度和服务调度机制，提高投诉有效解决效率。推进“为民服务创先争优”活动，带动企业和员工“争创群众满意窗口，争创优秀服务标兵、争创优质服务品牌”。(2)通过统一定制人员制服、补充工具，结合“小区多媒体箱集中整治”和“新装宽带365日无故障”等活动，塑造了服务新形象，赢得了客户的认可。(3)针对重点大客户建立了市县一体化的支撑团队，理顺了重点项目支撑渠道，实行一户一案专人跟进，确保每一个项目按时保质完成，进一步提高了客户满意度。

(刘学峰　鲁召平)

小资料

滨州摄影家——刘刚

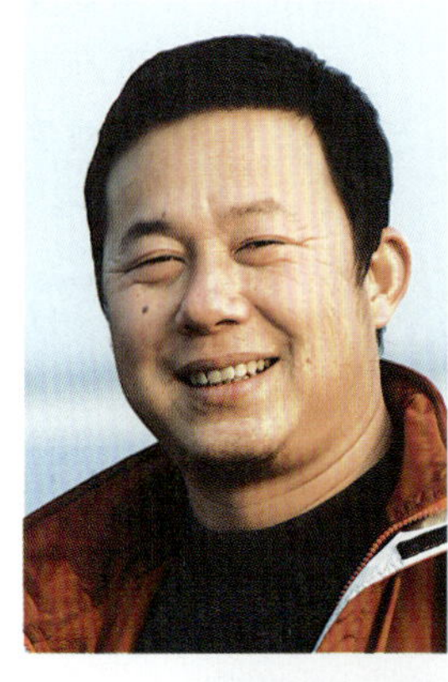

1964年生，中国摄影家协会会员，山东省摄影家协会理事，滨州市摄影家协会副主席，惠民县摄影家协会副主席兼秘书长，滨州市星火义工协会惠民分会副会长。

建设 环保

JIANSHEHUANBAO

住房和城乡建设

【概况】 2011年，全市城市建成区面积达到278.73平方公里，城市人口170.08万人，比上年分别增加34.13平方公里和4.61万人，其中市城区建成区面积达到86.5平方公里，城市人口70.63万人，比上年分别增加1平方公里和0.39万人。

【城市基础设施建设】 2011年，全市城市基础设施完成投资53.49亿元，同比增长18.9%，其中市城区完成22.6亿元。反映设施水平的城市道路长度、路灯盏数、绿化覆盖面积分别达到1585.94公里、5.78万盏、14556公顷，比上年分别增长15.3%、24%和52.5%。全市集中供热面积达到1690.1万平方米，比上年增长22.8%，其中市城区集中供热面积达789.2万平方米，比上年增长37%。全市用水普及率和用气普及率均为100%，全市供水管道和排水管道长度分别达到2125.18公里和2437.72公里，比上年分别增长20.3%和14.8%，其中市城区供水管道和排水管道长度分别达到1173.2公里和1127.65公里，比上年分别增长24.3%和16.8%。全市污水集中处理率、生活垃圾无害化处理率分别达到92.26%和93.36%，其中市城区分别达到92.35%和100%。建成一批道路、绿化工程，蒲湖风景区一期改造、新立河雨污分流进展顺利，市城区集中供热、渤海七路改造等重点工程全部完成。

【城中村改造】 2011年，全市城中村改造共拆迁1.08万户，拆迁面积262.5万平方米，完成整村拆迁44个。其中，市城区共拆迁4123户，拆迁面积132.6万平方米，完成整村拆迁18个，分别是市西办事处亚药刘、双庙刘；北镇办事处五四一；彭李办事处大河姚、大河刘、大河芦、大河王；市东办事处东王、侯家、赵家、桃李；沙河办事处大高、沙郭、小李，杜店办事处南街、李肖海、北街、东尚。

●2011年5月25日，供热工程改造黄河六路汽改水工程现场。

【保障性安居工程】 2011年，全市保障性住房开工8401套，开工率151.64%，其中廉租住房、经济适用房、公共租赁房分别开工1685套、1480套、5236套；全市6263户棚户区改造居民安置房全部开工。市人大组织了保障性安居工程专项视察，给予高度肯定。

【村镇建设】 2011年，全市农村住房建设整村开工建设3.6万户，占省下达任务的180%，危房改造完成4343户，占省下达任务的140%。三年累计新建农房10万户，改造危房1.7万户，超额完成目标任务，40多万农民搬出危旧房，住进新农房。

【住宅与房地产业】 2011年，全市认真贯彻国家、省、市房地产调控政策，按时向社会公布了房价控制目标。全市完成房地产开发投资81亿元，同比增长13.7%；商品房销售面积227万平方米，同比增长8.56%，房地产市场投资信心良好，销售市场供需平衡，总体处于健康运行态势。住宅价格平稳，未出现大幅波动。市房产交易大厅、商品房展示服务中心正式启用。全市物业覆盖面不断扩大，住宅小区物业服务量化考核和星级管理办法已经施行，物业管理和服务水平明显提升，物业企业实力明显壮大，住宅专项维修资金与物业质量保修金缴存数额逐步提高。

【建筑业】 2011年，全市建筑业发展势头良好，全市各类建筑业企业达466家，其中一级企业9家，全市完成建筑业产值177.5亿元，实现增加值53.3亿元，同比分别增长19%、20%，产业实力进一步增强。

【节能减排】 2011年，全市新型墙材生产比例86%、应用比例100%；新建建筑施工阶段节能标准执行率98%；完成既有居住建筑供热计量及节能改造56.2万平方米，占省下达任务的112.4%；完成太阳能光热建筑一体化应用77.3万平方米，占省下达任务的128.8%，被省住房城乡建设厅授予全省“十一五”供热计量改革与既有建筑节能改造突出贡献单位称号，被评为全市“十一五”节能突出贡献单位。全市建成运行城镇污水处理厂11座，污水集中处理率90%以上。在2011年全国水污染防治考核中，获得全国和海河流域两个第一名；垃圾处理实现“一县一场(站)”；大力开展节水工作，全年累计节水540万立方米。

【勘察设计业】 2011年，全市完成了滨州红星美凯龙城市综合体、博兴县开发区污水管网、滨州蓝海国际大饭店3个工程的初步设计审查报批工作和滨州市公共卫生中心、黄河三角洲高技能人才培训中心等7个工程的初步设计审查工作。组织完成了山东省优秀工程勘察设计方案申报工作，其中获得优秀工程勘察设计方案二等奖2项，三等奖5项；滨州市规划设计研究院报送的“某生态综合办公楼”项目，获得山东省“同圆杯”绿色建筑设计方案一等奖；滨州建筑设计院有限责任公司和滨州市规划设计研究院各获得山东援疆基层组织阵地工程和援疆新农居设计方案二等奖1项；滨州市公路勘察设计院的“水准测量QC小组”获得优秀QC小组二等奖、“小桥涵设计QC小组”获得优秀QC小组三等奖；滨州市建筑设计研究院获得山东省优秀建筑设计二等奖1项，三等奖2项。

(许　可　屈文娟)

城市管理

【概况】 2011年，市城管执法局以创建国家园林城市、省级文明城市和迎接国家卫生城市复检验收为工作重点，解放思想，改进作风，完善制度，创新实干，城市管理工作迈上了新的台阶。

城市环境面貌实现洁净靓丽。做好迎接国家卫生城市复检验收工作，及时启动重大活动环卫保障应急预案，开展大型整治活动，对改善城市形象，优化城市环境起到了很大的促进作用。扎实做好节日期间和重大活动市容保障工作，组织开展专项集中整治20多次，为广大市民欢度春节、五一、国庆等重大节日创造了良好的市容环境。集中开展了垃圾死角清理行动，解决市区内垃圾死角90处。同时，加大巡查力度，及时查处向河道乱扔乱倒垃圾行为，确保了河道清洁干净。开展了车辆撒漏集中整治活动，共纠正违规车辆30车次，查处违章工地9个，车辆撒漏和带泥上路现象得到有效遏制。在渤海九路以西新城区全面推行道路保洁机械化清扫，节约了人力资源，节省了开支，提高了保洁质量。垃圾焚烧发电项目进展顺利。到位资金达1.36亿元，完成土建工程建设。抓好了城乡环卫一体化工作。投资1680万元，新上大型清运设备16台，保洁收集车425辆，新建压缩式中转站2处，设置各类垃圾桶1738个，修建村居垃圾存放平台447处，市城区四环之内195个村居已全部完成环卫一体化工作，达标率100%。城乡环卫一体化工作的实施，加快了社会主义新农村建设步伐，为广大农村人民群众生产生活创造了良好的环境。

城市居住环境实现宜居舒适。严把质量，加快进度，高标准完成黄河二路、黄河五路和渤海十八路的绿化升级改造工程，把三条道路打造成了滨州市高标准的景观大道。结合创建国家园林城市工作，扎实开展了一系列卓有成效的活动。成功举办了首届郁金香展，展出各类郁金香7万多盆。举办了第六届菊花展，展出菊花300余种，20余万盆。抓好了节日摆花工作。投资300多万元，以丰富园林内涵，彰显园艺造景艺术，活跃节日喜庆气氛为宗旨，搞好了五一、国庆摆花工作。在花器上另出新招，采用柳编花篮、废旧轮胎、旧石槽、古马车作为摆花器材，给市民耳目一新的感觉。据统计，全年摆花工程累计栽植摆放20多个种类的草花近300余万盆，为市民精心打造了一批匠心独具、造型优美，融合了节日元素、植物元素的鲜花艺术景点。组织开展了城市绿色风暴行动。先后召开了住宅小区、服务业、企业厂区、学校4个绿化现场观摩会和四次创城工作协调会，采取见缝插绿，拆违植绿，垂直造绿，零星点绿等多元化增绿手段，共计栽植各类花卉苗木120余万株，提高了城区绿地覆盖率。开展了城区裸露治理工作。对城区近40个路段及管理的四个公园的裸露和缺株断垄现象进行治理，累计栽植各类宿根花卉及苗木300余万株，有效解决了裸露问题，达到了黄土不露天，行道树一棵也不少的要求。

城市夜景亮化实现魅力多彩。实施了灯饰夜景亮化工程。2011年元旦、春节期间，投资700余万元，对黄河二路、黄河五路、黄河八路、渤海十八路沿街的路灯杆、行道树、建筑物作为亮化工程载体，悬挂体现中国传统的红灯笼、中国结灯和红鱼灯。在主城区主要干道节点设置了多处亮化小品。在新滨公园门口摆放大型的亮化造型。2011年国庆前夕，投资100余万元，在文化广场、中海周边、市政府周边等重要节点和人流量较大的地段，设置八组亮化小品；在城市主干道灯杆上安装国旗1272面，增添了节日氛围，扮靓了城市街景。抓好了黄河十二路照明改造工程，共改造路灯236套，提高了照明亮度，确保了照明效果。同时，本着“节俭、大气、环保”的理念，超前谋划，于10月份编制完成2012年元旦、春节亮化方案，11月份编制完成中海天地桥亮化方案。

城市管理秩序实现规范有序。把创建省级文明城市作为城市管理工作的重中之重，对承担的16项硬性指标层层分解，明确责任，制定预案，狠抓落实，并纳入日常督查范围。确保了硬件工作不丢分，现场工作不出事，创新工作添亮点，档案工作精细准，为滨州市成功创建省级文明城市作出了应有的贡献。城市管理数字执法系统全面启动。学习借鉴杭州市数字化城管经验，进一步整合资源，创新机制，完善功能，建成城市管理数字执法系统，为构建数字化大城管新格局打下了坚实的基础。抓好了门头牌匾升级改造工作。共升级改造黄河二路、五路门头牌匾730余块，城区容貌进一步美化。以学校、医院、市场、城区出入口周边为重点，开展集中整治36次，清理各类流动摊点740余处，清理乱摆乱放、乱贴乱画6000余处，当场制止并处罚各类违法行为2200余起，说服教育1500余人次，市容环境有了较大改观。抓好了土方市场集中整治工作。结合全市城区建筑装卸和土方管理市场“百日”集中整治行动，集中排查施工工地88处，硬化道路12处，督察两区施工土场9处，制止乱挖土方行为6起，维护了土方市场管理秩序。扎实做好露天烧烤治理工作。按照“疏堵结合，以疏为主”的原则，开展烧烤专项集中行动26次，申请法院强制执行，拘传当事人5人，有效规范了烧烤市场。抓好了井盖设施管理工作，建立了保证金制度，每周一调度，每周一通报，强化监督管理，解决了因井盖设施破损严重、更换滞后造成的毁车伤人等问题。抓好文明执法工作。在黄河五路设立了城市管理示范街，成立了女子巡查大队，积极推行人性化执法，使城管工作由“刚性”执法向“柔性”执法推进。

帮扶工作成绩斐然。执法局帮扶博兴县庞家镇西高村。该村是宗教村，全村680人中有320人信教，村两委班子不健全，村容村貌差，治理难度大。为此，执法局加大帮扶力度，投资50余万元，为该村整修道路1100余米，安装路灯52盏，进行了高标准的道路绿化，粉刷墙面8200平方米，新修主干道两侧边沟2100米，新建农家书屋一处，安装监控探头4个，彻底改变了该村面貌，并以优异的成绩顺利通过验收。强化了对困难业户的帮扶工作，对困难经营业户减免部分管理费用，帮助解决实际困难，为残疾人等弱势群体免费发放修鞋、修自行车等便民服务车，切实做到了亲情关注民生，使城市管理更加和谐。执法局对残疾人张少鹏帮扶的做法，得到了市委书记邓向阳的高度评价。

经营城市工作成效显著。进一步解放思想，市城管监察支队加大了广告拍卖力度，增加收入150余万元；夏季啤酒广场也于6月份投入使用；在文化广场、银座广场等地段新上LED大屏幕广告显示屏，美化了环境，提高了品位，增加了收益。市环卫处通过市场化运作新上高档果皮箱510个，电动路面保洁车辆54台，为进一步提高保洁质量奠定了基础。市园林处对春华秋实园进行了对外承包管理，对新滨公园房屋对外实施租赁，莲池夜月水面由企业进行承包经营，充分利用渤海十路等路段的商业资源优势设置绿地护栏广告，通过合作实现了双赢；为解决绿化垃圾问题，变废为宝，通过招商引资方式投资300多万元，在园林科研所筹建了城市绿化有机垃圾处理厂。市路灯处在城区30多个路段路灯杆上进行市场化运作，制作安装了创城宣传标语及商业广告刀旗，增加了收入，美化了环境，收到了良好效果。

【举行滨州市生活垃圾焚烧发电项目奠基仪式】 2011年8月30日，滨州市生活垃圾焚烧发电项目奠基仪式在原滨城区滨北农场隆重举行，市城管执法局局长及建冰介绍了项目筹备有关情况，江苏天楹赛特环保能源有限公司总经理曹德标介绍了项目技术方面情况，尚龙江副市长致辞。滨州市生活垃圾焚烧发电项目是市委、市政府2011年重点工程之一，采取BOT方式新建一座生活垃圾焚烧发电厂。该项目占地约120亩，设计日处理城市生活垃圾总规模为1200吨，总投资约4亿元人民币，分两期建设，第一期日处理生活垃圾800吨，第二期日处理生活垃圾400吨。生活垃圾焚烧发电项目的开工建设，标志着滨州市在生活垃圾处理方面迈上了一个新的台阶。

【启动城管数字执法系统】 2011年5月17日，滨州市城市管理数字执法系统运行启动仪式举行。数字执法系统的启动运行，是滨州市数字化城管建设的一个重要组成部分，是实现城市管理网格化、精细化、数字化、信息化的关键环节，标志着滨州市城市管理工作又迈上了一个新的台阶。该数字执法系统是在市城管执法局网管化管理和城管视频监控指挥中心的基础上，充分利用卫星定位系统、地理信息系统、3G等现代信息技术，实施统一的信息采集、受理、派遣和核查工作，实现城市管理全时监控、精确定位、反应迅速、处置及时、覆盖全面地城市管理模式。数字执法系统的建设内容主要包括利用网格化管理，以“执法通”为主形成的信息采集系统。数字执法系统的建设内容主要包括三部分，首先是由各单位网格内网格管理人员通过“执法通”与指挥中心管理后台互动，完成对各类城市管理问题的实时管控。整个工作流程分为“信息收集、任务派遣、事项承办、处理反馈、核查结案、考核奖惩”等六个环节，形成一个闭环的工作流程。其次，利用GPS技术，实现对执法车辆、执法人员工作期间的跟踪定位。再次，由固定摄像头与车载移动取证相结合的监控系统。数字执法系统共有141个共享区公安局的治安防控视频监控点，并拟对4部城管执法车辆安装车载监控系统，对城区各个路段、重点部位进行实时监控，全面实现城市管理的空间可视化。另外，充分利用12319城建热线，并开通24小时城管投诉举报电话。

（赵晓志）

城市规划

2011年，滨州市规划系统以建设“低碳生态”城市为目标，提高规划编制实施水平，加大规划监管力度，充分发挥城乡规划的统筹协调和综合服务功能，为创建国家园林城市提供了坚实保障。先后荣获全市创建省级文明城市工作先进集体、滨州市生态文明村创建先进集体、全市服务业发展工作先进集体、全市招商引资工作先进集体等荣誉称号，顺利通过省级文明机关复核验收。先后有14人16次获得省级、市级先进个人表彰；有4项规划设计分获省住建厅组织的“山东省优秀城市规划设计一、二、三等奖。

城乡规划体系进一步得到完善。编制完成《黄河三角洲中心名城概念性规划》《三河湖生态文化旅游度假区规划》《滨州市外环河城市公园规划》《政府储备用地控制性详细规划》《铁路客运西站周边控制性详细规划》，构建科学合理、功能齐全、生态宜居的城市发展格局，以提高城市综合服务能力和承载力为目标，在已完成20多项专业专项规划的基础上，完成《城市雕塑规划》《主城区中小学布局规划》《城中村改造十大社区控规》《滨州市城区市政管网普查及综合规划》《喜鹊湖公园详细规划》。全力推进县（区）、乡镇总体规划修编及建设规划编制工作，64个乡镇总体规划全部完成，5300多个村庄近80%完成村庄建设规划，走在了全省前列。

重点区域和重大项目规划建设取得新突破。针对黄河四桥工程先后委托山东省交通规划设计院开展了项目建设的前期调研及论证，完成了《滨州黄河四桥方案研究报告》。《研究报告》对项目操作程序提出了建议，对各类方案投资进行了分类比较。期间先后与天津市地产开发经营集团有限公司、中建筑港集团有限公司等企业和外商进行了合作投资洽谈。委托天津市园林规划设计院编制了渤海十八路（南外环至北外环）、黄河二路（彩虹湖至高速路）城市干道的绿化景观改造提升规划。结合渤海十八路绿化景观提升改造，编制了以“渤海恋情，现代滨州”为主题的《渤海十八路公共艺术景观规划》并组织实施。按照《规划》通过发动企业捐资形式建设了10组高品质雕塑小品，该系列雕塑小品融合了大量现代都市生活和滨州渤海文化元素，在表达城市幸福生活的同时，彰显了现代海河城市的独特魅力，建成后受到了社会各界好评。同时还完成了六街改造、渤海国际中央公园、白鹭湖片区、金融国际中心、市科技中心（一馆三中心）、市公交调度中心、市玉佛寺等重点区域、重点工程的规划策划及编制，做好规划设计与服务，有效加快了重点工程的建设步伐。

规划管理、服务效能进一步优化。广大干部职工积极推行“问题在一线解决、经验在一线总结、成效在一线体现”的“一线工作方法”；就提升规划服务水平，加快重点招商落地，到市直部门、开发企业、重点村居，进行面对面、点对点的座谈交流；立足于早计划、早部署、早实施，分解落实全年重点项目专员跟踪规划服务任务；对年内计划改造的村居，实行领导班子、科室负责人分工负责制；将城区建设项目绿化设计方案统一纳入规划审批管理，绿化工程须与主体工程同时规划、同时设计，同时施工，为创建国家园林城市搭建载体；实行以“窗口受理、网络传输、限时办结、全程监控”为总体目标的网上审批管理信息系统；突出重大项目前期工作、规划选址、规划服务等重点，加强与国土、建设、房管等部门的协调配合，创新工作方式，提高办事效率，使规划服务无缝隙。全年共受理规划行政审批事项1000余件，办结率100%。发放建设工程规划许可证87件，总建筑面积约226.75万平方米；发放建设用地规划许可证88件，总面积约341.91万平方米；组织评审委员会评审的规划设计方案24项；出具选址意见218件。规划拆迁认证违章建筑的面积53500平方米，为城市基础设施建设节约资金约3800万元。

规划依法行政、监察执法水平切实提升。为加强全市城市雕塑的建设和管理，充分体现滨州地域文化特色，起草出台《滨州市城市雕塑建设管理办法》。反复论证修订《滨州市城市规划技术管理规定》，增强各类规章制度的法定性和可操作性。加大城市规划监管力度，牵头组织市城区规划建设管理综合整治行动。通过“百日综合整治活动”的开展，市城区市容市貌得到了明显改观、城市形象明显提升。至年底共查处、制止各类违法建设案件335起，下达《责令限期改正通知书》356份，共组织实施24次大型拆违行动，拆除面积10300平方米。组织对36起违法建设案件进行立案处罚，有效遏制了城区违法建设的蔓延。

大力实施阳光规划、和谐规划。通过“行风热线”“政府在线”“规划信息网”“集中宣传”、设立“宣传栏”、悬挂条幅，使规划法规、政策进工厂、进社区、进学校、进企业、进单位，家喻户晓、人人皆知；严格落实规划公示和听证制度，全部控规方案和试点村建设规划都进行了社会公示，就涉及群众切身利益的审批事项组织了多次公开听证。全年共办理人大代表建议、政协委员提案15件，满意率达到100%。抓好规划宣传，扩展规划宣传阵地，对城市规划展示馆内数字沙盘、交通宣传片、4D影院进行更新改版升级。

基础测绘和信息化建设取得突破。成功并入山东省台站网，虚拟参考站VRS技术的应用，提高了测量精度，扩大了测绘范围；购置日本先进的双系统全球定位接收机、0.5秒级全自动电子全站仪和美国天宝高精度电子水准仪，为开拓变形监测新业务打下硬件基础；联系山东正元地理信息公司，申请专业技术人员赴滨州实地培训地下管线测量技术，为测绘队开展地下管线竣工验收测量提供技术支持。组织“三维城市规划管理信息系统”建设、“规划审批办公自动化系统”工作，搭建起“数字规利用地和滩涂荒碱地60余万亩。

【推进经济发展有新作为】2011年，全市共安排人才创业资金7000万元，以担保贷款、贴息、奖补等方式对优秀创业项目、创业基地进行资助奖励。通过主动协调争取，与武汉理工大学达成共建"武汉理工大学滨州研究院"的初步合作意向；与北京首都农业集团有限公司达成总投资6亿元的现代农业发展项目战略框架协议。积极帮助中小企业解决融资难问题，协调民生银行济南分行为博兴金属板材和邹平金属磨料行业25户企业放贷1.74亿元；筹措2~3亿元财政间歇资金，建立中小企业过桥还贷资金。年内，市中小企业投资担保公司为161户企业累计担保14.77亿元，担保额比去年同期增长135.2%。

2011年全市分县区财政收支总表

（单位:万元）

县区	财政总收入			地方财政收入				地方财政支出			
	累计完成	增长%	上年同口径数	累计完成	占预算%	增长%	上年同口径数	累计完成	占预算%	增长%	上年同口径数
全市合计	2,429,090	22.50	1,982,873	1,307,601	109.23	25.75	1,039,879	2,011,716	121.24	24.30	1,618,432
市　级	69,030	14.28	60,405	69,030	238.03	14.28	60,405	332,920	102.19	17.18	284,117
县区小计	2,360,060	22.76	1,922,468	1,238,571	106.03	26.45	979,474	1,678,796	125.89	25.82	1,334,315
惠民县	102,210	27.50	80,165	51,709	100.79	29.01	40,080	178,357	123.66	35.90	131,246
阳信县	91,959	39.28	66,025	40,600	117.36	46.71	27,674	124,116	126.18	23.13	100,800
无棣县	128,382	42.94	89,815	83,302	112.57	40.76	59,182	159,797	126.20	28.94	123,928
沾化县	113,168	37.46	82,331	70,108	112.32	34.77	52,019	155,520	149.81	43.82	108,136
博兴县	312,255	37.52	227,068	180,016	103.23	29.04	139,506	243,681	133.35	28.92	189,010
邹平县	846,929	14.56	739,266	446,010	104.21	21.92	365,820	491,452	123.30	14.89	427,741
滨城区	606,861	17.60	516,031	277,843	105.79	21.66	228,377	218,703	116.02	26.17	173,345
经济开发区	107,472	25.85	85,399	57,527	108.54	27.11	45,258	60,417	104.87	18.41	51,025
高新技术区	29,538	46.90	20,107	17,886	119.18	58.34	11,296	28,046	133.36	47.81	18,975
北海开发区	21,288	30.92	16,261	13,570	106.02	32.24	10,262	18,707	155.83	85.05	10,109

（杜建楼　邱海涛）

国　税

【概况】2011年，全市国税系统坚持以科学发展观为指导，坚持以服务科学发展、共建和谐税收为主题，求真务实，锐意进取，完成了各项工作任务，为滨州经济和社会各项事业发展做出了积极的贡献。全年共组织国内税收收入128.61亿元，同比增长14.43%，总量列全省第七位。其中，市级以下收入完成29.11亿元，同比增长15.32%，总量列全省第七位。全系统新增国家级荣誉称号5个，省级荣誉称号7个，受到省局和市委市政府表彰21个，14人荣获省级荣誉称号，33人受到省局和市委市政府表彰。

依法治税稳步推进。深入推行税收执法责任制，编印《税收风险控制手册》，依托税收执法管理信息系统，实现对税收执法过程的监控考核，执法准确率达到

99.99%。严格落实重大税务案件集体审理制度,全年共审理重大税务案件48起,平均审理率27.59%。组织“政策助力黄蓝建设,税企同心共促转型”政策分类推送,“春风送暖”政策宣讲等活动,促进增值税起征点提高、小微企业所得税减免等结构性减税政策的全面落实。全年共落实税收优惠59.44亿元,其中出口退税19.95亿元,抵扣固定资产进项税21.18亿元。开展重点税源检查、税收专项检查和区域专项整治工作,全年检查企业1884户次,查补入库税款4.2亿元。扎实开展打击发票违法犯罪专项行动,查处有问题发票26353份,查补入库税款3768万元。

征管质效持续提高。按照省局部署,以风险管理为导向,以信息管税为依托,积极构建税源专业化管理新格局。国家税务总局有关领导、山东省国税局主要领导多次到滨州进行调研,给予充分肯定。深化预警评估系统应用,强化信息采集和综合分析利用,构建31个评估模板和15个行业、6个企业管理指引,开发“税源专业化管理应用助手”,开展“对话式”讲评,保证预警信息的全面有效落实,全年通过预警评估系统应用增加税收4.6亿元。加强重点领域税收管理,开展商贸企业专项评估,入库税款2281万元,有效遏制虚开虚抵问题。开发应用“企业所得税优惠事项管理助手”和“出口退税审核审批辅助管理系统”,提高所得税和出口退税管理水平。建立大企业定点联系制度,分户构建风险特征库和控制模型,引导企业自我管理、主动防范涉税风险,取得明显成效。

纳税服务不断优化。坚持把纳税服务贯穿于税收管理的全过程,不断拓展服务领域,创新服务形式,有效促进了征纳和谐。在省局组织的纳税服务和国税文化体系建设观摩中,省局主要领导给予高度评价。完善诉求应答机制,建立网络互动社区,开发服务需求征集分析平台,收集涉税需求1000余条,建立完善服务措施14项,纳税人的正当需求得到有效满足。强化办税服务厅标准化建设,推广纳税人基本信息识别系统,试点“网上税务局”,设立“专家咨询台”,进一步提高办税效率。试行《办税员准入制度》,开发应用电子版《办税指南》、企业办税员管理软件,提高纳税人的办税能力。深化纳税信用等级管理,建立纳税人诚信信息数据库和诚信档案,分类制定诚信激励和失信监控措施,有效提升纳税遵从度。积极推进国地税联合办税,每季度召开国地税联席会议,拓展合作领域,为纳税人提供便利。推广服务质效评价系统,制定《纳税服务全程督办制度》,应用“纳税服务同步跟踪监控工具”,科学考评服务质量。积极向上级部门争取,批准成立2个开发区国税局,批准同意设立7个正科级开发区国税分局,进一步理顺职责关系,推动工作开展。积极做好招商引资工作,引进项目10个,到位资金1.81亿元,有力地支持了全市经济社会的发展。

内控预防日趋完善。深入开展风险评估,梳理排查岗位风险点374个,绘制73项重要权力运行流程图,明确标识权力运行的关键节点,提高内控预防的针对性。按照“制度+科技”的工作思路,研制开发集工作流转、风险预警、防范控制为一体的“内控预防信息管理系统”,实现对“两权”运行的实时监控,得到国家税务总局、山东省国税局的充分肯定,滨州市纪委将这一做法在全市进行推广。加强廉政教育,建立“网上廉政书库”,设立廉政教育基地、廉政展室,开展“家庭助廉”活动,1个县局被命名为省级“反腐倡廉教育示范基地”,2个县局被命名为“山东省廉政文化进机关示范点”。认真落实党风廉政建设责任制和《廉政准则》,积极开展税收执法检查和执法监察,加大违法违纪案件查办力度,进一步巩固了政风行风建设成果。

国税文化深入开展。坚持以“心桥”品牌为引领,深入开展“一局一品”活动,“孝和”文化、“忧乐”文化、“儒税”文化等融入“心桥”品牌,增强了文化叠加效应。持续推进典型带动工作,结合创先争优,开展“为民服务、创先争优,争做两区开发排头兵”“使命与责任”演讲比赛等活动,用身边人、身边事激励干部职工干事创业。加强文化载体建设,建立文化展厅、文化长廊,编印文化丛书,大力普及和传播核心价值理念。成立“心桥”志愿服务队,积极组织开展关爱空巢老人、慈心一日捐等社会公益活动。成立摄影协会、读书联谊会、篮球队等文体组织,定期组织各类文体竞赛和群众性娱乐活动,培养“阳光、快乐、健康”的生活情趣。围绕庆祝建党90周年,开展“党员亮牌示范”活发展控股股东。新增股份于2011年1月24日上市。2011年1月31日，经山东省工商行政管理局核准，湖南金德发展股份有限公司名称变更为“西王食品股份有限公司”，公司注册地由湖南株洲迁至邹平县西王工业园。2011年2月23日，经深圳证券交易所核准，公司证券简称由“金德发展”变更为“西王食品”，证券代码仍为000639。

【中国宏桥成功上市】 2011年3月24日，中国宏桥(01378.HK)在香港证券交易所主板成功挂牌上市。此次中国宏桥以7.20港元/股的价格在港发行8.85亿股，募集资金63.72亿港元，折合人民币53.8亿元，创下2011年上半年香港交易所最大融资规模IPO记录。中国宏桥为中国第五大铝产品制造商，主要从事铝产品包括液态铝合金、铝合金锭及铝母线的生产和销售。此次在香港成功上市，有助于中国宏桥确立其市场定位，成为中国领先的综合铝产品制造商。

【首届涉农银企洽谈会成功举办】 2011年4月20日，滨州市首届涉农银企洽谈会成功举办，240家市级以上农业产业化重点龙头企业和驻滨银行金融机构进行了深入洽谈，共签订信贷合同项目210个，达成合作意向金额413亿元，扣除大型企业及非涉农因素外，合同签约金额155.53亿元。

【东营市商业银行在滨设立两家县级支行】 2011年3月30日，东营市商业银行首家异地县级支行——滨州邹平支行开业；12月19日，东营市商业银行滨州博兴支行开业。东营市商业银行组建于2005年9月，是一家管理规范、业绩优秀的区域性股份制商业银行。2009年12月，该行在滨州市设立首家异地分行。2011年11月17日，经中国银监会批准，东营市商业银行更名为“东营银行”。

【邹平浦发村镇银行成立一周年】 邹平浦发村镇银行作为滨州市第一家村镇银行，自2010年5月28日正式开业以来，经过一年的发展，到2011年6月末，总资产达到9.13亿元，各项存款达到7.89亿元，贷款余额达到6.54亿元，其中涉农贷款6.19亿元，占94.65%；实现利润958万元，累计上缴税金356万元，总资产和存款规模均居山东省内十四家村镇银行的首位。

【邹平县被列入全省县域金融创新发展试点县】 2011年7月18日，省政府召开全省县域金融创新发展试点工作座谈会，省金融办、人行济南分行、山东银监局、山东证监局、山东保监局联合印发了《关于开展县域金融创新发展试点工作的意见》，确定在八个县(市)开展县域金融创新发展试点，滨州市邹平县被列入八个试点县之一。邹平县作为试点县，重点是推进资本市场融资与创新，持续推进企业利用资本市场多渠道、多形式上市，提高资产证券化水平；鼓励推动企业不断创新资本市场融资方式，拓宽融资渠道，提高资本运作水平。试点县将在设立金融机构、村镇银行准入、金融创新产品优先推行等方面享受优惠政策。

【鲁北化工恢复上市】 经过一年多的暂停上市交易后，山东鲁北化工股份有限公司于2011年8月10日收到上海证券交易所《关于同意山东鲁北化工股份有限公司股票恢复上市申请的通知》，公司A股股票于2011年8月18日起在上交所恢复交易。2010年5月25日，鲁北化工公司股票因连续三年亏损被上交所暂停上市交易。股票暂停上市期间，公司成立了恢复上市工作小组，采取加大生产经营力度、处置低效资产和不良债权、申请财政专项补贴等一系列措施保证2010年实现扭亏，并进行了内部资产重组，提高了公司的资产质量和可持续盈利能力。2011年5月4日，公司向上交所提交股票恢复上市申请。7月21日，公司恢复上市申请通过了上交所专家审核。

【第十届银企合作促进会】 2011年10月20日至21日，滨州市政府与人民银行济南分行联合举办了以“‘两区’开发、携手共赢”为主题的2011’诚信滨州第十届银企合作促进会暨黄河三角洲高效生态经济区(滨州)第二届融资洽谈会。通过银企双方的广泛接触、深入交流，共签订信贷合同项目2277个，合同贷款金额1272.61亿元，比上届增长14.94%，其中辖内银行签约944.34亿元，辖外股份制银行签约328.27亿元；签订股权投资协议项目10个，协议投融资金额6.3亿元。签约额再创历史新高，会议取得圆满成功。

【滨州市小额贷款公司达到24家】至2011年底,滨州市有24家小额贷款公司获批设立,注册资本总计25.455亿元,其中2011年新增9家,总数在全省居第二位。各小额贷款公司坚持服务"三农"和中小企业、小微企业的经营宗旨和"小额、分散"的放款原则,对缓解"三农"和中小企业融资难问题发挥了重要作用。年内,正式运营的19家小额贷款公司累计为6222户客户发放贷款8819笔,为社会解决融资需求89.41亿元,同比增长1.7倍,其中96.5%的贷款投向"三农"和中小企业;年末贷款余额22.76亿元。

【西王特钢成功上市】 2012年2月23日,西王特钢(01266.HK)在香港证券交易所隆重挂牌上市,募集资金13.3亿港元,成为香港交易所龙年上市第一股,也是十年来国内钢铁企业在香港上市的惟一一支红筹股。由此西王特钢成为继西王糖业、西王食品之后西王集团第三只股票,西王村第四只股票。2005年12月9日,西王糖业在香港挂牌上市,成为山东省当年在香港上市的惟一红筹股,开创了全省通过跨境抵押和过桥贷款方式以红筹股模式上市的先河。2009年12月,西王村的中国玉米油股份有限公司在香港成功上市。2011年2月23日,西王食品借壳金德发展成功登陆深圳主板市场,成为国内A股市场第一家玉米油上市公司。恰逢一年之后,西王特钢再获成功上市。至此,邹平县西王村的上市股票达到了四支,成为中国企业上市第一村。全市境内外上市公司达到15家,从资本市场累计募集资金246亿元。

(盖文慧)

中国人民银行滨州市中心支行

【概况】 2011年,中国人民银行滨州市中心支行认真贯彻落实稳健的货币政策,积极推进金融生态环境建设,强化金融服务功能,为全市经济的稳健发展提供了金融支持。年末,全市金融机构本外币存款余额1309.7亿元,新增243亿元;本外币贷款余额1256.5亿元,新增187.2亿元。(1)切实抓好金融稳定工作。认真执行差别化存款准备金管理,确保信贷投放平滑增长。协助完成"TKT"非法集资案件的侦破工作,阻止了该非法集资活动的扩散。积极探索金融稳定现场评估工作方法,制定了《法人金融机构稳健性评估现场操作规程(试行)》。继续完善征信体系,优化金融生态环境。引导沾化县部分企业成立信用联盟,实现与金融机构的有效对接,在全省率先实施征信从业人员上岗资格认证与备案制度。(2)加大金融产品创新力度。在全市推广林权抵押贷款和海域使用权抵押贷款,开展金融支持大学生"村官"创业富民和大学生自主创业活动,开办了"放飞希望"和"启航"两项金融产品,为大学生"村官"和大学生创业提供了专门的融资服务。(3)推动外贸投资便利化,国际结算业务取得新突破。制定实施了《优质涉外企业重点服务管理办法》,被分行外汇综合处转发推广。该办法通过对全市涉外收支总量前20家企业进行重点帮扶,并加强跨境资金流动监测,降低了企业市场交易成本,提高了外汇监管成效。协助辖内6家中资企业和1家中资法人银行申请了短期外债指标。扎实准备贸易外汇管理改革试点,合理调整了岗位分工,加强贸易外汇管理改革制度的学习和政策宣传。充分运用金砖国家"三亚宣言"中"推广本币结算、扩大本币融资"的政策和第109届中国进出口商品交易会的契机,扩大跨境人民币结算量。年内,全市跨境人民币结算量80.4亿元,居山东省第六位。(4)贯彻实施稳健货币政策。全年累计发放支农再贷款25.9亿元,特别是召开涉农银企合作促进会,支持了"三农"发展。推动博兴县筹备发行中小企业集合票据5.5亿元;帮助西王集团成功发行15亿元中期票据、博兴京博石化发行短期融资券10亿元。支持重点企业和项目成效突出。前9个月,前20家重点骨干企业新增人民币贷款70.9亿元,占到全市新增企业贷款的63.4%,重点企业和项目资金得到满足。(5)提高金融服务水平。在全辖组织开展了"国库直接支付竞赛"活动,新增涉及社会保障、家电下乡、工资补助、交通运输等领域20个国库直接支付项目,制发了《国库业务对账管理办法》,研发了国库与财政部门对账系统,并在德州、泰安试点运行。(6)加大农村支付环境建设。推动市政府印发了《关于滨州市农村支付环境建设的指导意见》(滨政办发〔2011〕11号),韩奎祥副市长担任农村支付环境建设领导小组组长,上半年2次调度农村支付环境建设情况，10月末再一次对农村支付环境建设情况进行了专题调研，同时把商业银行推进农村支付环境建设情况纳入市政府对金融机构的年度考核。推动市政府召开了全市农村支付环境建设推进会。创新性开发了“支付环境建设信息化管理系统”并在全省推广使用。

【诚信滨州银企合作促进会】 2011年，滨州举行了系列银企合作促进会。4月15日，阳信梨花节以花为媒举办了“2011诚信阳信银政企恳谈会”，签约50.5亿元。4月20日，举办了“2011滨州市首届涉农银企洽谈会”，辖内11家银行机构与240家农业产业化龙头企业，签订合同贷款155.3亿元。惠民县支行还协调农发行与水利局，就节水灌溉、农田水利建设等7个列入省级以上规划的重点水利工程，进行了对接。10月，召开了第十届诚信滨州银企合作促进会，签约1272.6亿元。

（郑方敬）

滨州银监分局

【概况】 2011年，滨州银监分局努力克服货币政策趋紧带来的影响，深入推进银行业改革，积极引导辖内银行业优化信贷结构，取得了自身稳健发展和支持地方经济建设的“双赢”。

加强监管引领，确保国家宏观调控政策落实到位。滨州银监分局鼓励辖内银行业积极向上争取区域差别化信贷政策和投放计划，按照“区别对待、有保有压”的信贷政策，加大资金支持力度，取得了存款增幅全省第二，贷款增幅全省第三的好成绩。在争取外部支持的同时，努力做好内部挖潜，坚决退出“两高一剩”行业，支持配合全市经济转方式、调结构，继续加强对“1010工程”等重点领域的金融支持，加大对战略性新兴产业、节能减排、生态环保、民生工程等领域的信贷投放。

突出薄弱环节，引导银行业支持实体经济发展。滨州银监分局要求各涉农金融机构结合自身实际和业务特点，支持其分支机构所在社区、区域的经济发展。在支持三农发展的同时把支持中小企业发展作为调整经济结构、拉动经济发展的重要工作。针对小企业融资难的问题，代市政府起草了《关于进一步完善金融服务支持中小企业更好更快发展的指导意见》，积极落实市委、市政府制定的“金融支持千家中小企业健康成长计划”，认真研究中小企业的金融服务需求，持续加大对全市中小企业的信贷投放力度。年内，涉农贷款和小企业贷款增长额和增幅均实现了“两个不低于”。

力促改革发展，金融组织与服务体系日趋完善。主动推介和联系埠外银行业到滨州辖区发起设立村镇银行，有4家埠外银行确定了主发起行意向，农村金融服务明显改善。交行滨州分行顺利开业，兴业银行、招商银行滨州分行正在筹建。齐商银行滨城区支行、东营城商行邹平支行、博兴支行已开业。全年批准新设支行8家，升格支行4家。增设在行式ATM130台，离行式ATM32台，立体式、全覆盖、多层次的金融组织服务体系正在形成和完善。

破解小企业融资难题。年内，通过专业会议、年度监管工作会议将中小企业金融服务工作作为工作重点，与其他监管工作同部署、同安排，并把落实小微企业金融服务工作作为市场准入、高管人员年度考核的条件之一。完善考核制度。修订完善了《滨州银行业金融机构小企业金融服务先进单位评选办法》，进一步细化了考核项目，明确考核目标，促进银行业金融机构支持小微企业发展。在已建立专营机构基础上，进一步向下延伸服务网点，做到单独统计和调控，完善评审机制，使专营机构充分发挥作用。实现快捷的信贷服务。针对小微企业融资需求“短、小、频、急”的特点，不断优化信贷业务流程，实行“一次核定，随用随贷，额度管理，循环使用”的管理模式，提高服务水平和效率。要求各机构对小微企业贷款经办行在人员、资金等资源配置上给予支持，在授信规模上给予倾斜。年末，小企业贷款增幅高于各项贷款增速6.96个百分点，圆满完成了“两个不低于”的目标。

践行社会责任，提高社会服务意识和服务水平。针对春季干旱，及时下发了《关于辖区银行业支持全市农业抗旱保丰收的紧急通知》，要求辖内银行业全力支持农业生产和农民生活；积极接待来信来访，妥善处理矛盾纠纷。投诉者几次联名向滨州银监分局赠送了“金融秩序的捍卫者，消费者利益的保护神”为内容的锦旗；针对民间借贷可能转嫁的银行风险，先后采取下发相关风险提示和全面部署金融机构自查等措施，撰写的《滨州银监分局关于规范民间借贷的调查与思考》引起了市委市政府主要领导的高度重视。

年内，滨州银监分局荣获了“支持滨州发展突出贡献奖”和“金融工作先进集体二等功”等荣誉，被评为“省级文明单位”。

【全力支持三农发展】 2011年，滨州银监分局要求各农村中小金融机构除涉农现代龙头企业贷款、社团贷款外，其新吸收的存款原则上全部用于当地发放贷款。各大型银行、股份制商业银行县域一级（及以下）分支机构在本地新吸收存款余额的70%以上应用于当地发放贷款，对未达到相关规定要求的银行机构，在市场准入方面采取一定限制措施，并将其纳入高管人员履职动态考核内容。农行“三农事业部”成立以来，滨州银监分局始终关注其作用的发挥和职能的完善，要求农行结合业务发展现状，对组织机构、制度约束等内控环节进行梳理、完善和修订，健全激励约束机制，在机构、人员管理方面向县域倾斜，科学制订乡镇网点发展规划，提高县域特别是乡镇网点机构的覆盖面。进一步加强业务人员培训，提高业务人员的综合素质，为农户贷款业务的精细化管理提供良好条件。为切实解决农户贷款难题，农行把惠农卡和农户小额贷款作为服务“三农”的战略产品，采取信用镇(村)“整体推进、集中管理”的模式，为广大农民提供普惠金融服务。共发行惠农卡30万张，农户贷款余额达到13.7亿元，全年新增2.9亿元，为4万余户农民解决了生产资金不足的困难。全市农村合作金融机构全面进行信用村、信用户评定，积极发放小额信用贷款支持农户发展。全辖农合机构贷款支持农户276680户，占全市农户总数的31.02%。发放贷款证314196个，贷款余额85.87亿元。

【拓展金融产品】 2011年，针对小微企业面临的担保不足、抵押品匮乏的问题，滨州银监分局积极促进辖内银行业拓展产业链、供应链、销售链环节的融资供应，鼓励开展了海域使用权、林权、仓储抵押等多种担保方式的创新。(1)博兴建行结合兴福白铁市场业主众多的情况在全国建行系统率先推行“融物通”物流融资，建设银行滨州分行累计为35家小企业办理“融物通”授信6.85亿元，发放流动资金贷款13.1亿元，累计签发银行承兑汇票1.8亿元，支持中小企业产业集群发展。(2)全市农信社在办理资产抵押、保证担保贷款业务的基础上，采取组建企业联盟等形式为企业搭建融资平台。(3)为解决企业退税款时间较长导致部分企业资金周转慢的问题，惠民联社推出了增值税退税专用账户质押贷款融资新模式，采取增值税退税专用账户质押方式支持环保产业累计发放贷款44笔、支持小企业11户，金额7904万元。(4)东营城商行滨州分行与山东省渔业互保协会合作，采取渔船抵押的担保方式，对沾化、无棣37户渔民发放了委托贷款，涉及资金350万余元，解决了37户渔民的融资难问题。(5)中行结合沾化县产业特色，推出了“枣贷通宝”货物质押类融资产品，支持枣脯加工企业4户，授信金额共4500万元，全部为短期流动资金贷款。(6)农行加强与担保公司、资产评估等中介机构的合作，与16家担保、评估等中介机构签订了合作协议。小企业贷款中担保公司担保及多户联保等担保贷款余额达到4.59亿元，占小企业贷款的33.85%。制定了“中小企业信贷投放蓝皮书”，重点支持了惠民化纤绳网、阳信不锈钢制品、沾化冬枣制品、博兴钢板、兴福厨具、好生家具六大特色产业集群的发展和壮大。

【开展送金融知识下乡活动】 为强化县域金融服务，激活县域金融市场，2011年，滨州银监分局组织、引导银行业金融机构坚持“面向三农，服务三农”，积极开展了“送金融知识下乡”活动，诚心诚意帮助农民做好金融知识辅导工作，真正让金融知识进入“寻常百姓家”，不断推动农村金融知识普及，受到了县域广大群众的广泛好评。(1)组织开展“送知识，送产品，送服务，送优惠”。根据当地农村的金融环境的不同和农户的需求，宣传金融知识、推介小额贷款品种、建立贷款绿色通道、办理惠农卡和农户小额贷款。(2)加大推介和联系力度。在滨州银监分局的组织下，农村合作金融机构、农业银行、邮储银行、东营商业银行等机构纷纷与镇、村、村民建立互动体系，以农户小额贷款为纽带，帮助已经萌芽的农村专业合作农户完成完善机构的搭建，改进“三农”业务的推进模式，积极寻求政府的认知和主动支持，实施整镇、整村推动的策略，帮助农民走上集约经营的道路。(3)加大宣传力度。各机构制作活动宣传专栏，把文化走廊的宣传橱窗制作为以“送金融知识下乡”活动为主要内容的宣传专栏，在各网点派发宣传资料和业务宣传单张，在网点大门口显著位置悬挂活动横额，普及了金融知识，为营造良好的信用环境搭建了很好的平台。“送金融知识下乡活动”开展以来，各银行业支持青年创业项目1279个、发放小额贷款11794笔、16978万元，支持青年创业2983人。

（张海波）

中国农业发展银行滨州市分行

2011年，中国农业发展银行滨州市分行以开展“创先争优”和“合规管理年”活动为契机，全力以赴抓经营促管理，全市贷款规模、资产质量均创历史新高，在全省系统经营绩效考核中列第四位，并在全省农发行行长会议上作了题为“清收处置攻坚克难，优化资产步步为赢”的典型发言。到年末，全市各项贷款余额95.8亿元，比年初增加17.6亿元，贷款规模居全省农发行第二位；各项存款日均余额19.9亿元，居全省农发行第一位；不良贷款全部清零，成为全省农发行第六个、传统粮棉大区第一个无不良贷款行。年内，市分行被总行表彰为“先进基层党组织”，被滨州市委市政府授予“支持地方经济建设突出贡献奖”，荣立“集体二等功”。

信贷支农卓有成效。(1)提高认识，不辱使命，确保粮棉油收购不出问题。面对粮棉收购复杂的市场形势，提前调研，精细测算，合理布点，跟上宣传，早防风险，确保收购工作平稳有序开展。全年共发放粮棉油购销储贷款7.8亿元，支持企业购进粮食3.2亿公斤、棉花4.4万担。同时，加大促销收贷力度，连续10年实现了棉花贷款本息“双结零”。(2)提前谋划，统筹安排，加快推进水利和新农村建设贷款投放。立足滨州各县域经济状况及发展前景，全面落实择优扶持的区域发展战略，有效拓展了支农空间。全年营销中长期贷款项目贷款12个，金额40亿元，完成投放项目7个，金额14.5亿元，批复未发放项目6个，金额22.9亿元。年末水利及新农村建设中长期贷款余额29.1亿元，占全部贷款的30.4%。(3)提升服务，强龙兴农，积极支持产业化龙头企业发展壮大。积极做好农业产业化龙头企业等客户的维护服务工作及农业科技贷款、农村流通体系建设贷款的营销工作，累计发放农业产业化龙头、农业小企业贷款40.03亿元，促进了以粮棉油为主体的农业产业链发展，形成了良性发展的优质客户群落。

基础管理日益坚实。(1)认真落实市分行班子成员分片包干责任制、县支行行长包企业制度，狠抓县行分管行长履职到位，从严落实县支行副行长兼主管坐班制度；完善市分行条线主要负责人绩效考核制度，强化条线管理责任；专门对信贷基础管理实行了业务部门分包支行制度，共担管理责任。延伸责任落实触角，明确支行客户部门执行业务经理一级的职责，要求其在业务的操作层面切实精益求精，发挥标杆作用，带动了整体操作水平的提高。(2)完善考核制度，落实严细管理要求。以信贷基础管理为重点，修订完善《县支行信贷作业办法》，贯彻信贷全流程管理原则，有效规范了信贷业务操作行为。着力规范财务管理制度，继续实施以“财会工作非现场考核”“会计现场突击检查”“营业网点会计操作远程监控”为主要内容的“三位一体”监督考核体系，确保各项财务开支合规合法，内控机制不断完善。(3)大力开展“合规管理年”活动，定期不定期对市分行各条线及各县支行集中进行自查互查，分专业落实检查辅导制度，对存在的问题彻底整改，在全省的大检查中获得较高评价。

风险防控措施得力。(1)成立了风险管理委员会，建立了定期风险分析制度，形成了对风险点及时发现、及时处理的管理机制。(2)把业务分析例会作为主要抓手，梳理规范业务分析例会程序及要求，对贷款5000万元以上的大客户按月进行专题分析，并区别客户的行业、规模、效益及所处的区域情况，不断完善监测重点，逐企业进行风险排查，提前制定风险防控措施。(3)把风险防控职能分解落实到客户、信贷风险和财务会计等主要业务部门，并明确各自监控重点，形成环环相扣、齐抓共管的风险防控合力。(4)强化资产保全措施，及时充实完善抵押担保，狠抓第二还款来源管理，加固风险防控屏障。(5)清收消化不良贷款，对有清收潜力的企业做到能收尽收，对呆账贷款，根据难易程度逐笔量化，攻坚克难，全年现金清收不良贷款411万元，完成省行下达任务的339.7%，核销呆账3.5亿元，实现了不良贷款全部清零，资产质量达历史最好水平。

营运能力显著提升。(1)强化资金计划管理，合理调度资金，提高资金利用效率。(2)重视企业存款工作，开展了“突破超越·春天行动”存款营销和“突击赶超·激情盛夏”单项存款营销竞赛活动，实现了存款总量、增量的新突破，增强了支农资金实力。(3)拓展中间业务，稳固代理保险业务，大力拓展国际业务，在拓宽支农渠道的同时，中间业务收入继续保持全省前列。(4)加大地方财政补贴督导落实力度，实现全辖粮食地方财政补贴按季拨补，全额到位。棉花地方财政补贴到位率再创新高。全年实现账面利润2.5亿元，完成省行任务的145%。

（司燕洁）

中国工商银行股份有限公司滨州分行

【概况】 2011年，中国工商银行股份有限公司滨州分行本外币全部存款余额255.96亿元，较年初增加46.19亿元。其中，人民币储蓄存款增加13.37亿元，对公存款(其中，公司存款增加19.66亿元，机构存款增加11.38亿元）增加31.04亿元，同业存款增加0.63亿元；外币各项存款增加1893万美元。本外币各项贷款余额299.09亿元，比年初增加39.26亿元。小企业各项贷款余额41.7亿元，较年初新增13.01亿元。年末不良贷款率0.19%，个人贷款及小企业贷款持续保持零不良。在全国工商银行二级分行经营30强排名中列第五位，全国工商银行二级分行经营绩效考评中列第二位，连续9年进入全国工商银行二级分行经营30强，连续4年位居前5位，在全省工商银行系统考核中位居第一位。被市委市政府记“2011年度金融工作集体二等功”。年内被授予“全国五一劳动奖状”“全国文明单位”两个国家级荣誉称号。

【坚持客户拓展战略】 2011年，工行滨州分行稳步实施客户发展战略，坚持拓展和维护并重、营销和服务并举，夯实优质客户资源。(1)推进对公客户拓展。把增加有效目标客户作为基础性工作，结合供应链融资的开展，通过核心客户上下游进行客户拓展，通过产品渗透，发展现金管理客户，推介财智账户卡等措施，推进账户的增量扩面，巩固了第一结算银行优势。年末，对公结算账户净增2500多户。(2)发挥公私联动机制作用。通过组织实施“以公带私、以私促公”公私联动方案，为中高端客户现场把脉，合理配置资产，实现资产的保值、增值。成功营销票据池、法人网贷通等多项重点新产品，在全省系统内创造了多项第一。企业活跃客户网银渗透率达到66%，个人网银中高端客户渗透率达到48%。(3)做好机构客户营销及维护工作。组织开展了“抓大户、深挖潜，拓领域、添新户”的营销活动，准确定位目标客户，及时跟进开展营销。机构新开户270余户，壮大了机构客户群。不断健全完善重点客户维护机制，加大了对系统客户的维护力度。

【加强产品营销】 2011年，工行滨州分行积极应对市场变化的新情况、新特征，充分利用各种产品营销时机，增强产品的市场渗透力，推进各项产品销售实现新突破，为巩固全行市场优势地位奠定坚实基础。(1)通过开展专项营销活动、员工体验活动、投资报告会和走进网点活动，深入挖掘有潜力的客户群体，不断加大对贵金属产品的普及和营销力度。成立了滨州市第一家贵金属旗舰店，年内实物类贵金属销售量、交易类贵金属交易额实现大幅度增长。(2)积极应对个人金融业务新的形势与挑战，以保本理财产品为重点，主动调整工作思路，转变工作方法，做好月末到期资金的承接及客户外拓工作，对重点发展的项目与产品进行专题推动。年内新开达标理财金账户、保本理财产品销售实现了预期目标；商友卡新增发卡和卡均存款全省系统内排名第一；逸贷卡发卡、分期发生额全省系统内第一。个人网银、企业网银，WAP手机银行新增客户均完成年度目标计划。(3)加大法人理财产品营销力度，重点拓展理财客户数量，不断增强理财品种的多样化，扩大理财销售网点覆盖面。年内，全行累计销售法人理财产品40多亿元，实现了法人理财产品在全部支行的销售。

【优化经营结构】 2011年，面对复杂多变的经营环境，工行滨州分行在保持高位运行的基础上，不断

保 险

【概况】 2011年，滨州市保险行业协会立足滨州市经济社会发展全局，积极应对复杂的经济金融形势，稳步推进各项工作，保险业呈现出发展速度平稳、增长质量较好、结构不断优化的良好局面。滨州市保险行业协会被市委、市政府记"集体三等功"，这是协会连续第五年获得市委、市政府的年度表彰。同时获得表彰的还有人保财险滨州市分公司和中国人寿滨州分公司，分别荣获金融工作先进单位；平安财险滨州中心支公司总经理马杰、平安人寿滨州中心支公司总经理刘智海、太保寿险滨州中心支公司总经理蒋鹏获得金融工作先进个人嘉奖。

保险业务继续保持平稳增长。全市保险业保费收入37.98亿元，同比增长12.66%，其中财产险保费收入14.05亿元，同比增长20.52%，增幅居全省第一位；人身险保费收入23.57亿元，同比增长8.51%。

保险机构保持稳步发展。年内新增三家公司，至年末滨州市共有28家保险公司分支机构，其中财产险公司17家，人身险公司11家。

服务地方经济发展能力不断增强。全年共支付赔款与给付10.29亿元，同比增长28.75%。全年上缴各种税金1.1亿元，同比增长25.17%；代收代缴车船税9167万元，同比增38.92%，提供就业岗位1.41万人，为全市经济稳定发展和安定人民生活发挥了应有的作用。

【中国人寿滨州分公司为福利院儿童捐助物品】 2011年11月4日至8日，中国人寿滨州分公司团委组织发起了为滨州市社会福利院捐助物品活动，广大员工、营销同仁热心参与，捐助物品包括书籍、衣物、玩具、文具等共计500余件套，活动同时得到了市公司党委的大力支持，专门拨款购买了一批福利院急需的纸尿裤、球形玩具等物品。11月11日，市公司总经理李培礼亲自为滨州市社会福利院送去了物品。

2011年滨州市财产保险业务综合统计表

项目 公司名称	保费收入(万元)			赔款支出(万元)			市场份额%
	本年累计	上年累计	同比增减%	本年累计	上年累计	同比增减%	
人保财险	45721.23	42939.97	6.48%	26927.93	27753.92	-2.98%	32.54%
平安财险	23674.86	16672.42	42.00%	8001.35	4756.66	68.21%	16.85%
太平洋财险	16804.34	13024.79	29.02%	8162.37	6999.84	16.61%	11.96%
天安保险	3364.56	3600.83	-6.56%	3414.37	1850.79	84.48%	2.39%
中华联合	7481.44	8086.90	-7.49%	5102.16	6081.56	-16.10%	5.32%
大地保险	7422.05	5270.78	40.82%	2846.60	1879.51	51.45%	5.28%
安邦财险	5533.75	6104.70	-9.35%	2761.14	2808.00	-1.67%	3.94%
华安财险	1338.41	1045.07	28.07%	647.84	332.85	94.63%	0.95%
安华农险	3205.56	3354.80	-4.45%	1620.66	1554.75	4.24%	2.28%
阳光财险	10129.99	7609.11	33.13%	4308.92	1815.88	137.29%	7.21%
永安财险	4908.93	4296.34	14.26%	2575.78	2575.85	0.00%	3.49%
太平保险	2282.68	1486.05	53.61%	937.43	724.67	29.36%	1.62%
都邦财险	2186.93	1994.42	9.65%	1293.27	988.14	30.88%	1.56%
长安责任	694.51			48.43		0.49%	

续表

公司名称 \ 项目	保费收入(万元)			赔款支出(万元)			市场份额%
	本年累计	上年累计	同比增减%	本年累计	上年累计	同比增减%	
国寿财险	3516.48			223.15		2.50%	
渤海财险	1487.41	1112.27	33.73%	683.7	545.12	25.42%	1.06%
浙商财险	773.32			13.95		0.55%	
总　计	140526.45	116598.45	20.52%	69569.05	60667.54	14.67%	100.00%

2011 年滨州市人身保险业务综合统计表

公司名称 \ 项目	保费收入(万元)			赔款支出(万元)			市场份额%
	本年累计	上年累计	同比增减%	本年累计	上年累计	同比增减%	
中国人寿	93143.01	88000.45	5.84%	3586.37	2663.26	34.66%	38.48%
平安人寿	18911.77	22997.61	-17.77%	332.38	282.65	17.59%	7.96%
泰康人寿	25474.6	23048	10.53%	276.3	128.8	114.52%	10.72%
太平洋人寿	27915	25376	10.01%	613	547	12.07%	11.75%
新华人寿	25988.95	20920.3	24.23%	686.05	504.75	35.92%	10.94%
合众人寿	1502.2	1481.57	1.39%	73.28	39.08	87.51%	0.63%
人保寿险	36783.41	29823.78	23.34%	232.22	113.45	104.69%	15.48%
嘉禾人寿	1510.41	2690.82	-43.87%	17.37	91.41	-81.00%	0.64%
太平人寿	7762.9	5788.25	34.11%	120.28	30.1	299.60%	3.27%
英大泰和	196.25			1.4			0.06%
人保健康	133.65	428.83	-68.83%	33.45	11.92	180.62%	0.08%
总　计	239322.15	220555.61	8.51%	5972.1	4412.42	35.35%	100.00%

2011 年滨州市保险业务综合统计表

公司名称 \ 项目	保费收入(万元)			赔款支出(万元)			市场份额%
	本年累计	上年累计	同比增减%	本年累计	上年累计	同比增减%	
财产保险	140526.45	116598.45	20.52%	69569.05	60667.54	14.67%	37.00%
人身保险	239322.15	220555.61	8.51%	5972.1	4412.42	35.35%	63.00%
总计	379848.60	337154.06	12.66%	75541.15	65079.96	16.07%	100.00%

（王前进）

外经 外贸
WAIJINGWAIMAO

对外经贸

【概况】 2011年,全市合同外资、实际到账外资双双跨过10亿美元,合同外资实现12.07亿美元,比上年同期增长169.3%,全省排名第五;实际到帐资金10.43亿美元,同比增长236.4%,全省第四位,增幅全省第一。对外贸易跃上新台阶,以"科技兴贸"和"品牌战略"为导向,以基地建设为依托,以加快外贸增长方式为抓手,在较为困难的形势下,实现了全市外贸稳定快速增长。2011年进出口总额首次突破60亿美元大关,达到66.93亿美元,居全省第十位,比上年同期增长31.43%,进出口增幅高于全省平均增速6.6个百分点;其中出口总额28.47亿美元,比上年增长11.6%,占全市国内生产总值1817.58亿元(相当于281.41亿美元;注:美元换算用中国银行公布的2011年平均汇率1美元:6.4588人民币)的10.12%;占全省出口额的2.26%;进口总额38.46亿美元,比上年增长51.3%。对外经济实现新突破,实施"走出去"重点企业培育工程,新批境外投资企业5家,全市境外企业达到28家,境外企业资产达到2.5亿美元,较上年增长2亿美元。企业境外并购取得新进展,莲源仁和投资(香港)有限公司并购香港大华润福旦投资公司,欧亚森林实业集团公司并购俄罗斯涅别利林业有限公司,累计投资5310万美元。

【对外贸易结构进一步优化】 2011年,全市把握"传统产业提升、优势产业巩固、新兴产业培育"三个方向,全市对外贸易在实现量的增长的同时,结构调整不断加快。全市机电产品、高新技术产品、农副产品出口比重进一步增加,分别达到2.67、2.4、2.64亿美元,占全市出口总量的比重达到9.38%、8.43%、9.27%。传统产品纺织服装所占比重由上年的62.75%下降至53.09%,接近10个百分点。化学制品、钢铁制品、家具出口增幅保持在40%以上,食用油出口形成新的增长点,规模扩大了近7倍。资源类产品进口走强,铝矿砂进口1858万吨,增加43.9%;铁矿砂进口128.6万吨,改变上年同期无进口的状况;纸浆进口7.75万吨,增加1.7倍。进出口队伍不断壮大,新增备案企业253家,同比增长33%,全市进出口实绩企业达到452家,其中过千万美元的企业达到70家,超亿美元的企业11家。

【对外承包工程实现零突破】 受各种因素的影响和制约,滨州市对外承包工程一直难于破题,没有一家获权企业,没有签订一项工程合同。2011年,按照"政府推进、政策引导、企业突破"的工作思路,对全市有潜力的企业重新梳理排队,对重点企业靠上工作,对重点工程靠上服务。山东华星环保集团有限公司和山东滨州城建集团公司两家企业先后获得国家对外承包工程经营资格,填补了滨州市对外开放的历史空白。华星环保集团获权后,立即与印度尼西亚pac公司签署总投资4600万美元的24兆瓦煤气电站建设总承包合同,并与总投资6000万美元的35兆瓦煤气电站建设项目达成了意向,当年投资1500万元人民币,实现全市对外承包工程零的突破。

【家纺基地跻身首批国家外贸示范基地】 2011年8月15日,滨州市家纺和面料基地成功入选国家商务部所认定的第一批国家外贸转型升级专业型示范基地。2011年,商务部正式启动外贸转型升级示范基地培育工作,经过提报材料和答辩多个程序,最终在全国报送的94个基地中筛选出首批59个基地,山东省有5个基地入选。通过40多年的发展,滨州纺织工业规模不断壮大、综合实力不断增强,成为中国纺织工业重要的聚集地,涌现出魏桥纺织、华纺股份、山东亚光等一批在全国乃至国际上具有一定实力和知名度的纺织企业,形成了以大型企业为核心的纺织产业集群。全市纺织工业企业800余户,其中上市公司3家,外资企业、民营企业和股份制企业289家,涉及棉纺织、毛纺织、印染、针织、棉复制、化纤、服装、地毯八大行业,职工35万余人。2011年主营业务收入1460.02亿元,利税136.42亿元,进出口总额25.4亿美元,分别占全市的34.2%、39.3%和49.9%。2011年被中国纺织工业协会评定为"全国纺织产业基地市"。

【整顿市场经济秩序】 2011年,按照国务院和省政府的统一部署,全市认真组织部署"打击侵犯知识产权和制售假冒伪劣商品专项行动”,采取联合执法、集中办案等措施,集中力量重点查处大案、要案,取得了有效的整治成果。全市共出动执法人员9046人次,检查经营主体10997户,检查批发零售市场、集贸市场等各类市场476个次,整治重点区域167处,吊销营业执照2户,查处制售假冒伪劣商品案件数(结案)86件,罚没金额131.4万元。2011年6月14日,举行了“双打”专项行动集中销毁活动,现场销毁盗版书籍、光盘,假冒伪劣卷烟、烟草、化肥、种子、轮胎等物品,总价值超过200万元。同时,一批重要案件迅速侦破,共立案38起,破案33起,抓获犯罪嫌疑人57名,刑拘50人,批捕14人,捣毁窝点59个,打掉团伙5个,查获假冒注册商标标识80余万件,涉案金额500余万元,收缴制假机器设备45套,制假模板2900余套。

【推进省级以上开发区建设】2011年,全市各县区和省级以上开发区,认真贯彻落实鲁办发〔2011〕1号和滨发〔2009〕12号文件精神,紧紧围绕“打造改革试验区、开放先行区、产业聚集区、财政增收区和经济增长极”——“四区一极”的发展目标,发挥政策、体制、功能等方面的优势,开发区工作实现新转变、新进展、新突破,一批投资规模大、质量高的项目相继建成投产,主要经济发展指标超过全市平均增速,成为全市发展的领头羊和最具活力的“经济板块”。全市省级以上开发区发展到10个,其中国家级经济技术开发区1个,省级高新技术开发区1个,省级经济开发区8个。省级以上开发区批准面积79平方公里,实际控制面积1001平方公里,开发197平方公里;累计注册企业突破3000家,注册资本突破200亿元,规模以上工业企业突破400家。2011年开发区全年业务总收入达到3174亿元,增长13.3%;实现地方财政收入44.14亿元,增长10.7%,各开发区在全省排名进一步提升,滨州开发区、博兴开发区进入前30位。为加快特色园区建设发展,2011年滨州市人民政府出台滨政字〔2011〕129号文件,确定加快发展全市50个重点园区,包括10大经济开发区、15个特色工业园区、15个特色服务业园区、10个特色农业园区,作为全市“123456”总体发展布局的重要一环和全市经济社会发展的重要载体,努力实现集聚产业、支撑经济发展的重要作用。

2011年全市对外贸易进出口情况表

项　目	进口总额(万美元)	进口同比(%)	出口总额(万美元)	出口同比(%)	进出口总额(万美元)	进出口同比(%)
合　计	284659	11.60	384609	51.32	669268	31.43
按企业性质划分						
国有企业	41670	25.97	46647	-11.80	88317	2.73
三资企业	59235	-4.09	80464	-3.73	139699	-3.88
民营企业	108611	73.44	105536	270.04	214147	134.96
集体等其他企业	75143	-23.02	151962	70.41	227105	21.59
按贸易方式划分						
一般贸易	164221	37.07	277786	59.77	442007	50.51
加工贸易	120381	-11.00	103769	29.60	224150	4.10
其他贸易	57	1325.00	3054	1233.62	3111	1235.19

续表

项　目	进口总额（万美元）	进口同比（%）	出口总额（万美元）	出口同比（%）	进出口总额（万美元）	进出口同比（%）
按大类商品划分						
纺织服装			151127	-5.58		
农产品			26376	47.71		
机电产品	42321	2.5	26689	7.71	15632	-5.31
高新技术产品			23989	5.54		

2011 年全市出口额 5000 万美元以上商品情况表

金额分类	商品名称	出口金额（万美元）	占出口总额比重（%）
1 亿美元以上	纺织品	117118	41.14
	服装	34009	11.95
	钢材及制品	30697	10.78
	化学制品	24105	8.47
	家具	10970	3.85
5000～10000 万美元	电子元件	9249	3.25
	铝材及制品	8983	3.16
	餐具	6732	2.36
	食品工业残渣	6584	2.31
	葡萄糖	5947	2.09
	机械设备	5265	1.85
	草柳编制品	5142	1.81
	食用油	5024	1.76
合　计		269825	94.79

2011 年全市进口额 5000 万美元以上商品情况表

金额分类	商品名称	进口金额（万美元）	占进口总额比重（%）
1 亿美元以上	大豆	101442	26.38
	原棉	94731	24.63
	铝矿砂	77137	20.06
	机械设备	16450	4.28
	木材	15207	3.95

续表

金额分类	商品名称	进口金额(万美元)	占进口总额比重(%)
1亿美元以上	化学制品	14252	3.71
	生皮及皮革	12934	3.36
	纸浆	12875	3.35
	动植物油	11185	2.91
5000~10000万美元	镍矿砂	6875	1.79
	钢材制品	5691	1.48
合计		368779	95.88

(侯雪冬)

出入境检验检疫

【概况】 2011年，滨州出入境检验检疫局共检验检疫出入境货物21175批，货值20.32亿美元，同比增长2.5%和21.58%。检出不合格进出境货物779批，货值7.3亿美元，出具索赔证书金额928.17万美元。入境产品(货值)不合格检出率列全省系统首位。截获入境动植物疫情133批，及时进行了检疫除害处理，维护了国门安全。

检验检疫工作。(1)健全业务管理制度。实施工作质量季度内部稽查、超流程月度通报反馈、国外通报及退运货物月度统计、撤检批次月通报等制度。研究制定《业务管理若干规定》，规范外出执法管理、新开检商品管理、报检资料内部流转、授权签字人管理等工作，执法质量长效机制建设取得新进展。(2)提升检验监管能力。阳信县出口农产品食品示范区建设顺利通过省政府验收。开展“双打”专项行动，行政处罚结案6起。严格执行出口食品、饲料、水果、冻兔肉的安全监控计划，检出不合格产品6批。加强风险分析研判，开展严厉打击食品非法添加和滥用食品添加剂专项工作。全年共检验出口食品4040批，货值2.16亿美元，无因检验检疫质量问题引起的国外退货。加强进出境动植物及其产品的检验检疫监管，完成了28家出口草柳木制品企业的换证复查和1家饲料出口企业的注册工作。实施出口工业品分类管理，对46家出口工业品企业进行分类管理。完成对非出口货物装运前检验和出口津巴布韦、肯尼亚的援外货物检验工作。(3)提升科研制标能力。《集装箱检疫昆虫捕捉器》《检验检疫举报投诉计算机受理系统的研究与开发》顺利通过省局组织的科研项目鉴定，科研项目《进口棉花品级人工评定与HVI仪器检验的相关性研究》《出口木制品、木家具全过程质量安全控制体系研究》获得省局“科技进步二等奖”。(4)提升实验室检测能力。棉花、综合实验室合并通过CANS认可，涵盖6大类检测领域98个检测项目。棉花实验室参加美国农业部、德国布莱梅棉花实验室巡回试验以及总局HVI比对实验，均取得满意结果。参与处理山东进口棉花掺杂使假事件处理，受到省局通报表扬。发挥总局入境工业品(未经加工的棉花)业务统计直报点作用，积极为总局决策提供技术支持。棉花实验室共检测进口棉花1047批，39.93万吨，货值11.63亿美元，其中不合格609批，帮助企业成功对外索赔928.17万美元。综合实验室共检测样品1211批，13721个，检测项目15521项。

服务经济发展。围绕滨州总体发展布局，服务于重点区域、重点企业和重点项目，参与并对接市政府确定的区域带动战略，加大对支柱产业支持力度，在重大项目设备引进、安装调试、投产出口上提供优质高效便捷服务，提升服务经济发展水平。建立检企对话交流机制，实施“一企一策”服务。帮助中小企业建立完善质量管理体系，提

●2011年3月3日，检验人员对出口电冰柜实施过程监管。

高产品质量，有效应对国外技术壁垒，提升国际市场竞争力。积极支持无棣荣昌种猪有限公司自美国引进1129头种猪项目建设并圆满完成为期45天的隔离检疫监管工作；指导和帮助惠民棉业有限公司向苏丹出口500吨棉种用于中苏农业开发合作项目。实施对外贸易便利化，积极推行进出口货物电子监管、直通放行、绿色通道等便利化措施，优化通关环境，提高通关效率。加强业务流程管理，进一步缩短检验检疫周期，提高验放速度。严格执行减免收费政策，全年共减免费用近105万元。充分利用地方商务部门举办的外经贸政策培训班、企业备案登记等多种途径向企业宣传普惠制和区域优惠原产地政策，提高原产地签证质量，帮助出口企业用足用好原产地优惠政策，促使更多的“滨州制造”走出国门，挺进国际市场。全年共签发各类原产地证书9071份，签证货值5.06亿美元，出口企业获得国外关税减免3794万美元。

提升行业形象。积极开展系列教育活动，制作的廉政课件获得全省系统二等奖。聘请20名社会廉政监督员，参加“行风热线”直播节目和市直行政部门“一把手”在线访谈活动，在社会上的知名度、美誉度不断提升。连续16年保持省级“文明单位”荣誉称号，被市委、市政府授予“支持滨州发展突出贡献奖”“全市支持商务工作先进单位”荣誉称号。

【签发首份海峡两岸经济合作框架协议原产地证书】 2011年2月16日，为邹平铭兴化工有限公司出口台湾的二烯丙基胺签发滨州辖区首份输台《海峡两岸经济合作框架协议》(ECFA)原产地证书，货值6.58万美元。凭此证书该批化工产品在台湾可享受ECFA关税优惠1.3万元，成为滨州辖区首家享受框架协议带来好处的企业。《海峡两岸经济合作框架协议》(简称ECFA)于2010年6月29日签署。根据协议，从2011年1月1日起，框架协议中规定出口到台湾的货物可获得关税减免优惠，并逐步降低列入早期收获清单的约800项产品关税，三年内全部降为零，台湾批准大陆的商品共有5大类、267项，含石化类、机械类、纺织类、运输类产品。滨州检验检疫局积极开展宣传工作，让出口企业及时掌握政策动向和原产地规则，加强企业相关人员培训，使企业原产地证书申领员熟悉和掌握ECFA内容及ECFA原产地证书申领程序，对符合ECFA原产地证书申领的出口企业随到随检、快验快放，零距离服务，提高工作效率和服务水平，使出口到台湾的产品享受到ECFA项下关税优惠待遇，降低出口成本，提高了出口产品在台湾市场的竞争能力。

【滨州棉种首次出口苏丹】 2011年4月，经滨州检验检疫局检疫合格，山东中棉棉业有限责任公司生产的180吨、货值71.37万美元的转基因棉种顺利出口苏丹，在山东省属首次出口。该批棉种出口苏丹为中苏经济合作的重要内容，运抵苏丹后种植棉花面积36万亩，可以有效带动当地棉花种植业的发展，促进苏丹经济发展。滨州检验检疫局为企业及时办理出口棉种注册登记工作，提供苏丹官方植物检疫法律法规，指导企业积极联系中国商务部苏丹办事处，了解苏丹官方对转基因棉种的规定和要求，按照苏丹官方的要求，指导企业健全完善出口棉种加工、包装、储运、出口等全过程质量保障体系，做好出口棉种相关的防疫工作，确保出

国内贸易

GUONEIMAOYI

服务业

【全市服务业健康发展】 2011年,全市服务业增加值完成667.22亿元,增长12.3%,占GDP的36.7%;全市服务业完成规模以上固定资产投资417亿元,增长31.9%,占全社会固定资产投资的41.2%;全市服务业实现税收收入61.6亿元,增长36.9%,其中实现地税收入34.8亿元,增长40.2%,占全部地方税收的40.8%;全市社会消费品零售总额实现505.75亿元,增长17.3%。年内,滨州市被省政府授予"全省服务业发展先进市"荣誉称号,本市已连续三年获此殊荣,跻身服务业发展先进市行列。

【服务业四大载体培育建设】 2011年,滨州市印发了《关于印发〈滨州市2011年服务业重点城区重点园区重点企业重点项目培育建设实施方案〉的通知》。至年底,10个重点城区共实现服务业增加值500.17亿元,同比增长16.8%,比全市服务业增加值增速高4.5个百分点,占全市服务业增加值的75.1%;服务业实现税收48.1亿元,同比增长33.2%;完成服务业固定资产投资356亿元,同比增长17.8%,占全市服务业规模以上固定资产投资的85.4%;服务业招商引资额268.1亿元,增长18.6%。20个重点园区共计完成投资130.6亿元,完成计划数的2.1倍,增长势头强劲,实现营业收入1050.63亿元,上缴税金20.25亿元,园区内新增注册企业328家,带动19.68万人就业,列入全市服务业产业链项目53个,争取上级无偿资金2509万元。30家重点企业累计完成营业(销售)收入116.13亿元,同期增长16.3%,上缴税金2.6亿元,同期增长13.6%,新增投资4.6亿元,吸纳就业人员2.36万人。40个重点项目总投资达236.88亿元,当年计划投资58亿元,实际完成投资53.4亿元,占全市服务业重点项目完成投资的28%。

【服务业重点项目建设】 2011年,滨州市对总投资679亿元的200个项目实行了重点调度管理,纳入调度的服务业重点项目完成投资191亿元,较上年同期增加38亿元,增长24.8%。滨州义乌国际商贸城、滨州豪德贸易广场、滨州中博国际商贸城、滨州黄河三角洲(铁路)物流园区、滨州惠民温泉文化博览园、滨州文化九州(黄河岛)生态旅游度假区一期工程等项目总投资达80多亿元,跻身省级服务业重点项目之列;邹平煤炭物流园区公共服务平台、中小船舶基地科技服务平台、宏昌达现代物流园区、阳信电子信息产园综合服务平台、惠民纺织物流中心5个项目共获得省服务业发展引导资金700万元;滨州工业园区综合服务平台项目获得国家服务业发展引导资金及省配套资金200万元;阳信木质家具产业集群生产性服务中心和农产品研究公共服务平台2个项目纳入2012年国家服务业发展引导资金扶持项目储备库。

【市场流通工作】 2011年,滨州市落实"家电下乡"和"家电以旧换新"扩大居民消费政策顺利,全市各类"家电下乡"产品销量达56.59万台(部),销售金额16亿元,财政补贴"家电下乡"产品数量达50.18万台(部),补贴资金1.7亿元;以旧换新累计销售各类家电产品20.06万台(部),销售金额78946万元,其中财政补贴金额为5850万元,回收旧家电20.19万台(部)。扎实推进"万村千乡市场工程",共完成新建和改造农家店800个,配送中心2个,新增农村商业面积7.1万平方米,解决了1954个农村劳动力就业。积极开展"农超对接""区超对接"工作,山东新合作超市连锁有限公司建成5家专业合作社,邹平供销大厦集团有限公司实现了对全国各地农副产品的联合采购,并推进连锁超市与出口农产品质量安全示范区对接试点。加大家政服务培训,对滨州技师学院和山东丽都物业管理有限公司培训的500名家政服务员进行了验收,合格率达到100%。

【流通企业创新流通方式】 2011年,滨州市流通企业积极探索发展现代流通方式,三利快餐有限公司通过特许加盟发展连锁经营,连锁店已达100余家;山东利德金融电子器具有限公司建立了网上销售平台,年网上销售金额超过500万元。全市亿元以上商品交易市场达20个,其中,博兴兴福黑白铁市场年营业收入超过300亿元。积极开展"放心食品工程",每个县区结合各自实际建成运营了2~3家"便民蔬菜超市",邹平联华超市有限责任公司已经发展成为全市社区便民(蔬菜)超市连锁经营企业。

【生猪定点屠宰管理工作】 2011年，全市完成屠宰生猪67.02万头，同比增长21.2%，出动执法人员1200余人次，对各类屠宰企业进行拉网式排查。6月，滨州市举办“山东省第六期生猪定点屠宰企业肉品品质检验人员培训班”，全市参训人员108人，参训定点屠宰企业67家。9月，积极会同市工商局、畜牧兽医局、食药局、卫生局、质监局、公安局七部门联合印制了关于加强生猪产品肉品品质安全的《通告》，张贴至各县(区)主要街道、社区、公共食堂、村庄、超市等，进一步增强了人民群众对病害肉的鉴别能力。11月，在全市范围推行“生猪定点屠宰猪肉产品随货质检合格证”，用以弥补《肉品品质检验合格证》一猪一票的不足，该票据与《肉品品质检验合格证》同时使用，满足购买猪肉产品消费者索票需求，此项举措在全省尚属首创。

【山东省糖酒商品交易会在滨州举行】 2011年4月16日至18日，山东省春季糖酒商品交易会在滨州举行，共有2000余家糖酒商品加工企业参展布展，6000余家代理商、经销商参会洽谈，6万余人次群众现场洽谈参观，来自20余个省市的15类商品千余个品种参展，共签订合同购销额28亿元。交易会期间，拉动滨州消费市场作用明显，省内外客商直接投入于滨州市住宿餐饮、广告庆典、交通运输等方面的资金达2亿元。

(李　伟)

供销合作商业

2011年，全市供销社系统实现销售收入677.5亿元，实现利税52.6亿元，实现利润37.7亿元，居全省同行业首位。

项目建设。年内，社办企业继续实施“工业强社”战略，技改项目投入达65.65亿元。流通企业基础实施投资项目达42个，邹平县1.31万平方米县社综合服务中心大楼、4500平方米九户社综合服务中心、5000平方米孙镇社综合服务中心、2800平方米台子社综合服务中心、900平方米青阳社百货门市部“五大工程”同时推进。沾化县投资1.16亿元建设的6.5万平方米商贸城竣工投入运营，其他县区基础实施投资都超过上年。

现代流通服务网络建设。全市供销社系统认真落实省供销社网络建设工作意见，加大力度推进日用品和农资网络体系建设。新建日用品配送中心2处、直营店21处、便民店664处；新建农资配送中心2处、直营店33处、便民店219处。至年底，全市供销社建成日用品配送中心7处、直营店93处、便民店2652处；建成县级农资配送中心7处、乡镇配送中心47处、直营店106处、便民店2265处。日用品和农资两大网络覆盖了全市70%的乡村，网点统一使用标识，统一管理，连锁经营，提升了供销社的形象。

为农服务体系建设。(1)开展以联合采购和直供为重点的农资经营服务，规范农资经营行为，杜绝“假冒伪劣”商品，满足市场供应。全年销售化肥78.5万吨、农药3500吨，实现销售额23.5亿元。(2)加快农村社区服务中心建设，新建农村社区服务中心9处，至年底，全供销社系统农村社区服务中心达46处。(3)开展“农超对接”。积极参与市政府“1010”工程，结合日用品网络建设，设立农产品专柜，推进农产品进入超市。邹平县社承接了“1010”工程中的“放心食品工程”，担负起了食品安全职能。

农产品经营服务体系建设。(1)建立农产品示范基地。以建设现代农业产业基地为支撑，加快培育特色优势主导产业，各县区大力推进棉花、冬枣、蔬菜、鸭梨、水产、畜牧等特色产品示范基地建设，带动农民实行标准化生产，规模化经营。至年底，全系统发展农产品示范基地1.27万亩。(2)加快专业合作社发展。年内，新发展专业合作社8个，全系统农村专业合作组织达76个。专业合作社中开展了金融互助，社内互助金额达7.5亿元。

基层供销社建设。按照市供销社制定的《关于加快基层供销社改革发展的意见》和《基层社启动考核办法》，基层社建设取得新突破，经营和服务水平有了很大提升，恢复、发展和壮大了棉花、农资、烟花爆竹、再生资源等传统业务，培育了农产品、日用品、融资担保、社区服务中心等新兴产业。全市62家基层社中有59家取得了好成效，列入全省重点启动的4家基层社通过了省供销社考核验收。

(张　勇)

粮食购销

【概况】 2011年，全市实现社会粮食购销总量1821.5万吨，列全省第二位，其中收购粮食938.7万吨，销售粮食882.8万吨，同比增长分别为26.5%、25.4%和27.7%。全市粮油加工业完成面粉产量144.1万吨，列全省第五位，完成油脂产量109.8万吨，列全省第一位，完成淀粉产量208.3万吨，列全省第一位，同比分别增长2.2%、14.1%和2.5%。实现工业总产值385亿元，销售收入390亿元，利税23.4亿元，均列全省第一位，同比分别增长21.5%、33.4%和39.7%。

【粮食宏观调控】 (1)夯实粮食安全基础。2011年，全市新增县区级粮食储备规模3.1万吨，轮换地方储备粮2.79万吨。邹平县新建的1.5万吨仓房已基本完工，滨城区10万吨仓房全部建成投入使用，惠民、阳信新建和改造仓房5000吨。(2)完善粮食应急网络建设。年内，全市新增11家粮食应急加工企业、21家粮食应急供应企业，并签订责任书，落实了应急责任。至年底，全市已有粮食应急加工企业25家，粮食应急供应企业30家。(3)加强粮食市场科学监测。设立覆盖全市的粮油价格采集点70个，进一步增强了市场分析和预测能力，确保在非常时期能够充分把握粮食市场宏观调控主动权。

【粮食产业发展】 (1)加大投入扩规模。2011年，全市粮食行业投资30.6亿元，建设粮食产业项目27个。(2)做大企业强龙头。全市粮油加工行业国家级农业产业化重点龙头企业3家，全国农产品加工示范企业3家，全国放心粮油加工示范企业10家，省级龙头企业7家，市级龙头企业18家。年内，西王集团、三星集团、渤海油脂、香驰集团等全市"八大"粮油加工龙头企业，完成面粉产量75.3万吨，油脂产量109.6万吨，淀粉产量201.4万吨。(3)打造品牌增实力。全市粮食行业境内、外上市公司4家，全国粮油行业AAA级信用企业5家，获得省以上"放心粮油"品牌产品13个，中国名牌2个，绿色产品6个，山东名牌、著名商标、知名商标6个。(4)突出重点抓市直。滨州粮食仓储经济园区建设成效显著，佳成麦业科技有限公司日处理500吨小麦的加工项目顺利投产，填补了多年来市直粮食加工项目的空白。滨州国家粮食储备库取得棉花交割库资格。2011年12月，滨州国家粮食储备库荣获全省"十佳粮库"称号。顺成粮食物流公司已经国家发改委批准立项，争取无偿配套资金130万元。滨州国家粮食储备库与山东和美牧业有限公司合资建设的和顺物流公司，计划总投资1.1亿元。做好招商引资工作，市粮食局全年完成招商引资2500万元，争取无偿资金900多万元，圆满完成了招商引资工作任务。

【粮食行政执法】 (1)精心组织开展《粮食流通管理条例》等法律法规宣传活动。以《粮食流通管理条例》颁布实施七周年为契机，全市粮食部门充分利用新闻媒体、组织上街宣传、印发宣传材料、张贴公告标语、悬挂过街横幅、出动粮食执法宣传车辆等形式，广泛开展了《粮食流通管理条例》、全国粮食科技活动周、政府"民心工程"、《中华人民共和国食品安全法》等宣传活动，在全市努力营造粮食行政执法氛围。(2)认真开展政策性粮食出入库监督检查工作。全市粮食部门专门组织人员对2011年全市9823吨政策性粮食出库工作进行了监督检查，保证了粮食顺利出库，杜绝了价外加价、刁难客户等违规现象的发生。(3)扎实开展粮食收购和库存检查。全市出动检查人员741人次，累计检查粮食收购企业(点)991个次，共查处15起涉粮案件，其中对10起进行了行政罚款，对5起给予责令改正。对19家国有和国有控股粮食企业进行了库存检查，圆满完成了本年度库存检查工作任务。滨城区粮食局荣获"全国粮食执法示范县"称号，惠民、邹平县粮食局荣获"全省粮食执法示范县"称号。

【粮食民生工作】 (1)实施放心粮油工程。2011年，全市粮食部门建设放心粮油示范店130家、配送中心10家、示范加工企业10家、服务网点3000个。全市实现"放心粮油"销售量6.56万吨，销售收入2.4亿元，利润1095万元，同比分别增长42.6%、9%和3%。6月，邹平县成立了放心粮油合作社组织，走出了一条放心粮油工程创新之路。滨州放心粮油精品展销厅建成运营，为滨州市粮油加工企业搭建了展示形象、相互交流

示范校。2011年全市用于中职校舍、内设和实习实训基地建设的资金近亿元。

把师德表现作为教师绩效考核、职务聘任、评优奖励的首要依据，实行"师德表现一票否决制"。加强教师队伍特别是农村教师队伍建设。招聘教师807人，其中493人到农村任教。免费师范毕业生就业政策得到较好落实。中小学教师编制核定工作启动。面向社会认定教师资格1684人，认定应届师范类毕业生教师资格1018人。出台《关于进一步加强农村支教活动的意见》。名师评选纳入全市高层次人才评选，享受政府津贴、休假、免费体检等待遇。教师中有275人取得高级教师资格，有629人取得中级教师资格。表彰"十一五"期间教师队伍管理先进集体30个、先进个人70人。表彰市优秀教师102人、市优秀教育工作者30人。城乡教师同工同酬取得重要突破，年内滨城、无棣、阳信、惠民、沾化先后实现城乡教师同工同酬。

全面落实教育行政执法责任制。"五五"普法规划全面完成，被评为全省和全市普法工作先进单位。深入开展"依法治校示范校"创建活动，对15所市级依法治校示范学校进行复评。对行政执法权力进行清理。教代会制度进一步完善，校务公开经验在全市推广。教育行风建设不断加强。开展教育行风民主评议和"发展环境提升年"活动，建立和完善服务承诺制度。对教育乱收费始终保持高压态势。加强教育内部市场管理，教育图书征订发行工作走在全省前列。办理市长公开电话12个，处理来信来访50件，办理人大代表政协委员建议提案52件，代表委员满意率100%，被评为提案"十佳"承办单位。在滨州教育信息网公布举报电话，畅通群众举报投诉渠道。组织"阳光政务热线""领导在线访谈"活动，解答群众咨询100个。

各类招生考试安全平稳。坚持依法治招、依法治考，加大考试环境综合治理力度，努力提高招生考试管理现代化水平，普通高考网上巡查面达到40%。各类考试安全顺利实施。普通高考所有考点均被评为省优秀考点，市招考办被评为全省先进集体。

高度重视学校安全工作，层层签订学校安全责任状。落实校园安全经费投入，强化人防、物防、技防措施。在重大节日和敏感期进行5次安全大检查，排查安全隐患1303项，整改率96.7%，落实治理资金458万元。与有关部门联合执法，开展清剿火患、接送学生车辆及校园周边环境专项治理。进一步加强安全教育和应急演练，提高师生的安全意识和自防自救能力。强化学校风险转移，校方责任险投保率全省第一。

连续9年保持"省级文明机关"荣誉称号，举办庆祝建党90周年暨创建文明城市职工运动会。参加全市庆祝建党90周年红歌会获得一等奖。参加全市第一届机关运动会获得团体总分第二名。参加全市第十七届运动会获得团体总分第一名。进一步强化综合协调、公文审核、会议管理和督查督办，局机关各项工作协调运转，实现网上办公。作风建设取得全市第三名，2011年度全省科学发展群众满意度调查中小学教育列全市第一名。

学前教育

【学前教育成绩优异】 2011年，全市累计投资2.6亿元，新建、改扩建幼儿园108处，其中当年竣工70处，未完工38处；增加学位1

2011年12月28日，省教育厅厅长齐涛到滨州市调研。

万个;“入园难”问题得到有效缓解。全市补充公办幼儿教师213人,其中,新增编制公开招录公办幼儿教师70人,中小学教师经培训转岗143人,公办幼儿教师补充数量实现历史性突破;全市幼儿园公办教师比例由2010年的23.18%提高到25.52%,增长2.34个百分点。滨州经济开发区实验幼儿园、滨州经济开发区沙河街道办事处中心幼儿园通过省教育厅验收,被命名为“省级实验示范幼儿园”。滨城区滨北街道办事处北城幼儿园、滨城区梁才街道办事处中心幼儿园、惠民县姜楼镇中心幼儿园、阳信县信城街道办事处中心幼儿园、无棣县碣石山镇中心幼儿园、沾化县古城镇中心幼儿园、沾化县下洼镇中心幼儿园、博兴县陈户镇中心幼儿园、博兴县兴福镇中心幼儿园、邹平县明集镇中心幼儿园、邹平县长山镇中心幼儿园、邹平县临池镇中心幼儿园、邹平县西董镇鹤伴幼儿园、滨州经济开发区沙河街道办事处中心幼儿园共14处乡镇(街道)中心幼儿园通过省级认定。

【启动实施学前教育三年行动计划】 2011年,“滨州市学前教育三年行动计划”主要指标列入2011年滨州市委“1010”工程和滨州市2011年《政府工作报告》100项重点工作。市政府办公室印发《关于编制学前教育三年行动计划加快发展学前教育的意见》(滨政办字〔2011〕12号)及《滨州市学前教育三年行动计划》(滨政办发〔2011〕64号);市教育局、市编办等8部门联合下发《关于贯彻落实〈山东省学前教育普及计划(2011-2015年)〉的通知》(滨教〔2011〕15号)。3月22日,召开全市学前教育三年行动计划实施推进会议,就全面启动三年行动计划作动员部署;7月6日,召开全市学前教育观摩暨三年行动计划推进现场会;11月25日,召开全市学前教育三年行动计划进展情况汇报会。建立三年行动计划进展情况月报制度,及时调度进展情况。

【学前教育机构登记注册及年检工作】 2011年,各县区遵照属地管理的原则,5月至10月对辖区内学前教育机构进行重新审核登记。经审核确认,全市新登记注册幼儿园20处,年检合格幼儿园484处,限期整改、暂缓注册幼儿园102处,年检不合格及不予注册幼儿园128处。

【提高园长教师业务素质】 2011年,全市组织学前教育公开课展示和第二次城区内省级实验示范幼儿园园长交流观摩活动。组织园长和骨干教师参加山东省“十佳”幼儿园园长论坛暨第二届园长大会和山东省第六批学前教育教学能手评选。召开幼小衔接研讨会,就幼小衔接工作进行专题研讨。9月28日至29日,举办全市第二期幼儿园园长培训班。全市学前教育系统承担“国家教育体制改革试验区试点项目”3项、中国学前教育研究会“十二五”课题4项、山东省学前教育研究会“十二五”课题10项、山东省教科所教育规划课题15项。发展第七批中国学前教育研究会会员200人。

基础教育

【召开教育工作会议颁布教育规划纲要】 2011年1月11日,全市召开各县区委书记和市直各部门主要负责人参加的教育工作会议,会议学习贯彻全国、全省教育工作会议精神,总结交流教育工作经验,分析形势,研究部署全市教育改革发展任务。市委书记、市人大常委会主任邓向阳出席会议并讲话,市委副书记、市长张光峰主持会议并就贯彻会议精神讲了意见,副市长崔娅妮传达了全省教育工作会议精神,市领导王浩、燕钦国、王文禄、葛伟、郭建新,驻滨高校领导袁俊平、石忠、宁守东、刘文烈出席会议。会议公布《滨州市教育改革和发展规划纲要(2011—2020)》,并提出“到2020年,全面实现教育现代化,全面建成学习型社会,建设人力资源强市,教育的主要指标和总体水平进入全省先进行列”的奋斗目标。

【校园安全防范基础建设】 2011年,全市进一步加大校园安全经费投入,邹平县、阳信县、开发区由地方财政统一支付安保经费;博兴县所有中小学校全部与保安公司签订《保安服务委托合同》,学校保卫人员统一由保安公司配备专业保安。沾化县、惠民县部分学校校门及周边的监控系统纳入公安治安监控平台。4月和9月,市教育局集中开展校园安全保卫工作大检查,以学校自查为主,市、县教育行政部门督查为辅,全面检查学校的安全教育、治安防范、隐患治理等工作。6月，下发《关于在全市学校开展防汛安全工作检查的通知》。全市共排查洪汛安全隐患学校186所，及时采取防范应对措施，确保学校安全度汛。年内，全市共对1413所学校（幼儿园）进行安全检查，排查安全隐患1303项，落实整改1259项，整改率96.7%，累计落实治理资金458.47万元。

【无棣县校车改革经验在全国推广】 2011年8月24日，全国中小学校车试点工作启动会在北京召开。国家教育部确定包括无棣县在内的6个地区，在全国率先开展中小学校车运营管理试点工作。中共中央政治局委员、国务委员刘延东为此专门作出批示，要求在全国推广。为进一步加强校车安全管理工作，滨州市政府组织教育、公安、交通等部门，在借鉴无棣县、邹平县校车管理经验的同时，对滨州市城区校车工作进行深入调研，并撰写《关于在市城区推行实施校车安全工程的报告》，起草了《滨州市人民政府关于在市城区推行实施“校车安全工程”工作的意见》，依托公交公司，在城区四环范围内的所有中小学校实施“校车安全工程”。

【国家教育体制改革试验区试点项目】 2011年3月，根据省教育厅《关于组织申报国家教育体制改革试验区试点项目的通知》（鲁教办字〔2011〕11号）要求，滨州市教育局印发《关于做好教育改革试点项目的通知》（滨教〔2011〕36号），共推报16项改革试点项目，其中14项被省教育厅确立为国家教育体制改革试验区试点项目，分别是：滨州市教育局申报“建立科学的党委政府教育政绩考核制度”和“区域性教师教育网络联盟建设”，滨城区教育局申报“改革完善中小学教师考核评价机制”，惠民县教育局申报“基础教育考试评价改革”，无棣县教育局申报“推进中小学信息化建设”和“公办幼儿园教师配备”，阳信县教育体育局申报“实施中小学校长任职资格制度”和“名师名校长队伍建设”，博兴县教育局申报“构建科学的中小学办学水平评价机制”“加强中小学德育工作”和“0~3岁儿童早期教育”，邹平县教育局申报“数字化教育体系建设”“推进义务教育均衡发展”“乡镇中心幼儿园和农村幼儿园建设”和“中小学教师培训公共财政保障机制试点”。8月，市教育局组织试点项目县区对试点工作进行总结。10月10日，省政府调研室、省教育厅来滨州市教育局召开关于综合改革试点项目调研专题会议。省教育厅张志勇副厅长参加调研会议，对滨州市改革试点项目推进工作给予肯定。

【中小学家长委员会建设】 2011年8月15日，组织滨城三中、开发区一中、博兴一中、邹平新世纪中学、阳信县阳信镇中心小学等5所学校有关人员参加“2011年山东省中小学家长委员会建设与管理工作专项培训”。11月，无棣县被推荐为“山东省中小学家长委员会建设与管理项目组”重点联系县。原无棣县教研室张清林副主任被推荐为“全省家长委员会指导团”专家人选。11月，组织县区对家长委员会工作总结经验，为全省中小学家长委员会工作现场交流会提供交流材料10篇。

【中小学生辍学控制】 2011年3月，滨州市教育局印发《关于进一步做好控制学生辍学工作的通知》（滨教〔2011〕17号），从制度层面确立未来10年控制学生辍学工作目标，小学：2012年，1%以内；2015年，0.5%以内；2020年，0.2%以内。初中：2012年，2%以内；2015年，1%以内；2020年，0.5%以内。确立控制辍学工作责任制度、学生辍学报告制度、教育评价考核制度、控辍保学奖励制度、“零辍学班级”“零辍学学校”“零辍学乡镇”通报命名制度、初中学校“控制辍学重点管理单位”制度、学校考核一票否决制度等10项工作制度。4月，组织全市义务教育辍学情况检查；10月，组织全市规模、班额与农村初中辍学情况专题调研。年内，全市初中辍学818人，年辍学率为0.94%。

【规范办学行为挂牌督办】 2011年，全市继续坚持把落实《山东省普通中小学管理基本规范》作为推进素质教育的基础工作，加大对违规办学行为的查处力度，在“滨州教育信息网中小学违规办学行为曝光台”，对社会投诉比较集中且基本属实的18件违规办学行为进行曝光督办。进一步完善违规办学行为通报制度，每季度末对群众通过电子信箱、电话投诉和上级批转的违规办学情况进行通报。继续实行对违规办学行为随机检查制度，针对群众投诉比较集中的问题进行明查暗访，对县区、学校存在的违规办学行为及时进行查处。12月份对各县区进行规范办学行为随机调查，对调查中发现的问题及时提出整改意见，并由各县区教育局督察学校进行整改。全年全市违规办学行为投诉明显减少，滨州市中小学在山东省教育厅“曝光台”曝光的违规办学行为和省教育厅通报的违规办学行为数量，均居全省后列。

【建立对县区党政领导教育工作考核制度】 2011年，市委、市政府办公室转发了《市委组织部、市人力资源和社会保障局、市教育局、市政府教育督导室〈关于建立对县（区）党政领导干部教育工作考核制度的办法〉的通知》（滨办字〔2011〕2号），每年对县（区）党政两个一把手和政府分管教育工作的副职领导进行教育工作考核，考核结果作为市委组织部对干部年度考核内容，并作为干部奖励、任用、责任追究的重要依据。

【建立督导责任区制度】 2011年，滨州市政府聘任第二届市督学64名。在3月份召开的全市教育督导工作会议上，副市长崔娅妮向新聘任的市督学颁发聘书，并提出工作要求。新聘任的督学有人大、政协专业委员会的负责人，也有政府部门负责人，有市县教育部门在职领导、专家，也有退居二线的老领导、老专家，组成一支年龄结构、专业结构合理，专兼职结合的督学队伍。下发《关于进一步完善督导责任区制度的意见》，将全市划分为8个督导责任区，每个责任区由6~8名市督学担任责任督学，明确责任督学的职责任务，建立责任区督学考核奖惩机制，充分发挥兼职督学在教育督导中的重要作用。各县（区）也普遍建立督导责任区制度，设立县级督导责任区58个，每个县级责任区由2名以上县级督学负责。

【地方教育经费投入】 2011年，全市地方教育经费总收入53.36亿元，比上年增长38.59%，其中国家财政性教育经费46.14亿元，增长45.00%。各渠道教育经费的投入及增长为：财政预算内教育经费拨款（包括事业费、基建、科研和其他经费拨款）41.07亿元，增长46.97%，其中财政预算内教育事业费拨款40.45亿元，增长45.06%；各级政府征收用于教育的税、费5.04亿元，增长39.51%，其中教育费附加3.33亿元，增长16.42%，地方教育附加1.62亿元，增长115.58%；企业办学中的企业拨款312万元；民办学校中举办者投入257万元；社会捐赠办学经费1527万元；事业收入6.71亿元，增长7.53%，其中学杂费收入4.70亿元，降低4.1%；其他收入3291万元，增长46.57%。

【义务教育经费保障机制】 2011年，全市以提高保障水平、优化机制运行为指导，进一步巩固各级财政按比例分担机制，规范教育会计核算中心管理运行，义务教育经费保障机制改革深入推进。年内，全市拨付义务教育经费保障专项资金3.20亿元，其中：中央资金1.53亿元，省级资金8399万元，市级资金2015万元，县区资金6281万元。义务教育生均公用经费基准提高100元，达到每生每年小学600元、初中800元，全年拨付补助公用经费资金2.74亿元，义务教育学校经费保障水平进一步提高；家庭经济困难寄宿生生活费补助标准进一步提高，达到每生每年小学750元、初中1000元，全年拨付寄宿生生活补助资金685万元；全面免除了义务教育阶段农村学生和城市家庭经济困难学生课本费，对部分课程实行教科书循环使用，全年拨付免费教科书资金3950万元，由省级统一组织集中采购和配发。结合财政部、教育部的文件精神，会同滨州市财政局研究制定评选办法，细化考核标准，开展了“农村义务教育经费管理示范县”创建活动。在山东省财政厅、教育厅推荐上报的15个全国示范县中，邹平、博兴两县榜上有名。

【学生资助体系实现全面覆盖】 2011年，全市把学生资助作为强民生、促公平，推动教育科学发展的切入点，全面落实政策，加大资金投入，完善管理措施，提高资助水平，实现资助体系全面覆盖。全面免除了义务教育学生杂费，对农村学生和城市贫困学生提供免费教科书，对家庭经济困难寄宿生补助生活费，减轻了学生家庭经济负担。普通高中国家助学金资助标准由1000元提高到1500元，资助比例由8%提高到10%，全年发放普通高中国家助学金946万元，资助学生6300余人。对中等职业学校实行“助免结合”，全年发放中职学校国家资助金4013万元，免除家庭经济困难和涉农专业学生学费519万元，资助学生近4万人次。完善了普通高等学校“奖、助、贷、补、减”等多种助学渠道，全年发放普通高校各类奖助学金1994万元，发放生源地信用助学贷款4624万元，1.42万名普通高校学生从中受益。2011年秋季学期开始，对学前教育家庭经济困难在园幼儿进行资助。全市拨付2011年秋季学期学前教育政府助学金484万元，资助3~5岁在园幼儿8066人。

【校舍安全工程项目】 2011年，全市把推进校舍安全工程，作为各级落实规划纲要的重要任务和促进教育均衡的切入点，强化组织管理，加大筹资力度，全力推动工程实施。年内，全市完成2011年校舍安全工程项目194个，完工面积18万平方米。在省中小学校舍安全工程领导小组办公室（简称校安办）通报的2011年底校舍安全工程进展15项指标中，滨州市有11项位居全省第一名。至年底，全市中小学校舍安全工程累计完成投资8.9亿元，占规划总投资的66%；已完工项目909个，完工面积93.94万平方米，工程进展全省领先。在2011年11月14日召开的全省推进教育规划纲要落实工作会议上，耿涛副市长代表市政府就校舍安全工程作经验介绍。

【教育债务化解工作】 （1）全面化解农村义务教育债务。2011年，市、县教育、财政部门按照《滨州市化解农村义务教育债务工作实施方案》要求，全市化解农村义务教育债务资金采取分级负担、县区统筹的方式，省财政安排部分奖补资金，与市、县（区）资金统一纳入县（区）农村义务教育化债资金特设专户，实行专户管理，确保专款专用。根据债权人申报账户，采用国库集中支付制度，把化债资金直接支付到债权人账户。至6月，全市累计投入各级农村义务教育债务化解专项资金4.1亿元，在全省率先完成2005年底前农村义务教育债务化解工作。（2）普通高校债务化解年度任务超额完成。省锁定滨州市2009年普通高校债务余额3.76亿元。2011年，按照滨州市普通高校债务化解实施方案，全市投入各级化债专项资金2.48亿元，其中：中央化债奖补结转资金300万元，中央、省财政化债奖补资金6287万元，市财政资金1.77亿元，学校自筹资金553万元。教育、审计部门对全市普通高中债务进行了调查核定，锁定全市普通高中2010年底债务余额9.53亿元。

【招生考试工作】 2011年，全市共有2.17万名考生参加全国普通高等学校招生统一考试，其中文科6236人，理科1.19万人，艺术文2542人，艺术理448人，体育606人，另有594名考生报考山东省高等职业教育对口招生统一考试。设考点14处，考场740个。完善监考教师信息管理系统，加强监考教师选聘、培训、监控和考评工作，监考教师队伍建设得到进一步加强；“阳光工程”全面推进，考试组织安全、平稳、有序，所有考点被评为“省优秀考点”；“国家教育考试管理与服务平台”二期建设工程超计划完成，普通高考网上巡查覆盖面达到了考场总数的40%，考试管理现代化水平进一步提高。市招生考试办公室被省招考委、自考委、教育厅评为先进集体。5063人报考全国成人高等学校招生统一考试。3504人报考全国招收攻读硕士学位研究生统一考试。4754名初中毕业生被五年制高职、“三二连读高职”、普通中等专业学校录取。组织高等教育自学考试4次，共1.38万人报考，计2.62万科次，665人获高等教育自学考试本、专科毕业证书。组织各类非学历证书考试9次，共有3.87万人参加考试，其中，全国大学英语四、六级考试2.87万人，全国公共英语等级考试1630人，全国计算机等级考试5001人，剑桥少儿英语考试354人，山东省书画艺术等级考试2975人。

（崔方锋　王　蕾）

【“人民满意学校”评选】 2011年5月14日，滨城区启动第二轮“人民满意学校”家长评议活动，全区中小学近4万名学生家长走进校园，倾听孩子所在班级的任课教师现场述职，并对学校的办校质量和任课教师的教育教学情况进行现场评议。为完善素质教育评价机制，滨城区积极探索构建“学校—家庭—社会”三位一体育人体系，科学规范学校的办学行为，促进社会和谐，启动了“人民满意学校（教师）”评选活动。一年一度的评议活动分为评教和评校两部分，学生家长和学区代表结合任课教师现场述职和平时对学校的了解进行评议；同时，教师也对所在学校进行评议。评议活动结束后，区教育局对学生家长、学区代表提出的意见建议进行汇总，并对问题及时整改，再根据评议结果、区政府教育督导成绩、区教研室教学视导成绩、区教育局日常督查结果等信息计算各学校的综合办学成绩。年末，根据2010年和2011年两年的综合办学成绩，区教育局评选出首批11所“人民最满意学校”和14个模范管理单位。这一活动得到社会各界和学生家长的充分肯定，得到国家教育部、省教育厅领导的高度关注，在国家教育部《中国基础教育参考》和《山东教育报》等媒体上进行了报道。

【滨城区评选出首批“书法教育特色学校”】 2008年，滨城区启动了书法教育“十百千万工程”，提出在全区中小学大力开展书法教育工作，制定了《关于实施书法教育“十百千万”工程的意见》，计划3年内评选10所以上区级“书法教学特色学校”；培养百名以上合格的专兼职书法指导老师；造就千名以上在全市乃至全省小有名气的“小书法家”；培养万名以上中小学生书法爱好者。区教育局组织部分优秀书法教育工作者、书法家编写了《毛笔书法教程》《硬笔书法教程》两本教程，免费发放给全区中小学生。该项工程实施3年，学生的整体书写水平有了较大的提高，滨城区第七小学组织学生参加“第四届中日韩（国际）青少年儿童书画交流大赛”，3人获特等奖，3人获金奖，3人获银奖；在全国少年儿童现场毛笔书法书写大赛中获得2个二等奖、2个三等奖；其书法文化建设经验两次被《山东教育报》报道，被授予“全国文化名校”称号，成为全区第一所国家级规范汉字书写教育特色学校。2011年底，滨城区教育局评出了全区首批10所“书法教育特色学校”，并颁发了特色奖奖金。

（付瑞丑）

●2011年5月14日，滨城区“人民满意学校”评选家长投票现场。

职业与成人教育

【职业教育成绩优异】 2011年，全市全日制招生1.72万人，非全日制招生949人。其中148名来自青海省玉树藏族自治州八一职业技术学校的藏族学生到滨接受中职教育，揭开了滨州市民族职业教育崭新的一页。职业教育基础能力建设和国家中等职业教育改革发展示范学校创建工作取得佳绩。滨城区职教中心被纳入中央财政支持实训基地建设项目，惠民县职教中心、阳信县职业中专、无棣县职业中专被纳入山东省财政支持的中等职业学校示范实训中心建设项目，财政支持项目约占全省1/10；滨城区职教中心、鲁中中等专业学校分别以全省第六名和第十二名的排序入围国家中等职业教育改革发展示范学校。建立和完善市职业院校技能大赛制度。滨州市政府办公室出台《关于建立滨州市职业院校技能大赛制度的意见》（滨政办字[2011]28号），形成以技能大赛为抓手推动职业教育发展的工作机制。在此基础上，成功举办“长星杯”2011年滨州市职业院校技能大赛。全省职业院校技能大赛和全国中等职业学校“文明风采”大赛取得佳绩。在2011年山东省职业院校（中职组）技能大赛中，全市共77名选手参加10个专业类别、36个项目的比赛，取得有史以来最好成绩，并实现了一等奖零的突破。团体总分排在全省第八位，获团体三等奖。全市有7所中职学校参加由教育部、中央文明办、中华职教社共同发起组织的全国中等职业教育“文明风采”竞赛，总成绩列山东省第六名，滨州市教育局荣获优秀组织奖。

【民办教育】 2011年，全市有鲁北财经职业专修学院、鲁中科技职业专修学院2所民办非学历高校，有民办中等职业学校4所，其中省级重点中等职业学校1所，企业办中等职业学校1所，民办中小学13所，短期培训学校36所。鲁北财经专修学院、鲁中科技专修学院顺利通过省教育厅组织的学历文凭试点学校复评验收。博翱职业中专被省总工会表彰为“山东省富民兴鲁”先进单位。

教师教育

【教师队伍建设】 2011年，全市第八批学科带头人复评324人，通过312人，合格率96%；全市第九批学科带头人评选活动共评选出学科带头人218人，其中：幼教25人、小学80人、初中74人、高中30人、职中9人；推荐上报2011年度滨州市有突出贡献的专业技术人员人选4名，通过1名。275人取得高级教师资格，629人取得中小学、中专、幼儿园中级教师资格。年内教师职称信访量大大降低。自3月开始，组织教育学、教育心理学考试网上报名、信息采集、数据汇总上报、两科考试、能力测试等工作，共接收报名4599人，比上年增加353人，最终面向社会认定教师资格1684人。认定应届师范类毕业生教师资格1018人。安置免费师范毕业生12名；为市直学校招考教师26人；指导各县区招录中小学教师781人，其中农村学校493人，占总数的63%。

【13名优秀教师赴疆支教】 2011年，按照省援疆指挥部、省教育厅安排部署，组织开展第二批援疆教师选派工作。在自愿报名、层层推荐、严格选拔的基础上，共选派13名政治素质高、业务能力强的优秀教师赴疆开展为期1年的支教工作。

【教师培训】 2011年，全市参加远程研修的参训学校共154所，参训教师7000人，设置教学班73个，配备指导教师138名。研修期间学员共完成作业5.85万篇，人均8.5篇；指导教师推荐优秀作业8086篇，人均推荐58.6篇；发表评论12.88万条，人均933.3条。各项研修指标均列全省前列，尤其是初中教师研修工作，综合关注度位列全省第七。10月15日，滨州市小学教师“双对接”全员远程研修项目正式启动。“双对接”远程研修，是在对接教学、对接校本教研的双重目标下，开发视频和网络学习两类学习资源，以满足老师课例研究和网上磨课两类学习的需要；研修方式上是混合式研修。此次研修全市共有9672名教师参加，设置研修小组672个，配备指导教师127人，涉及小学语文、数学、英语3门学科。研修期间学员共完成作业5.12万篇，指导教师推荐优秀作业9624篇，发表评论6.66万条。

【语言文字工作】 2011年5月26日至27日，山东省文明办、山东省教育厅、山东省语委办国家二类城市语言文字工作评估复评团对滨州市进行了国家二类城市语言文字工作评估复评。评估团听取了滨州市城市语言文字工作评估复查汇报，并分组对滨城区政府、滨州市文广新局、滨城区第六中学、滨城区第七小学、滨州银座商城有限公司黄河店和滨州市人民医院进行了检查。反馈会上，评估团宣布滨州市通过复评，并为滨州市授牌，滨州市正式成为国家二类城市语言文字达标城市。9月26日至27日，滨州市举办推进“中华诵·经典诵读行动”试点工作研讨会，全市近300所学校的业务校长、教务主任、德育主任、学校经典诵读负责人、诵读骨干教师、县区教育局语委办负责人参加研讨。教育部语言文字应用管理司副司长张世平为与会人员作专题报告。12月1日，教育部、国家语委下发《关于认定第三批国家级语言文字规范化示范校的通知》，滨州市滨城区第三中学、滨州经济开发区第一中学、邹平县高新街道办事处高新小学、博兴县实验小学、阳信县实验小学、惠民县姜楼镇中心小学、无棣县第一实验学校等7所中小学被认定为“国家级语言文字规范化示范校”，占全省入选总数的1/8。此次全国共认定506所学校，其中山东省57所(包括高校3所，职业教育2所，初中21所，小学31所)。至此，教育部已评估认定三批国家级语言文字规范化示范校，滨州市共有国家级语言文字规范化示范校11所，数量居全省前列。11月11日，河南省语委考察团一行8人，经山东省语委办推荐到滨州市考察学习国家二类城市语言文字工作评估经验。

学校建设与条件装备

【学校标准化建设】 2011年，为加快推进全市基础教育均衡发展，要求各县(区)根据《滨州市人民政府关于普通中小学基本办学条件标准化建设的实施意见》精神，按照“政府主导、优先保障，科学规划、分步实施，统一标准、注重效益，整体带动、协调发展”的原则，扎实推进中小学标准化建设。组织县区完成全省普通中小学办学条件标准化建设信息平台基础数据录入工作。结合校舍安全工程、仪器更新工程、“211工程”、明德小学建设、图书挂图配备等工作，分项目推进学校标准化建设。年内，先后争取农村薄弱学校改造计划中央资金1050万元，义务教育校园安保中央资金970万元，农村中小学“211工程”省奖补资金380万元，农村中小学仪器更新工程省资金246万元，明德小学捐赠资金135万元，农村中小学图书及教学挂图资金1780万元。

【条件装备】 2011年，全市新建中小学实验室94个，仪器室61个，新上通用技术实践室9个，探究实验室26个，装备教学仪器、音体美器材1890余万元，装备微机4040套，校园网60个，多媒体教室1662个，安装“绿色班班通”设备289套。用于实验装备和信息技术装备建设的投资总额达1.2亿元。

【教学仪器更新】 2011年，全市共招标采购教学仪器1200万元。仪器发放工作采取“统一仓储、统一分拣、统一发货、统一验收”的办法，从3月下旬开始至5月初结束，共接收仪器货物35集装箱，为全市10县（区）、432处中小学发放仪器160余车次，3000多个品种，88万余件。2007年“农村中小学仪器更新工程”实施以来，全市累计招标10次，为全市108处初中和505处小学添置仪器设备370多万件，招标金额3985万元。全市农村中小学校全部达到国家基本配备标准。同时，各县(区)多渠道筹措配套资金2000多万元，对400多处农村中小学改建或新建实验室、改造水电设施、添置仪器橱架、印制规章制度和账本表册。滨州的工作经验多次在全省交流推广，先后有潍坊、烟台、青岛等市考察学习。2011年全市投资244万元，招标购置教育城域网及安全网关VPN设备，实现全市教育城域网的组网，同时可实现带宽管理、流量控制及用户上网信息管理、安全审计等功能。

【教育信息化示范乡镇建设】 2011年是滨州市教育信息化示范乡镇建设工程收尾的一年，共有16个乡镇办达到示范乡镇标准，成为滨州市第三批教育信息化示范乡镇。全市当年用于教育信息化示范乡镇建设的资金达3347.8万元，配备计算机教室72间，学生用机3331台，教师用计算机3224台，装备多媒体教室1526间，其中电子白板687套，投影303套，液晶电视504台，教学一体机32套。

高等教育

【概况】 2011年，全市有普通高等学校5所，其中全日制普通本科院校2所：滨州医学院、滨州学院；专科院校3所：滨州职业学院、滨州技术学院、滨州技师学院。滨州医学院、滨州学院、滨州职业学院在校生4.65万人，当年招生1.32万人，教职工3562人，专任教师2797人，成人本专科在校生1.76万人，当年招生0.47万人。

【中共滨州市委高等院校工作委员会成立】 2011年2月，经滨州市机构编制委员会批复同意，设立中共滨州市委高等院校工作委员会，与滨州市教育局合署办公，为财政拨款事业单位，主要职责：管理市属高校及各类民办高校的党建、纪检、统战、群团、人才等工作；管理指导各类高校思想政治工作、宣传工作、精神文明建设和安全稳定工作。

（崔方锋　王　蕾）

【何川获“四川省优秀共青团员”称号】 何川，四川省东汽技校学生，2008年汶川地震后与另外19名同学转移到滨州技术学院就读。在校期间，何川学习勤奋、待人真诚，后被分配到东营一企业校外实习。2011年3月29日晚上8点，同厂的一名职工不慎掉入了厂区内的人工湖里，随行的两名同事大声呼救，并跳入湖中营救，正在上夜班的何川听到呼喊立即冲到湖边，来

作，积极开展职业资格鉴定考试工作，扩展培训范围。全年组织开展各类职业资格考试及培训1300人次。

学生管理工作。坚持制度化建设，提倡亲情化管理。继续实施院长带班、中层干部值班制度，确保学生管理工作24小时无缝隙、360度无死角；加强班主任、辅导员等学生管理人员的管理与考核，完善《班主任工作量化考核》等有关制度，强化培训、提高应对处理学生中出现的突发事件的能力；规范公寓化管理，开展“文明宿舍”“和谐楼层”评选等活动，推进公寓文化建设；文体活动丰富多彩，校园文化活动与教育教学工作实现有机结合，开展“感恩教育”等主题活动，积极组织新生军训、迎新生暨教师节晚会、秋季体育运动会等活动，丰富了校园文化建设内涵。

社会培训服务。发挥资源优势，适应市场需求，不断提高培训能力，拓宽社会培训范围，全年共开展农村劳动力转移就业、工友创业、人才初始创业等各类培训3450人次；金蓝领培训80人次、技师培训67人次、高级技师培训97人次。开展多层次、多渠道办学形式，与山东大学合作的网络教育、成人函授，与青岛科技大学、滨州学院联办的函授招生实现新的突破，年内招生414人；设立附属义务教育学校，盘活教育资源，实现优势互补，成立附属小学申请获市政府同意。

行政后勤管理。学院加强内涵建设，强化管理职能，学生餐厅由对外承包改为学院自主经营，实行自我管理，降低饭菜价格，保证了饮食卫生安全。财务管理继续强化，合理调度资金，财务支出严格执行零星开支申报制度和重大项目开支集体决策制度，提高了经费使用效益，确保了人员经费和教学运行。加强综合治理工作，着力构建平安校园，坚持“预防为主、教育为先”的方针，开展形式多样的安全宣传教育活动，建立和完善校园安全防控体系和应急管理工作，加强了安全稳定隐患的排查整治，构建起校园安全立体防控体系。

基础设施建设。学院多渠道筹措资金，加大资金投入，逐步完善办学条件。全年投资125万元新增设微机房5个、仿真化学实验室2个及多媒体教室5个；积极争取世行贷款1000万元，其中第一批60万元汽修设备、125万元机械设备、26万元电气设备和18万元电子设备投入使用；投资28万元对校园进行了绿化和美化，校园面貌大为改观。

（崔志勇）

【滨州市技师学院】 2011年，滨州市技师学院被国家教育部、人力资源和社会保障部、财政部正式批复为国家首批“中等职业教育改革发展示范校建设单位”；被山东省人力资源和社会保障厅评为“山东省技工教育工作先进集体”；被山东省教育厅评为“山东省电大开放教育办学先进集体”；在全国第八届“文明风采”活动中获得优秀组织奖；青少年社会实践活动中心被评为“山东省科技场馆协会先进集体”荣誉称号。

师资队伍。有教职工401人，专职教师309人，其中具有中高级职称教师198人，“双师型”教师达到70%以上。年内，进一步优化师资队伍，创新教师选聘方式，选聘工作组织严密，要求严格，开展有序，高质量地完成了教师选聘工作；积极做好青年教师的培养工作，先后派出30名中青年骨干教师参加国家级、省级培训，其中，18人参加省中等职业学校专业骨干教师省级培训，3人参加省技工院校百强专业建设师资培训，1人参加幼儿教师心理学培训，2人参加财会技能大赛培训，6人参加技校教材教法师资培训；积极采取“请进来、走出去”方式加强学习交流，多次邀请国内知名专家学者来学院讲座；积极开展师德建设，大力弘扬爱岗敬业精神，涌现出许多爱岗敬业的先进典型。

社会培训。积极开展成人教育，继续同山东科技大学、鲁东大学、曲阜师范大学、青岛农业大学、济宁医学院、中央广播电视大学等院校做好长期联合办学工作，在学院设立教学点，满足各行各业人员进修深造的需求。开设多种形式、各种技能的短期培训班，年内完成短期培训3200人次，其中，再就业能力培训、创业培训2000人次，退伍军人岗前培训、金蓝领技师培训、特殊工种培训、家政保姆培训及香驰上岗培训等1200人次，提高了社会从业人员的就业能力。

招生就业。学院常规教学班招生2874人，成人教育招生1100人，短期培训3200人，招生人数均创历史新高。春季实行考试入学的办法，确定最低录取分数线，在社会上形成较好影响。学生实习、就业形势良好。学院深化校企合作，与滨化集团、愉悦家纺、渤海活塞股份公司、京博集团、华兴集团、香驰集团、渤海实业股份有限公司等7家大型企业在基地建设、联合办学、资源共享等方面达成合作共识，签订校企合作协议书，为学生就业奠定基础；学院技能鉴定中心扎实做好学生技能鉴定工作，完成在校生鉴定659人，一次鉴定合格率达100%；组织举办学生就业推介会，组织42家企业来学院招聘学生，提供岗位2952个。经过企业推介、学生现场观摩企业双向选择，一次就业率达98%，就业质量有较大幅度提高。

教学科研。(1)高考成绩优异。年内，学院共有182名同学参加对口高考，其中33人考取本科，专科上线率达100%，创历史新高。(2)技能竞赛成绩突出。在山东省职业院校技能大赛中，技师14名选手参加现代制造技术、焊接技术、现代会计、计算机应用技术4个专业8个项目的比赛，共获得一等奖1个、二等奖2个、三等奖10个、优秀奖1个；在滨州市教育系统组织的全市技能大赛中，技师38名选手参加比赛，获得16个一等奖、16个二等奖、6个三等奖，现代加工技术、焊接技术专业囊括全市第一、二名。(3)科研成果显著。年内，学院组织申报国家级课题10项，省级课题3项。其中，“以提高质量为重点的职业教育教学改革创新研究”和“新农村建设背景下农村社区教育研究”为省级重点课题，“职业教育校企合作中工业文化对接的研究与实验”被教育部批准为重点课题，“社会主义新农村建设背景下农村职业教育可持续发展模式的理论与实践研究”获得国家青年专项资金支持，“中等职业学校财经商贸类专业理论有效教学研究”获教育部重点课题一等奖。学院申报专利34项，其中发明专利3项、实用新型26项、外观设计5项。学院有2名教师获市第九批“学科带头人”称号。在教育部举办的全国范围内遴选地方和行业特色鲜明的改革创新示范教材活动中，学院教师吕波所编写的《SIEMENS802C\S数控编程》从全省数百本参评教材中脱颖而出，位居全省上报教育部参评教材25本中的第十一位。

(刘艳磊)

2011年全市各级各类学校情况统计表

项目 / 类别	学校数(所)	班数(个)	招生数(人)	在校生数(人)	教职工数(人)	专任教师数(人)
学前教育	498	4346	45668	88469	5326	3783
小　学	395	6252	48141	263366	17086	16020
普通中学	162	3665	66071	193832	18317	15340
初　中	144	2583	43201	131951	12669	10477
普通高中	18	1082	22870	61881	5648	4863
中等职业学校	17	—	20182	49529	2835	1958
特殊教育学校	8	61	78	654	250	191
普通高等学校	5	—	13227	46533	3562	2797
总　计	1085	14324	193367	642383	47376	40089

2011年全市教职工情况统计表

项目 县区	学前教育			小 学			普通中学					中等职业教育		
								初中		高中				
	教职工(人)	专任教师(人)	专任教师高中以上学历比例(%)	教职工(人)	专任教师(人)	专任教师达标率(%)	教职工(人)	专任教师(人)	专任教师达标率(%)	专任教师(人)	专任教师达标率(%)	教职工(人)	专任教师(人)	专任教师本科以上学历比例(%)
滨城区	1780	1064	98.21	3130	2833	99.93	3406	1613	99.81	1119	94.19	1294	691	82.92
惠民县	232	174	94.25	2550	2396	99.54	2359	1419	96.34	585	100.0	139	79	92.41
阳信县	329	162	94.44	1918	1843	99.13	1888	1253	97.45	441	97.51	167	156	81.41
无棣县	351	307	98.05	2297	2182	99.31	2366	1531	98.43	479	100.0	213	168	89.29
沾化县	211	151	95.36	1626	1528	100.0	1711	1004	99.10	558	93.19	72	64	92.19
博兴县	988	807	96.41	2734	2568	99.81	2888	1675	99.52	646	97.68	397	298	90.27
邹平县	1435	1118	99.28	2831	2670	99.93	3699	1982	99.45	1035	99.81	553	502	94.22
合 计	5326	3783	97.67	17086	16020	99.68	18317	10477	98.67	4863	97.31	2835	1958	88.05

职工教育

2011年，按照省、市总体部署，以“两区”建设为契机，紧紧围绕全市转方式、调结构的目标任务，全方位开展企业教育培训工作。(1)加强省级企业实训基地建设。根据省财政厅《山东省企校共建工科专业和企业实训基地专项资金使用管理暂行办法》和省经信委职教办《关于组织申报山东省企校共建工科专业和企业实训基地建设项目的通知》要求，组织符合条件的企业申报，并与市财政局有关科室到实地进行考察、考核，筛选3家企业上报省职教办、财政厅，最终获30万元专项扶持资金。积极开展第三批省级企业实训基地申报，新增10家省级企业实训基地，至年底全市共建立50家省级企业实训基地，实训场地建设19.12万平方米；设备、材料投入1.13亿元；资金投入5004万元；接纳实习实训学生2.02万人，其中研究生856人，本科生5669人，专科、高职生10497人，中专、技校生3143人，并最终接纳实训学生1.21万人就业。超额完成省政府下达3年建立40家企业实训基地的目标，被评为“2011年度全省企业实训基地工作先进单位”。(2)开展职工教育经费提取和使用情况调查。按照省里统一部署，在全市开展职工教育经费提取和使用情况调查，共抽查37家企业，涵盖大中小各类型企业，涉及纺织、化工、机械等行业，形成分析报告，找出滨州市在职工教育经费提取和使用方面存在的突出问题。(3)围绕企业需求，开展各项教育培训。全年共举办各种不同类型的培训班2670期34.3万人次。其中，思想政治教育462期14.4万人次，工商管理培训210期1.5万人次，高层次人才培训210期5839人次，基层管理培训489期2.9万人次，专业技术人员继续教育296期1万人次，适应性短期培训532期5.3万人次，技师培训150期3996人，国际合作培训38期1430人，其他培训310期8.6万人次。(4)主动向企业提供信息服务。组织21家企业24人参加第三期、第四期省级企业实训基地实训政策培训班，帮助企业、院校学好用好实训基地的政策。组织19家企业27人参加省经信委举办的“云计算”技术与应用示范性培训班。

(李玉红)

小资料

滨州摄影家——赵清彬

滨州人,1974年生。中国摄影家协会会员,山东省美术家协会会员,山东艺术摄影学会理事,滨州市摄影家协会副秘书长,滨州画院高级画师,滨城区美术家协会副主席、滨城区摄影家协会副主席。

主要获奖作品:《海底小精灵》在中国摄影家协会网2005年度"影友拼图"佳作点评活动中,被评为优秀作品;《天空为什么不是蓝色的》2006年获"首届当代国际(济南)摄影双年展"入选奖,2007年在山东省参加全国第十四届群星奖推荐选拔中荣获一等奖;《都市旋律》2006年获中国摄影家协会网数码制作优秀作品奖(第二名),《窗外》2006年获"山东省2006年群星美术、书法、摄影作品大展"二等奖,《背景》2006年获山东省"五一文化奖"摄影作品类三等奖;《盼了一辈子》《中国娃》2007年获"美好的礼赞庆祝党的十七大——山东省美术书法摄影艺术大展"优秀奖;《城建之旋律》2008年获"山东省'祝甸杯'建设和谐家园摄影大赛"优秀奖;《垂涎欲滴》《天空为什么不蓝》2009年获山东省第九届摄影艺术展"银奖;《春苗》2010年获"山东省社会文化'星光奖'美术、书法、摄影作品展"优秀奖;《我们的家园》2011年获"首届'金鹤奖'全国数码摄影大赛"创意作品类金奖,《光影印痕》《城建音符》2011年获"山东省第十届摄影艺术作品展"优秀奖,《我是最"棒"的》2011年获"第二届齐鲁百家当代摄影艺术展"优秀作品奖。

科学技术

KEXUEJISHU

科　技

【概况】 2011年，全市以建设创新型城市为主体，大力实施“科教兴滨”战略，充分发挥科学技术对经济社会发展的支撑和引领作用，各项工作取得了明显成效。滨州市再次获“全国科技进步先进市”称号，市科技局被国家科技部评为2011年全国县市科技进步考核先进集体，被第二次全国R&D资源清查领导小组办公室评为“第二次全国R&D资源清查先进集体”；被省人力资源和社会保障厅、科技厅评为全省科技管理系统先进集体；被市政府评为“十一五”期间“滨州市节能先进单位”。

高新技术产业快速发展。全市高新技术产业产值达到901.02亿元，同比增长32.41%，高出全省平均增幅5.36个百分点；占规模以上工业总产值的比重为18.93%，较上年提升了4个位次；比重较年初增加3.50个百分点，高出全省平均增幅2.29个百分点，增幅列全省第1位。新认定高新技术企业18家，高新技术企业发展到56家，创新型(试点)企业发展到29家，中国专利山东明星企业发展到35家。

科技发展环境不断优化。市政府印发了《滨州市知识产权战略纲要(2011—2020年)》，对未来十年全市知识产权工作作出了规划部署。印发了《滨州市“十二五”科学技术发展规划纲要》，明确提出了今后5年全市科技发展的总体目标和工作思路。隆重召开全市科学技术大会，成功举办2011年科技活动周、知识产权电视竞赛活动和承办第五届中国专利周山东地区主体活动，在全市上下营造了有利于科技创新的社会氛围。

科技平台建设步伐加快。全市十大科技平台建设进展顺利，积极推进农产品安全追溯体系建设，确定了“一个中心、四个基地、六个环节、七项关键技术”的总体工作思路，委托北京国家农业信息化工程技术研究中心制订了实施方案，应用控制平台正在紧锣密鼓地建设施工，300平方米的管理控制中心已建成，与北京国家农业科技城、杨凌国家农业高新区实现联通，构建起国内高效生态农业“一城两区”发展布局，农产品生产基地建设稳步推进，为国家(滨州)农业科技示范园区发展提供全方位服务。全年获准建设省级企业重点实验室1家、院士工作站1家、省级工程技术研究中心6家，滨州高新技术创业服务中心通过省级认定。全市省级工程技术研究中心发展到20家，院士工作站发展到4家，省级产业技术创新战略联盟发展到5家，省级企业重点实验室发展到2家，省级重点实验室发展到1家，省市共建山东省重点实验室培育基地发展到2家。

知识产权工作成效卓著。全市专利申请3656件，列全省第九位，排名较上年前移1个位次，同比增长72.13%，高出全省平均增幅36.58个百分点；专利授权2512件，列全省第八位，较上年前移5个位次，在全省份额占比重首次超过4%，同比增长82.03%，高出全省平均增幅67.75个百分点；全市发明专利的申请与授权量均实现翻番，增幅均居全省各市第二位。

对上争取工作再创新高。全市落实国家、省各类科技计划项目153项，争取无偿经费4902.5万元，其中国家级23项，补助经费2527万元，省级130项，补助经费2375.5万元。1项科技成果获得国家科技进步奖二等奖；8项科技成果获得山东省科技进步奖，其中省科技进步奖一等奖1项；29项科技成果获得省软科学优秀成果奖。建立市级科技计划项目库，储备各类科技项目901项。完成重大科技成果鉴定40余项，登记重要科技成果123项、技术合同203项，技术交易额达到2.91亿元，出具科技查新报告232份。

完成科技进步考核工作。顺利完成市本级及各县区2009~2010年度全国科技进步考核工作，滨州市再次获“全国科技进步先进市”殊荣，6县1区全部通过2009~2010年度全国科技进步考核，滨城区、博兴县、邹平县获全国科技进步先进县(区)称号。政府科技投入的大幅增加，有效地带动了社会资金投入科技活动，全市高新技术产业规模不断扩大，初步形成了以医药制造、食品及饲料添加剂制造、专项化学品制造等领域为重点的高新技术产业群。

【积极推进科技合作工作】 2011年，圆满完成了第二十批清华大学博士研究生社会实践活动，协助12个单位完成16个科技合作项目。成功举办了“中科院专家滨州行”活动，滨州市与中科院新农村信息化研究中心签订了共建黄河

评选活动。市气象学会组织开展了气象探测与气象服务学术交流会。全年市直学会开展学术交流活动60余次,交流论文900余篇,参加交流的学会会员达8000余人次。

服务全民科学素质提高。(1)开展丰富多彩的科普活动。充分利用"科普之春、科技活动周、全国科普日"等科普宣传教育平台,围绕资源节约、环境污染、预防疾病、食品营养与安全、养生保健、防病防灾等内容,深入开展了"节能减排　全民行动"科普巡回展览、社区科普消夏等科普宣传活动。开展企业科协"讲、比"活动,并对开展的"讲、比"活动工作进行了监督、检查。建立企业科协组织31个。在全省讲比活动评选表彰工作中,全市有9个项目获得表彰,2人获山东省优秀工程师称号。(2)积极推进省级文明城市创建工作。围绕资源节约、环境污染、预防疾病、食品营养与安全、养生保健、防病防灾等内容,开展了科普社区消夏等科普宣传活动和反邪教警示教育巡展宣讲活动,共计12场。成立科普志愿者总队,下设7个分队,科普志愿者136名,组织科普志愿者深入社区、企业、学校等开展科普活动。市科协积极推进市科技馆建设并筹建了市科技活动中心。5月,市科技馆已动工兴建,建设面积近1万平方米,市科技活动中心对外开放,接待市民和青少年学生5000余人次。(3)开展丰富多彩的青少年科普活动。组织开展了以"创新·体验·成长"为主题的第26届滨州市青少年科技创新大赛,全市中小学师生近万人参加,累计参赛作品1500余项,经过市级大赛评委会专家组评审,有306项获市级奖。择优推荐参加省赛项目有56项获奖(其中:一等奖4项,二等奖17项,三等奖35项),市科协被评为第26届山东省青少年科技创新大赛优秀组织奖。开展了"流动科技馆"进校园活动。精心准备了20件科普展品和科普展板等内容,将深奥的科学现象以丰富多彩、通俗易懂的方式介绍给学生,深深地吸引了前来参加活动的中小学生,让广大学生享受到一次科技大餐。活动在全市各县区31所中、小学校进行,其中18所属于农村中、小学校,共有680个班,3.1万名同学参与了活动。会同市科技局、滨州职业学院共同组织在校大学生开展小设计、小革新、小发明、小创造、小论文"五小"科技作品竞赛活动。活动共收到科技论文155篇,科技制作类作品207件。评选出科技制作类作品一等奖9项,二等21项,三等奖45项;优秀科技论文一等奖5项,二等奖14项,三等奖20项。在第11届山东省青少年机器人竞赛上,机器人创业赛项目和主题为"关注生命"的FLL工程挑战赛项目获得了全省一等奖,并在河南郑州举行的第11届全国青少年机器人竞赛中分获金、银牌各一枚。开展科普报告百校行活动。来自中科院老科学家演讲团的3名专家,在全市6所中、小学校做了精彩的科普报告。报告涉及航天、生物、物理等内容,2000多名中、小学生听取了科普报告。

服务科技工作者。2011年7月,联合市委组织部、市人保局开展了第十届滨州市青年科技奖评选活动,50名优秀青年科技工作者获表彰奖励。市科协主席赵绥生获得"全国科协系统先进工作者"称号,沈志强获得"全国优秀科技工作者"称号,安长军获得第七届"山东省优秀科技工作者"称号。组织编印出版了《滨州市优秀科技工作者汇编》和《滨州市青年科技奖汇编》,《汇编》汇集和宣传了全市自1990年以来受到表彰奖励的6届优秀科技工作者和9届青年科技奖获奖者(共计673名)的先进事迹,产生了良好的社会效果。

自身建设。组织召开了市老科协、市反邪教协会换届大会。筹备召开了市老科协第二次代表大会,对领导班子进行了调整和充实,产生了新一届领导机构。市老科协新吸收老科技工作者265人,会员达到3000余人;6月25日,筹备召开了市反邪教协会第二次代表大会,进行了换届选举。市反邪教协会新增理事10人,群众性更加广泛。

【组织开展"科普双百工程"】 2011年,市科协组织开展了"科普双百工程"。沾化县下洼镇、滨城区秦皇台乡、惠民县胡集镇被评选为全省"科普双百工程"百强乡镇二类乡镇;滨州市碣石山地震与火山博物馆被评选为三星级科普教育基地;博兴县青少年社会实践活动中心被评选为一星级科普教育基地。通过各县区和有关部门申报推荐,全市还命名了"滨城区杨柳雪镇怀周祠"等7处为"滨州市科普教育基地"。

【开展第十届滨州市青年科技奖评选活动】 2011年7月,市科协联合市委组织部、市人事局开展了第十届滨州市青年科技奖评选活动。经市青年科技奖专家评审委员会评审和领导工作委员会审核批准，决定授予牛伟志等50人“第十届滨州市青年科技奖”称号。

（张统亮）

气　象

【概况】 2011年，滨州市气象部门获市委、市政府授予的“支持滨州发展突出贡献奖”，被市委、市政府表彰为“应急管理工作先进单位”“人工影响天气工作先进单位”“信息化工作先进集体”，连续5年被评为“安全生产先进单位”，被市委评为“创先争优先进基层党组织”，被省气象局表彰为“气象服务先进集体”“廉政文化先进单位”“气象业务管理先进单位”“气象宣传先进单位”。在农业农村、依法行政、海上搜救、应急管理、信息宣传等工作中，有11人次立功受奖。

基础业务工作。气象业务质量稳中上升，报表全部出门合格，晴雨和最高温度预报准确率均排名全省第一。加强区域自动站管理、维护和资料传输监控工作，区域站数据传输平均及时率为99.3%，在建成3G无线系统和CMAcast卫星数据广播接收系统基础上，自主开发了基于流媒体技术的视频会议转发和录播系统，投资40余万元对通讯网络和区域自动站进行了升级改造。

为农服务工作。农业气象服务体系进一步健全，建成了9个自动土壤水分观测站，建立了由5500余人组成的农村气象信息员队伍，为干旱监测、农业气象预报和服务创造了条件。农村气象灾害防御体系进一步完善，积极拓宽气象预警信息发布渠道，依托移动通讯公司建成的“农村信息化服务平台”，可随时发布灾害性天气预警信息，惠及农村近百万手机用户。共享信用社、移动通讯公司等单位的63个已建电子显示屏，进行气象灾害预警信息发布，农村大喇叭、电子显示屏乡镇覆盖面分别达46%、64%，无棣县政府出台了气象灾害防御规划。

抗旱双保气象服务工作。2010年9月23日到2011年2月21日，全市各县区降水量较常年同期偏少79.7%，为建国以来同期次少值。长期降水量偏少，致使全市冬小麦等农作物受灾严重。滨州市气象部门密切监视天气变化，启动了重大气象灾害Ⅱ级应急响应，加强天气会商与联防。2月13日，市人影指挥中心抓住有利时机及时组织各县进行人工增雪作业，增雪效果明显。中央电视台中文国际频道及新闻频道对滨州及时开展增雪作业缓和当前旱情进行了报道。

党风廉政建设和文明创建工作。全市气象部门连续6年保持市级文明行业称号，市气象局连续11年保持省级文明单位称号、连续4年保持全国气象部门文明台站标兵称号，6个县气象局有5个建成省级文明单位。全市气象部门7个基层党组织全部被当地机关工委评为“先进基层党组织”。

【黄河三角洲气象保障中心项目立项】 为落实中国气象局与山东省人民政府签署的《共同推进气象为经济文化强省服务协议》，服务黄蓝两区建设，在市委、市政府的积极推进及中国气象局、山东省气象局的大力支持下，黄河三角洲气象保障中心建设项目立项。2011年6月27日，滨州市政府专题会议(〔2011〕13号)研究黄河三角洲气象保障中心项目建设问题。2011年11月10日，省发改委批复立项，核定总投资1.27亿元，其中，省财政投资3000万元，市财政投资2000万元，并划拨土地3公顷。

【召开全市人工影响天气工作会议】 2011年3月23日，市政府主持召开了继2004年以来第二次市、县、乡三级人工影响天气工作会议，总结2010年全市人工影响天气工作，对做出突出贡献的单位和个人进行表彰，部署了2011年工作任务，并进行了人影作业比武。

（李会群）

防震减灾

2011年，市地震局被评为震害防御工作优秀单位，取得全省信息工作第二名的优异成绩，滨城区地震局和邹平县地震局获得2011年度全省县级防震减灾工作先进单位。

监测预报。市地震监测台网中心强化地震台网的运行管理，实现24小时不间断记录，保证了各类台网和信息网络系统的稳定可靠运行。各县区积极开展基础设施建设，滨城区和无棣县新建地震监测台网中心，安装了地下流体观测设备，实现地震观测资料的实时传输和分析处理；阳信县建设完成了电磁波观测台，布置了地震科普展厅，地震中心台已开始运转，全市地震台网的监控能力进一步提高。积极推进“三网一员”建设。至年底,建设完成群测骨干点12个,宏观测报点215个,6县4区的55个镇、9个乡、28个办事处设置了专兼职防震减灾助理员。

震害防御。出台了《建设工程抗震设防要求管理办法》(滨政发[2011]18号)、《关于进一步加强建设工程抗震设防管理工作的通知》(滨政办字[2011]128号)等地方法规及文件。开展行政执法培训,实施了执法监督检查,强化了行政许可管理,依法开展防震减灾工作的能力明显增强。完成了“滨州市主城区地震小区划”工作,博兴县的小区划工作基本完成,无棣、惠民、沾化3县的小区划项目列入山东省防震减灾“十二五”规划项目。

开展好防震减灾知识进机关、进学校、进社区、进企业、进农村“五进”活动。2011年,市地震局投资10余万元,印制防震减灾科普宣传挂图、宣传手册,制作了宣传展板,并于“3·1”“5·12”“7·28”等特殊时段在广场、学校、企业、社区、农村组织举办防震减灾图片展等各种宣传活动,先后为市委办公室、市政府办公室、滨州学院、行政审批中心、北镇中学、小营实验学校、滨州活塞厂等单位以及滨城区辅导员培训班举办了防震减灾科普知识讲座。7月21日,邀请省地震局局长晁洪太到滨,在市委党校进行了领导干部防震减灾知识讲座;8月12日,组织全市防震减灾科普知识宣讲比赛;9月19日,举办了“中大牧业”杯全市中小学生防震减灾科普知识电视竞赛。与市电视台签订了防震减灾知识宣传活动协议,定于每月的1号和15号在《滨州新闻》或《民生关注》栏目播报地震科普知识及相关内容,同时在省地震局刊物、中国滨州网站、市政府调研与综合、滨州政务信息、领导科学报上刊登《滨州市地震局赴四川地震灾区考察报告》《加强综合防御能力建设,推进防震减灾事业不断创新发展》《关于赴潍坊、烟台考察防震减灾工作的报告》等10余篇文章及大量地震工作信息和科普知识。无棣大山“地震与火山博物馆”利用科普展馆累计接待社会各界7千余人次,分别被省地震局和国家地震局授予“山东省防震减灾科普教育基地”“国家级防震减灾科普教育基地”;被省财政厅和省科协联合授予“三星级科教基地”。

应急救援。完善各县区、各部门、各有关单位的《地震应急预案》,全市各有关单位、中小学、医院、社区的预案编制基本完成,达到2080件,登记灾情速报员3200余名、登记大型救援设备共计517辆。滨城、邹平、阳信3个县区被命名为“省级地震应急预案管理示范县”。9月1日,滨州市地震应急指挥中心硬件技术系统建设项目顺利通过省地震局专家组验收;11月25日,滨州等8个市地震局率先通过省地震局应急基础数据收集项目验收;滨城区和无棣县地震应急指挥中心也已初步建成运行。市地震局已建成地震应急避难场所4处、滨城区建成6处、邹平县建成3处,其他县区的应急避难场所建设工作正在积极开展。依托消防部门组建了地震灾害专项紧急救援队,联合团市委成立了应急志愿者队伍,通过举办应急管理培训班、各级各类应急演练、提高了应对突发性地震的能力。

(李洪滨)

社会科学

2011年,市社科联对各高校、县区、学会的社科普及活动进行指导与考核,让各社科团体充分结合本县区、本校的实际,深入开展社会科学普及工作。市社科联被省委宣传部、省社科联评为“2011年度山东省社会科学普及先进单位”,2人被评为“2011年度山东省社会科学普及先进个人”。

举办全市第二十次社会科学优秀成果评选。2011年,全市社会科学优秀成果评选活动共收到参评成果287项,经筛选入围成果202项。经专家评审,依据《滨州市社会科学优秀成果评选奖励办法》(滨办字[2008]46号),20项获一等奖,43项获二等奖,71项获三等奖。

开展纪念中国共产党成立90周年征文活动。2011年6月,联合市委宣传部下发《关于开展纪念建党90周年征文活动的通知》,开展了“颂党恩,赞滨州,促发展”纪念建党90周年征文活动。同时,在《滨州日报》《滨州社会科学》登出征文启示。至8月底,共收到全国各地踊跃投稿150余篇。经过组织专家认真评审,产生了一等奖3名、二等奖5名、三等奖10名及优秀奖25名。

(宗　丽)

小资料

滨州摄影家——赵利军

1976年7月生，1994年10月开始从事业余摄影创作，1999年11月毕业于中国摄影函授学院。是中国摄影家协会会员、山东省摄影家协会会员、山东省艺术摄影学会理事、滨州市摄影家协会副秘书长、滨城区摄影家协会副主席、滨州市文艺评论家协会理事。

自1996年起，有千余幅作品在《中国摄影报》《人民摄影》《摄影之友》《中国摄影家》《摄影与摄像》《山东画报》《齐鲁晚报》等报刊杂志发表；另有百余幅作品在国家、省、市级摄影赛中获奖。曾于2006年、2008年和2010年乘坐热气球用时30天，飞行30航次共20小时进行了“航拍滨州”摄影采风。2009年11月，被中共滨州市委授予全市优秀新闻工作者荣誉称号。2010年1月，被滨州市文联、滨州市摄影家协会授予“十佳会员”荣誉称号。

宣传工作。(1)重点宣传和战役报道。年内,传媒集团组织实施发展环境提升年、庆祝建党九十周年、创建省级文明城市、解放思想大讨论、海河迎查、黄三角第二届经贸洽谈会等10余项重点宣传和战役报道。各媒体发挥各自特点和优势,密切配合,协调联动,形成了较强的宣传声势。其中,配合市委市府科学发展观摩活动,组织滨州日报、鲁北晚报、滨州人民广播电台、滨州电视台、滨州传媒网站五家主流媒体记者开展“看发展,促赶超——滨州传媒县区行”大型采访活动。在黄三角第二届经贸洽谈会期间,滨州日报社编发专刊48版。(2)宣传工作创新。通过“走基层、转作风、改文风”和“三个一切”主题教育活动,策划开设一系列面向基层、服务群众的栏目。滨州日报开办“记者体验三百六十行”“劳动者之歌”“我们的榜样”等多个人物栏目。鲁北晚报增设新栏目并由16版扩为24版。滨州电视台《民生关注》栏目发展“拍客”,《田野》栏目改扩版。滨州人民广播电台开设《评说新闻》《汇听天下》《百姓话题》《生活快讯》等多个栏目,并开办滨州首个户外直播间。滨州传媒网站调整页面、栏目设置和内容,年内总浏览量突破1000万人次,日点击量突破8万人次,总发稿量达14.76万篇。(3)宣传创优。年内,滨州日报有17件作品在中国地市报新闻奖评选中获奖,其中4件首次获得中国地市报新闻奖一等奖。鲁北晚报有3件作品在中国晚报工作者协会年会上获赵超构新闻奖,其中1件首获赵超构新闻奖一等奖。滨州电视台《田野》栏目荣获中国广播电视协会三等奖和中国电视艺术家协会好栏目奖,《滨州房车报道》栏目荣获中国广播电视协会全国经济类栏目评比三等奖。滨州人民广播电台两档节目分获中国广播电视协会短消息类二等创优节目和综合节目类三等创优节目。各媒体共有77件作品荣获省级以上奖项,获奖作品的质量超过往年。电视专题片《大河之梦》、广播剧《神秘邮件》、电影《黑客悲情》申报省级精品工程,并争取到扶持资金27万元。(4)对外宣传。广播和电视向上级台发稿均获全省先进集体。10月14日,传媒集团与北京世纪华文公司联合摄制的电影《黑客悲情》全国公映,是集团文化产业发展的有益尝试。滨州传媒网站加入中国城市新闻网站联盟,并成为“百度新闻源”。(5)配合中心工作拍摄制作多部专题片和外宣片,配合有关部门组织演出、演讲和知识竞赛活动,配合市纠风办圆满完成年度“行风热线”广播节目,完成电视大型录制活动56场次,完成广播现场直播67场。

安全播出与技术发展。(1)广播电视实现安全优质播出。年内,滨州广播中波台全年四个频率播出2.6万余小时,滨州电视台一、二套累计播出1.35万小时,完成重要转播11次,发射机各项指标常年保持在甲级,停播为零秒/百小时。广播、电视播出达全省先进标准。(2)技术设备维护更新。年内,电视台完成演播大厅大屏安装,民生网搭建,44CH数字电视地面广播发射机安装调试和用于接收CCTV1高清的卫星地面接收站的安装,购置2100高标清摄像两台机。集团印务公司购进柯达全胜400昆腾直接制版机(CTP)。中广传播滨州分公司搭建沾化、博兴、无棣、阳信、惠民5个单频网,实现全市所有县区信号全覆盖。(3)农村有线电视入户工作和农村数字电视整转。年内,新装有线电视用户5万户,完成数字电视平移18.23万户,数字电视用户累计接近30万户。

产业发展经营。(1)年内,集团各单位克服市场竞争下的各种困

●2011年5月28日,举办“童心向党,红歌同唱”大型演唱会。

难,创新经营理念,扩展创收渠道,实现年初确定的任务目标,媒体经营收入增加796万元,增长18.4%。(2)举办和联办滨州首届红木家具展、滨州第二届自行车大赛、滨州第二届残疾人相亲会、"环保嘉年华主题公园"活动、中国画名家邀请展、爱心联谊会、山东省散文作家高级研修笔会、建党90周年系列演唱会和专题图片展、滨州第三届新年音乐会等大型活动12个。(3)年内,组建传媒置业公司、户外媒体中心和传媒演艺公司,广告、文化传播、网络传输、印刷、物流、旅游、动漫、房产等8大产业的发展框架形成。

管理体制改革。(1)两台合并。按照广电总局统一部署和要求,实施广播电台、电视台两台合并,新成立的新闻中心、电视运营中心、广播运营中心、技术中心四个中心第一年运行情况良好,专业化管理优势体现,技术管理和服务更加到位,电视经营增长额是上年度的3倍多。(2)运行机制改革。年内,集团统一组织参观学习精细化管理。鲁北晚报采取工作日志法,黄河三角洲旅游公司制定《计调工作手册》,黄河三角洲物流公司实施三层监管机制,滨州电视台引进央视索福瑞收视率调查,集团印务公司引入印务管理系统软件,管理水平不断提高。(3)中国传媒大学在传媒集团建立教学科研实习基地。双方在媒体运行机制创新、人才培养、节目创新、产业运营、课题研发等方面形成合作关系。

【中国传媒大学在滨建立教学科研实习基地】 2011年7月3日,中国传媒大学与滨州传媒集团教学研究实习基地揭牌典礼在滨州举行。市委常委、宣传部部长祁维华,中国传媒大学副校长高福安共同为中国传媒大学滨州传媒集团教学科研实习基地揭牌。祁维华代表市委、市政府对中国传媒大学滨州教学科研实习基地的成立表示祝贺,并对双方的联手合作进行了充分的肯定。中国传媒大学副校长高福安和滨州传媒集团董事长殷炳明分别对中国传媒大学和滨州传媒集团的情况进行了介绍。双方表示将利用各自优势,实现合作共赢。

【开展"看发展,促赶超——滨州传媒县区行"大型采访活动】 2011年5月25日至6月5日,配合市委市府科学发展观摩活动,集团组织日报、晚报、电台、电视台、网站五家主流媒体记者开展"看发展,促赶超——滨州传媒县区行"大型采访活动,全市组成36人参加的采访团,历时10天,行程5000余公里,深入采访了全市十个县区的50多个乡镇办、120多家企业,累计刊出、播出稿件100篇,图片发稿150篇,并编写了领导内参稿,刊发了活动综述。

(樊岩峰)

【大众日报滨州记者站】 2011年,大众日报滨州记者站圆满完成了上级部署的各项任务,多次受到地方党委的表扬。11月,王福录被评为"滨州市优秀新闻工作者"。年内,大众日报滨州记者站紧密配合地方党委的中心工作,对一些重大题材、重大典型进行充分及时的报道。配合文明城市的创建工作采写通讯《滨州:"创城"提升"幸福滨州"》,配合滨州市的文化体制改革采写通讯《滨州:搭建文化发展新平台》,配合"黄蓝"战略的宣传采写通讯《找准自己的发展轨道》。积极深入基层,挖掘新闻线索,采写新闻精品。消息《博兴县千名干部下基层包村帮建》《滨州"网络问政"叫好又叫座》、通讯《变组织活力为发展动力》《滨州第一股如何绝地逢生》、消息《邹平板块领先资本市场》等稿件分别获得大众日报优秀稿奖、"粮丰林茂北国江南杯"滨州好新闻一等奖、二等奖、三等奖。至年底,全站供稿68件,其中一版头条稿12篇,有近30篇被评为优稿或A稿。

(杨鹏飞)

文化市场综合执法

【概况】 2011年6月1日,中共滨州市委、滨州市人民政府印发《关于成立滨州市文化市场管理暨"扫黄打非"工作领导小组的通知》(滨委[2011]62号),滨州市文化市场管理暨"扫黄打非"工作领导小组成立,市委常委、宣传部部长祁维华任组长,市委常委、政法委书记胡炳山、副市长崔娅妮任副组长,市委宣传部、公安、工商、财政、法院、检察院等26个部门和单位为成员,领导小组办公室设在市文化市场综合执法局,张英锋兼任办公室主任。6月28日,中共滨州市文化市场综合执法局党组建立(滨委[2011]79号),10月,荣获全市著名青年书法家陈海良博士进行了两天的讲座。7月28日，部分重点作者到滨城区消防中队进行节日慰问，为部队官兵书写书法作品几十幅。9月29日，举办“翰墨颂中华滨州市书法大展”并出版《翰墨颂中华滨州市书法大展作品集》。10月23日，举办“赵继明书法展”。展出赵继明近百幅作品并出版《赵继明书法作品集》。12月，举办“刘立华书法展”，举行“刘立华书法作品研讨会”。陈杰、韩启超作品参加中国艺术研究院中国书法院主办的“全国青年二十家书法展”，并在《东方艺术》推介。卞葆彤、陈杰、赵雪松的作品入展中国书协主办的“纪念中国书协成立三十周年中国书协优秀会员展”。赵雪松、卞涛、曹立山、常春辉、孙伯杰的作品入展中国书协主办的“第十届全国书法篆刻展”。书协副主席王奎强获第四届“泰山文艺奖”书法组二等奖。市书协顾问张振国向山东省档案馆捐献书法作品31幅。于谋勇、王占峰作品获省文联、省书协举办的“红旗颂——庆祝建党90周年山东省书法精品展”中获优秀奖。李象润论文《黄河文化与中国书法》《东夷契刻：整合书法资源》入选“第三届山东书学讨论会暨迎第九届全国书学讨论会论坛”。吕有民作品入展中国书协筹办的“重庆渝中小学生艺术节书法展”。孙伯杰作品入展“庆祝建党九十周年全国职工书法作品”（中国书法家协会2011.6）。张智波、张国梁刻字作品入展省书协主办的“刘公岛杯”第二届山东刻字艺术展。(3)摄影。2011年，六县两区成立摄影家协会，全市会员261人，省协会会员86人，国家会员10人。在杜受田故居、三河湖风景区设立摄影创作基地。先后组织到省内外的塞罕坝、旱码头、朱家峪、淋漓湖、即墨田横岛以及全运会滨州赛场等地，进行摄影采风创作。组织开展“联通杯”滨州市庆祝中国共产党成立九十周年大型专题图片展；“海瓷杯”滨州市首届网路摄影大赛；“古城杯”沾化古城摄影大奖赛等摄影艺术创作活动20多次，参与人数达到1000多人次。李建民纪实摄影《与世界相通——世博镜像》获第四届泰山文艺奖。年内，有10多人次在省级以上影展、影赛中获奖。李建民、刘相生、李振平、韩福田等在《中国摄影》《大众摄影》《中国摄影报》等国家级专业摄影报刊发表摄影作品20余幅。市摄协连续五年荣获山东省摄影家协会“优秀组织工作奖”，至年底，12人荣获山东省摄影家协会“德艺双馨优秀会员”称号。

戏曲创作。(1)戏剧。2011年，继续打造小品《有戏没戏》和小戏《英雄老倭瓜》，备战群星奖。加工大型近代戏《自梳女》和大型现代戏《沂蒙女人》。加强与广东、云南、江苏、贵州、青海以及省内院团的合作与联系，不断拓展交流空间，始终保持全市戏剧创作与全国同步发展。完成王永昌先生戏曲音乐演唱会的曲目精选和配器。(2)曲艺。成功承办2011年胡集书会，邀请河北、辽宁、内蒙古、江西、湖南等省和省内潍坊、济宁、泰安、菏泽等地180余档民间艺人献艺，竹板书、快板书、山东琴书、乐亭大鼓、渤海大鼓、春锣、相声、双簧、二人转等20余种曲艺在书会亮相。组织了“送欢乐，下基层”走进张课家敬老院慰问演出、2011年滨州市迎新春文艺晚会、“情暖滨州”2011滨州市慈善晚会、滨州市2011广场文化活动等。7月，承办“迎接十艺节，备战群星奖”——“群星讲堂”曲艺专讲活动。来自全省17地市的曲艺创作骨干40余人参加培训。市剧协由王新生创作、孙洪林导演的博兴县扽腔剧团演出的扽腔《犟牛筋赔礼》、沾化渔鼓戏剧团演出的扽腔《闹猪场》获“2011中国滨州博兴董永文化艺术节”一等奖。临沂柳琴剧团排演王新生的《沂蒙女人》，成为全省备战省艺节和十艺节重点剧目。现代吕剧《生命极限》作为滨州市庆祝中国共产党建党90周年献礼剧目正式上演。东路大鼓《双龙跪臣》入选全省重点打造作品之列。边茂田撰写的《跳出曲艺看曲艺——用市场经济的观点浅析曲艺的现状与发展》获第二届中国曲艺高峰（柯桥）论坛（浙江绍兴）最高奖——优秀论文奖。

民艺音乐舞蹈。(1)民艺。组织部分民艺专家多次分赴各县区进行民俗文化调查，多篇论文、报告在《春秋》《滨州日报》等报刊发表。(2)文艺评论。年内多次组织文艺评论工作者进行专题创作，发表了一批思想性艺术性俱佳的作品。(3)音乐。组织了2011年音乐考级活动。参与组织建党90周年和滨州市争创省级文明城市为重点一系列大型文化活动。6月，承办“颂歌献给党”中国钢琴作品演奏会、滨州市“永远跟党走”青春歌会。12月，参与协办山东省第二届山东民歌演唱大赛，全省共有16个地市、7所省直院校26个参赛单位的67

件作品93名选手进入复赛，滨州选手和作品获3金2银4铜。其中，刘志华，岳美娟、刘吉海，崔艳艳、王贝、李光分别获演唱一、二、三等奖；词曲作家刘成华、路兴华创作的歌曲《山水文章》《我的家乡水灵秀》获得作品一等奖，曹永孚创作的歌曲《红色的记忆》获作品三等奖。组织部分会员参加“送欢乐，下基层”走进张客家敬老院慰问演出、2011年滨州市迎新春文艺晚会、“情暖滨州”2011滨州市慈善晚会、滨州市2011广场文化活动等社会文化活动。(4)舞蹈。组织了2011年舞蹈考级活动。3月、12月，开设教师资格培训班两期，90余人获中国舞协颁发的中国舞蹈考级教师资格证。在参加全国、省、市的各种舞蹈比赛中均取得较好的成绩，少儿舞蹈《鼓娃》获得山东省泰山文艺奖三等奖等。

【“精品工程”生产创作】 2011年，按照市委宣传部“精品工程”的规划和部署，认真组织文学作品的“精品”创作。编书办刊，为业余作者提供发表作品的园地。选派“专家”为重点作者修改作品和校对书稿。组织文学作者创作采风，举办作品研讨会，帮助作者总结创作得失。李登建创作的长篇报告文学集《郭连怡传》获得市委宣传部精品工程资金扶持。全市艺术家获多项重要奖项，其中，在山东省泰山文艺奖的评选中，获得五个项奖。李登建散文集《礼花为谁开放》和少军儿童文学《毛驴开荒》获第二届泰山文艺奖(文学创作奖)。王奎强的册页小楷《论语选录》、李建民的纪实摄影《与世界相通——世博镜像》、惠民县第一实验学校的少儿舞蹈《鼓娃》获得第四届泰山文艺奖。全国第十届书法展，全市有5位作者入展，取得历史性的突破，在全省各市中名列前茅。

【书画展精彩频现】 2011年1月8日，山东省书协、市文联主办“拳拳之心——陈海良、陈杰书法展”，展出作品80余幅并出版作品集。山东省书协主席张业法、天津市书协常务副主席张建会，山东省书协副主席燕守谷以及各界人士300余人参加。6月，举办庆祝中国共产党成立90周年暨纪念辛亥革命100周年美术书法精品展，集中展出著名画家张志民、乍启典、李山、陈维信等名家作品，及近年来滨州孙子文化艺术奖获奖作品等精品80余幅。举办滨州市第七届书法临创展。展览分为老年组、中青组、少年组。评出一、二、三等奖及优秀奖若干名，集中展出优秀作品百余件，并在《鲁中晨报》做专题介绍。7月1日，举办“《光辉历程，伟大成就》纪念中国共产党成立90周年专题图片展”暨画册发行仪式。作品反映中国共产党成立90年以来，滨州各项事业发展所取得的巨大成就。10月，举办庆祝中华人民共和国成立62周年暨纪念辛亥革命100周年全市书法大展，展出书法作品100余幅。市内书画家举办了“四友画展”“水墨方舟”画展、“四度空间”滨州画院学术提名展、刘立华书法展等。年内，邀请曹帆、张泽石等省内外著名书画家举办个人展览10余次。各县区举办各种书画展览20余场次。

【“东尉杯”激情放歌颂党恩征文】 2011年5月初至9月底，市文联与滨州日报社联合举办“‘东尉杯’激情放歌颂党恩”征文活动，共收到散文、诗歌作品1500多篇(首)，评出一等奖3篇，二等奖5篇，三等奖10篇，70多篇优秀作品在《滨州日报》发表。

(蔡向东)

档案工作

2011年，全市档案系统发扬“传承、服务、和谐、超越”的滨州档案精神，滨州市档案馆顺利晋升为国家一级档案馆，是在鲁西北9市中率先晋升的一家。

档案业务基础建设。(1)档案资料进馆。年内，市档案馆接收84个市直单位近10年来的各类公开文件1980份，完成1991年至2000年的市直单位档案资料进馆工作。共新增文书档案26879卷(件)，文书档案馆藏量增加47.8%。征集到电子版历史资料6990幅。至年底，市档案馆馆藏档案共计173个全宗，分为9个门类，共计37.5万卷(件、张、盘、枚、幅)，馆藏纸质资料9750册，电子版资料3.1万幅。新增科技、会计、监察、公证等专门档案，音像、实物等多种载体档案。(2)档案利用检索工具。市档案馆全部完善装订了全市新进馆单位档案检索工具，共整理装订全宗卷173盒，案卷目录522册，全引目录604册，编辑印发《滨州市档案馆指南》。与北京量子伟业电子科技公司合作，引进量子伟业公司开发研制

卫生 体育

WEISHENGTIYU

卫　生

【概况】 2011年，全市以深化医药卫生体制改革为主线，深入开展“三好一满意”(服务好、质量好、医德好，群众满意)活动，突出抓好公共卫生服务、应急救治、医疗服务、基层卫生服务、卫生科技人才支撑、督导考核保障六大体系建设，全面提升卫生行业形象，圆满完成了各项工作任务。至年底，全市各类卫生机构523个(不包括村卫生室)，其中医院71个、卫生院78个、社区卫生服务中心(站)75处、疾病预防控制中心8个、妇幼保健院(站)8个。全市卫生技术人员2.09万人，其中医院1.27万人，卫生院5004人，社区卫生服务中心(站)1337人。全市执业医师(包括助理医师)6954人，注册护士6569人。全市疾控中心卫生技术人员331人，妇幼保健院(站)卫生技术人员326人。全市共有床位1.89万张，其中医院1.26万张，卫生院4836张，卫生服务中心(站)944张，妇幼保健机构188张。万人拥有卫生技术人员55.46人，比上年增长11.41%，万人拥有床位数50张，比上年增长10.36%。全市卫生机构房屋建筑物面积150.14万平方米，万元以上设备的数量为8938台；全市医疗机构总诊疗人次为1989.79万人次，住院人数42.61万人，出院者平均住院日为8.7天，其中医院出院者平均住院日为9.2天。

【医药卫生体制改革】 2011年，全市深化医药卫生体制改革取得新突破。(1)基本药物制度实现全覆盖。滨州市自2010年3月15日起，分三批启动实施国家基本药物制度，至2011年6月30日，基本药物制度在全市实现全覆盖。至年底，全市77处政府办乡镇卫生院、19处社区卫生服务中心和1287处村卫生室，配备使用国家和省确定的523种基本药物，实行零差率销售。基本药物制度实施以来，全市基层卫生机构呈现了“三降一升”的良好趋势，药品价格平均下降37%，门急诊次均药费、住院次均药费分别下降24%和26%，日门诊人次平均上升31%，群众累计受益3900多万元。(2)基层医疗卫生机构综合改革如期完成。全市重新核定编制4505名，3337人成功实现竞聘上岗，其中原在编人员3013人，原非正式工作人员324人，妥善分流安置1148人，预留编制1168个，为引进高素质人才留出了空间。建立“双考核、双挂钩”制度，调整了绩效工资比例，奖励性绩效工资的比重不低于40%。综合改革后，专业技术人员占总人数比例以及卫生专业技术人员占专业技术人员比例分别达到91.5%和93.8%，专科以上学历占人员总数比例提高了7.1个百分点，职工队伍整体素质明显提升。(3)公立医院改革试点稳步实施。滨州市人民医院和博兴县人民医院作为试点单位，围绕便民利民等进行了内部运行机制改革。全市二级以上医院实行21种疾病的单病种限价收费和85个检查项目省级同等互认制度，开展14个专业、74个病种的临床路径试点。加强医疗质量安全管理，深入开展“医疗质量万里行”活动，先后组织成立了9个临床专业质控中心，在全省病理质控技能比武中获全省第一名。实施“优质护理服务示范工程”，全市152个病房实施了优质护理服务，覆盖率59.2%。开展双降、双控、双规范“三双行动”，控制了医药费用的过快增长。实现了规范服务、院务公开、绩效考核等十项便民惠民措施的全覆盖。建立完善医患纠纷人民调解机制，市医患纠纷人民调解委员会于11月9日正式成立运行。

【新型农村合作医疗】 2011年，全市参合人口301.7万人，参合率继续保持100%。积极开展新农合精细化管理，优化调整新农合补偿方案，最高支付限额8万元以上，达到全市农民人均纯收入的11倍以上。全市统筹区域政策范围内住院费用报销比例达到72.9%。统一将儿童先心病、白血病、单纯性唇裂、重型精神病、血友病等纳入重大疾病保障，补偿比例提高到70%。积极开展按病种付费等支付方式改革试点，6县1区县乡村三级医疗机构均纳入支付方式改革范畴，全力控制医疗费用不合理增长。7月，在全市开展了新农合专项执法检查，确保基金安全。9月，开始在全市开展了“新农合诚信医院”创建工作，规范医疗机构服务行为，强化医院内部管理，促进合理检查、合理用药、合理治疗，控制医疗费用增长。2011年全市新农合累计补偿参合农民1041.72万人次，累计补偿支出6.61亿元，参合农民受益率346.19%，5141人获得万元以上补偿。

有限公司、中电环宇(山东)生物质能热电有限公司等25个企业培训红十字救护员2002人，普及性培训1万多人次。

“三大捐献”工作。服务文明城市创建工作大局，积极开展“三大捐献”工作网络建设，在10个县区建立了“三大捐献”工作站，制定了规章制度，成立了100人的“三大捐献”工作志愿服务队，举办了全市“人体器官捐献协调员”培训班。宣传“三大捐献”知识，认真做好捐献过程的思想动员工作，提高了社会知晓率，倡树了向善意识和无私奉献精神。群众艺术馆李观奎捐献了眼角膜。滨阳燃化贾芳平、滨州学院翟兆春、市立医院张海卿、邹平邱辉等人捐献了造血干细胞。张海卿等人做为造血干细胞捐献志愿者群体被评为“感动滨州”十大人物，滨化集团吕明等造血干细胞捐献者被评为市道德模范，在市主要新闻媒体进行了宣传。全市采集造血干细胞血样1573份，超额完成任务，采集份数居全省第一。

红十字模范校创建。发展壮大学校红十字会员和志愿者队伍，规范工作程序，健全工作档案，开展了富有特色的校园红十字活动。7月上旬，省红十字模范校检查组对滨州市申报的滨州职业学院、鲁中中等专业学校、滨州经济开发区第一中学进行了检查验收。3所学校全部达到省级模范校标准，其中鲁中中等专业学校被评为全国红十字模范校。全市建成省级红十字模范校4所、市级模范校28所。

【“天使阳光基金”定点医院落户滨州】 2011年7月27日，中国红十字基金会常务副理事长王志，省红十字会党组书记、常务副会长曹怀杰等到滨州参加滨医附院“天使阳光基金”定点医院揭牌仪式。此为中国红十字基金会在滨州设立的第一个定点医院，为做好滨州市特困先心病患者救助工作创造了便利条件。

【创建国家级红十字模范校实现零突破】 2011年7月7日至8日，由省红十字会党组成员、秘书长玄兴华带队，省红十字会、省教育厅组成的省级红十字模范校评审组一行四人对滨州职业学院、滨州经济开发区一中、鲁中中等专业学校进行省级红十字模范校评审验收。鲁中中等专业学校被推荐为国家级红十字模范校，其他两所学校被评为省级红十字模范校。

【山东省人体器官捐献协调员首期培训班在滨举行】 2011年10月20日，山东省人体器官捐献协调员培训班(滨州站)在滨州举办。山东大学齐鲁医院人体器官移植中心副主任董来东、省千佛山医院泌尿外科副主任王建宁等专家为滨州市50余名人体器官捐献专、兼职协调员进行了授课。各县区红十字会分管人体器官捐献的负责人，滨州市二级(含二级)以上医疗单位医务科负责人，红十字星火义工代表参加了培训。

(司春峰)

体　育

【概况】 2011年，市体育局围绕中心，服务大局，干事创业，体育事业实现了持续快速健康发展。

竞技体育保持良好态势，稳居全省先进行列。在2011年国际比赛中，滨州籍运动员获得9枚金牌、3枚银牌、4枚铜牌。乒乓球国手曹臻在鹿特丹第51届世乒赛上蝉联混双冠军。摔跤名将赵沙沙夺得世界摔跤锦标赛季军，获得伦敦奥运会的入场券。柔道姐妹徐玉华、徐丽丽在国际赛场上夺得3枚金牌，向伦敦奥运会迈出坚实步伐。在全国比赛中，滨州籍运动员获得11枚金牌、12枚银牌、5枚铜牌，在全省年度比赛中获得78枚金牌，金牌总数列全省第七位。全市有210名运动员通过注册，取得省23届运动会参赛资格。全年向省级以上优秀运动队输送8名优秀运动员。大力加强青少年体育工作，北镇中学等33所学校被命名为省级体育传统项目学校，组织近200名学生参加了全省中小学生“五项联赛”。市体校自2007以来连续5年实现高考新突破，2011年有61名学生考入本科院校，录取率保持在80%以上。市体育局被省体育局授予“2011年度竞技体育工作突出贡献奖”。

群众体育蓬勃开展，全民健身服务体系日益完善。深入贯彻落实国务院《全民健身计划》和《山东省全民健身实施计划》，市政府于10月颁布了《滨州市全民健身实施计划(2011—2015年)》。大力实施“群众体育年”活动，成功举办了中国黄河三角洲滨州市第九届体育节，承办了国际滑水邀请赛、全国乒乓球杯赛总决赛等国际国内大赛，组织举办了滨州市第三届群众体育大会暨第一届全市机关运动会、全民健身月活动、全民健身日活动等大型赛事活动，覆盖城乡的全民健身网络日益完善。承办了黄河三角洲各县(市、区)乒乓球比赛，促进了黄河三角洲群众体育的区域联动。至年底，全市共组织开展各级各类赛事活动1000余项次，参加人数达100余万人次。市、县、乡、村四级全民健身设施进一步完善，邹平县、无棣县、阳信县、惠民县相继建成了县级全民健身中心，沾化县全民健身中心也在按照工程计划进度施工；博兴县体育公园投入使用，邹平县计划投资17亿元的“一河两岸”大型全民健身工程项目已开工建设；全市有10个乡镇建成了全民健身中心和健身广场，8个社区建成了健身苑，100个全市生态文明示范村配套安装了体育健身设施。在全省第一届全民健身运动会上，滨州市取得了7个一等奖、18个二等奖、39个三等奖的好成绩。体育总会充分发挥桥梁和纽带作用，广泛开展各级各类健身活动，规范体育社团和协会组织建设。全市体育社会组织党建工作成绩斐然，成立了中共滨州市体育社会组织委员会，全市各体育社会组织全部成立了党支部。市体育局被省体育局授予“2011年度群众体育工作突出贡献奖”。

扎实推进体育场馆设施建设，不断提高场馆运营管理水平。市体校建成并投入使用，全民健身馆及室外附属配套工程已进入扫尾阶段。奥林匹克体育馆积极探索场馆运行模式和工作机制，充分发挥体育场馆的公益性和服务功能，全年共组织各类群众性、公益性体育文化大型活动21项，其中国家级体育比赛2项、省级体育比赛7项、大型演唱会2项、其他活动10项。

体育产业发展迅猛，体彩销售再创历史新高。全年销量达4.83亿元，居全省第7位；完成全年奋斗目标的204%，任务完成率居全省第1位；销量较去年增长3亿元，增幅达167%，居全省第1位；市场占有率居全省第2位。市体育局被省体育局授予“2011年度体育彩票工作突出贡献奖”。

其他各项工作统筹推进、协调发展。滨州市新体校整体搬迁，标志着滨州体育训练设施和办学条件跨入全省先进行列。大力加强文明单位创建工作，市体育局、体校双双创建为市级文明单位。在全市创建生态文明村帮扶工作中，投入100万元专项资金扶持沾化县下洼镇杨李村，高标准实现“五化”目标，在全市综合考核中名列前茅，帮扶该村成功创建为生态文明示范村，市体育局被市委、市政府记集体二等功。

【举行滨州市第十七届运动会】 2011年7月12日至9月20日，滨州市第十七届运动会在博兴县举行。本届市运会设县区组、系统组和高校组3个组别。县区组设田径、摔跤、柔道、举重、乒乓球、篮球、足球、武术、散手、跆拳道、空手道、网球、皮划艇、拳击、射击、自行车16个大项547个小项，共有88支代表队2519名运动员报名参赛，共决出金牌624枚，团体总分11246分，有4人6次打破6项全市最高纪录。博兴县代表团取得了全部4个奖项的第一名，邹平县、博兴县、惠民县、滨城区分获县区“2008-2011年输送体育人才奖”前4名。系统组团体总分前6名被滨州市教育局、滨州市公安局、滨州市住建局、滨化集团、滨州市财政局和滨州市人保局获得。滨州学院、技师学院和职业学院分列高校组团体总分前3名。本届市运会首次由县区承办，首次增设系统组和高校组，为举办市运会进行了有益的探索，开创了新的办赛模式。

【举办中国黄河三角洲滨州市第九届体育节】 2011年9月28日，中国黄河三角洲滨州市第九届体育节暨“滨州经济开发区杯”国际滑水表演赛在滨州中海开幕。本届体育节共举办1项国际比赛(国际滑水表演赛)、2项全国比赛(全国少儿乒乓球杯赛总决赛、全国女子自由跤冠军赛)、6项全省比赛(全省第一届全民健身运动会门球比赛、全省乒乓球甲乙组锦标赛、全省散手冠军赛、全省自由跤冠军赛、全省武术套路冠军赛和全省跆拳道锦标赛)、4项全市比赛(滨州市第三届群众体育大会、滨州市第一届机关运动会、滨州市第二届老年人运动会、滨州市第十七届运动会)。共有近1000名专业运动员和超过1万人次的体育爱好者参加这一系列赛事。

2011年全市运动员获国际比赛前三名一览表

姓　名	性别	项目	组(级)别	名次	比赛名称	时间	地点
徐丽丽	女	柔道	-63公斤级	1	柔道世界杯系列赛奥地利站比赛	2月	维也纳
徐玉华	女	柔道	-63公斤级	1	柔道世界杯系列赛捷克站比赛	2月	布拉格
曹　臻	女	乒乓球混双		1	2011年鹿特丹世乒赛(第51届)	5月	鹿特丹
徐丽丽	女	柔道	-63公斤级	2	柔道世界大满贯赛法国站比赛	2月	巴黎
徐丽丽	女	柔道	-63公斤级	2	柔道世界杯系列赛西班牙站比赛	6月	马德里
徐丽丽	女	柔道	-63公斤级	3	柔道世界大满贯赛俄罗斯站比赛	5月	莫斯科
赵沙沙	女	摔跤	48公斤级	3	2011年世界摔跤锦标赛	9月	伊斯坦布尔
肖　棣	男	古典跤	96公斤级	3	2011年世界青年古典式摔跤锦标赛	7月	布加勒斯特
范思琦	女	乒乓球团体		1	2011年国际乒联青少年巡回赛(成都站)	9月	成都
范思琦	女	乒乓球双打		1	2011年国际乒联青少年巡回赛(成都站)	9月	成都
范思琦	女	乒乓球团体		1	2011年国际乒联青少年巡回赛(太仓站)	9月	太仓
范思琦	女	乒乓球单打		2	2011年国际乒联青少年巡回赛(成都站)	9月	成都
范思琦	女	乒乓球单打		3	2011年国际乒联青少年巡回赛(太仓站)	9月	太仓
赵沙沙	女	摔跤	51公斤级	1	2011年亚洲摔跤锦标赛	5月	塔什干
徐丽丽	女	柔道	-63公斤级	1	2011年亚洲柔道锦标赛	4月	阿布扎比
范思琦	女	乒乓球团体		1	2011年亚洲青少年乒乓球锦标赛	7月	新德里

2011年全市运动员获全国比赛冠军一览表

姓　名	性别	项目	组(级)别	比赛名称	时间	地点
程晓晗	女	软式网球	团体	第二十五届全国软式网球锦标赛	4月	浙江台州
曹　凯	男	射击	多向	全国射击锦标赛第一站	5月	上海
谢元元 崔星辰	女	乒乓球	女甲团体	2011年全国“娃娃杯”乒乓球比赛	7月	湖北黄石
张培琰	男	乒乓球	单打	2011年全国乒乓球“创新杯”比赛	7月	河北霸州
曹　臻	女	乒乓球	混双	2011年全国乒乓球锦标赛	10月	江苏张家港
徐玉华	女	柔道	-63公斤级	2011年全国女子柔道冠军赛	9月	广东肇庆
徐丽丽	女	柔道	-63公斤级	2011年全国女子柔道锦标赛	3月	湖南邵阳
葛晓璐	女	橄榄球		2011年全国橄榄球冠军杯	8月	江苏昆山
杨丽君	女	摔跤	67公斤级	2011年全国女子摔跤冠军赛	11月	山东滨州
赵苗苗	女	摔跤	42公斤级	2011年全国少年女子摔跤锦标赛	7月	山东莱芜

（徐淳理）

小资料

滨州摄影家——周立新

1990年毕业于山东农业大学，在山东省无棣县职业中专工作。是中国摄影家协会会员、山东省摄影家协会会员、滨州市摄影家协会理事、无棣县摄影家协会副主席兼秘书长。

从1988年接触摄影，并在大学读书期间接受正规的摄影教育，参与摄影协会组织的各种创作活动。1993年至1995年，参加中原摄影函授学院组织的函授学习。1998年至1999年，在中国摄影函授学院学习，被评为中国摄影函授学院第十期“优秀学员”。为了积累更多的创作经验，感触人生与大自然的真谛，曾多次到泰山、太行山、内蒙草原、沙漠及南方各地创作。2011年8月，结集出版了《无棣风光》摄影作品集，受到社会各界的一致好评。

人物

RENWU

新任市级领导

中国共产党滨州市委员会

邓向阳 山东省威海市人，1961年6月生，1985年7月加入中国共产党。1978年9月考入山东师范大学历史系，1982年7月毕业，分配到省总工会干部学校任教师。1984年4月任省总工会机关团委书记，1986年9月任山东省委组织部组织处副科级巡视员，1989年1月任省委组织部组织处正科级巡视员，1991年10月任省委组织部党政干部处正科级巡视员，1992年11月任省委组织部党政干部处副处级巡视员，1993年2月任山东省干部培训中心副主任，1993年4月任省干部培训中心主任，1995年4月挂职威海市委组织部副部长。1998年9月任威海市委常委、宣传部部长，2000年10月任威海市委常委、秘书长。2002年12月任滨州市委副书记、副市长，2006年12月任滨州市委副书记，副市长、代市长。2007年3月任滨州市委副书记、市长，2008年2月任滨州市委书记，2008年7月任滨州市委书记、市人大常委会主任。2012年2月4日，在中共滨州市第八届委员会第一次全体会议上当选为中共滨州市委书记；2012年3月1日，在滨州市第十届人民代表大会第一次会议上当选为市人大常委会主任。

（杨　娟）

张光峰 山东省平原县人，1968年5月生，1992年6月加入中国共产党。中央党校研究生学历。1989年7月在山东省人才开发服务中心工作，1990年9月任山东房地产集团东方房地产有限公司副总经理。1990年9月至1992年6月在山东省青年管理干部学院行政管理专业专科学习。1992年8月任山东省经济技术开发中心办公室副主任，1995年4月任山东省经济技术开发中心研究室主任。1995年8月任共青团山东省委组织部副部长，1997年10月任共青团山东省委组织部部长，1999年3月任共青团山东省委副书记；2001年9月任共青团山东省委副书记、省青联副主席；2003年3月任共青团山东省委副书记、省青联主席。2006年9月任共青团山东省委书记、省青年干部管理学院党委书记、省青联主席，2007年1月任共青团山东省委书记、省青年干部管理学院党委书记。2008年2月任滨州市委副书记、副市长、代市长，2008年7月任滨州市委副书记、市长。2012年2月4日，在中共滨州市第八届委员会第一次全体会议上当选为中共滨州市委副书记；2012年3月1日，在滨州市第十届人民代表大会第一次会议上当选为滨州市市长。

（崔永峰）

王　浩 山东省单县人，1963年10月出生，1984年加入中国共产党，1982年7月参加工作。1980年10月至1982年7月在菏泽师专政治系学习，1982年7月任单县李半庄乡团委干事，1984年8月任单县李半庄乡团委书记，1984年10月任单县团县委副书记，1986年8月任单县单城镇党委副书记，1987年1月任单县单城镇党委副书记、镇长，1990年12月任单县单城镇党委书记。1993年1月任曹县县委常委、宣传部长。1997年5月任菏泽地区体委主任。1997年12月任县级菏泽市委副书记、市长。2000年12月任菏泽市牡丹区委书记，2003年4月任菏泽市委常委、牡丹区委书记，2004年5月任菏泽市委常委、秘书长兼牡丹区委书记，2004年6月任菏泽市委常委、秘书长，2008年1月任菏泽市委常委、常务副市长，2008年12月任菏泽市委副书记。2012年2月4日，在中共滨州市第八届委员会第一次全体会议上当选为中共滨州市委副书记。

（王国光）

韩奎祥 山东省广饶县人，1963年2月生，中央党校研究生学历，1986年8月加入中国共产党。1979年7月至1981年7月，在烟台财政学校财税专业学习。1981年7月任广饶县税务局办事员，1984年8月任东营市税务局办事员，1985年10月任东营市税务局税政二科副科长。1988年9月任东营市税务局税政二科科长。1989年6月，挂职垦利县税务局副局长。1992年3月任东营市税务局副局长，1994年7月任东营市地方税务局副局长兼西城分局局长，1998年4月任东营市审计局局长。2000年7月任垦利县委副书记、代县长、县长，2003年1月任垦利县委书记、县人大常委会主任。2004年4月任山东省农村信用社联合社党委副书记。2007年11月任滨州市委常委、副市长。2012年2月4日，在中共滨州市第八届委员会第一次全体会议上当选为中共滨州市委常委；2012年3月1日，在滨州市第十届人民代表大会第一次会议上当选为副市长。

祁维华 女，博兴县人，1957年5月出生，大专学历，1976年8月加入中国共产党。1975年10月起任博兴县农业学大寨工作队队员、副组长、组长，博兴县庞家公社团委干事。1978年10月起任博兴县庞家公社团委副书记、书记，1980年5月任博兴县庞家公社党委宣传委员，1983年4月任庞家公社党委副书记。1983年9月至1985年7月，在山东经济学院干部专修科财政经济专业学习。1985年7月任博兴县经济委员会党组书记、副主任，1987年4月任博兴县副县长，1993年1月任博兴县委副书记、县长，1996年11月任惠民县委书记，1997年12月任滨州地委委员、惠民县委书记。2001年1月任滨州市副市长。2007年3月任滨州市委常委、宣传部部长。2011年12月任滨州市委常委。2012年2月4日，在中共滨州市第八届委员会第一次全体会议上当选为中共滨州市委常委；2012年3月1日，在滨州市第十届人民代表大会第一次会议上当选为滨州市副市长。

（崔永峰）

胡炳山 无棣县人，1959年4月出生，1981年11月加入中国共产党，1975年7月参加工作。1975年7月任无棣县民办教师，1978年3月到山东德州粮食学校学习，1979年12月任阳信县粮食局会计、财务股副股长，1984年6月任阳信县物价局副局长。1985年9月至1987年6月，在滨州师范专科学校学习。1987年6月任阳信县财政局副局长，1987年11月任共青团阳信县委书记，1988年7月任阳信县体改委主任，1990年2月任阳信县委常委、办公室主任，1992年12月任阳信县委副书记、纪委书记兼县委党校校长，1995年10月任阳信县委副书记、县长。1997年12月任滨州地区审计局局长，2000年7月任博兴县委书记，2002年12月任滨城区委书记，2003年2月任滨州市副市长、滨城区委书记，2006年12月任滨州市副市长。2010年8月任中共滨州市委常委、市委政法委书记，滨州市副市长。2010年12

月任中共滨州市委常委、市委政法委书记。2012年2月4日,在中共滨州市第八届委员会第一次全体会议上当选为中共滨州市委常委。

(刘振勇　刘国杰)

葛　伟　山东省费县人,1962年9月生,1988年12月加入中国共产党。1982年9月考入临沂师范专科学校政治历史系,1985年7月毕业,分配到省工业设备安装公司工会任干事,1986年8月任安装公司机关工会副主席,1987年3月任安装公司团委副书记,1987年11月任省建设委员会政工处副主任科员,1989年10月任枣庄市薛城区兴仁乡四里石村包村工作组组长,1991年3月任省建设委员会政工处主任科员,1991年8月任省建设委员会人事处主任科员,1993年12月任省建设委员会人事处副处长,1997年1月任省建设委员会人事处处长,2003年12月任省建筑工程管理局党委书记。2006年12月任滨州市委常委、市纪委书记。2012年2月4日,在中共滨州市第八届委员会第一次全体会议上当选为中共滨州市委常委,在纪律检查委员会第一次全体会议上当选为书记。

(杨刚强)

魏克田　沾化县人,1956年7月生,1974年10月参加工作,1987年9月加入中国共产党。1974年10月到惠民地区水利局工作,1978年3月考入山东工学院电子系仪表专业学习,1982年1月毕业,担任惠民地区技工学校教师,1985年3月任惠民地区技工学校副校长。1986年12月任惠民地区劳动局培训科长(期间,1989年9月至1991年9月,在省委党校攻读研究生)。1994年6月任滨州地区劳动局副局长,1999年4月任滨州地区劳动和社会保障局副局长。2000年1月任中共邹平县委副书记,2002年12月邹平县委副书记、代县长、县长,2005年12月任中共邹平县委书记。2008年11月任中共滨州市委常委、邹平县委书记、市总工会主席,2008年12月任中共滨州市委常委、市总工会主席。2012年2月4日,在中共滨州市第八届委员会第一次全体会议上当选为中共滨州市委常委。

(魏书旗)

于培洪　2012年2月4日,在中共滨州市第八届委员会第一次全体会议上当选为中共滨州市委常委。资料详见“滨州军分区”。

周桂萍　女,山东省蒙阴县人,1963年12月出生,1978年10月参加工作,1989年9月加入中国共产党。1978年10月任沂南县饮食服务公司职工,1981年8月任沂南县新新综合服务公司经理,1990年7月任沂蒙制动材料总厂副厂长。1991年9月至1995年7月,在中国人民大学经济系劳模班经济管理专业学习。1995年7月任山东省经济贸易委员会企业处科员,1997年1月任山东省经济贸易委员会企业处主任科员,2000年10月任山东省经济贸易委员会企业处助理调研员(2000年6月至2001年8月,挂职任鱼台县副县长;2001年8月至2002年12月,挂职任鱼台县委副书记),2002年12月任汶上县委副书记,2003年1月任汶上县委副书记,代县长、县长,2006年12月任汶上县委书记、县人大常委会主任。2010年1月任济宁市副市长、济宁北湖省级旅游度假区党工委书记(2008年9月至2011年7月,在中国科学院研究生院管理学院管理科学与工程专业硕士研究生学习)。2011年12月任中共滨州市委常委、宣传部部长。2012年2月4日,在中共滨州市第八届委员会第一次全体会议上当选为中共滨州市委常委。

(李宗民)

杨国强 山东省蓬莱市人,1970年1月生,1991年8月参加工作,1994年9月加入中国共产党。1987年7月至1991年7月,在淮北煤炭师范学院化学系化学专业学习。1991年8月起先后任蓬莱市政府办公室机要员、副科长、科长,1997年2月任蓬莱市政府办公室副主任,1998年11月任共青团蓬莱市委书记,2000年7月任蓬莱市徐家集镇党委副书记、镇长,2001年1月任共青团烟台市委副书记,2002年2月任共青团烟台市委书记,2005年2月任莱阳市委副书记、市长,2008年11月任莱阳市委书记、市人大常委会主任。2011年12月任中共滨州市委常委、秘书长。2012年2月4日,在中共滨州市第八届委员会第一次全体会议上当选为中共滨州市委常委。

(市委办公室)

张 凯 山东省莒县人,1962年8月出生,1982年6月加入中国共产党,1982年7月参加工作。1980年9月至1982年7月在临沂师范专科学校数学系数学专业学习。1982年7月任临沂师范专科学校团委干事,1984年10月任临沂地委组织部青年干部科干事(1985年9月至1988年7月,在临沂师范专科学校政治系政治专业学习),1989年11月任临沂地委组织部青年干部科干事、挂职费县员外乡党委副书记,1990年11月任临沂地委组织部副科级组织员,1993年3月任临沂市委组织部干部科副科长,1997年3月任临沂市委组织部干部管理一科科长,2001年12月任临沂市委组织部助理调研员、干部管理一科科长。2004年5月任临沂市委组织部副部长、干部管理一科科长,2005年11月任临沂市委组织部副部长。2006年1月任临沭县委副书记、县长。2008年11月任莒南县委书记,2009年1月任莒南县委书记、县人大常委会主任。2011年12月任中共滨州市委常委、组织部部长。2012年2月4日,在中共滨州市第八届委员会第一次全体会议上当选为中共滨州市委常委。

(市委组织部)

滨州市人民代表大会常务委员会

邓向阳 2012年3月1日,在滨州市第十届人民代表大会第一次会议上当选为市人大常委会主任。资料详见“中国共产党滨州市委员会”。

曹兴宽 阳信县人,1954年8月生,1975年5月加入中国共产党。1975年8月任阳信县调查研究工作队副队长,1976年7月任阳信县洋湖公社党委副书记,1980年5月任阳信县洋湖公社党委副书记、革委会主任。1980年8月至1982年6月,在山东省委党校干部专修科政治理论专业学习。1982年6月任阳信县小桑公社党委书记,1984年4月任阳信县委常委、农村工作部部长,1984年9月任阳信县委副书记,1987年2月任沾化县委副书记,1992年3月任沾化县委书记。1997年3月任滨州地委委员、宣传部部长,1998年10月任滨州地委委员、滨州市委书记、市人大常委会主任,2000年11月任滨州市委常委、滨城区委书记。2003年3月任滨州市委常委、市委秘书长。2007年3月任滨州市委常委、副市长。2008年1月任滨州市人大常委会常务副主任、党组书记。2012年3月1日,在滨州市第十届人民代表大会第一次会议上当选为市人大常委会副主任。

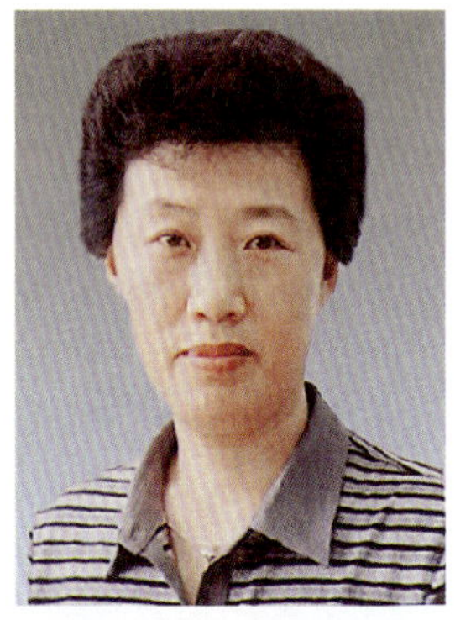

郭建新 女,山东省广饶县人,1955年9月生,1972年参加工作。1972年12月至1976年,任阳信县人民医院护士。1976年6月至1978年2月,在阳信县气象局工作。1978年2月任阳信县农林牧渔业局种子管理站会计、站长。1991年12月任阳信县农林牧渔业局副局长、种子管理站站长。1993年1月任阳信县副县长。2001年1月任滨州市人大常委会副主任、市工商业联合会会长。2012年3月1日,在滨州市第十届人民代表大会第一次会议上当选为市人大常委会副主任。

韩增金 惠民县人,1955年2月生,1976年7月加入中国共产党。1973年10月在惠民县辛店供销合作社参加工作。1976年12月起任惠民县供销合作社办公室秘书、副主任。1987年1月任惠民县委调查研究室干事,1988年4月任惠民县委调查研究室副局级研

究员,1989年11月任惠民县委调查研究室副主任,1991年4月任惠民县委办公室副主任、调查研究室主任。1991年10月任惠民地区行署办公室综合科科长,1993年6月任滨州地区行署办公室副县级秘书,1997年3月任滨州地区行署办公室副主任,1997年8月任滨州地区行署副秘书长。2000年1月任沾化县委副书记、县长。2002年12月任沾化县委书记。2003年1月任沾化县委书记、县人大常委会主任。2006年2月任滨州市人大常委会副主任。2012年3月1日,在滨州市第十届人民代表大会第一次会议上当选为市人大常委会副主任。

李国强 滨城区人,1957年8月出生,1976年8月加入中国共产党,1976年11月参加工作。1976年11月在惠民地区“五七”干部学校工作,1979年10月在滨县检察院工作,1981年4月任滨县检察院助理检察员。1983年9月至1985年12月,在省司法管理干部学院干部专修科法律专业学习。1985年12月任滨县检察院助理检察员。1986年3月任惠民地委办公室科员,1986年9月任惠民地委办公室秘书科副科长,1989年3月任惠民地委办公室正科级秘书,1991年4月任惠民地委办公室副主任,1997年3月任滨州地委副秘书长,1998年6月任滨州地委副秘书长、办公室主任。2008年7月任滨州市人大常委会党组成员、秘书长。2012年3月1日,在滨州市第十届人民代表大会第一次会议上当选为市人大常委会副主任。

王立勇 山东省桓台县人,1962年11月出生,1986年加入中国共产党,1983年7月参加工作。1979年9月至1983年7月,在济南交通学校公路与桥梁专业学习。1983年7月到惠民地区公路段工作,1987年9月任惠民地区公路段计划统计科副科长,1988年4月惠民地区公路段段长办公室副主任,1988年10月任滨州市公路管理站站长,1993年1月任滨州

副组长,1980年1月任滨县杨集公社杨集管区组长,1980年8月任滨县杨集公社宣传委员,1981年7月任滨县杨集公社组织委员,1983年3月任共青团滨县县委书记。1984年9月在山东农业大学干部专修科农学专业学习。1986年6月任滨县县委宣传部副部长兼"五四三"办公室主任,1987年2月任滨州市文化局局长,1988年3月任滨州市市中街道办事处党委书记。1992年8月任滨州市委常委、办公室主任,1995年4月任滨州市委副书记兼办公室主任,1997年12月任滨州市委副书记。2001年1月任惠民县委副书记、县长,2004年12月任滨州市委副秘书长,2008年2月任滨州市政协副秘书长、办公室主任,2009年1月任滨州市政协秘书长、办公室主任,2009年12月任滨州市政协秘书长。2012年3月1日,在中国人民政治协商会议第十届滨州市委员会第一次会议上当选为副主席。

吴国瑞 女,沾化县人,1962年9月出生,1984年7月参加工作,1998年1月加入中国民主建国会。1982年9月在德州供销学校财务会计专业学习。1984年7月任惠民地区物资服务公司会计,1986年9月在山东广播电视大学审计专业学习,1988年7月任惠民地区物资服务公司财务科副科长,1991年1月任惠民地区物资局经营管理科会计师。1993年6月任滨州星座美食城有限公司副总经理,1995年8月任总经理,1998年11月任滨州地区投资公司高级经济师,2000年3月任投资公司办公室副主任。2003年3月任滨州市黄河三角洲旅游发展有限公司董事长、总经理,2004年2月任民建滨州市委主任委员,市黄河三角洲旅游发展有限公司董事长、总经理,2010年6月任民建滨州市委主任委员,市服务业发展局副局长,市商会会长。2012年3月1日,在中国人民政治协商会议第十届滨州市委员会第一次会议上当选为副主席。

(张 婧)

滨州军分区

胡红兵 滨州军分区司令员。江苏省南通市人,1958年9月出生。1976年2月入伍,1978年5月加入中国共产党,大校军衔。历任战士、排长、副连长、连长、副营长、作训科参谋、教导队长、训练处长,济南军区确山炮兵靶场参谋长、主任,济南军区确山合同战术训练基地主任、后勤部长等职。2002年10月起,先后任济南军区确山合同战术训练基地副司令员、26集团军后勤部副部长等职;2010年1月任滨州军分区司令员。入伍以来,先后5次荣立三等功。

于培洪 滨州军分区政治委员。山东省荣成市人,1958年1月出生。1978年3月入伍,1980年5月加入中国共产党,大校军衔。历任战士、排长、宣传干事、副指导员、组织干事、组织股长、济南军区政治部组织部副处长、军区党委秘书、处长等职。2002年6月起,先后任济南军区政治部组织部副部长、26集团军138师代理副政委等职。2009年12月,任河南省平顶山军分区政委。2010年12月任滨州军分区政治委员、滨州市委常委。入伍以来,先后3次荣立三等功。

(赵 起 王长信)

模范人物

王延平 滨州市人，1955年4月出生，亚光毛巾有限公司董事长，高级经济师。1973年参加工作，1976年入党。王延平将企业发展目标定位于打造国际化企业，引领毛巾流行趋势，打造自有品牌，节能降耗，致力于为中国民族工业的发展贡献自己的力量。在他的精心经营和管理下，亚光毛巾公司从一个只有200人的单织集体小厂，发展成为综合排名列全国同行业前二位的大型现代化企业集团，在国际市场上享有很高的知名度。近年来，他坚持创新理念，从企业发展方向、品牌创立、销售渠道、创新管理等诸多方面进行创新，取得了很好的成效。实现了销售收入、出口创汇和收益的同步提高，夯实了基础，形成了可持续发展的良好态势。亚光产品和亚光商标先后被评为"中国名牌"产品、"国家免检产品""中国驰名商标"。在他的领导下，亚光毛巾建成了国内一流的三大中心，即：国家级企业技术中心、智能化物流仓储中心、产品销售及展示中心，建成了以文化亚光、科技亚光、现代亚光为支撑的国际新亚光。王延平曾荣获"全国纺织系统劳动模范""山东省劳动模范"等荣誉称号，2011年4月获全国"五一劳动奖章"。

（王　程）

孙宪华 博兴县人，1953年5月出生，山东华兴机械股份有限公司董事长。自担任公司董事长以来，他深化企业改革和内部管理，成功进行了企业改制，投资建设了华兴工业园和华兴科学发展苑，各项经济指标连续多年稳居全国同行业首位。积极调整市场结构，加大开拓力度，国内外市场份额也在不断扩大，华兴的产品已遍布亚、欧、非等50多个国家和地区。以市场为导向，建立了技术创新机制，并率先在同行业中建立了省级技术中心，拥有多项自主知识产权，获专利52项，先后承担了省市科技项目研发，参与了国家863计划项目研制，制定了石材机械国家标准1项、行业标准2项，确保石材行业的龙头地位。2009年，按照"转方式、调结构"要求，大力实施项目带动战略，投资37亿元建设华兴科学发展苑，新上金属物流中心项目和30万吨波腹板项目，促进企业做大做强，成为当地新的经济增长点。2011年1月26日，企业在加拿大成功上市，使企业实现了从产品经营向资本经营的跨越，成为华兴发展史上又一里程碑。先后荣获"中国石材行业知名人物""山东省富民兴鲁劳动奖章""省机械工业优秀企业家""滨州市道德模范"等荣誉称号，2011年4月获全国"五一劳动奖章"。

（王　鹏）

孙泽忠 滨城区人，1955年3月出生。自1973年从事建筑施工工作以来，从建筑木工做起，1985年晋升技术员，1988年晋升助理工程师，1993年晋升土木建筑工程师。在建筑工程施工过程中确保从建筑材料到施工工艺严格达到设计要求，对每一个施工环节都精益求精。他所参与施工的工程项目近百个，工程合格率达百分之百。在保证工程质量的基础上，孙泽忠在施工过程中还善于技术创新和业务探索，他任组长的公司科研小组，开展了多个课题的研究，并获市级多个奖项：2001年至2003年进行的住宅建筑节能研究与应用""清水混凝土模板的设计研究"课题研究均获一等奖；"合理利用城市雨水渗透技术研究与应用""混凝土构件裂缝的分析与处理"课题获二等奖；"混凝土空心砌块的研究与应用”课题获三等奖。2003年获得滨州市劳动模范称号，2011年4月获“富民兴鲁”劳动奖章。

（王 程）

张 峰 惠民县人，1965年6月出生，惠民县副县长。几年来，他始终坚持高起点定位、高标准建设、高效能管理的城市建设理念，先后完成了城乡各项规划的编制和古城公园、护城河综合治理、城市基础设施等重点工程建设，打造了7.2公里的护城河水系景观长廊，其中南护城河公园被省政府命名为“山东省人居范例奖”；实施城中村、棚户区等旧城改造项目31个，群众居住环境显著改善；大力实施城市绿化亮化和城乡环境综合整治，城市面貌焕然一新，成功创建了“全国可再生能源示范县”“省级园林城市”；先后领导建成了孙子兵法城、武圣园、渤海革命老区旧址暨武定府衙恢复工程，孙武古城旅游区晋升国家4A级景区，成功争取惠民县为“山东省服务业综合改革试点县”，推动了全县现代服务业和文化旅游业的繁荣发展。近年来引进过亿元项目7个，过千万元项目10余个，争取上级帮扶资金3亿多元。2008年四川大地震后，他带领惠民县援建队伍奔赴灾区一线，克服了各种困难，完成了援建板房160套的任务。先后被评为全省建设系统先进工作者、全市“十佳优秀青年岗位能手”、滨州市抗震救灾模范并记二等功，获得滨州市“富民兴滨”劳动奖章。2011年4月获“富民兴鲁”劳动奖章。

（武 冬）

张洪远 阳信县人，1963年4月出生，阳信县实验中学校长。工作30多年来，以先进的教育理念引领学校发展，以扎实的工作作风和出色的工作成绩，赢得社会各界人士的一致好评。任商店镇中学校长期间，学校获得十多项市级以上表彰奖励，被评为全市初中教学工作先进单位；任镇教委主任期间，县教育综合评估成绩连年位居一流；任阳信职专校长期间，学校被评为市职业教育先进集体、国家级重点职业中专等荣誉称号；任实验中学校长以来，学校连年荣获全县教育综合督导评估第一名，并先后获省规范化学校、省教学示范学校、省师德建设先进集体、山东省“学习实践科学发展观活动”先进单位、山东省电化教学示范学校、山东省语言文字规范化示范校、山东省优秀家长学校、滨州市示范（十佳）学校、市级文明单位等一百多项县级以上集体荣誉称号。获山东省优秀教师、山东省教科研工作先进个人、山东省百名优秀校长、山东省杰出职教校长提名奖、市优秀创新校长、市“五一”劳动奖章等荣誉称号。2011年4月获“富民兴鲁”劳动奖章。

（寇福海）

齐民超 无棣县人，1979年9月出生，无棣县博翱职业中等专业学校校长。2000年开始创办博翱职业中专学校。从简单的计算机培训班，发展到拥有在校生2000余人，专业教师120余人的省级重点职业中专。根据社会形势和市场需要开设了计算机应用、学前教育、会计电算化、汽车维修等专业的全日制中专班和函授大专班。设有实训基地四处，就业中心两处，与用人单位建立长期稳定合作关系，为学生实习和工作提供了平台。在发展过程中，坚持良好的就业是一个学校生存和发展的条件，把学生就业问题放在第一位，在北京、济南等地设立了就业安置办事处，聘请专业就业指导教师负责安置就业，并做好跟踪服务。学校开办以来，共为社会输送了4万余名（其中免费培训农村青年1万余人）合格的计算机、财务会计、汽车维修、学前教育等行业的专业人才。2007年被省委宣传部、团省委、省教育厅、省文明办等单位列为“寻找身边的榜样”青少年典型，在全省宣传推广；2009年被选为“全运会火炬手”；2010年获市“五一劳动奖章”。2011年4月获“富民兴鲁”劳动奖章。

（陈祥瑞）

侯月智 沾化县人，1961年6月出生，沾化县人民医院院长、主任医师。侯月智心系患者，率先在全县成功开展了胃癌根治术、肝叶切除术、高位胆管根治术等高难度手术，填补了县内几十项空白，在肠系膜血管阻塞疾病的诊治方面形成了一套切合基层医院实际的诊治方法。在北京上级医院支持下开展的肝癌射频消融术为肝癌患者带来福音，其临床疗效已达到国内领先水平。侯月智带领职工恪守职业道德，以身作则，多年来无违规违纪情况发生，医疗质量管理连续四年位居全市第一名。2010年建成15000平方米外科病房大楼，总投资7700万元，功能设计和内部配置达到省内领先水平。2009年以来为近两千名白内障患者免费实施了复明手术，深得社会各界赞誉。先后被评为滨州市优秀共产党员、滨州市“名医”“滨州市富民兴滨劳动奖章”、山东省“优秀院长”“全省医院管理工作先进个人”“滨州市劳动模范”，2011年4月获“富民兴鲁”劳动奖章。

（房向东）

蔡红霞 女，桓台县人，1979年9月出生，博兴县永鑫化工有限公司财务部副部长，会计师。2008年，当选为女工委员会主任。自公司2004年成立以来，蔡红霞把争当“业务能手”作为追求目标，利用工作之余参加会计培训班，学习财务会计知识，利用一切时间和机会学习、钻研业务知识，多次在公司举行的业务比赛中取得好成绩，由最初的营业员、现金出纳，逐步成长为财务部副部长。蔡红霞加强财务管理，完善财务工作制度，制定严密的工作流程，重视细节管理，使分管的地磅、仓库、收款工作有了新的起色，减少或杜绝了员工工作失误。在成本核算上，她对各车间严格考评，按照新的核算办法，从生产所消耗的水、电、汽、风等每个环节上，认真核算，并严格奖惩，大大降低了各车间的生产成本，提高了公司经济效益，促进了公司快速发展。博兴县永鑫化工是近几年来发展起来的新兴企业，项目投资大，发展快。她在做好公司内部业务工作的同时，还经常赴北京、青岛等地，联系各大银行，进行融资，为公司争取了更多的建设资金。曾获滨州市“三八”红旗手等荣誉称号，2011年4月获“富民兴鲁”劳动奖章。

（王　鹏）

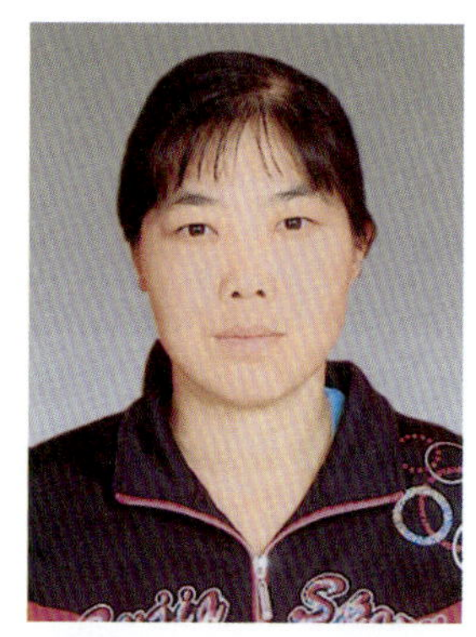

贺美玲 女，邹平县人，1978年1月出生。1998年10月参加工作，山东邹平锦华纺织有限公司细纱车间班长。入厂13年来，她勤练本领，多次在公司组织的操作比赛中获得冠军，并连续7年被公司评为先进工作者。学徒期间，每天上班，她第一个走进车间，跟着师傅练操作。下班后，她主动加班练习，最后一个离开。回家后，她又拿出操作法，认真学习理论。凭着一股不服输的劲头，很快成为操作尖兵。2000年5月，被公司提拔为细纱车间轮班长。自担任班长以来，贺美玲参与修订的班组管理制度就有20多项，协助平车人员小改小革160多项。贺美玲爱岗敬业，坚守岗位，从未请过一天假。她主动增加看台数量，一人能看12台细纱机。13年的工龄，由她经手生产的棉纱达3000多吨，经济效益6000余万元，为企业的发展做出了贡献。2011 年 4 月获“富民兴鲁”劳动奖章。

（王庆光）

李世祥　1965 年 7 月出生，滨州华晨新型建材有限公司总工程师。2007 年，李世祥带领公司主要技术人员研发出喷涂型材和木纹型材。2009 年他在国内有关刊物上发现了一种通体彩色型材的加工生产技术，在国内没有这方面的加工技术可以借鉴，他晚上上网查阅资料，白天反复钻研、调试，终于试制成功。自 2006 年开始，为响应“环保、低碳”和“节能减排”号召，李世祥与清华大学等科研院校开展科技合作，成功研制出多种塑料复合新材料，其中“一种利用农业植物秸秆生产高分子木塑复合材料的方法”，2010 年 6 月 16 日荣获国家发明专利。2010 年 3 月 10 日，他研发的“双壁缠绕板带”荣获实用新型专利，研发的“埋地硬聚氯乙烯缠绕管管道技术”，2009 年经国家建设部批准为山东省工程建设标准。李世祥先后荣获“滨州市劳动模范”“滨州市优秀民革党员”等称号。2011 年 12 月 1 日，被山东省总工会、省科技厅、省农业厅、省科学院、省机械工业协会、和山东省建筑材料工业协会等十一个省直部门（单位）联合评为 2011 年度“低碳山东功勋人物”，2011 年 4 月获“富民兴鲁”劳动奖章。

（赵德伦）

李艳芳　女，山东省章丘县人，1975 年 11 月出生，2010 年 6 月参加工作，任山东科伦药业有限公司生产部部长。她合理调配人员、进行资源整合，平衡好玻瓶车间的正常生产和新建生产线的建设、报批、试产及新版 GMP 认证前的准备工作。采取外出培养和内部培养相结合的方式，培养、储备后备人才，加强人才梯队建设。2011 年 11 月，顺利通过了国家食品药品监督管理局对公司 PP 软袋产品的注册现场检查。2011 年 3 月 1 日新版 GMP（药品生产质量管理规范）实施。加强生产管理及团队建设，制定、完善多项考核制度，充分调动基层管理人员及一线员工的积极性。2011 年 4 月，无缝聚丙烯新型软包装输液生产线建设项目申请国家发改委资金扶持，11 月资金到账。申报多项专利，已受理 10 项（实用新型 8 项，外观 2 项），其中已授权 2 项；申报 5 项（发明 1 项、实用新型 4 项）。2011 年 4 月获“富民兴鲁”劳动奖章。

（高新区工委）

李金琛　无棣县人，1969 年 10 月出生，汇泰投资集团有限公司副总经理、财务管理中心总经理、高级经济师。李金琛深入基层调查研究，撰写了大量的调查报告提交公司董事会并得到采纳，为公司制定有针对性的方针政策提供了大量理论依据。他结合企业实际，依据《会计法》等法律、法规，制定了符合企业实际的《内部财务管理办法》。为了最大限度地压缩开支，降低产品成本，他对各项费用开支实行了控制考核。通过严格考核、控制，每年使两费降低达 50 余万元。他参加了全国注册会计师考试，取得了注册会计师资格。他分管的公司财务部每年都圆满完成各项目标任务，支援了当地经济建设。他先后获无棣县“百佳青年”，“富民兴棣”先进个人，滨州市科技进步二等奖，滨州市劳动模范等荣誉称号，2011 年 4 月获“富民兴鲁”劳动奖章。

（张奎銮）

赵绥生　博兴县人，1956 年 11 月生，1972 年 12 月参加工作。1972 年 12 月至 1985 年 10 月在

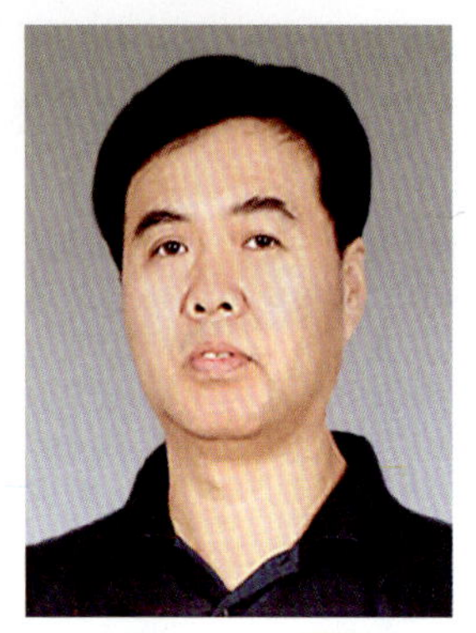

惠民地区农业局、水产局工作，1985年10月起历任惠民地委组织部干事、副科长、科长，1993年8月任滨州地区人事局副局长，2000年1月任中共无棣县委副书记，2002年12月任滨州市科协主席。自任市科协主席以来，工作扎实高效，求真务实、开拓进取，开创性地开展科普工作。先后开展了“科普村村通工程”“科普惠农工程”，科普示范创建工作以及丰富多彩的青少年科普活动；组织实施全市自然科学优秀学术成果评审，市青年科技奖和市优秀科技工作者评选表彰等工作。市科协先后被授予“全国农村科普工作先进集体”“全国科普‘站栏员’建设先进单位”“全省科协系统先进集体”“全省科普村村通工作先进单位”“全省科普工作先进单位”“全省老科协工作先进单位”和“全省反邪教协会系统先进集体”等荣誉称号，被市委、市政府记“集体三等功”2次，获2010年度全市科学发展综合考核市直单位二等奖。2011年6月，赵绥生被国家人保部、中国科协评为全国科协系统先进个人。

（滨州市科协）

逝世人物

盖振序 山东省垦利县人，1921年2月出生，1944年8月加入中国共产党。1945年5月在蒲台县委宣传部参加工作，历任蒲台县委宣传部工作员，蒲台县五区区委宣传科干事，蒲台县训练民兵大队指导员，蒲台县人武部秘书，随军担架营协理员，新兵六连代理连长，蒲台县人武部政工股长，随军担架团供给副股长，蒲台县二区区公所副区长、区长，蒲台县委秘书、宣传部副部长、部长，蒲台县委第一副书记，博兴县人民政府县长，无棣县委副书记、书记，博兴县委副书记、书记，青龙山水泥厂党委书记，惠民地区行政公署农垦局局长，1979年8月任惠民地区行政公署农办副主任、党组副书记等职。1985年5月经组织批准离职休养。享受副厅级待遇。2011年2月23日17时10分，在滨州病逝。

徐晓东 山东省莱阳市人，1930年7月出生，1949年6月加入中国共产党。1948年8月在山东省胶东区五龙县北海银行办事处参加工作，历任胶东区五龙县北海银行办事处会计，莱东（莱阳）县人民银行办事处会计，胶州专区人民银行城阳营业所会计，惠民地区人民银行会计科会计、副科长，淄博专区人民银行办公室副主任，惠民专区人民银行办公室副主任、主任。1978年1月任惠民地区行政公署办公室副主任，1981年11月任惠民地区行政公署办公室主任，1989年1月任山东省政协惠民地区联络组副组长，1989年9月任山东省政协惠民地区工作委员会副主任。1992年7月经组织批准离职休养。2011年7月24日12时56分在滨州市人民医院病逝。

（崔永峰）

索 引

A

B

C

D

E

F

G

H

J

K

L

M

N

P

Q

R

S

T

W

X

Y

Z

图书在版编目(CIP)数据

滨州年鉴.2012/ 滨州市地方史志办公室编.
—济南:山东省地图出版社,2012.9

ISBN 978-7-80754-651-1

Ⅰ. ①滨… Ⅱ. ①滨… Ⅲ.①滨州市—2012—年鉴
Ⅳ.①Z525.23

中国版本图书馆 CIP 数据核字(2012)第 220163 号

责任编辑:崔海华　彭　欧

滨州年鉴(2012)
滨州市地方史志办公室　编

出版发行:山东省地图出版社
社址邮编:济南市二环东路 6090 号　250014
电　　话:0531-88930993
传　　真:0531-88581337
设计制版:济南世同华印图文有限责任公司
印　　刷:山东新华印务有限责任公司
开　　本:889 毫米×1194 毫米　1/16 开
印　　张:28
印　　数:0001-3000
版　　次:2012 年 9 月第 1 版　2012 年 9 月第 1 次印刷
定　　价:300.00 元